KB245551

통일운동가 · 수학자 안재구의 '어떤 현대사'

《끝나지 않은 길》

## 제1권 · 가짜 해방

통일운동가 · 수학자 안재구의 '어떤 현대사'
《끝나지 않은 길》
제1권 · 가짜 해방

**초판 1쇄 발행**  2013년 11월 20일
**초판 2쇄 발행**  2014년  4월 20일

**지은이**  안재구
**펴낸이**  김완중
**펴낸곳**  내일을여는책

**기 획**  안영미
**편 집**  정병인
**디자인**  정면
**관 리**  전현아
**인 쇄**  예림인쇄
**제 책**  바다제책

**출판등록**  1993년 1월 6일 (등록번호 제 475-9301호)
**주 소**  597-805 전라북도 장수군 장수읍 송학로 93-9 19호
**전 화**  (063)353-2289 | **팩스**  (063)353-2290
**전자우편**  wan-doll@hanmail.net
**블로그**  http://blog.naver.com/dddoll

ISBN 978-89-7746-041-6  04340
      978-89-7746-040-9  (전 2권)

ⓒ 안재구, 2013
* 이 책의 내용은 저작권법의 보호를 받는 저작물이므로 무단 전재와 복제를 금합니다.
* 잘못 만들어진 책은 구입처에서 바꾸어 드립니다.
* 책값은 뒤표지에 있습니다.
* 이 도서의 국립중앙도서관 출판시도서목록(CIP)은 서지정보유통지원시스템 홈페이지(http://seoji.nl.go.kr)와
  국가자료공동목록 시스템(http://nl.go.kr/kolisnet)에서 이용하실 수 있습니다. (CIP제어번호: 2013023263)

통일운동가·수학자 안재구의 '어떤 현대사'

# 끝나지 않은 길

제1권

## 가짜
## 해방

내일을 여는 책

# 팔순의 나이에 돌아보는
# 끝나지 않은 현대사

　　나는 지난 2011년 6월 22일 인터넷 언론인 《통일뉴스》에 첫 회를 시작해서 2013년 6월 22일까지 만 2년 동안 총 124회에 걸쳐 〈어떤 현대사〉라는 이름을 달고 자서전을 써 왔다. 그리고 그 원고를 묶어 《끝나지 않은 길》이라는 제목으로 1, 2권을 먼저 세상에 내놓는다. 나의 일생은 1933년에 나서 올해로 팔순의 나이를 넘었는데, 이 책 《끝나지 않은 길》은 1945년 8·15 해방 시기부터 시작해 1952년 4월 대학에 입학하는 데서 끝난다.

　　출생부터 8·15 해방 시기까지 일제 식민지 시대의 나의 삶에 대해서는 《할배, 왜놈 소는 조선 소랑 우는 것도 다른강?》(돌베개)이라는 책으로 1997년 10월에 출판되었다. 특히 이 책은 내가 이른바 '구국전위 사건'으로 한창 재판을 받고 있었던 시기에 나의 고난으로 인해 4남매들이 받아야 하는 정서적 타격을 염려해 쓴 책이다. 이 책에서 나는 우리 집안의 선대 할아버지들의 애국 활동을 자식들에게 전해 주고, 고향의 산천에 얽힌 전설과 외세로부터 나라를 지키며 살아온 선대들에 대해 이야기했다. 이 책은 나의 작은딸 소영에게 보내는 편지글을 편집해서 출간한 것이다.

그래서 이번에 출간하는 《끝나지 않은 길》 1, 2권은 옥중에서 편지로 쓴 책 《할배, 왜놈 소는 조선 소랑 우는 것도 다른강?》을 이은 책이라고 볼 수 있다.

나의 할아버지는 일제 식민지 시대에는 나라와 겨레의 해방을 위해, 그리고 해방 직후에는 노동자와 농민이 주인이 되는 세상을 위해 평생을 투쟁하신 애국혁명가였다. 그래서 나는 일찍부터 일제의 탄압을 보고 겪어왔다. 특히 초등학교 5학년 때 왜놈 교사 호시노에게 조선말을 했다고 온몸이 구렁이가 감은 것처럼 폭행을 당한 적도 있어서 일제 식민지 정책이 어떤 것인지 몸으로 잘 알고 있었다. 농민이 땀 흘려 지은 곡식을 강제로 집뒤짐을 해서 강탈하는 처참한 압제 등을 보면서 자랐다.

그랬기에 1945년 8월 15일의 해방은 그야말로 환희의 날이었다. '건준'이 서고, 치안대가 서고, 조선 정부가 민중으로부터 만들어지는 과정을 보면서 나는 이제야 우리를 지켜주는 나라를 가지게 되는 줄 알고 무척이나 기뻤다.

그런데 우리의 이 해방은 겨우 석 달도 못 갔다. 미제는 우리나라의 북위 38도선 이남을 점령하고, 개구멍에 숨었던 일제 식민지 때의 친일 조선인 관리와 경찰을 끌어모아 군정을 폈다. 그리고 일제가 '동척'을 앞세워 우리 민족으로부터 농토를 수탈했듯이, 미제는 '신한공사'를 앞세워 땅을 군정청 소유로 만든 뒤 군정청이 소작료를 받기 시작했다. 또 왜놈이 우리 민족으로부터 강탈한 각종 동산과 부동산을 이른바 '적산관리청'에 집어넣어 미 군정의 소유로 했다. 그리고 체포·구금의 일제 폭압을 일제 시절에 경찰을 했던 놈들을 앞세워 재생시켰다.

이리하여 민중은 8·15의 일제 해방은 '가짜 해방'이라 했다. 이제 진짜 해방은 우리 민중의 힘으로 이루어내야 한다고 다짐했다.

이에 대한 미제의 탄압은 극렬했다. 그 앞잡이는 친일 경찰, 친일 관리, 친일 군인들이었다. 이들은 예전의 상전보다 더 지극하게 미제를 모셨다. 그래서 수많은 사람들이 죽고, 암살당하고, 백주에 가산이 파괴되는 폭행을 당했다.

미제는 조선에서 미군과 소련군이 물러가는 명분으로 '모스크바 3상회의'에서 결정한 '조선 민주주의 임시정부'의 수립을 팽개쳤고, 조선 문제를 유엔 헌장을 위배하면서까지 유엔에 부친 뒤 그들이 가지고 있는 거수기를 동원해 '남조선 단독선거'를 결정했다. 미제는 '남조선 단독정부'를 수립해 그들이 전후 식민지 관리의 새로운 방식으로서의 '신식민지 정책'으로 조국의 이남 땅과 민중을 통치하게 되었다. 마침내 반만년을 하나의 겨레로, 하나의 나라로 이어 온 나라를 갈라놓고 말았던 것이다. 이러한 분열은 결국 6·25 전쟁으로 발전해 그 가짜 해방은 삼천리 조국 산하를 찢어놓고 말았던 것이다.

이 시대가 나에게는 10대의 청소년 시기였다. 그 시기를 나는 나의 모든 것을 다 바쳐 분단을 반대하는 투쟁 속에서 살았다. 함께 투쟁해 온 많은 청소년 동지들이 내 고향의 산하에서 피를 흘렸고, 남과 북으로 흩어져 갔다.

제2차 세계대전 이후의 시대를 우리는 '현대'라고 일컫는데, 이 현대사는 우리에게 아직도 진행 중이다. 분단을 반대하는 입장에서, 아니면 친일이 친미로 된 사대예속의 입장에서 볼 때 그 역사는 다르다. 지난 60년간 친일의 후예들이 친미사대로 되어 민족의 현대사를 자주성을 훼손해서 쓰고 있다. 그래서 나는 우리의 현대사를 내가 살아온, 그 속에서 우리 가족이 살아온, 나의 친족공동체가 겪어온 입장에서 자서전을 쓰기로 했다.

나의 자서전은 한 사람이 겪은 '어떤 현대사'이지만 넓게 본다면 우리 가족공동체, 친족공동체가 겪은 일이며, 또한 우리 시대의 모두가 겪은 '우리 현대사'라 할 수 있다. 그런 점에서 나의 자서전은 '우리 현대사'라는 범주(範疇)의 하나의 원(元)이 될 수 있을 것이다.

나는 이러한 의미로서 글을 계속 이어 써 나갈 것이다. 앞으로 나의 글은 자유당 이승만 정권과 4·19 혁명, 박정희 군사정권 시대와 유신체제와의 투쟁, 남조선민족해방전선 사건, 구국전위 사건으로 인한 두 번의 감옥살이 16년, 그리고 오늘의 6·15 시대로 이어질 것이다.

그것이 완성될 날이 언제일지……. 다만 이 노구의 생명이 다할 때까지 노동해방, 민중해방, 민족해방의 전선에서 이 글을 완성해 나갈 것임을 독자 여러분들께 다짐해 둔다.

2013년 11월
안 재 구

하나 — 석 달 동안의 해방

> 해방된 그해의 연말이 가까워 오자 조선의 남반부에 진주한 미군은
> 군정청을 설치해 점령군으로 행세하고, 일제 통치의 주구들을
> 다시 불러들여 군정 통치의 하수인으로 고용했다.
> 일제 때 하부 관공서의 관리쯤 했던 자들은 면장도 되고 군수도 되었다.
> 경찰서에서 순사질 하던 자들은 간부로 올랐으며, 부장쯤 했던 자들은
> 모자에 금테를 두르고 서장이나 도 경찰부의 높은 자리에 올랐다.

## 친일파는 다시 돌아오고

"야! 안병희, 나를 한 번 봐라. 남들은 나를 '도라 겐지(호랑이 검사)' 라고 한다. 내 상(相)도 그렇지만, 내가 징역을 무섭게 때리기 때문에 그런 거란 말이다. 내가 너를 눈 한 번 깜박 안 하고 잡을 테다!"

"오냐 이놈아. 네가 정녕 호랑이라면 총밖에 더 맞겠느냐!"

그러자 방청석에서는 잠시 웅성거리다가 이윽고 박수 소리가 터져 나왔다.

"조용히 하라! 소란을 피우면 재판을 휴정하겠다!"

방청석에서는 소란이 더욱 심해졌다.

"이따위 재판은 당장 걷어치워라!"

"안병희 선생을 당장 석방하라!"

재판장이 두드리는 나무마치 소리가 한참 나고 난 다음 겨우 소란이 진정되었다.

"변호인은 변론하시오."

이윽고 변호사가 천천히 서류를 들고 일어섰다.

"본건 기소 사실을 보니 이것은 한마디로 말도 안 되는 사건입니다. 일제 식민지 통치 아래에서 조선이 해방되자 일제의 주구로 활동했던 자들은 쥐구멍을 찾아 숨어 지내왔습니다. 그러다 미군이 들어와 일제시대 관리들을 다시 불러들이자 뻔뻔하게 권력의 자리를 차지하고 또다시 애국자들을 탄압하고 있습니다. 그들은 일제시대의 사슬로 당치도 않는 모략을 꾸며 해방된 이 땅에서 또다시 애국자들을 묶어놓고 있습니다……."

나의 할아버지는 조국이 일제 식민지로부터 해방되자 새 나라를 세울 준비를 해야 한다고 호소하던 여운형(呂運亨) 선생의 뜻을 따라 밀양의 애국자들을 모아 밀양군 건국준비위원회를 조직하셨다. 할아버지는 일제의 모진 옥고로 병환 중이신 김병환(金餠煥)[1] 선생을 위원장으로 모시고, 부위원장으로서 해방 직후 우리 고향 밀양군의 치안과 행정을 맡았다. 그리고 일제에 의해 전쟁터로, 탄광으로 징용되어 끌려갔던 동포들과, 일제의 수탈로 농토를 잃고 살길이 없어 멀리 만주로, 왜놈 땅으로 종살이를 가야 했던 동포들이 수없이 모여들자 이들의 후생을 위해 일하셨다. 발악적인 일제 말기의 고된 삶에서 얻은 병든 몸으로 그 고단하심을 기쁨으로 알고 불철주야 일하셨다.

그러나 이러한 해방의 기쁨도 잠시, 해방된 그해의 연말이 가까워 오자 조선의 남반부에 진주한 미군은 군정청을 설치해 점령군으로 행세하고, 일제 통치의 주구들을 다시 불러들여 군정 통치의 하수인으로 고용했다. 일제 때 하부 관공서의 관리쯤 했던 자들은 면장도 되고 군수도 되었다. 경찰서에서 순사질 하던 자들은 간부로 올랐으며, 부장쯤 했던 자들은 모자에 금테를 두르고 서장이나 도 경찰부의 높은 자리에 올랐다. 이들은 일제를 대신해 다시 해방된 조선 사람을 지배하는 미제의 앞잡이가 되었다.

---

1) 독립운동가. 경남 밀양 출생. 1919년 3월 밀양에서 3·1 시위운동을 한 혐의로 체포되어 6개월간 복역했으며, 1920년 밀양경찰서 폭탄 투척 의거에 관련되어 징역 3년형을 선고받았다.

일제 때 검찰청의 서기들은 거의가 다 검사로 올랐다. 앞서 말한 할아버지에게 극악하게 군 전 아무개 검사는 일제 때 검찰청 서기 노릇을 하며 동포들을 모질게 학대했던 작자이다. 그러다 해방이 되자 맞아죽을까 봐 한때 도망쳤으나, 미군이 들어와 군정을 펴고 일제시대 관리들을 다시 불러들이자 나타나 검사로 승진한 놈이다. 그는 군정청에서 정식으로 검사 자리를 얻게 되자 일제 때 배워두었던 왜놈 검사들이 식민지 백성들에게 하던 행패를 해방된 동포들과 애국자들에게 그처럼 뻔뻔하게 저질렀다. 그러나 사필귀정이라고나 할까, 할아버지에게 그처럼 위세당당하게 굴었던 그였지만, 희한하게도 그 재판이 있은 지 사흘 만에 할아버지가 말씀하신 대로 어떤 애국청년에게 총을 맞고 죽었다.

할아버지를 잡아간 밀양경찰서 서장은 박찬현(朴贊鉉)[2]이라는 자였다. 이자는 일제 때 친일지주의 아들로 대학을 다니다가 조선 청년학생들을 강제로 전쟁터에 끌고 갈 때 스스로 일장기를 어깨에 둘러매고 용감하게 자원해 나갔다. 그러다 해방이 되자 미 군정청으로부터 밀양경찰서 서장 자리를 얻어 왔다. 그리고는 일제 통치를 반대하며 조선독립운동을 위해 모든 것을 다 바쳐 투쟁했던 애국자들을 탄압하기 시작했다. 이자는 나중에 박정희 유신독재정권 때 유정회(維政會) 국회의원도 지냈고, 문교부 장관도 했다.

나의 고향 밀양에는 민족해방을 위한 투쟁을 전개했던 애국자, 혁명가도 많았지만 친일파도 극성이었다. 그중에는 일제가 망할 무렵 대의당(大義

---

2) 1917년 경남 청도 출생. 1941년 일본 메이지대학(明治大學) 법문학부를 졸업하고, 1955년 미국 미주리주립대학 대학원 정치학과를 수료했다. 1947년 밀양경찰서장을 지냈고, 1948년에 제헌 국회의원에 당선됐다. 1951년 동아대학교 교수를 거쳐 1958년 부산진 을구에서 제4대 국회의원에 당선됐고, 1960년 제5대 국회의원에 당선됐다. 장면(張勉) 정부의 보건사회부 정무차관, 교통부장관을 역임했고, 1963년 '국민의 당' 간사장을 역임했다. 1976년 유정회(維政會) 소속 제9대 국회의원을 거쳐 이듬해 문교부장관에 임명됐다. 1951년 부산일보사 사장, 1966년 경향신문사 사장을 지냈고, 5년간 외교관으로도 재임했다. 1971년부터 터키 대사 겸 사우디아라비아 대사, 요르단 대사를 거쳐, 1974년 인도 대사, 아프가니스탄 대사 겸 방글라데시 대사를 지냈다. 1981년 한국외국어대학교 대학원 교수, 1990년 세종대학교 재단이사장으로 만년을 보내다 1991년 세상을 떠났다.

黨)이라는, 일제에 폭력으로 충성하는 폭력 정당을 만들어 친일반역을 하다가 조선 청년들이 던진 폭탄으로 혼뜨검이 난 박춘금(朴春琴)이란 자도 있다. 이자는 자기 집안의 큰집 소를 훔쳐 팔아 그 돈으로 일본으로 도망간 자이다. 그 뒤 일본에서 고물상을 하면서 일본 야쿠자 깡패와 결탁해 수만금을 번 다음, 일본 정계에 들어가 일본제국 국회의 중의원(衆議院) 의원이 되었다.

또 신현대(申鉉大)라는 자는 일찍이 일본에 들어가서 자그마한 철공소를 차려 나사를 만들어 팔았는데, 일본의 대륙침략전쟁으로 엄청나게 수요가 늘어나자 떼돈을 벌었다. 그는 사업을 크게 벌여 군수공장으로 지정받은 뒤 나사를 납품하며 엄청난 부를 챙겼다. 이렇게 번 돈으로 일본 군대에 제 놈의 창씨한 일본 성을 따서 '히라야마고(平山號)'라는 비행기를 몇 대나 헌납하기도 했다. 신현대는 그 비행기를 남천강 상공에 띄워 기세를 한껏 누리며 밀양의 고향 하늘을 더럽혔다. 신현대는 풍광이 수려한 영남루 아래(전 밀양문화원 자리)에 일본식 집을 지어 당시 밀양에 있던 왜놈 검사가 살게 해주면서, 자기가 고향에 올 때는 그 집에서 왜놈 옷을 입고 왜놈 행세를 하며 숙식했다.

8·15 해방을 맞아 수많은 친일 주구들은 겨레를 반역한 죄로 맞아죽을까 겁이 나서 도망을 쳐 쥐구멍에 숨듯 했다. 그러나 신현대는 자기 죄를 면해 보려고 당시 건국준비위원회에 제 발로 찾아와서는 "제가 친일을 해서 죄를 많이 지었습니다. 그래서 그 죗값을 조금이라도 갚고자 합니다. 마침 밀양의 애국 혁명가이신 약산 김원봉(若山 金元鳳) 장군이 귀향하신다는 소문을 듣고 장군님 댁이 너무나 초라하기에 제가 지금 살고 있는 집을 헌납하고자 합니다"라고 했다.

마침 건준(건국준비위원회 약칭)에서도 약산 장군이 귀향하신다는 소식을 듣고 장군이 거처하실 곳을 물색하던 중이었다. 건준에서는 그의 제안에 대해 회의를 열고 토론을 한 결과 우선 그의 집을 약산 장군의 거처로 정하기로 하고 신현대에게는 다음과 같은 조건을 제시했다.

"첫째 아직 나라의 정부가 서기 전이라 정식으로 헌납받을 수는 없고, 둘째 친일파와 민족반역자를 처벌하는 것은 나라의 법을 정하고 난 다음에 할 일이므로 그것으로 죗값을 말할 처지가 아니다."

신현대는 이러한 조건을 쾌히 수락하고 집을 내주어 약산 장군을 그곳에 모시게 되었다. 약산 장군이 귀환하시자 나도 할아버지를 따라 그 집에서 약산 장군께 절을 하고 인사를 드렸다. 장군이라고 해서 몸도 장대하고 위엄이 넘칠 것 같았는데, 막상 만나 뵈니 키도 자그마하시고 말씀 소리도 조용하셨다. 고향 마을에 계신 여느 할아버지들과 조금도 다르지 않았다.

그런데 이게 웬일인가! 신현대는 일제 통치기관이 다시 미 군정청으로 이름이 바뀌어져 나타나자, 그 집을 할아버지가 협박해서 빼앗았다고 고소를 한 것이다. 물론 애국자들을 탄압하기 위해 구실을 찾고 있던 경찰서장 박찬현이 신현대를 꼬드겼을 것이다. 그래서 할아버지는 잡혀갔고, 앞서 말한 재판이 벌어졌던 것이다.

당시 조선의 곳곳에서 이런 말도 안 되는 재판이 일어났다. 애국자들은 또다시 감옥살이를 해야만 했다. 그렇게 조작된 사건 가운데 가장 큰 것이 조선공산당을 탄압하기 위한 모략인 이른바 '정판사 위조지폐사건'이었다.


## 짧았던 해방의 기쁨

8·15 일제의 패망으로 얻은 조선 해방의 기쁨은 겨우 석 달 남짓한 것이었다. 밀양의 모든 민중들은 포학하기 짝이 없었던 왜놈들이 망해 버리자 모두 다 거리에

나와 곧 새 나라를 세우려는 열띤 마음을 가지고 모여들었다.

거리에는 조선 독립을 축하하는 벽보가 곳곳에 나붙었다. 또 여러 가지 국호를 지어 내각을 조각하여 발표한다고 하는 등, 유언비어라고만 치부할 수 없는 민중들의 소박한 소망이 담긴 구호들이 나붙었다. 그중에는 대통령에 이승만, 국무대신에 김구, 군무대신에 김일성, 내무대신에 김원봉 등 마치 정부의 조각이 이루어진 듯이 적힌 것도 있었다. 이러한 벽보가 해방과 독립의 기쁨으로 들뜬 민중들을 흥분시켰다.

날마다 해방된 고향 하늘에는 농악 소리가 울려 퍼졌다. 급조된 태극기로 세상이 물결쳤다. 더러 너무 급히 서둘러서인지 왜놈 일장기에다 푸른 잉크로 덧칠해서 태극을 그리고, 팔괘는 먹물로 그려서 들고 나온 사람도 있었다. 곳곳에서 애국가를 거리에 서서 부르고, 사람들은 따라 부르며 자기 나라의 국가를 배웠다.

학교 졸업식 때 부르던 〈올드 랭 사인〉 곡조에 따르고, '마르고 닳도록'이란 말이 있어서 좀은 어색하긴 해도 우리나라의 국가라 해서 모두 다 해방의 기쁨과 새 나라에 대한 애국심으로 열심히 따라 불렀다. 어른 아이 남자 여자 할 것 없이 모두 다 애국자들이었다.

민중의 거대한 물결이 봇물 터지듯 거리에 넘쳐나자 왜놈 경찰은 한 놈도 보이지 않았다. 쥐가 구멍을 찾아 숨은 것 같았다. 왜놈 경찰과 면서기들의 등쌀에 못 먹던 막걸리를 몇 잔 걸치게 되자 농민들은 그동안 당했던 분을 삭이지 못해 이들 주구 놈들을 찾아 나섰다. 하지만 대개는 이미 도망간 뒤인지라 그 집 살림살이를 부숴버리기도 했다. 가장 악질적인 고등계와 경제계 형사였던 조선왜놈 '다마가와(玉川)'라는 정 아무개와 밀양 수산에 있는 하남면 면장인 손 아무개 집은 격분한 농민들에 의해 살림살이가 박살났다. 특히 왜놈들에게 자식을 빼앗긴 사람들의 분노는 하늘을 찌르고 있었다.

상황이 이렇다 보니 공백 상태가 된 치안과 끼니를 못 잇는 동포들에
대한 후생이 가장 절박한 문제가 되었다. 밀양의 애국자들과 여러 유지 어
른들이 모여 치안을 회복하고 동포들의 후생을 위하여 우선 치안대를 결성
했다. 그 다음으로 서울에서 여운형 선생과 안재홍(安在鴻) 선생이 결성한
조선건국준비위원회의 밀양군 지부를 조직했다.

밀양의 어른들은 약산 장군의 '의열단(義烈團)'에 가담해 밀양에서 의
열단 조직을 지도하시다가 왜놈에게 붙잡혀 모진 고문과 옥고를 치르고 그
길로 내내 병상에 계신 김병환 선생을 위원장으로 모셨다. 또 나의 할아버
지를 부위원장으로 하고, 김희지(金熙祉) 선생, 박고지(朴高知) 선생, 정운(鄭
雲) 선생, 그리고 삼성의원 김형달(金炯達) 선생 등 여러 어른들로 건준 지부
를 결성했다.

정운 선생이 치안대를 맡아 청년학생들을 지휘하였고, 친일 경찰들이
도망가 텅 빈 경찰서에 들어가 밀양군의 치안을 회복했다. 건준은 왜놈 군
수와 경찰서장을 닦달해서 식량 창고를 열게 했고, 밀양 읍민들에게 하루
일인당 3홉씩 배급을 실시했다. 또 병자들을 수용하고 혼란기에 발생하기
쉬운 전염병을 예방했다.

한편 일제 때 폐지된 조선어를 숨어서 계속 연구해 왔던 애국적인 교육
자들을 모셔놓고, 9월의 개학을 맞추기 위해 조선인 교사들을 소집하여 조
선어 강습회를 열었다. 강습회에서는 개학을 앞두고 조선어학회에서 출판
한《조선어철자법통일안》을 가르치며 국어 교육을 준비했다.

나는 어려서 한글로 쓴 소설을 읽은 탓에 한글을 읽을 줄은 알았지만
맞춤법은 확실히 알지 못했다. 그래서 할아버지가 가져다주신《조선어철자
법통일안》을 당장 읽고 맞춤법을 익혔다. 모두 62항으로 된 것인데 이것을

몽땅 외워버렸다. 그래서 한글을 정확히 쓸 수 있게 되었다. 쓰다가 혹시 미심쩍을 때에는 이 맞춤법 책을 보고 걸맞은 항을 찾아 나름대로 그 이유를 따졌다.

나는 날마다 아침밥만 후딱 먹고선 거리에 나갔다. 사람들이 모인 곳에 가서 어른들의 모임에 기웃거리고, 동무들과 나름대로 나라의 독립에 대해 서로 얘기했다. 우리들끼리 새 나라의 세상은 어떤 것인지 얘기를 주고받았다. 거기에서 민주주의, 자유, 평등 그리고 사회주의의 뜻을 익혀나갔다. 온종일 밖에 돌아다니다가 저녁밥 때가 되어서야 집에 돌아왔다. 이때는 할머니와 수환 아지매(나보다 한 살 많은 종고모)에게 그날 밖에서 본 것, 들은 것을 떠들기에 바빴다. 점심은 이곳저곳 다니다가 동무들 집에서 먹었다.

이렇게 하루 종일 쏘다니다가 집에 들어오면 나보다 세 살 많은 작은아버지가 "이 자석아, 꼭 더운 죽 먹은 개맹쿠로 어디 쏘다니다가 이제 들어오노!"하며 제법 어른스럽게 나무랐다. 대개는 참고 꾸중을 듣지만 더러는 작은아버지에게 "지금 뭐라캤노! 내가 개라고? 그러면 아재는 뭐꼬? 아재는 개가 안 되나? 그러면 할배는 뭐꼬? 또 할매는 뭐꼬?"라며 싸움질을 했다. 할매와 곁에 있던 다른 아재들은 어처구니없어 웃고 말았다. 그러면 아재는 "이 자석, 나중에 보자"라며 종주먹을 휘둘렀다. 그래도 나에게는 이때만큼 살맛나는 때가 없었다.

동무들과 함께 쏘다니다가 아무 동무네 집에 가도 모두들 반가워했다. 모두 할아버지의 안부를 물었고, 식은 보리밥이지만 그 집 식구들과 한 상에 앉아서 얘기꽃을 피우면서 놀았다. 어디를 가도 할아버지 덕으로 사람들에게 사랑을 받았고, 하루하루가 흥분되고 즐거웠다.

그중 잊을 수 없는 동무로 한 반 학생인 황윤덕이 있었다. 또 이 동무로해서 알게 된 박말수라는 동무도 있다. 황윤덕의 어머니는 일제 시절 우리 식구가 굶주릴 때, 몰래 쌀을 구해서 할머니에게 주셨던 분이다. 그 어머니는 8·15 해방 후 우리 가족이 또다시 탄압을 받게 되어 살기가 막막할 때도 우리들이 끼니를 놓치지는 않을까 늘 걱정하셨다. 때때로 쌀자루를 보내주셔서 비록 죽으로나마 끼니를 거르지 않도록 해주셨다.

박말수는 나보다 두 살이 많은 형이다. 그의 형님은 일제 때 동요 작가로 활동한 박석정(朴石丁) 선생이다. 박석정 선생은 《샛별》이라는 소년 잡지를 만들어 식민지 압제 하에 있는 어린이들에게 겨레의 넋을 지펴주는, 많은 노래를 지었다. 때문에 일제의 탄압을 받아 숱한 고난을 겪었다. 선생은 해방 후 일찍이 월북하여 이북의 '예술가동맹' 에서 활동하셨다.

그의 부인인 형수 김정애(金貞愛) 선생은 여성운동가로 건준에서 여성부를 맡아 일하셨다. 나중에는 밀양의 여성동맹 위원장으로 활동하시다가 군정 경찰에 잡혀가기도 하며 숱한 고난을 겪었다. 그런 고난이 겹쳐 병이 되었고 결국 결핵으로 돌아가셨다. 김정애 선생은 나를 참으로 좋아하셨고 나에게 많은 가르침을 주셨다.

박말수 형에게는 나보다 한 살 많은 '봉섬' 이라는 아주 고운 이름을 가진 예쁜 누이동생이 있었다. 이 집 식구들은 이승만 정권 때 연좌제로 많은 고초를 겪다가 못 견디어 일본에 있는 작은형을 따라 일본으로 솔권해서 갔다. 인자하신 그의 어머니도 잊을 수 없다. 내가 가면 아들처럼 대해 주셨고, 맛있는 것을 챙겨두었다가 먹여주셨다. 때로는 경찰에 쫓기다가 오밤중에 불쑥 찾아가면 말수 형의 내복을 내게 주시고는 "저 어린 것이 무슨 죄가 있다고…"하며 울먹거리셨다.

내 나이 팔순을 바라보는 세월이 지났건만 지금도 그 어머니의 모습을 잊을 수 없다. 이것이 8·15 해방이 되고 다시 학교가 열리던 한 달 동안의 내 삶이었다.

# 고향 동네의
## 해방 잔치

9월 달에 들어서자 아침저녁으로 날씨가 제법 서늘해지기 시작했다. 한 보름 지나면 추석이라 산소의 벌초도 준비해야 했다. 할아버지는 건준 일로 바쁘셔서 고향에 오실 시간을 낼 수 없었다. 지난봄에 전쟁에 몰리고 있는 왜놈들의 발악으로 어떤 화를 당할지 몰라 할아버지는 어머니와 우리 네 남매를 나의 고향 마을인 성만 동네의 일가 어른들에게 맡겨두었다. 해방 다음날에 내가 할아버지를 뵙고자 성만에서 읍으로 온 게 벌써 여러 날이 되었다. 읍에서 아침을 먹고 할머니가 마련해 주신 쇠고기 통조림을 몇 통 넣은 보따리를 어깨에 둘러메고 나는 다시 고향 마을을 향해 길을 나섰다.

지나는 동네마다 8·15 다음날 읍으로 나올 때와는 분위기가 영 달라져 있었다. 동네 앞 당산거리에는 전쟁 중에 자취를 감추었던 '농자천하지대본'이라고 쓰인 농기가 펄럭거렸다. 북 소리, 장구 소리, 벅구 소리, 거기에다 사람들의 노랫가락이 가을을 다그치는 서늘한 바람을 따라 들려 왔다.

지나가는 길가의 논에는 벼이삭이 아직 푸르지만 제법 여물어져 더러 고개를 숙이고 있었다. 작년까지는 그렇게도 가물어 해마다 흉년이어서 가뜩이나 약탈적인 공출과 함께 농민들이 기아 속에서 헤매었는데, 해방을 맞은 우리 겨레에게 하느님도 풍년으로 축복해 주셨다. 고향 마을로 가는 나의 발걸음은 거의 나는 듯했다. 나는 줄곧 콧노래를 부르며 걸었다. 그사이 아이들이 배워 널리 부르게 된 조선 노래였다.


어둡고 괴로워라 밤도 길더니
삼천리 이 강산에 먼동이 텄네
동무야 자리 차고 일어나거라

산 넘고 바다 건너 태평양 넘어
아~ 아 자유의, 자유의 종이 울린다.


한숨아 너 가거라 현해탄 건너
서러움아 눈물아 너와도 하직
동무야 두 손 들고 만세 부르자
아득한 시베리아 넓은 벌판에
아~ 아 해방의, 해방의 종이 울린다.


정말 신나는 세상이었다.

고향 마을에 돌아왔다. 고향의 일가들도 기쁨은 마찬가지였다. 전쟁 말기에 '아까가미(赤紙, 징집영장)'를 받고 끌려갔던 갑환이 아재가 동구에 들어서는 나를 보고 온 얼굴에 웃음을 가득히 담고 불쑥 어깨를 끌어안았다.

"아이고, 이게 재구 아이가!"

"아재, 언제 돌아왔노!"

"오야, 아레(그저께) 안 왔나."

"다른 아재들은? 그러고 재철이 형님은?"

"재범이도 돌아왔고, 재철이도 안 왔나!"

고향 마을의 청년들은 왜놈의 징병영장을 받고 이 동네 저 동네 피해 다니면서 그들을 잡으러 다니던 왜놈 경찰과 그 앞잡이인 면서기들 때문에 숱하게 애를 먹었다. 경찰이 그들의 아버지를 잡아가자 어쩔 수 없이 자수했고, 그날로 바로 왜놈 병영으로 끌려갔다. 그것이 8·15 달포쯤 전이었다.

왜놈들에게는 그때 이미 이들을 전선에 보낼 배도 없었고 차도 없었다. 그들은 전선으로 가는 수송선을 기다리던 중에 왜놈이 망하자 바로 고향으로 돌아오게 된 것이다.

나는 어머니와 동생들이 살고 있는 잠실(蠶室)에 뛰어 들어갔다. 어머니의 재봉틀 소리가 달달 들렸다. 밖에서 놀고 있던 동생들이 내가 왔다는 말을 듣고 잇달아 들어오면서 "형아!" "오빠!" 하고 소리치며 내게 안겨들었다. 나는 반가워 어쩔 줄 몰라 하는 막내 용아의 겨드랑이를 잡고 번쩍 치켜들었다. 우리 네 남매들의 왁자한 만남을 듣고 어머니의 틀 소리는 그쳤다. 미닫이문이 열리고 반가운 어머니 얼굴이 나왔다.

"재구 오는구나. 할아버지, 할머니 편하시고? 어서 들어오너라. 네 오기를 많이 기다렸다. 읍내는 어떻더노? 할아버지는 읍사무소에서 일보신다고?"

성미 급하신 우리 엄마의 연이은 질문에 나는 방에 들어갈 틈도 없이 용아를 안고 툇마루에 앉아서 읍에서 일어난 일들을 한참이나 얘기했다. 청년들에게 둘러싸여 개선장군처럼 읍으로 들어오시는 할아버지의 모습을 얘기했고, 또 할아버지께서 김병환 선생님을 뫼시고 읍사무소에서 조선건국준비위원회 부위원장을 하신다는 이야기도 전했다.

"그래서 지금 할배가 밀양 고을의 일을 모두 맡아 하시느라 눈코 뜰 새 없다."

그러자 어머니는 "이놈아, 어른 얘기를 어디 버릇없이!"라며 당장 한 대 때릴 듯이 주먹을 치켜들었다. 그러나 곧 감동이 되어 "아이고, 왜놈이 망하고 나니 이제 우리 집도 한때를 보는구나!" 하며 기쁨을 한숨으로 내쉬셨다.

이처럼 어머니와의 반가운 만남을 얘기하고 있자 "아이고, 재구 왔다면서!"라는 말소리와 함께 진촌 할매, 덕실 할매, 내진 할매, 서동 할매 그리고 서호 아지매, 가미실 아지매와 동네의 일가 할매, 아지매들이 대문에 가득히 메어든다.

"재구 너그 아배 소문은 들었나?"라며 어머니가 가장 궁금해할 말을 늦게 들어온 솔실 할매가 대신 묻는다. 그러자 진촌 할매는 나를 대신해서 "수만 리나 되는 먼 땅에서 그 사람이 무슨 재주로 소문을 보내겠노?"라고 했다. 인정 많은 서동 할매는 "이 사람들아, 아무 걱정 말거라. 그 사람은 워낙 어질고 똑똑해서 아무 곳에서도 탈 없이 지내다가 무사히 돌아올 끼다"하며 거기 있는 모든 할매와 아지매들이 어머니의 마음을 달래준다.

할매와 아지매들은 방이며 마당이며 여기저기 앉아 이야기꽃을 피우면서 낮 한때를 보냈다. 조선의 모든 부녀들은 이처럼 왜놈에게 잡혀간 남정네를 그리며, 정신대에 끌려간 꽃 같은 딸아이의 모습을 가슴에 새기며, 그들이 모두 사지육신이 멀쩡하게 돌아오기를 목메어 기다리고 있었다. 나의 어머니는 여느 조선 아낙네처럼 비록 아무 내색도 않으셨지만 얼마나 속을 태우고 계셨을까.

그 이튿날 나는 아침 일찍이 성만 동네에서 조금 떨어진 두암에 계신 윗집 큰할배를 뵈러 갔다. 윗집 큰할배는 나의 종중조부이시다. 우리 윗대가 성만에서 국도 쪽으로 나오는 길목에 있는 통바우라는 동네에서 마을을 이루었을 때, 큰집인 우리 집 위쪽에 새살림을 차렸기에 우리들은 윗집이라 불렀다. 그러나 동네 일가들은 구한국 무관학교를 졸업하고 구제국의 장교로 임관되어 복무했다고 참위 어른, 참위 할배라고 불렀다.

윗집 큰할배는 나를 보자 자기의 장조카인 나의 할아버지를 몹시 걱정하셨다.

"네 할애비는 요즘 많이 바쁜가 보지. 그 큰 병을 앓고 나은 지 얼마나 됐다고. 너무 애쓰면 걱정인데……."

"예, 안 그래도 할매가 걱정하십디다. 할배는 사람들에 들싸여(둘러싸여) 자신 몸 걱정하실 새도 없고요."

그날은 윗집 큰할배 곁에서 잤다. 윗집 큰할배는 자리에 누우셔도 잠이 안 오시는 듯 여러 가지로 상념에 젖으셨다.

"왜놈들이 전쟁에 져서 조선 땅에서 쫓겨났지만 '호랑이 피하자 단범 만난다'는 말이 있듯이 미국 놈이 들어오면 그놈들이 이 나라에서 잘 물러날까. 총칼 들고 들어온 놈은 꼭 총칼 든 놈 행세를 하는 법이거든. 왜놈들은 자자분(자질구레)하고 모진 놈들이지만, 양놈들은 겉으로는 점잖은 것처럼 하지만 뱃속에는 능구렁이가 틀고 있는 놈들이지."

"할아버지, 연합국 지도자들이 카이로선언과 포츠담선언에서 조선을 독립시키기로 했다는데요."

"가이로(加伊老)에서 또 포사담(布斯潭)에서 말은 그렇게 했지만 저그들끼리 이익이 갈리면 우리 조선을 서로 저그들 손아귀에 쥘라고 설칠 낀데. 그 차판에 이 땅에서 전쟁질이나 안 할까 몰라."

윗집 큰할배는 옛날 무관학교에서 세계 지리를 배우셨다. 그래서 지명을 모두 한자로 쓰셨다. 그 때문에 말씀이 낯설다. 윗집 큰할배는 이런 심각한 말씀은 잘 하시지 않았지만 나에게는 더러 말상대 삼아 하셨다.

그 이튿날인 9월 7일, 징병으로 끌려갔던 우리 동네의 아재와 형들 그리고 우리 일가 동네인 금포의 아재들이 아침부터 성만 동네의 당산나무 밑에 모여들었다. 성만 동네의 우리 일가들은 대부분 소작 농민이었다. 몇 집은 약간의 자작 농토를 가졌으나 주로 소작으로 살고 있었다. 부농으로는 진촌 할배 집 외에도 한두 집이 더 있었지만, 동네의 이런 행사는 언제나 진촌 할배가 주선을 하셨다.

이날도 진촌 할배는 큰 돼지 한 마리를 내어놓았다. 그 밖에 여러 집에서 형편에 따라 자원해 떡도 하고, 묵도 치고, 단술도 담그고, 막걸리도 빚었다. 이윽고 당상거리에 농기가 휘날리고 성급한 조무래기 아재들이 농악을 울렸다. 농사일을 떠난 상늙은이 할배들은 뒷지개를 지고, 할매들은 지팡이로 허리를 고눈 채 손자 아이들의 손을 잡고 구경에 나섰다.

점심때가 가까이 되자 국솥이 걸렸다. 동네에서는 아지매들이 술독을 이고 나왔다. 그 다음에 왜놈들에게 끌려 징병 갔다 돌아온 갑환이 아재, 재범이 아재, 그리고 재철이 형님이 동구 앞으로 나왔다. 금포에서 온 아재들과 어울려 반가운 웃음이 터져 나왔다. 술잔이 돌아갔다. 다들 한 잔씩 기분 좋게 꿀떡꿀떡 넘겼다. 시퍼런 무 이파리 김치를 씹는 소리가 와싹와싹 힘찼다. 돼지고기가 썰어져 나오자 어른 아이 할 것 없이 우선 먹는 데 바빴다. 다들 고기 맛을 본 지 참 오랜만이다. 그러는 중 동네에서 떡시루가 나오고, 단술 단지와 묵판과 파장이 함께 나왔다. 잔치판은 점점 무르익어 갔다. 아이들은 모두 양손에 떡을 쥐고 희희낙락이다.

솥에는 돼지비계가 둥둥 떠 끓고 있다. 돼지비계 국물에 파, 무, 배추 잎사귀를 썽둥썽둥 썰어 넣고, 고추·마늘 양념이 듬뿍 들어 벌건 국이 보기만 해도 시원하게 맛있어 보였다. 거기에 보리밥이지만 쌀알이 희끗희끗 박힌 밥을 넣은 국밥을 어른 아이 할 것 없이 땀을 뻘뻘 흘리면서 먹었다. 모두 먹는 데 바빠선지 한동안 말소리는 죽고 달각거리는 숟가락 소리만 들렸다.

그럭저럭 늦은 점심때도 지난 듯하다. 모두 다 걸판지게 먹고 여기저기에서 게트림 소리가 났다. 할배들이 괴춤에 꽂은 담뱃대에 썬 엽초를 재고 여기저기에서 또 부싯돌 치는 소리가 들렸다. 이내 담배 연기가 피어오른다. 아재들은 좀 떨어진 곳에서 엽초를 손바닥에 담아 비비더니 신문지 조각에 긴 원뿔 꼴로 말았다. 어느 한 사람이 그 귀한 성냥가치로 불을 켜서 붙이자 모두 거기에 담뱃불을 댕겼다. 그 다음 뜨거운 국밥을 먹느라고 흘린 땀을 괴춤에 늘인 때 묻은 무명베 수건을 꺼내 닦으면서 한숨 돌리고 있다.

이윽고 동네 소임을 맡은 가미실 할배가 일어나 소리쳤다.

"이 사람들아, 모두 다 먹었으면 일어나 초동학교로 가자. 오늘 늦낮(오후)에 인민위원회 축하 면민대회가 있다는데 거기로 가자."

그 소리에 따라 할배, 아재들이 모두 우우 일어났다.

'농자천하지대본'이라 쓴 서낭기가 제일 앞장에 섰다. 그 뒤를 따라 북, 소북, 장구 소리를 둑닥거리면서 당산나무 거리에서 청룡등으로 잇는 농로를 따라 가는 동네 할배, 아재들의 행렬이 저절로 이루어졌다. 징 소리와 꽹과리 소리는 들리지 않는다. 왜놈들이 놋쇠로 만든 물건들은 모두 공출로 빼앗아갔기 때문이다. 그 뒤로 또 옆으로 동네 아이들이 종종걸음으로 활갯짓을 하며 따라간다. 거기에 따라 서낭기 깃대머리에 꽂은 수수 이삭 대갱이 다발도 너풀너풀 춤을 추면서 길을 이끌고 있다. 할배, 아재들의 얼굴은 해방의 기쁨으로 활짝 펴져 있다. 아이들도 덩달아 어깨를 우쭐거리며 신명이 났다. 가미실 할배가 초동학교라고 하는 '초동국민학교'는 나의 할아버지가 처음 사립학교로 세운 것이다. 설립 당시에는 '초동학교'라고 했는데, 왜놈이 차지하면서 공립학교로 바꾼 것이다. 그래도 고향 사람들은 마냥 '초동학교'라고 불렀다.

학교 교문은 면의 여러 동네에서 모인 사람들로 꽉 메워져 있다. 가로로는 '조선인민공화국 선포 만세'라고 커다란 한문으로 쓴 종이 현판이 붙어 있었다. 교문과 교문 위로 가로지른 현판은 청솔가지로 꾸며놓았다. 교문 설주에는 한쪽에 '조선 독립 만세', 다른 한쪽에는 '토지는 농민에게'라는 슬로건이 걸려 있었다. 교문 입구에서 한참 차례를 기다리다가 대회장인 운동장에 들어갔다. 대회의 연단 양옆으로는 깃발이 죽 서 있었는데, 거기에는 여러 가지 구호가 세로로 쓰여 있었다.

'3·7제 소작료를 지지한다!'

'친일파, 민족반역자를 처단하자!'
'해방의 은인 연합군을 환영하자!'
'우리의 국부 이승만 박사 만세!'
'모든 봉건잔재를 청산하자!'
'모든 권리는 인민에게로!'

모인 군중들이 쉴 새 없이 만세를 불러댔다.

'조선 독립 만세!'
'조선인민공화국 만세!'
'해방의 은인 연합군 만세!'
'연합국 지도자 루스벨트 대통령 만세!'
'위대한 소비에트 지도자 스탈린 대원수 만세!'
'4억 중국 인민의 지도자 장개석 장군 만세!'
'조선 인민의 위대한 국부 이승만 박사 만세!'
'상해 대한임시정부 주석 김구 선생 만세!'

오방동 동네 사람들이 유일하게 가진 징과 꽹과리 소리가 운동장을 제압했다. 다른 동네 사람들은 왜놈들에게 빼앗긴 징과 꽹과리를 몹시 아쉬워했다. 이윽고 한 어른이 앞에 놓인 연단에 올라 마분지로 만든 종이나팔(메가폰)을 입에 대고 외쳤다.

"여러분들, 곧 대회를 시작할 것이니 모두 연단 앞으로 나와 모이시오!"

이제 동네마다 거의 다 모인 것 같다. 사람들은 연단 앞에 모였다. 앞에 있는 사람들은 앉고 뒤에 있는 사람들은 서고 해서 연단을 중심으로 부채를 펴놓은 듯했다. 마구 부르던 만세 소리가 그쳤다. 사위가 좀 조용해지는 듯하자 종이나팔을 든 어른이 나와 나팔을 입에 대고 큰 소리로 말했다.

"밀양 초동면에 사시는 여러 동포들, 지금부터 조선인민공화국 선포를 기념하고 초동면의 인민위원회를 결성하는 대회를 시작하겠습니다. 먼저 조선 독립을 위하여 투쟁하시다가 일본 제국주의자들에게 신명을 다 바친 항일독립 열사들에게 묵념부터 합시다. 모이신 동포 여러분, 모자를 쓴 분은 모자를 벗고 돌아가신 열사들을 생각하며 머리를 숙여 묵도를 올립시다. 다 같이 묵도!"

대회에 모인 모든 사람들이 보릿대 모자를 벗고 머리를 숙였다.

"다음은 신호에 사시는 박 선생님을 따라 〈애국가〉를 부르도록 하겠습니다. 새 나라에 대한 애국심을 담아 모두 힘차게 부릅시다. 아직 애국가를 모르는 사람들은 박 선생님의 노래를 조용히 들어주시기만 하면 됩니다."

박 선생님은 전에 학교 바로 앞 동네 새터 마을에서 야학을 모아 농민들에게 조선어를 가르친 적이 있던 분이신데 애석하게도 기억에 없다. 박 선생님이 단 위에 올랐다. 그가 애국가를 선창하자 제법 많은 아이들과 청년들이 따라 했다.

동해물과 백두산이 마르고 닳도록
하느님이 보호하사 우리나라 만세
무궁화 삼천리 화려강산에
조선 사람 조선으로 길이 보전하세

곡조는 우리들이 졸업식 때 부르던 스코틀랜드 민요 〈올드 랭 사인〉의 곡을 딴 일본 노래 〈호다루노 히까리〉와 같았다. 많은 사람들이 연단 앞에 크게 써놓은 가사를 보고 따라 불렀다. 노랫소리는 처음엔 작았지만 마지막 장인 '조선 사람 조선으로 길이 보전하세'는 우렁찼다. 모두 나라가 독립되어 나라의 노래를 부른다고 생각하니 감개가 무량했다.

대회는 계속되었다. 조선인민공화국 선포의 경과보고가 있고, 초대 국가주석으로 위대한 '조선의 국부' 이승만 박사가 소개되었다. 군중은 환호를 질렀다. 그 소리가 조선의 푸른 하늘에 멀리 퍼져나가는 듯했다. 초동면 인민위원회 위원장이 추대되고 단 위에 올라서자 또한 박수가 우뢰 같았다. 인민위원회 위원이 발표되고 이어 올가을 소작인들의 소작료가 3할이라는 말이 나왔다. 이에 농민들은 살판난 듯 뛰며 땅을 굴렀다. 그 환호 소리가 멀리 메아리쳤다.

마지막으로 연합국 지도자들에게 보내는 메시지를 채택하는데, 박수 소리에 맞춘 듯이 저 멀리서 비행기 소리가 들려 왔다. 이내 군중들 머리 위를 멀리 선회하던 비행기에서는 하얗게 전단이 뿌려졌다. 미군의 마크가 날개에 그려진 연합국의 비행기를 모두 처음 본지라 두 손을 번쩍 들고 만세 소리를 질렀다.

"연합국 만세! 미국 만세!"

아이들은 모두 하늘에서 하얗게 너풀거리며 떨어지는 전단을 줍기 위해 교문 밖으로 달려 나갔다. 전단은 너풀거리면서 학교 운동장에 떨어졌다. 학교 밖 신작로에도, 논두렁에도, 초가집 지붕에도 떨어졌다. 얼마 안 되어 군중들은 모두 손에 한두 장씩 전단을 쥐게 되었다.

전단의 내용은 "조선은 당장에 독립되는 것이 아니다, 조선의 북위 38도선 이남은 미군이, 이북은 소련군이 진주한다"는 것이었다. 또 "38선 이남의 조선 인민은 미군 통치에 절대 복종하라"는 포고령 1호, 연합군의 재산·생명 보호령 위반자는 사형에까지 처한다는 포고령 2호가 적혀 있었다. 이 전단을 든 어른들은 황망스러운 표정이었다. 조선이 독립된다며 희망에 찼던 얼굴들에 알 수 없는 그늘이 드리워졌다. 그래도 미국은 그 악독한 왜놈들을 쳐부순 군대라서 왜놈들에게 항복을 받기 위해 질서를 지키라는 뜻으로 여기고 모두 다 마음을 누그러뜨렸다.

## 믿었던 도끼에 발등이 찍히다

아침 해 고울시고 삼천리 동산 / 자유의 종소리 울려오누나 / 모여라 동포여, 손 마주 잡고 / 아세아 천지가 우리 일터세

교실에서는 풍금 소리에 맞추어 모두들 열심히 노래를 부른다. 노래를 가르치는 선생도 조선 사람이다. 왜놈 선생은 모두 다 물러가고 한 놈도 보이지 않는다. 그리고 많은 선생이 새로 왔다.

개학은 9월도 한참 지난 15일에야 했다. 그동안 더러 학교에 놀러 오기도 했지만 막상 새로 개학을 했다는 생각을 하니 학교 모습이 영 달라 보였다. 교문에 들어서면 오른편에 왜놈 천황의 조상을 모셨다는 이른바 '호안덴(奉安殿)'이라는 게 있었다. 하지만 이제는 그것이 없다. 물론 그동안 우리 어린이들이 돌멩이질을 해서 부숴놓았지만 지금은 말끔히 정리하여 흔적도 없다. 운동장의 3분의 2나 실습장으로 했던 것도 말끔히 정리되었다. 그래서 운동장은 더없이 넓게 보였다.

교실에 들어서니 앞면 벽에 걸어두고 우리들에게 날마다 절하기를 강요했던 왜놈 천황이 산다는 '니주바시(二重橋)' 사진이 없다. 그놈의 일장기도 없고, 또 날마다 외우게 했던 '고고꾸신민노 찌까이(皇國臣民의 다짐)'도

없다. 교실 앞면이 휑뎅그렁하다. 무언가 막혔던 것이 탁 틱는 기분이다. 맞다, 바로 해방의 기분인 것이다.

교과서는 우선 조선어 책으로 《한글 첫걸음》이라는 것이 주어졌다. 그 밖의 책은 왜정 때 배웠던 것을 그대로 썼지만 가르치는 말은 왜놈 말이 아니라 조선말이었다. 조선말을 하다가 죽도로 얻어맞은 일이 생각나서 눈물이 나온다. 교실에는 조선말이 가득하다. 새 세상에 새로 태어난 듯하다. 여학생 교실에서 노래 공부로 합창이 들려온다.

거친 산 등성이 골짜기로
봄빛은 우리를 찾아오네
아가는 움트는 조선의 꽃
아가는 움트는 조선의 꽃
오늘은 이 동산 꾸며놓고
내일은 이 강산 향내 펼칠
아가는 움트는 조선의 꽃
아가는 움트는 조선의 꽃

꽃피는 강산에 방방곡곡이
조선의 동무야 우리 동무야
손과 손을 잡고서 손과 손을 잡고서
꽃피는 동산에 봄 마중을 갈거나
얼싸 얼싸 좋구나
앞날의 조선은 우리 낙원
얼싸 얼싸 좋구나

## 좋을시구 좋구나

교실에는 날마다 새로운 동무들이 전학을 왔다. 일제 통치 밑에서 살길 찾아 고향을 떠나 멀리 타향에서 살다가 해방을 맞아 고향으로 돌아온 것이다. 처음에는 나라 안에서 돌아왔지만 날이 지나가자 점점 먼 데서 왔다. 일본에서, 만주에서, 북해도 탄광에서, 화태(樺太-사할린) 얼음판 삼림에서, 대만에서, 남양에서……. 해방된 조국을 찾아 곳곳에서 들어왔다. 이들 동무들은 대개가 일본이나 만주에서 태어났거나 말 배울 때 거기에서 자라나서 조선말을 몰랐다. 안다고 해도 억양이 일본 말이나 중국 말이 되어서 영 듣기가 거북하다. 철없는 어떤 동무들은 이들을 흉내 내고 놀리기도 했지만, 모두가 천진한 아이들이라 공도 차고 자치기도 하면서 곧 한데 어울렸다.

나는 개학날에 전에 다니던 밀양읍의 밀양제이국민학교(지금의 밀성초등학교)에 도로 전학가기 위해 초동국민학교에 가서 전학 서류를 받아야 했다. 나는 지난 4월 달에 읍내에서 고향 마을로 이사 왔던 것이다. 전쟁이 마지막으로 치닫자 왜놈들의 최후 발악으로 할아버지에게 어떤 위험이 올지 몰랐다. 그래서 할아버지는 집을 떠나 징병, 징용, 보국대를 피해 도망간 청년들과 함께 밀양 고을의 북부 산악지대 화악산(華岳山)에 들어가셨다. 그곳에서 연합군이 상륙하면 일본군을 배후에서 칠 준비를 하고 계셨다.

할아버지는 집을 떠나기 전 어머니와 우리 4남매를 고향 마을인 성만으로 옮겼다. 만일의 경우 일가들의 보호를 받을 수 있게 하신 것이다. 그래서 어머니와 다섯 식구들은 성만의 진촌 할배 집 잠실을 빌려 거기에서 살고 있다가 해방을 맞았던 것이다. 이제 해방이 되었으니 가족들 모두 읍으로 도로 가야 했지만 일단 장손인 나만 읍에서 학교를 다니도록 했다. 나는 9월 15일 개학 때 전학 절차를 밟기 위해 전학 서류를 만들어 읍으로 나왔다.

전학 서류를 들고 읍으로 가던 날, 또 미군 비행기가 밀양 읍내의 하늘을 선회하면서 전단을 하얗게 뿌렸다. 거기에는 '미국 태평양방면 육군총사령부(맥아더 사령부)'의 이름으로 포고령 제1호가 적혀 있었다. 태평양방면 사령관의 권한으로 북위 38도선 이남의 조선과 조선 주민에 대하여 군정을 펴고 점령에 관한 포고를 선포한다는 것으로, 특히 일제 통치기관에 종사하던 자는 그대로 업무를 계속하라는 것과 명령에 복종하지 않으면 용서 없이 엄벌에 처한다는 내용이 담겨 있었다. 군법으로 다스리고 사형을 포함해 법이 정한 처벌을 한다는 것이다.

실로 어마어마한 적지에 들어온 침략자나 점령군이 하는 군정과 조금도 다름이 없다. 미군은 인천에 상륙하기에 앞서 왜놈 엔도 조선총독부 정무총감을 만났다. 이 자리에서 미군은 조선을 총독부 관할 아래에 그냥 두기로 하고 미군은 다만 감독만 한다는 의사를 전달했다. 또 점령군이 상륙할 때 일본군이 경비 임무를 맡도록 명령하면서 그 이튿날 환영나간 조선 인사들을 따돌렸다. 이에 그동안 숨죽여 그들의 둥지에 숨어 있던 왜놈들과 그 앞잡이들이 총칼을 들고 나와 인천 부두에 미군을 환영하러 나온 군중에게 마구 총질을 해서 10여 명이나 사상자를 내었다.

미군이 들어와서 제일 먼저 한 짓은 일제의 종로경찰서를 접수하고 거기에 있던 치안대 조선 청년들을 포위 체포하여 왜놈 경찰에 넘겨준 것이다. 이에 힘입은 왜놈들은 조선 청년학생들에게 일방적으로 총격하여 두 사람이나 죽였다. 이처럼 미군이 조선에 들어온 목적은 조선을 해방시키려는 것이 아니었다. 왜놈과 결탁해서 왜놈 대신에 조선을 점령하러 온 것임이 여실히 드러나고 있었다.

미군이 들어와서 이와 같이 저지른 반조선민족적 행태를 본 친일지주들은 살판이 났다. 이들은 당장 행동을 개시해 여운형 선생을 두 번이나 테러하여 중태에 빠뜨렸다. 미군이 들어와 하는 행태를 보고 친일지주들은 미국 놈에게 붙으면 왜놈 때처럼 농민을 그대로 수탈할 수 있는 지주의 지위를 지킬 수 있다는 생각을 했다. 미국 유학생 출신과 과거 선교사 밑에 붙어서 살았던 자들도 그때 배운 혀 짧은 영어를 도구로 해서 적극적으로 미국 놈에게 달라붙으려 했다.

실로 미국은 우리에게 해방자는 아니었고 점령자였다. 조선 민중은 믿었던 도끼에 발등이 찍힌 꼴이었다. 이때부터 세상에는, "미국 놈 믿지 말고, 소련 놈 속지 말고, 일본 놈 일어난다, 조선 놈 조심하라"는 말이 퍼져 나왔다.

# '할로' 들의
# 행태

미군은 조선의 남반부를 점령하자 일제 식민지 통치기관인 총독부를 이어받아 군정청으로 이름을 고쳤다. 거기에 있던 관리들을 그대로 군정청 관리로 고용했다. 조선 인민이 자발적으로 건설한 건국준비위원회를 완전히 무시하고 일제 식민지통치의 하부 기관까지 고스란히 온존시켰다.

미군은 제일 먼저 조선 인민을 탄압할 수 있는 기관부터 정비했다. 일제 식민지 통치의 법무기관과 경찰기관의 간부들과 간담회를 열고 일제 때 검사인 자와 판사인 자, 그 밑에서 보조 역할을 하던 서기들을 검사, 판사로 임명했다. 또 그동안 치안을 유지했던 치안대를 기관총을 들이대고 해산시킨 뒤 개구멍에 숨어 있던 경찰을 되불러 그 자리에 도로 앉혀놓았다.

또한 미 군정청은 친일지주들을 옹호했다. 점령지에서 장차 토지 소유 관계가 아무런 변동이 없을 것임을 선포하여 봉건적 토지 소유 관계를 굳

했다. 또 일본 정부와 일인의 개인 재산에 대해서도 8월 9일 후의 변동을 무효로 선언하고, 적산(敵産)이라 해서 군정청의 소유로 만들었다. 이로써 남조선 경제의 80퍼센트를 미 군정청이 차지하게 되었다.

점령 미군의 군정 정부인 군정청에는 책임자를 미군 장교나 하사관으로 배치했고, 일제의 앞잡이가 되어 동족을 못살게 탄압하던 반역자들을 내세워 다시 일제 식민지식 통치를 시작했다. 일제의 앞잡이가 이제는 미제의 앞잡이로 변신하여 동포들 위에 다시 군림하게 된 것이다. 그것도 순사 하던 놈은 순사부장이나 주임이 되고, 서기 하던 놈은 계장이나 과장이 되고, 계장이나 주임 하던 놈은 면장이나 군수로 올랐다.

이들에게는 미국이 생명의 은인으로 보였고 더할 수 없는 상전으로 보였다. 하기야 민족반역자로 맞아죽거나 집이 몽땅 망해 버려야 할 놈들이 다시 햇빛을 볼 수 있게 되었으니 그놈들에게는 상전도 그런 상전이 있을까. 다시 나타난 놈들의 얼굴에는 빙글거리는 회심의 미소마저 어리어 있었다.

미군이 이윽고 밀양에도 나타났다. 학교가 다시 열리기 며칠 전이었다. 챙 없는 뾰족한 모자를 삐딱하게 쓰고 누리끼리한 카키색 군복을 입은 미군은 우리들이 나중에 지프차라고 부르게 된 지붕 없는 납작한 작은 자동차를 탔다. 앞자리에 입술이 두툼하고 오그랑 머리를 한 검둥이 녀석이 사람 좋은 웃음을 헤벌쭉 웃으며 운전석에 앉아 있고, 그 옆에는 코가 좁고 날카롭게 선 흰둥이 놈이 껌을 질겅질겅 씹으면서 지나가는 여자에게 한쪽 눈을 껌벅거리며 희롱을 걸었다. 뒷자리에 앉은 조선 놈은 누리끼리한 미군 군복을 얻어 입었는지 깃도 크고 바지도 헐렁하다.

우리 아이들이 구름떼처럼 모여 양놈과 검둥이 놈을 보려고 지프차를 둘러싸고 있었다. 그 조선 놈이 챙 없는 뾰족모자를 고쳐 쓰면서 내려오더니 손을 흔들며, "가라, 가라"라고 하면서 우리들을 쫓는다. 검둥이 놈이 이

흉내를 내는지, "까라, 까라"라고 소리를 지르며 손을 젓는다.

흰둥이 놈이 그러지 말라고 했는지 검둥이와 조선 놈은 조용해졌다. 흰둥이 놈은 뒷자리에 놓아둔 보퉁이 같은 가방을 열더니 알록달록한 사탕과자와 진한 갈색인 납작한 과자와 껌을 꺼내어 수북이 모자에 담아 우리들을 향해 휙 뿌렸다. 나중에 알고 보니 드롭스와 초콜릿이었다. 아이들은 이 돌연한 사건에 한동안 입을 벌린 채 바라만 보았다. 이윽고 서로 땅에 떨어진 과자를 줍겠다고 그 일대는 수라장으로 변하고 말았다. 놈들은 이것을 보고 낄낄거리며 박장대소를 한다.

나는 땅에 떨어진 과자를 서로 줍겠다고 아우성치는 아이들이 어처구니없었다. 이것을 보고 낄낄거리는 흰둥이 놈과 검둥이 놈이 미웠다. 그리고 이놈들과 함께 아이들을 비웃는 듯한 조선 놈이 더욱 괘씸했다. 몇 해 전에 우리 집에 유기(놋그릇)를 빼앗아 가기 위해 일본 국민복을 입고 장딴지에 게도르를 치고 온 조선왜놈의 얼굴이 그놈의 얼굴과 겹쳐 떠올랐다. 이놈은 제일 먼저 미국 놈의 종노릇으로 들어붙은 통역관이었다.

그 뒤 양놈이 지나갈 때마다 아이들은 과자를 얻겠다고 극성이었다. 양놈은 그때마다 과자를 땅에다 뿌렸고, 과자를 줍는 아이들을 보고 낄낄 웃었다. 놈들은 우리들을 존중하는 해방자가 아니었다. 우리들을 멸시하는 점령자였다. 그것은 바로 침략자와 다름이 없었다. 침략자들은 언제나 점령지에 그들의 주구를 물색한다. 주구는 나라와 겨레를 생각하기보다 제 일신만 생각하는 자들이 하는 짓이다. 그런 놈들은 침략자가 들어오면 그들에게 찰싹 들러붙어 일신의 영화만 생각한다. 침략의 고통을 당하고 있는 동포들을 멸시한다. 그 멸시는 오히려 그들의 상전인 침략자들보다 더하다.

반역자 놈은 피를 나눈 동포들을 멸시함으로써 배신의 양심을 달랜다. 저 멀리 몽고 침략 때 친몽 반역자들은 제 동포를 '꺼우리'라고 했다. 그것은 만주에서 천한 노동자를 지칭할 때 쓰는 '꾸리'라는 말로 남아 있다. 임진전쟁 때 왜놈의 주구 노릇을 하던 반역자들은 왜놈이 조선 사람을 멸시해서 부르는 말인 '사라미'를 그대로 써서 제 동포를 멸시했다. 한말에 일진회 놈과 그 뒤 헌병보조원을 하던 반역자 놈들은 자기 동족을 '엽전'이라고 부르며 업신여겼다. 그들은 한술 더 떠서, "조선 놈과 명태(북어)는 두들겨 패야 맛이 난다"고 하면서 침략자를 대신해서 몽둥이질을 했다.

일제가 망하자 친일반역자들은 생명조차 보장할 수 없는 처지에 놓였다. 그래도 우리 동포들은 예로부터 평화를 사랑하고 핏줄을 아끼는 겨레이다. 해방되는 길로 이들을 당장 타살하지 않고 새 나라가 서고 난 다음으로 미루었다. 더러 몇 곳에서 격분한 군중들이 이들 반역자들을 처단하려고 한 곳도 있었으나 건준과 치안대에서 그들 군중들을 간곡하게 타일러 큰 불상사를 막을 수 있었다.

침략자의 주구가 되어 다시 나타난 친일반역자 놈들은 일제로부터 얻은 자신들의 기득권을 도로 찾는 데 혈안이 되었다. 그들은 과거 선교사들로부터 배운 영어를 구사하는 친일 목사들과 미국 유학생 출신으로 일제의 통치에 협력한 친일지주의 자식들을 앞장세워 미 점령군에 줄을 달아 출세의 길을 찾았다. 또 혀 짧은 영어 몇 마디 할 줄 아는 건달들도 이에 질세라 설쳤다. 이들은 미국 놈들에게 갈보를 사다 안기기도 하는 등 갖은 아부를 다하여 해방 직후 왜놈들이 버리고 간 여러 가지 이권을 주워 모으는 데 혈안이 되었다.

이리하여 친일주구들은 일제의 식민지였던 조선의 남부를 미제의 식민지로 재편성하는 첨병으로 나서게 되었다. 미제는 이들을 십분 이용하였다. 일제로부터 해방된 조선에는 또다시 식민지의 검은 구름이 드리워지고 있었던 것이다.

# 테러 당한
## 유천 할아버지

유천 할아버지가 테러를 당했다.

유천 할아버지는 나의 종조부이다. 할아버지는 4형제이셨다. 할아버지가 맏이시고, 둘째는 우리들이 안포동 할아버지라고 부르는데, 안포동이라는 동네에서 사시다가 내가 태어나던 해에 돌아가셨다. 셋째 할아버지가 유천에 사셔서 우리들은 유천 할아버지라고 불렀고, 넷째 할아버지는 4형제 중 끝이라서 그냥 끝에 할아버지라고 불렀다.

이 유천 할아버지가 밤중에 복면을 하고 들어온 괴한 7, 8명의 습격을 받아 머리가 깨지고 갈비뼈가 부러지고 많은 피를 흘렸다. 인사불성의 중상이다. 8 · 15 해방 후 두 달 남짓 지난 10월에 일어난 사건이다. 끝에 할아버지가 삼성의원 김형달 선생을 모시고, 읍내의 청년들 10여 명과 함께 새벽에 자전거를 타고 급히 달려갔다. 연계소 고향집에서는 모두 걱정으로 하회를 기다리고 있었다. 한낮이 되어서야 끝에 할아버지가 돌아오셨다. 그래서 범인은 모르지만 그사이 상동면 인민위원회 치안대장의 조사로 사건의 경위를 알게 되었다.

유천 할아버지는 일제 말기에 산업조합 유천지소의 고원으로 겨우 취직 자리를 얻었다. 산업조합 창고 옆에 붙은 단칸짜리 방에서 어린 젖먹이 아이 둘을 데리고 할매와 네 식구가 살고 있었다. 할아버지는 거기에서 8 · 15 해방을 맞았는데, 학식도 있고 사무적 능력도 있으며 주변 사람들에게 존경을 받고 있어서 상동면에 건준이 결성되자 위원장으로 추대되었다. 또한 건준이 인민위원회로 개편되자 상동면 인민위원회 위원장으로 추대되어 면내의 치안과 면민의 후생을 위하여 열심히 일했다.

상동면의 두어 동네에는 벼 천 석이나 하는 지주가 있었고 부농도 여러 집이 있었다. 가을 추수 때가 되자 마름과 부농이 곡수(소작료)를 매기기 위하여 자기들 소유의 논에 가서 소작인을 불렀다. 그들이 일제 때의 관례를 따라 7, 8할의 소작료를 요구하자 소작인들은 건준과 인민위원회에서 정해 준 3할의 소작료를 주장하면서 시비가 붙었다.

유천 할아버지는 현장에 가서 싸움을 말린 뒤, 지주와 부농의 대표자를 면사무소에 불러 타일렀다.

"이제 나라도 해방되고 세상도 달라졌으니 옛날처럼 피땀 흘려 지은 농사를 혹독하게 빼앗아 갈 생각을 버려야 합니다. 건준 중앙에서 정했고 중앙인민위원회의 정강으로 내어놓은 '3·7제'를 지켜야 합니다."

지주와 부농의 대표자들은 발악적인 욕설을 했다.

"내 땅에서 난 소출을 땅 임자 마음대로 정하는 것은 천하의 법도인데, 어느 도적놈들이 3할만 내도록 했느냐!"

할아버지는 옛날 소작인이 당하던 가혹한 수탈을 비난하면서 마주 호통을 쳤다.

"남의 피땀을 짜는 놈이 진짜 도적놈 아니냐! 이놈들, 옛날에는 왜놈 순사를 데리고 마구 제 맘대로 했지만 이제는 네놈들 뜻대로 안 된다. 농민들도 이제는 마구 당하기만 하는 무지렝이가 아니다. 해볼 테면 해보아라."

그러자 지주의 마름 노릇 하는 놈이 일어서 나가면서 협박을 했다.

"안병제(安秉濟) 이놈, 네놈 대가리가 성할 줄 아나! 다리몽댕이가 성할 줄 아나!"

할아버지는 인민위원회와 소작인조합을 소집하여 소작료 '3·7제'를 절대 관철하기로 결의했고, '3·7제'가 아니면 소작료 불납을 동맹했다. 유천 할아버지의 피습은 이 일이 있은 지 사흘 만에 일어난 사건이었다. 할아버지는 삼성의원 의사인 김형달 선생이 그곳에 도착할 때는 출혈이 심해서 위독했으나 가까스로 생명을 건졌다. 그러나 그 후유증으로 빈혈을 앓으셔서 아무 일도 할 수 없었다. 그리고 그 후휴증으로 1951년 3월에 돌아가셨다.

이러한 테러는 남조선 곳곳에서 벌어졌다. 친일지주들의 집단인 한국민주당은 경향 각처 불량배들을 돈으로 매수해서 토지개혁을 주장하는 진보적 정치지도자들에게 마구 테러를 가해 세상을 공포 분위기로 몰고 갔다. 여운형 선생은 9월 초에 벌써 두 번째 테러를 당했다.

군정청은 이들 테러를 막지도 않았고 막을 생각조차 없었다. 미제에게는 조선 인민의 진보적 지도자들이 식민지 재편성에 방해물이었다. 그래서 그들의 제거가 '불감청고소원(不敢請固所願)'이었던 것이다. 그 일이 일어난 지 며칠 안 되어 아직 건준의 간판을 달고 있는 밀양군 인민위원회 사무소인 읍사무소 이층에 불량배 셋이 나타났다. 두 놈은 박달나무로 만든 다듬잇방망이를 들고, 한 놈은 왜놈 무사들이 쓰는 날이 시퍼런 '아이구치(短劍)'을 들었다.

다듬잇방망이를 든 두 놈은 할아버지의 양옆에 서고 '아이구치'를 빼서 든 놈은 그것을 할아버지의 가슴에 들이대며 소리쳤다.

"안병희, 너는 뱃속에 칼이 안 들어가나!"

할아버지는 지주 놈들이 보낸 테러임을 곧장 알고, 가슴을 풀어헤쳐 시퍼런 칼날에 들이댔다.

"오냐, 이놈. 왜놈도 내 뱃속에 칼을 못 넣었다. 친일파 놈의 칼맛 한번 보자."

할아버지의 부릅뜬 이글거리는 눈빛을 보자 이놈은 풀이 죽기 시작했다. 손을 부들부들 떨고 있었다.

"날 죽이러 온 놈이 떨기는 왜 떠노. 이 불쌍한 놈아!"

할아버지가 웃으면서 말하자 떨고 있는 이놈의 손에서 칼이 바닥에 툭 소리를 내면서 떨어졌다. 손만 떠는 것이 아니라 몸 전체가 떨고 있다.

이윽고 이놈이 무릎을 꿇고 머리를 숙였다.

"어르신, 죽을죄를 졌습니다. 처분대로 받겠습니다."

이놈이 꿇어 빌자 함께 온 두 놈도 방망이를 떨구고 무릎을 꿇었다. 그러자 사무실에 오두망찰 서 있던 청년들이 우루루 달려들었다.

"두어라. 그놈들 보자 하니 귀환동포 같은데. 위원장실에 데리고 가자."

할아버지는 그렇게 말하고는 앞서 들어갔다.

세 놈이 들어오자 할아버지는 한참 놈들을 내려다보았다. 그러자 세 놈은 제풀에 모든 것을 털어놓았다. 이 세 놈은 일본에서 야쿠자 조직의 하수인으로 사람을 해치기도 했던 불량배였다. 이놈들은 배운 것이 건달 짓이라 부산 '도때기시장(현재 국제시장)'을 무대로 해서 노점상으로부터 자릿세를 뜯어먹고 있었다. 그러던 중에 어떤 돈 많은 자가 와서 '어깨패(폭력조직)'를 만들자고 제안했고, 이놈들은 술밥값에 용돈마저 꽤 얻어 썼다고 했다.

하루는 그놈이 와서 큰 것 한 번 하고 겨우살이를 편하게 하자면서 모두 모아놓고 건수를 배당했다. 그 세 놈에게는 밀양 인민위원장을 죽이고 사무실을 부수고 오라고 했다.

할아버지는 그들에게 해방된 조국에 왔지만 우리들이 일을 제대로 못해 나쁜 길로 가게 되었다고 위로했다. 이들 셋은 통곡을 했다. 그들은 한참 울고 나더니 말했다.

"일본에서는 건달 짓을 해서 살았지만 고국에 와서는 절대 그런 짓을 안 하고 잘 살려고 했는데……. 어르신을 만나자 어쩐지 기가 죽습다. 이제는 고향에 돌아가서 머슴 노릇이라도 하겠습니다. 다시는 죄짓고 살지 않겠습니다."

할아버지는 마침 점심때라 사무실에 있는 젊은이를 시켜 국밥을 사 먹이고 그냥 돌려보냈다.

친일지주들과 친일파 놈들은 이제 조직적으로 테러를 하고 있었다. 미제의 진심을 알게 되자 이놈들의 테러는 노골적이었다. 곳곳에서 애국자들은 테러를 당해 피를 흘렸다. 생명을 잃은 애국자들도 있었다. 그러나 군정청은 모른 체했고, 군정 경찰은 오히려 이들을 비호했다.

## 조손간의 토론

일제 때의 순사, 형사들이 숨어 있던 둥지에서 나와 미군의 카키색 군복을 얻어 입고 경찰서에 다시 들어왔다. 해방이 되어 치안대가 조직되자 경찰서 앞은 아이들의 놀이터가 되었다. 더러 치안대 청년들이 함께 놀아주기도 했다. 그래서 이제 경찰서가 옛날처럼 두려운 곳은 아니었다. 그런데 왜놈 때 순사 하던 놈들이 다시 되돌아와 옛날처럼 으스대면서 들락날락하게 되니 정말로 기가 막힐 노릇이었다.

할아버지는 해방 직후 두세 달 동안 그처럼 바쁘시더니 이제는 저녁 일찍이 집에 들어오셨다. 나라꼴이 되어가는 것에 몹시 속이 상하시는 것 같았다. 그러나 그 덕분에 내게는 할아버지와 얘기할 시간이 생겼다. 나는 밤 늦도록 해방 후 세상에 대해 궁금하게 여겼던 여러 가지 의문을 할아버지한테서 풀 수 있었다.

제일 먼저 나는 공산주의가 무엇인지 물었다.

"할배, 동무들이 공산주의는 제 것 네 것 없이 고루고루 갈라서 살자는 것이라고 말하던데, 그러면 아무 집에나 가서 살고 그 집 것을 내 것처럼 마음대로 써도 되는 겁니까?"

"야 이놈아, 그러면 도둑놈이지 사람이냐!"

할아버지는 나를 보고 눈을 흘기고는 설명하셨다.

"공산주의는 사람들이 농사지은 것을 놀고먹는 힘 있는 양반이 모두 차지하는 것이 아니라 사람들이 모두 자기 재주와 힘대로 일하고 자기가 필요한 것을 아쉬움 없이 쓸 수 있도록 하는 제도를 말한다."

나는 그렇게 되려면 그 나라는 미국보다 더 엄청난 부자 나라라야 할 것 같아서 도무지 이해할 수 없었다. 그래서 나는 따지듯 물었다.

"세상에 그런 나라가 어디 있겠노? 소련이 공산주의 나라라던데 소련은 그처럼 마음대로 필요한 것을 먹고 입고 할 수 있는강?"

그러자 할아버지는 고개를 가로흔드시면서 설명해 주셨다.

"소련은 아직 공산주의를 할 만큼 부자 나라는 아니지. 소련은 사회주의 나라야. 사회주의는 공산주의가 되기에 앞서 부자나 권력 가진 사람이 백성이 농사지은 것을 마음대로 차지하는 제도를 없애고 일하는 사람들이 나라의 주인이 되어 사람들이 제가끔 가진 재능대로 힘껏 일하고 일한 만큼 받을 수 있는 제도를 말하지."

나는 좀 이해가 되어 고개를 끄덕였다. 그러자 할아버지는 말씀을 덧붙이셨다.

"사람들이 소수의 부자나 권력가들에게 농사지은 것을 빼앗기지 않고 절약해서 쓰고, 그 남은 것으로 공장을 더 많이 짓고 재주 있는 사람들이 기술을 발전시키면 더욱 편리한 물건을 더 많이 만들 수 있지. 이렇게 해서 오래도록 세상을 발달시키면 공산주의 나라로 될 수 있지 않겠나."

그래도 나는 물을 것이 있었다.

"할아버지, 소련은 가난한 농사꾼과 공장에서 땀 흘려 일하던 노동자들이 단결해서 세상을 확 뒤집어엎고, 임금을 내쫓는 혁명을 해서 사회주의 나라를 만들었다는데, 우리나라도 백성들이 부자들을 쫓아내고 사회주의라는 나라를 만들면 되겠네?"

할아버지는 또 고개를 가로흔드신다.

"그럴 필요는 없다. 부자도 왜놈 밑에서 동포를 못살게 했던 놈들도 있지만 착한 일을 많이 하는 사람도 있지. 왜놈들에게 시달리는 조선을 독립시키려고 돈을 많이 낸 부자도 많았다. 왜놈들은 이런 부자들도 착취하고 구박해서 못살게 굴었다. 그리고 부자도 가난한 농군도 노동자도 모두 같은 핏줄을 가진 조선 동포다. 이때까지는 농사꾼이나 노동자들이 나라에서 아무 권리가 없는 세상이었지만 이들도 똑같은 권리를 가지도록 하는 나라가 되면, 말하자면 민주주의가 되면 네 말대로 세상을 확 뒤집어엎지 않아도 모두가 잘살 수 있는 나라를 만들 수 있지."

민주주의라는 말이 나오자 나는 곧 또 하나의 의문을 터뜨렸다.

"할배, 그런데 민주주의도 여러 가지가 있다던데. 미국식 민주주의도 있고, 진보적 민주주의도 있고. 우리나라는 어떤 민주주의라야 하는강?"

할아버지는 나의 질문이 신통한지 빙그레 웃으시면서 일러주셨다.

"그래, 민주주의도 나라마다 사정에 따라 여러 가지가 있을 수 있지. 미국은 국회라는, 인민을 대표하는 국회의원을 선출해서 만든 기관이 있어서 거기에서 나라를 다스리는 법을 만들지. 또 거기에서 만든 법률에 따라 인민들이 대통령을 선출하고, 대통령이 국회에서 정한 법에 따라 나라를 다스리는 제도란다. 그런데 그 나라는 엄청난 재산을 가진 부자들이 있어서 그 부자들이 지원하는 비용을 기부받아 그 돈으로 '나를 뽑아주시오' 하면서 선거운동을 하지. 말하자면 인민들이 가진 표를 많이 받는 운동을 하는 거야. 그래서 국회의원으로 뽑히려면 엄청나게 많은 돈이 든단다. 그러니까 돈이 없으면 국회의원이 될 수 없지. 말로는 누구나 국회의원으로 나설 수 있다고 하지만 돈 없으면 턱도 없는 일이지."

나는 어디서 주워들은 자본가라는 말을 가지고 틈을 넣는다.

"할배, 그러면 그 사람들은 자본가로부터 기부를 많이 받아 그 돈으로 운동을 하는 거네. 그러면 가난한 노동자 편이 될 수 없고 자본가 편이 되겠네?"

할아버지는 내가 노동자와 자본가라는 말을 하자 좀 놀란 듯했다.

"그래, 딱히 자본가를 위한 민주주의라고는 하지 않지만 그 나라는 제도적으로 자본가가 주인이 되는 민주주의라고 할 수 있지. 그래서 그런 제도를 '부르주아민주주의' 라고 하거든."

내가 다시 할아버지의 말을 받아서 물었다.

"노동자가 주인이 되는 민주주의는 '프롤레타리아민주주의' 이고?"

"응, 지금 소련의 민주주의를 그 '프롤레타리아민주주의' 라고 하고 있지. 소련은 제정러시아라는 쯔아 황제를 쫓아내고 노동자가 농민을 제 편으로 끌어들여 이때까지 제들을 착취하고 억압하던 자본가와 지주들을 권력에서 몰아냈지. 그들과 전쟁을 해서 많은 노동자와 농민이 목숨을 내고 혁명을 이루어냈어. 노동자와 농민이 모든 권리를 차지하고 나라를 다스리는 소비에트라는 기관을 만들어 노동자와 농민들의 세상을 만든 거지."

이처럼 나는 할아버지와 한 방에 거처하면서 밤이 늦도록 얘기꽃을 피웠다. 할아버지는 그즈음 바쁘기는 하지만 나와 밤늦도록 얘기하는 것이 그지없이 평화로워 보였다.

하루는 내가 할아버지에게 물었다.

"할배, 미군과 소련군이 우리나라를 남북으로 갈라 점령하고 있지만 그들이 우리나라의 독립을 지지하고 있다고 하던데. 그런데 우리 조선 사람들이 새 나라를 만들자면 소련과 같은 사회주의 나라를 만들어야 하나?

아니면 미국과 같은 민주주의 나라를 만들어야 하나? 어떤 나라를 만들어야 해?"

할아버지는 고개를 힘 있게 좌우로 흔들면서 길게 설명해 주셨다.

"우리는 우리나라를 만들어야지. 우리가 소련 사람이 아니니 소련을 따를 수도 없고, 미국 사람이 아니니 또한 미국식으로 따를 수도 없지. 나라란 나라마다 사람들이 살아온 역사가 있고 문화가 있지. 우리에게도 반만년의 긴 역사를 가지고 살아온 문화가 있어. 그러니 일제 식민지 제도 밑에서 왜놈 물이 든 왜놈의 침략적인 문화부터 씻어내야 해. 또 친일파 지주들이 논밭과 토지를 차지하고 백성들이 힘써 지은 농사를 착취하고 있는 제도도 밭갈이하는 농민들이 땅을 차지하고 농사지을 수 있는 제도로 바꾸어야지. 조선 사람들의 새 나라는 제일 먼저 조선 사람이 주인인 나라라야 하고, 누구나 똑같은 권리를 가지고 나라 다스리는 일에 참여할 수 있어야 해. 토지를 밭갈이하는 농사꾼들이 차지해서 더 이상 농사지은 것을 놀고 먹는 지주들에게 소작료라며 뺏기지 않아야 하고, 양반 상놈이니 하는 귀천도 없애야지. 또 여자도 남자와 똑같이 공부도 하고 나랏일에 함께 참여할 수 있어야 진정으로 평등한 사회라고 할 수 있지."

"할배, 여운형 선생이 늘상 말씀하시는 정치적으로 평등하고, 경제적으로 평등하고, 사회적으로 평등한 나라의 제도, 그것을 진보적 민주주의라고 한다지?"

"아이구, 니가 벌써 진보적 민주주의도 알고 있구나."

할아버지는 나를 대견해하며 말씀을 이으셨다.

"일제 식민지 제도 밑에서 왜놈이 퍼뜨린 조선 사람답지 않은 모든 것을 씻어야 하는 것도, 다시는 다른 나라의 지배를 받지 않는 것도 중요한 일이지. 그래야 참으로 민족해방이 되는 거지. 그래서 우리 조선 사람이 지금

해야 할 일은 자주독립해서 진보적 민주주의 제도를 가진 나라를 세우는 일이야. 미국 놈들이 들어와서 일제 때 왜놈에게 붙어서 동포를 못살게 굴던 놈들을 끼고 제 놈들이 다시 우리를 지배해 보겠다고 하는 모양인데, 이래 되면 해방이 아니지. 미국 놈의 식민지로 되고 말지. 우리는 미국이 조선을 식민지로 삼으려고 하는 데는 결사적으로 반대해서 싸워야 해. 그러자면 참다운 해방을 위해 나서야 해. 이 투쟁에서 이길 때 우리들은 제2차 해방을 맞이하여 자주독립을 할 수 있을 게야."

할아버지는 이미 미 제국주의의 실체를 감지하고 계셨다. 제2차 해방이 되어야 조선이 완전한 자주독립을 할 수 있다는 말은 어느덧 민중들에게도 퍼지기 시작했다.

나는 이처럼 할아버지에게 배우면서, 또 당시에 간행되던 사상, 경제, 정치 관계의 책을 아직 완전한 이해는 못 하더라도 열심히 읽었다. 어려운 말이 나오면 사회과학 사전을 뒤져가며 그 뜻을 익혀나갔고, 그 문제에 대해 어른들에게 자꾸 물으면서 나의 의식을 열어나갔다.


## '국부' 이승만의 등장

10월에 들어서자 미 군정은 제국주의 침략군의 본질을 드러내기 시작했다. 미 군정은 먼저 한민당 계열의 인사들을 군정의 고문관으로 임명했다. 거기에는 친일지주 김성수(金性洙)를 비롯하여 송진우(宋鎭禹), 김동원(金東元)[3] 등 소위 우익이라 자칭하는 사람들이 대부분이었다. 구색으로 넣었는지 모르겠으나 진보 진영으로는 여운형 선생 딱 혼자였다.

정세는 급박하게 돌아갔다. 군정장관은 군사정부(미 군정)가 남조선의 유일한 정부라며 '조선인민공화국'을 부인했다. 그리고 인민공화국의 내각은 연극을 조종하는 사기꾼이며 인민대표자회의는 군정의 방해물이라고 욕을 하며 혹독하게 비난했다.

10월 16일 오후 2시, 이승만이 맥아더가 내어준 미군용 비행기를 얻어타고 김포공항에 도착했다. 그 이튿날 점령군 사령관 하지와 군정장관 아놀드의 안내로 군정청 회의실에서 내외 기자단과 회견했다. 한편, 바로 즉시 그날에 미 군정은 점령군을 동원하여 전국에 조직되어 있던 인민위원회를 강제 해산시켰다. 여운형 선생은 며칠 후에 군정 고문관을 사퇴했다. 이리하여 군정은 친일지주들과 그들의 이해관계를 반영하고 있는 한민당과 결탁하여 일제 식민지로부터 미제의 식민지로 재편해 나가는 일을 본격적으로 시작했다.

그날 저녁에 이승만은 방송국에서 방송을 했다. 이것은 전혀 우연이라고만 할 수 없다. 방송에서 이승만은 초당파적 대동단결을 호소했다. 모두가 뭉쳐야 한다고 했다. 정말로 애매한 말이었다. 미국에서 오래 살아서 모국어를 몽땅 잊었는지 말소리와 억양도 이상했다.

"우리 조선 사람들은 무조건 뭉쳐야 합네다. 흩어지면 안 됩네다."

---

3) 구한말의 정치가로 평양의 대부호 김대윤(金大潤)의 맏아들이며 소설가 김동인(金東仁)의 형이다. 1906년 일본에 유학하였으나 중도에 포기한 뒤, 숭실·대성학교 등에서 교편을 잡으며 신민회(新民會)에서 활동했다. 1911년 105인 사건에 연루되어 고초를 겪은 뒤, 경제계에 진출하여 목재·면직물 등의 판매업에 종사하였으며, 1924년 평안고무공업사를 설립함으로써 산업자본가가 되었다. 숭인상업학교, 숭실전문학교 등 기독교계 학교의 운영에도 참여했고, 상공업을 통해 벌어들인 재산을 교육계에 투자했으며, 예수교 장로회 총회 부회계 및 평양 YMCA 회장 등을 지내며 기독교계의 중진으로 활약했다. 조만식(曺晚植)과 함께 평안도의 민족주의 세력을 대표하면서도 신간회(新幹會) 등의 정치 분야에는 전혀 관계하지 않고 수양동우회(修養同友會)의 운동론에만 투철했다. 이 단체는 비정치적 분야에서 무실역행(務實力行) 정신으로 건전한 인격 함양을 주장했다. 이 단체에서 사법부에 해당하는 일을 담당하였는데, 이광수와 함께 조직을 총괄하는 최고의 실력자였다. 1935년 평안농사주식회사(平安農事株式會社)를 설립하고, 이듬해에 평안고무공업사를 주식회사로 확대 개편한 뒤, 만주 진출을 기도했다. 공장 노동자들의 파업을 일본 경찰의 후원으로 저지한 뒤, 평양상공회의소 특별 평의원과 부회장을 지내며 총독부에 협력했다. 1937년에 발생한 수양동우회 사건 이후, 1940년 황도학회(皇道學會), 1941년 조선임전보국단에 참여했다. 8·15 직후 서울에 올라와 한국민주당에 참여하여 창당 시 총무를 담당했으며, 1947년 기획부장에 선출됐다. 1948년 서울 용산구 단독 선거에서 국회의원이 되었고, 국회부의장을 역임했으나 5·30 선거에서는 낙선했다. 6·25 전쟁 중 월북했다.

연설하는 곳마다 시종일관 '뭉쳐야 합네다. 흩어지면 안 됩네다' 라는 소리뿐이었다. 해방된 조선의 앞날에 대한 전망은 전혀 없었다. 친일지주가 뭉쳐 정당을 만들고 이들이 진보적 애국자들을 테러하며 군정청에 빌붙어 이권을 챙기고 있는데 이들과도 뭉쳐야 한단 말인가. 그 뒤 이승만의 '무조건 뭉쳐야 합네다' 는 그의 '트레이드 마크' 로 되었다.

그래도 사람들은 '국부' 이승만 박사가 오면 곧 독립이 되는 줄 알고 있었다. 점령군 사령관 하지 중장도 군정장관 아놀드 소장도 그 앞에서는 모두 굽실거리는 듯 보였다. 물론 이승만을 주석으로 추대한 중앙인민위원회에서도 이승만 귀국 환영 발표를 했고 환영회 개최를 결정했다. 온 나라가 이승만 박사의 귀국을 진심으로 환영했다. 이른바 좌익도 우익도 모두 다 환영했다.

이승만은 처음에는 인민공화국 주석 추대에 대해 신중히 고려하겠다고 했다. 또 서울중앙방송국의 방송을 통해서는 공산주의자들에게 호감을 보였다.

"나는 공산주의에 호감을 가지고 있으며 한국의 경제개혁 정책도 이에서 취할 점이 많다. 그러나 급진분자가 농민의 추수를 방해하고 동맹파업을 선동하는 등의 행위는 지양해야 한다."

그러나 이승만의 그 후 행태는 이와 전혀 반대였다. 그는 그를 진심으로 환영하고 '국부' 라고 최고의 존경을 보냈던 근로민중을 반대해 나섰고, 미 군정의 힘을 빌려 진보적 지도자들을 탄압하는 데 가장 앞장섰다.

남조선에서 미 점령군의 군정정부 이외의 어떤 권위도 인정하려 하지 않는 미국이 임시정부에 권위를 붙여줄 리도 물론 없었다. 따라서 임시정부 요인은 임시정부의 기관원으로서가 아니라 개인 자격으로 귀국이 허용되었다. 이리하여 김구 선생과 더불어 김규식, 엄항섭, 이시영 등 15명이 11

월 23일에 개인 자격으로 귀국했다.

임정 요인의 귀국을 맞이하여 온 나라의 동포들은 그들을 따뜻하게 환영했다. 조선 민중으로부터 반역자로 낙인이 찍힌 친일지주와 친미분자들은 '임정 환영'이라는 분위기를 타서 마치 그들이 전부터 임시정부를 받들어 왔던 것처럼 임정 지지를 적극적으로 발표했다. 그러나 만리타국에서 조국의 광복을 열망하면서 청춘을 다 바친 대부분의 임정 요인들은 과연 이들 친일지주와 친미분자들의 환심을 받아들일 수 있을까.

그리고 이때까지 인민공화국 주석 취임을 고려해 보겠다고 하던 이승만은 자신은 임정 구성원이라고 하면서 임정과 타협 없이 아무 데도 관계할 수 없다는 이유를 내세워 주석 취임을 거부하고 나섰다. 그러나 이승만은 전국적으로 임정 요인의 환국을 환영하는 분위기에 대해 '소동'이라 하면서 임정의 권위를 인정하지 않았다.

이승만은 그를 존경하는 민중의 분위기를 이용해 한민당, 국민당, 인민당, 공산당 등 많은 정당·사회단체를 모아 전 민족이 무조건 합심하여 독립을 기약해 일하자고 제의하면서 '독립촉성회 중앙협의회'를 결성했다. 거기에는 박헌영과 여운형도 참가했다. 하지만 박헌영은 조선의 분단은 연합국이 조선 인민의 의사와는 관계없이 강행한 것이라고 했고. 여운형은 친일파·민족반역자를 배제해야 한다고 주장했다.

그러나 이승만은 이러한 수정 요구를 전혀 반영하지 않고 단독으로 연합국에 보내는 메시지를 작성하여 발송했다. 결국 이승만의 독단적 처사로 독립촉성회는 전체 민중의 의사를 반영하고 있는 여운형 등의 탈퇴를 불러일으켜 한민당과 이승만 추종자들만으로 이루어진 단체로 떨어지고 말았다. 종내는 이승만의 정치적 이해관계를 반영하는 단체로 전락되고 말았다. 앞서 말한 임정 요인 환국의 열띤 분위기를 이승만이 소동이라고 비난한 것도 독립촉성회라는 일종의 자기 세력의 과시라고 볼 수 있겠다.

한편 전국인민위원회 대표자대회가 11월 20일부터 23일까지 서울 안국동 천도교 대강당에서 열렸다. 친일파·친미분자들은 거리의 깡패들을 사서 대회장을 파괴하려 들었다. 깡패들은 장작개비를 들고 습격했고, 대회장을 경비하던 청년들과 맞붙었다. 미군 헌병들이 뛰어와서 싸움을 말렸다. 미군 헌병의 수사에 의한다면 당시 대회 습격을 위해 낙산장에 모여 있던 자들은 자칭 '광복군'이라고 하는 자들과 혈맹단, 양호단이라는 깡패들이었다. 그 뒤에는 한민당이 있었으며, 한 사람당 50원씩 돈을 받았다고 했다.

독립촉성회가 친일지주들과 한민당 친미분자들 일색으로 구성되자, 조선인민공화국 주석 취임을 거절한 이승만은 이들을 정치적 발판으로 삼고 진보 진영에 대해 일대 공세를 전개했다. 이승만은 전국인민위원회 대표자대회를 비난했다. 이들을 공산주의자라고 몰아붙였다. 이승만은 12월 17일 중앙방송국의 방송을 통해 공산주의자들은 소련을 조국이라 한다며 조선을 떠나 저희 나라 소련이나 섬기라고 했다. 공산주의자들은 비록 그들이 친부모나 친자식이라 할지라도 원수로 대해야 하고 대의를 위해 애정과 친소를 돌보아서는 안 된다고도 했다. 이는 나중에 그들의 반공투쟁 슬로건으로 되어 오늘날까지 내려오고 있다. 이것은 바로 민족을 이데올로기에 의해 완전히 분열하려는 책동이다. 이것이 바로 이승만의 '무조건 단결해야 합네다'라는 트레이드 마크의 본질인 것이다.

이에 대해 독립촉성회에 들었던 안재홍 선생마저, 이승만은 자기 주변 인물 중심으로 독립촉성회를 구성하고 있는데 이는 화합을 하는 것이 아니라 화합을 파괴하는 데 전심하는 것이라고 비난했다. 마침내 안재홍 선생은 독립촉성회를 탈퇴하고 말았다.

조선공산당도 이승만의 파괴적 활동에 대해 조목조목 비난했는데, 그 내용은 다음과 같다.

'첫째로 대동단결이라는 미명 아래 친일파 · 민족반역자들을 적극 옹호하고 그 집단의 최고 영수가 되었다. 둘째로 조선의 모든 혼란을 근로민중에게 책임을 돌리고 반민주적인 언사를 서슴지 않았다. 셋째는 친일파 · 민족반역도당을 교사 · 지도하여 자기와 뜻이 다르다고 테러하고, 테러단에게 자금과 이권을 주고 그 활동을 방조하는 파괴분자이다. 또 넷째로 1920년대에 조선을 미국의 위임통치 아래에 두어야 한다며 열렬히 활동했던 그 사상을 그대로 지닌 채 파괴적 음모를 꾸미는 반민주적 파쇼분자이다.'

그러면서 조선공산당은 이승만의 반성을 촉구했다.

## 귀환동포

가을도 깊어들자 일본에서 살던 일가들이 돌아왔다. 나의 재종조부인 죽서 할배, 중산 할배 그리고 도동 할배들이 돌아오셨다. 이들은 내게 모두 할배들이지만 당시 나이는 모두 30대의 청년들이었다. 죽서 할배와 중산 할배는 일본에서 철공소의 선반 기술자로 일했고, 도동 할배는 치과 의사로 일했다.

특히 죽서 할배는 일본에 있을 때 발동기 전문가였으며, 노동운동가로서 노동조합 일에도 열심이었다고 한다. 중산 할배는 전문적인 기술은 없지만 철공소에서 일하며 그날그날 어렵게 지냈다. 도동 할배는 치과 의사로 일해서 돈도 좀 모았고, 그 돈으로 자신의 아버지이자 나의 종증조부인 한목 할배에게 집도 장만해 드렸다. 또 시집온 지 몇 해 안 되는 부인인 도동 할매가 시부모를 모시고 있었기에 귀국해서도 삶의 터전이 건실했다.

학식도 좀 있고 기술도 있었던 죽서 할배도 당시에는 조그만 정미소가 많이 생길 때라 일거리가 많아 곧 생활이 안정되었다.

하지만 중산 할배는 일본에서도 어렵게 살았고, 나와서도 자영할 수 있는 경제적·기술적 기반이 없었기에 살기가 막막했다. 중산 할배의 식구들은 얼마 동안 그의 아버지인 한목 할배에게 와서 기거했지만 곧 따로 나와야 했다. 그래서 있을 곳을 찾은 것이 동문 밖에 있는 귀환동포 마을이었다.

이 할배 식구들이 사는 마을에 나는 자주 들렀다. 서너 살 되는 아재들이 남루한 옷을 입고 흙바닥인지 방바닥인지 모를 먼지투성이 속에서 옹기종기 어머니 치마 곁에 모여 있었다. 그 어려운 환경을 느끼고 있는지 쳐다보는 그 천진하고 애잔한 눈망울을 나는 아직도 잊을 수 없다.

당시 아무도 돌보지 않고 내팽개친 동포들의 가긍한 모습은 나의 어린 가슴에도 비애감으로 스며들어 마음을 옥죄었다. 집이래야 꼬챙이 같은 것을 사방에 세우고 거기에다 마분지나 함석 쪼가리로 가린, 판잣집도 못 되는 움막이었다. 골목길은 이곳저곳에서 내다버린 기명물(그릇 부신 물)로 질척거렸다. 좀 떨어진 곳에 구덩이를 파고 사방을 가마니때기로 가린 변소에서는 넘쳐나는 똥물로 악취가 진동했으며, 변소 가는 길목은 발 디딜 곳이 없었다. 이집 저집에서는 아이들의 우는 소리가 들렸다. 가마니때기로 가린 방문 앞에는 한 할머니가 일본에 있을 때 입었던 왜놈 솜옷을 입고 헝클어진 머리카락에 퀭한 눈으로 지나가는 나를 초점 없이 쳐다보았다.

왜놈 밑에서 갖은 고초를 겪다가 이제 조국이 해방되었다고 반갑게 돌아온 동포들에게 그 해방조국이 안겨준 것은 이처럼 가난이었다. 아직도 친일역적들은 따스한 구들방에서 명주 이불을 덮고 보얀 쌀밥을 먹고 사는데 말이다. 그래도 인정 많은 젊은 중산 할매는 장손인 나에게 무엇인가 못 먹여서 안달이었다. 어디에서 구해 왔는지 밀기울이 불긋불긋하게 섞인 수제비를 끓여서 점심 대접을 했다.

"재구야, 맛없지만 많이 먹어라."

나는 아무것이나 잘 먹어서 맛있게 먹었다. 중산 할매의 인정도 함께 먹었다.

이처럼 일제 때 왜놈 등쌀에 마지못해 타국으로 가서 식민지 백성으로서의 서러움을 받고 살았던 동포들이 해방을 맞아 조국을 찾아들었으나 해방된 조선은 이들을 맞을 준비를 하지 못했다. 처음 건준 때와 인민위원회가 활동할 수 있을 때는 약간의 배급과 잠자리를 주선받기도 했지만 미군과 그들이 만든 경찰에 의해 이들 조직이 해산되자 원호의 손길도 끊어지고 말았다.

귀환동포들은 다가올 겨우살이를 맞아 먹을 곳도 잠잘 곳도 없어 거리를 헤매야 했다. 거리에는 지게를 진 귀환동포들이 기차역이나 버스정류소에서 남의 짐을 져다 주고 몇 푼 안 되는 삯전을 얻기 위해 아우성이었다. 조그만 어린이와 할머니들은 미군부대에서 흘러나온 껌이나 과자 나부랭이를 상자에 담아 팔러 나왔다. 청년들은 거리에 나와 부랑자로 흘러들어가는 이도 많았고, 젊은 여자들은 몸을 파는 경우도 많았다. 미군부대 옆에는 이런 아가씨들이 모인 사창굴이 번창했다.

이들은 하루살이를 위하여 무슨 일이라도 했다. 도둑, 소매치기, 폭력 등 온갖 범죄가 들끓었다. 이들은 친일지주들이 던져주는 몇 푼 안 되는 돈을 받고 빈속에 몇 잔의 술을 마시고선 진보적 애국자들을 테러하는 데 동원되기도 했다. 특히 만주나 중국 같은 험한 곳에서 돌아온 주먹깨나 쓰는 자들은 혈맹회니 맹호단이니 하는 스산한 이름을 붙인 정치조직 깡패를 만들어 한민당이나 친일지주들과 흥정해서 테러와 암살에 동원되기도 했다. 여운형 선생은 이들에게 가장 주된 표적이었고, 몇 번이나 총격을 당했으며 폭행을 당했다.

귀환동포들이 모여 사는 곳은 일제 통치자들이 지은 식량 창고나 무명 창고, 누에 창고 등이었고, 왜놈들이 두고 간 신사나 일본 절 따위였다. 수많은 가족이 한데 모여 아무 칸막이도 없이 살고 있었다. 특히 아이들은 영양부족으로 갈비뼈가 앙상하게 드러났다. 커다란 머리통에 푹 꺼진 눈망울로 쳐다보는 아이들의 천진한 눈동자를 볼 때 동포의 처참한 비애로 눈물이 나오지 않을 수 없었다.

밀양의 귀환동포들 중 가까운 일가들이 있는 사람들은 일갓집에 가서 아래채나 헛간에 방을 들여 살 수 있었다. 하지만 일가가 모두 솔권해서 타국으로 간 사람들은 우선 들어갈 곳이 없었다. 건준이 있고 인민위원회가 행정을 맡아 하던 때는 창고나 관공서의 부속건물을 비우고 우선 한동을 면하도록 했지만 군정청이 터 잡고부터는 그냥 내버려 두었다.

군정청이 들어서고부터 모국 귀환이 더욱 많아졌는데, 아무도 이를 주선해 주는 사람이 없었다. 찬바람이 부는 겨울이라 이들은 읍내 산자락 빈터에 짚을 얻어다가 주워온 나무막대기를 질러놓고 이엉을 걸쳐 토막을 지었다. 그래서 곳곳에 토막집 마을이 들어서게 되었다. 밀양에서 이러한 제일 큰 마을이 동문고개 너머에 생겼다. 이 마을은 나중에 사과 상자의 판자나 마분지 상자를 뜯어 벽으로 하고 지붕은 함석 쪼가리와 판때기로 덮은 어설프기 짝이 없는 판잣집 동네로 되었다. 1960년대 들어서 지방 예산으로 겨우 벽을 치고 기와를 이었지만 이것 또한 어설픈 연립주택으로 여러 세대가 칸칸이 살고 있었다.

앞서 말한 할아버지의 사촌인 중산 할배도 일본에서 철공소에서 일하다가 해방이 되어 귀국했는데, 있을 집이 없어 하는 수 없이 귀환동포 수용소에서 한동안 지내다가 동문 밖의 귀환동포 마을에 터를 잡고 살았던 것이다. 나중에 그곳 연립주택을 한 칸 얻어서 살았는데 그 고생이야 이루 말할 수 없었다. 이들에게는 8·15 해방이 해방이 아니라 가난의 구렁텅이였을 뿐이다.

할아버지의 종숙인 예림 할배가 일본에서 식구를 데리고 돌아오셨다. 예림 할배의 아들 3형제 중에는 내 또래인 막내 아재가 있었다. 일본에서 초등학교 6학년을 다니다가 와서 나와 같은 학년이지만 조선말은 하나도 몰랐다. 아마 일본에서 조선 사람 행세를 하면 구박을 받기 때문에 식구들 모두가 집에서도 일본 말을 썼기에 그런 것 같다. 학교에 들어가도 조선말을 못하니 공부를 할 수 없었다. 그래서 2년을 늦추어 4학년에 들어갔다. 옛날 우리 동네였던 통바우 동네에 예림 할배의 조카 집이 있어서 그 이웃에 초가집을 하나 사서 살았다.

이 예림 할배의 장남인 큰아재가 귀국할 때 어렵게 가지고 온 삼륜차가 있었다. 이곳에서 그것으로 영업을 하려면 차번호도 새로 달아야 하고 영업 감찰도 내야 했다. 여기저기 알아보았으나 당시의 공무원들이라는 게 거의가 사기꾼이나 다름없는지라 돈만 숱하게 뜯기고 빚만 생겼다. 마침내 그 빚 때문에 삼륜차를 처분하지 않을 수 없게 되고 말았다.

귀환동포들은 갑자기 그들이 살던 곳과 문화가 달라지고 이때껏 살던 곳과 말도 달라 의사가 통하지 못하는 사람이 많았다. 더러 귀환동포들 중에는 그 험한 곳에서 열심히 일해 푼푼이 모은 재산을 팔아 나중에 돈으로 바꿀 수 있는 물건으로 장만해서 한 재산 가지고 온 사람도 있었다. 하지만 그런 돈의 냄새를 용하게 맡고 접근해 오는 발랑 까진 본토박이 사기꾼에게 다 털리고 말았다.

우리 조선 사회는 왜놈 시절에는 겨레의 원수가 바로 곁에서 살았고 그들의 행패를 직접으로 당해서 남의 고난을 자기 것으로 생각하는 인정도 생겨났지만, 8·15 해방 후 귀환동포들이 조국에 돌아와서 얻은 것은 가난과 멸시뿐이었다. 그래서 다시 지긋지긋한 원수 놈의 나라로 밀항선을 타고 들어간 사람도 많았다. 특히 날이 갈수록 심해지는 군정 경찰의 탄압을 피해, 그리고 동족상잔의 전쟁에서 목숨을 부지하기 위해 밀항선을 타고 일본으로 도로 들어갔다.

## 얌생이와 모리배

한편 미군부대에서 몇 푼 안 되는 돈을 받고, 그 짧은 혀로 몇 마디 영어 흉내를 내는 작자들이 통역관이랍시고 미군 지프차 뒤칸에 올라타고 으스대는 꼴은 참으로 가관이었다. 운전하는 미군 옆자리에 앉은 양공주(이들도 대부분이 귀환동포였다)와 더불어 그들의 모습은 바로 미국 점령군의 전형적인 그림으로 됨직하다.

이들 통역관이나 양공주들을 통해 수많은 미군의 전쟁 잉여물자들이 흘러나왔다. 그러나 이러한 미군의 경제유통은 조선 경제에는 아무런 보탬이 되지 못했다. 오히려 일제의 압제에서도 겨우 명맥을 이어오던 수공업적인 제과업이나 생활필수품의 제조업이 돋아나올 터를 완전히 짓밟아버리고 만 셈이다.

미군이 주둔해 있는 곳의 창고에는 경비병을 따돌리고 창고를 터는 도둑들이 들끓었다. 미국은 과연 물풍한 나라였다. 부산 부두에 있는 미군 군수품의 하역장은 거의 모든 창고를 다 쓰고도 모자라 그냥 근처 밭둑에 쌓아놓고 말뚝을 박아 철조망으로 둘러놓고 있었다. 영악한 조선 사람들은 그것을 그냥 둘 수 없었다. 처음에는 무엇에 쓸 것인지도 잘 몰랐으나 통역관이나 양공주들을 통해 미제 물품이 시장에 나오기 시작하자 그 수요가 점점 늘었다. 그런 통로로는 감당하기 어렵게 되었다.

조선 사람들 가운데 영악한 놈들은 양공주를 데려가거나 통역관이 미군 경비병에게 수작을 걸어 눈을 딴 데로 돌리게 한 다음 야적된 물품을 훔쳐냈다. 이런 행위가 당시에는 '얌생이 몬다'는 말로 유행되었다. 이 '얌생이 몬다'는 말의 유래로, 참말인지 지어낸 말인지는 모르지만 다음과 같은 이야기가 있다.


부산 부둣가에는 일제 때부터 철조망이 쳐져 있었다. 그 밖은 널따란 초원이었다. 그 근방에 사는 농민들은 이 초원에 염소를 몰고 와 풀을 뜯겼다. 해방이 된 지 얼마 안 돼 부둣가에는 엄청난 양의 미군 물품이 야적되기 시작했다.

하루는 언제나처럼 어떤 농민이 염소를 몰고 야적장 곁 철조망 밖에 가서 염소에게 풀을 뜯기고 있었다. 철조망이 허술해서 제법 큰 구멍이 나 있었고 마침 경비병이 저들끼리 장난을 하느라고 이쪽에는 관심을 두지 않고 있었다. 농민은 쿵덕거리는 가슴을 안고 철조망 구멍으로 들어가 야적해 놓은 곳에 숨어들었다. 덮어놓은 가리개를 들치고 닥치는 대로 한 아름 안고 들어간 구멍으로 도로 나왔다. 그 다음 그 물건을 풀밭에 숨겨놓고 염소를 집에 몰고 간 다음, 해가 진 후 그 물건을 찾아갔다. 그 물건을 시장에 팔아 짭짤한 수입을 얻었다. 그 다음날도 이렇게 해서 수입을 올렸다.

아침마다 일찌감치 염소를 몰고 나가 재미를 보던 사실을 가까운 사람이 알고 있었다. 이른 아침에 이 농민을 만난 그 사람은 아침 인사를 했다.

"이 사람, 오늘도 얌생이 모나?"

얌생이는 염소의 경상도 사투리이다.

이 말이 한 입 두 입 건너 남의 것을 슬쩍 훔치는 것을 '얌생이 몬다'고 했고, 그 말이 곧 유행이 되었다. 이 말은 요즘도 쓰는 말인데, 이 말을 하는 사람은 그 연유나 아는지.

아무튼 이리저리 미국 놈이 들어와서 하는 일이란 이처럼 순박한 조선 농민을 '얌생이나 모는' 영악한 사람 따위로 만드는 것들이었다.

그리고 미군부대 곁에 있는 동네는 밤이 되면 불안했다. 총을 든 병사들이 남의 집 대문을 부수고 들어와 여자를 내어놓으라는 행패가 말할 수 없을 만큼 심했다. 이놈들의 눈에는 어린이도 할머니도 보이질 않았다. 닥치는 대로 잡아다가 식구들이 보는 앞에서 강간을 해대었다. 여자가 보이질 않으면 남자에게도 덤벼들었다. 가히 짐승이었다. 미군은 들어오자마자 우리 민족을 이처럼 모욕했다. 이 버릇은 아직도 끊어지지 않고 있다. 그것은 바로 제국주의 군대의 본질에서 나온 것이다.

지난 가을은, 그러니까 해방되던 해의 가을은 보기 드문 풍년이었다. 게다가 농민은 살인적인 소작료를 물지 않고 3할만 지주에게 바치고 나머지 7할을 옹근 자기 것으로 손에 넣을 수 있었다. 해방의 덕을 일단 톡톡히 본 셈이다. 농민은 1년간의 양식을 챙겨두고 나머지는 시장에 내다 팔았다. 그래야 도시 사람들이 살 수 있는 것이다.

그런데 초겨울부터 시장에는 쌀이 보이지 않았다. 하루가 다르게 물가는 치올라갔다. 왜놈들이 망할 무렵 조선은행권 지폐를 엄청나게 많이 찍어 뿌려놓았기 때문에 물가는 감당할 수 없도록 오르기만 했다. 그건 그렇다고 해도 도대체 쌀이 시장에서 보이지 않았다. 이제는 일제 때처럼 조선 쌀을 일본에 싣고 가지 않는데도 말이다. 이게 웬일인가.

들리는 소문으로는 조선 쌀이 일본으로 빠져나가고 있다는 것이다. 누가 조선 쌀을 우리가 먹기에 모자라도록 빼내고 있는가. 모리배들이라고 한다. 모리배들이 일본으로 비싼 값을 받고 쌀을 실어내고 대신 공산품을 들여오고 있다는 것이다. 부산 남포동 항구나 마산, 여수, 그 밖의 조그만 어항에서 모리배들은 통통배에 쌀을 실어 일본으로 내다 팔고, 대신 조선에서 생산하지 못하는 기계 부속품이나 견직물 등 사치성 물품을 들여와서 비싼 값을 받고 팔았다. 그러면서 엄청난 이윤을 챙기고 있었다. 이를 위해 시장에 나오는 쌀을 닥치는 대로 사서 일본으로 실어낸다는 것이다.

일본은 전쟁 중 미군의 폭격과 잠수함 공격으로 오랫동안 조선 쌀을 실어내지 못해 굶어죽는 사람이 허다했다고 하는데, 이제 통통배로 실어내는 조선 쌀을 먹을 수 있게 되었다. 미국의 일본 점령군 사령부도 격심한 식량난이 이렇게라도 좀 풀리게 되었으니 불법적인 밀수행위라도 눈감아 줄 수밖에 없었다.

조선에서는 많은 쌀이 일본으로 빠져나가자 쌀값이 천정부지로 올랐다. 그 통에 죽어나는 것은 조선 사람들이었다. 그중에서도 귀환동포들에게 그 고통의 주름이 모이게 되었다. 겨울은 다가오는데 먹을 것도 없고, 불기 있는 방도 없고, 얼어 죽게 될 수 밖에 없었다. 인민위원회가 읍사무소에서 쫓겨나면서 그동안 건준에서, 인민위원회에서 식량 배급을 받던 것이 없어지게 되자 우리 집도 겨우살이가 막막해졌다. 그해 겨울은 유달리 더 추웠다.


## 모스크바 3상회의

이런 어수선한 연말에 모스크바에서 미·영·소 세 나라의 외상이 모여 전후 문제를 처리하는 협정을 맺고 12월 28일 세 나라의 수도에서 발표했다. 거기에 조선은 향후 5년간 미·영·소·중 4개국에 의한 신탁통치를 한다는 내용이 있었다. 이로 인해 나라 안은 발칵 뒤집힐 지경으로 들끓었다. 미국이 이미 얼마 전부터 내비쳤던 신탁통치가 4개국 공동이라는 것으로 바뀌었지만, 조선 민중은 신탁통치라는 말에 흥분하고 말았다. 조선 사람이라면 어느 누가 신탁통치를 받아들이겠는가. 모든 정당·사회단체들과 개별 인사들은 신탁통치라는 말에 불문곡절 반대하고 나섰던 것이다.

미국은 날이 갈수록 남조선 점령에서 제국주의적 본성을 드러내기 시작했다. 모스크바 3상회의 결정이 발표되기에 앞서 미국은 10월 20일 미국의 전후처리3부조정위원회가 점령군 사령관의 정책 수립에 대한 일반 정책이라면서 신탁통치를 들고 나왔다. 거기에는 미·소 양군에 의한 조선의 지역적 군사 점령을 가능한 한 빠른 시일에 신탁통치로 대체한다는 내용이 있었다. 그 이튿날 국무부 극동담당관 빈센트는 이렇게 담화를 발표했다.

"조선은 오랫동안 일본에 부속되어 있었기 때문에 즉시 자치할 준비가되어 있지 않다. 그러므로 우리는 일정 기간 동안 조선인이 그들 나라의 독립정부를 떠맡을 준비를 갖출 수 있도록 신탁통치할 것을 주장한다. 그 기간은 얼마나 걸릴지 모른다. 그러나 짧으면 짧을수록 좋다는 데에 동의한다."

조선의 민족지도자들은 이에 대해 모두가 한목소리로 맹렬히 비난하고 반대했다. 그러자 미국은 군정장관의 입을 빌려 신탁통치는 군정 당국의 의사가 아니라 빈센트 개인의 의사라고 일단 얼버무렸다. 그러면서 하지와 아놀드는 이승만, 송진우, 김성수 등 친일지주 출신의 정치인과 친미 정치인들을 불러 밀담을 했고, 그들 중 몇 사람을 군정청 부장, 국장 등 요직으로 발탁해 일제의 식민지 체제를 미제의 식민지 체제로 바꾸어놓는 작업에 열중했다.

11월에 들어서자 임시정부 주석인 김구 선생이 귀국한다는 말이 돌았다. 정세가 이처럼 급박하게 돌아가자 민중으로부터 반역자로 비난받고 있던 민족반역적 친일지주들과 친미분자들은 이 기회를 포착했다. 그들은 군정에 들붙어서 미 제국주의의 식민지 재편 책동에 협력하고 인민공화국을 반대하는 대신 임시정부를 받들며 나왔다. 어제까지의 반역자가 갑자기 애국자로 변신할 기회를 잡을 수 있다고 본 것이다. 그리하여 임시정부 인사들의 귀국을 마치 해외 혁명정부가 환국하는 것처럼 유달리 설쳐대고 당장 나라가 신탁통치로 들어가고 마는 것처럼 날뛰었다.

미제의 이러한 신탁통치의 모략적 소동은 두 가지 의미를 가진 국제정치적 전략에서 나온 것이다.

그 하나는 앞으로 있을 전후 문제를 처리하기 위한 미·소·영 3국 외상회담에서 미국이 조선에서 물러나지 않을 구실을 마련하기 위한 국제정치적 전술이었다. 얄타회담에서 합의한, 미군과 소련군이 일본군으로부터 항복을 받고 무장해제한다는 협정은 조선에 북위 38도선을 긋고 실시됐다. 10월 말에 이르자 미군도 소련군도 그 임무를 끝마치고 있었다. 이제는 두 나라의 군대가 조선에서 물러갈 일만 남은 것이다. 그러나 미제는 이왕에 손에 들어온 남조선을 그대로 놓기 싫었던 것이다. 그래서 점령군이 계속 주둔할 구실로 내놓은 것이 조선은 아직 자치 능력이 미숙하므로 상당히 오랜 기간 신탁통치를 해야 한다는 것이었다.

또 다른 하나는 미군이 남조선에 들어오기 전에 조선 민중이 남조선에 자결적으로 수립한 '조선인민공화국'을 파괴하기 위한 모략적 전술이었다. 8·15 해방을 맞이하자 조선 민중은 건준이라는 자치정부를 조직했고, 이 정부 아래에서 인민대표자회의를 열어 '조선인민공화국'을 선포했다. 이것이 미제의 대조선 식민지 정책에서 가장 큰 방해물이었다. 미제는 이미 군정정부의 기반을 상실해 가고 있었다. 미제는 조선 민중들로부터 반역자로 지탄받고 있는 친일지주와, 일제에 부역하여 신자들에게 신사참배를 강요하여 역시 반역자로 지탄받는 기독교 목사들과 그들을 추종하고 있는 신자들에게서 식민지 체제의 기초를 찾았다. 그리고 그들의 우두머리로 미국에서 식객 노릇을 하던 이승만을 불러들였다. 이들이 조선 민중에게 외면당할 것은 뻔한 사실이었다. 이들을 하루아침에 애국자로 둔갑시킬 수 있는 기회로 신탁통치를 내어놓았던 것이다. 신탁통치는 결국 조선인민공화국을 파괴할 대중적 기반을 마련하기 위한 모략적 전술이었던 것이다.

아무튼 미제의 신탁통치라는 문제를 맞게 된 조선 민중은 그 모욕적 정책에 대해 하나같이 발끈했다. 모스크바 3상회의 결정이 발표되자 조선 사람들은 흥분했다. 그런데 묘하게도 결정전문을 보도하기에 앞서 신탁통치 결정이라는 것만 우선 발표되었다. 그러자 그 신탁통치가 3부조정위원회가 내놓은 신탁통치와 같은 줄 알고 조선 민중들은 흥분할 수밖에 없었다.

며칠 지나 흥분이 좀 가라앉고 이성을 찾게 되자 협정 내용을 자세히 살펴보게 되었다. 그런데 그 신탁통치라는 내용이 아리송했다. 모스크바 3상회의 결정이라는 협정은, 1945년 4월에 나치 독일이 망하고 난 다음 베를린 근방의 포츠담에서 열린 미·영·소의 정상회담 결과 앞으로 전후 문제를 협의하기 위하여 외상회의를 열기로 했고, 일제가 망한 후에 그 두 번째 외상회의를 모스크바에서 열어 전후 처리에 대해 폭넓게 체결한 것이다.

거기에는 조선 문제를 협정한 내용이 있다. 그런데 이것을 고의인지는 몰라도 앞서 말한 바와 같이 5개년 신탁통치라는 말만 먼저 보도했다. 그래서 조선 민중은 미국이 앞서 말한 신탁통치안에 대해 맹렬한 반대를 해온 데다가 이 협정에 들어간 신탁통치라는 말이 그 신탁통치인 줄 알고 들끓고 말았던 것이다.

신탁통치란 국제연합(UN) 헌장 73조에 규정되어 있는 것으로, 어떤 지역의 인민이 완전한 자치를 할 수 없는 경우 한 나라 또는 여러 나라 또는 국제연합 자체가 시정권(施政權)을 가질 수 있다는 것이다. 국제연합에는 신탁통치이사회가 설치되어 있어서 시정보고의 심의와 지역 인민으로부터 들어오는 청원의 수리, 그리고 정기적인 현지 시찰을 한다고 되어 있다.

그런데 모스크바협정에서 결의한 신탁통치는 이 국제연합 헌장에 있는 신탁통치와는 달랐다. 모스크바협정은 원래 전승국으로서의 미·영·소가 전후 처리를 위하여 마련한 결정이다.

우선 일본군의 무장해제를 위한다는 명분으로 조선 반도를 북위 38도선으로 갈라놓고 두 나라의 군대가 주둔한 것이다. 소련군은 일본군과 전투를 벌여 이북을 점령한 것이라고 주장할 수 있을지는 모르겠지만 그들도 북조선에 일본이 항복한 후 들어왔기에 또한 주둔군일 뿐이었다.[4] 미군은 일본이 무조건항복을 선언한 시점에 필리핀에서 일본군과 죽탕을 치고 있었다. 최전선이 오키나와였으며 훨씬 뒤에 조선의 남부에 들어온 그야말로 주둔군인 것이다. 이들은 일본군의 무장해제가 이루어진 후 우리 조선 민중에게 자결권을 맡기고 당연히 철수해야 했다. 모스크바협정은 이런 의미를 가진 것으로 그들의 군대를 철수하기 위한 명분이었다.

조선에는 시정권의 권위를 가진 정부가 없기 때문에 미·소 두 나라의 주둔군이 이러한 임시정부를 만들어놓고 두 나라의 군대를 철수시켜야 한다. 그리고 임시정부로 하여금 완전한 자주정부가 이루어질 때까지 맡은 임무를 잘할 수 있도록 원조를 해주어야 한다. 이것이 모스크바협정이 가지고 있는 정신이고 명분인 것이다.

이러한 협정의 정신은 협정문에 나타난, 남조선 미군 사령부와 북조선

---

4) 엄밀히 따진다면 이북에 있는 일본군을 직접적인 전투로써 무찌른 부대는 소련군 극동군에서 운영하던 조·중·소 국제연합군의 조선인민혁명군 부대이다. 그런 점에서 일본이 항복하고 들어온 소련군은 역시 주둔군일 뿐이다.

소련군 사령부의 대표로 이루는 미·소 공동위원회의 설치와 그 위원회의 목적에 잘 명시되어 있다.

미·소 공동위원회의 목적을 보면 첫째, 조선에 민주주의 임시정부를 수립하는 방책을 작성하고, 이 제안을 작성할 때 조선의 민주주의 제 정당 및 제 사회단체와 반드시 협의하도록 명시되어 있다. 둘째, 미·소 공동위원회는 조선 임시정부와 협의하여 5년 이내를 기한으로 하는 조선에 대한 4개국 신탁통치 협정안을 작성하여 미·영·소·중 4개국 정부의 공동 심의를 받는다는 것으로 되어 있다. 셋째, 미·소 공동위원회는 남북 조선에 관련된 긴급한 제 문제를 심의하기 위하여 2주일 이내에 미·소 공동위원회를 조직하여 소집한다고 했다.

이러한 내용으로 보아 말은 신탁통치라고 하지만 국제연합 헌장 73조에 있는 것과는 판이하게 다르다. 협정문의 내용을 보아도 영어로는 'trusteeship'으로 되어 신탁통치라고 번역할 수 있지만, 러시아 협정문에는 의미가 '후견' 또는 '후원'이라는 말로 해석될 수 있었다.

아무튼 미국 정부가 앞서 내비치었던 신탁통치, 그것도 적어도 20년간이라는 것으로 생각한 조선 민중들은 한 소동이 일어날 수밖에 없었으나, 차츰 이성을 회복해 나갔다. 협정문의 내용을 보고는 당시 국내외 정세를 볼 때, 미·소 두 나라의 주둔군을 철수시킬 수 있는 명분이라고 받아들였다. 조국의 분단을 막고 통일정부를 수립하는 길로 생각한 것이었다.

그러나 조선 민중의 민주주의 정부가 수립될 때 자기들이 받을 반역적 범죄의 처단으로 전전긍긍한 친일파·민족반역자들과 이들을 기반으로 하는 친미 사대주의자들은 달랐다. 모스크바협정대로라면 그들이 발붙일 수 없는, 그들이 말하는 이른바 좌익 정부가 수립된다고 생각하고 있었다. 그래서 그들은 5년간 신탁통치라는 조항을 내세워 협정을 거부하고 나섰다.

게다가 그들은 미국은 즉시 독립을 제안했지만 소련이 이를 거부했다고 모략까지 했다.

이에 대해 발끈한 소련은 협정 과정을 밝히지 않는다는 조건을 깨면서까지 협정 과정을 밝혔다. 소련은 미국이 10년의 신탁통치를 해야 하고 때에 따라서는 연장할 수 있다고 주장했으나, 자신들은 임시정부에 대해 후견을 하되 그 기간은 짧을수록 좋다고 했으며, 그 기간은 5년을 넘어서는 안 된다고 했다고 폭로했다.

이리하여 남조선의 정치는 신탁통치 문제를 계기로 이른바 좌익과 우익이라는 양분 논리가 생겨나고 남북의 분열이 심화되었다. 이러한 분열로 우리는 몇 년 후에 동족상잔이라는 전쟁을 겪게 되었고, 반세기가 훨씬 넘는 민족분단이라는 비참한 비극을 마주하고 살게 되었다.

밝아오는 1946년의 새해는 이렇듯 찬탁, 반탁이라는 건널 수 없는 골을 파놓고 혈투가 전개되는 해로 되었다.


## 해방 후 맞은 첫 새해

1946년의 새해가 밝았다. 하지만 해방 직후의 기쁨은 점점 그 빛이 바래졌고, 겨레의 또 다른 고난의 어두운 구름이 다가와 해맑은 해방의 빛을 가리기 시작하고 있었다. 모스크바 3상회의 협정을 둘러싸고 신탁통치라며 결사반대한다는 정파와 협정을 지지하여 분단의 굳어가는 장벽을 하루속히 허물고 민주주의통일 임시정부를 세워야 한다는 정파의 두 가지 주장은 타협의 길을 모르고 목청소리만 높아지고 있었다. 처음 이들 정파 간의 이견은 마주 앉아 언쟁으로 비롯되었으나 이들 사이를 비집고 들어오는 친일 민족반역자들로 하여금 언쟁은 폭력적 대결로 치닫고 말았다.

중국의 동북을 비롯한 해외에서 일제 침략군의 모략부대나 헌병대, 고등계 형사 또는 그 정보원 그리고 살인청부업을 하는 폭력깡패들이 귀환동포들에 묻혀 떼 지어 들어왔다. 이들은 서울과 지방에서 폭력조직을 새로이 만들고 정치폭력조직으로 변신하고 있었다. 이들 친일 폭력배들은 어떤 정부든 민족정기를 바로 세운다면 일제 36년간 저들이 민족에게 지은 죗값에 합당한 처단을 받게 될 것임을 알았다. 그래서 이들이 친일지주와 결탁할 수밖에 없는 것은 지극히 자연스러운 일이었다. 이들은 돈과 이권을 찾아 친일지주와 친일관리들을 비호하고 있는 이승만의 곁으로 모여들었다. 조선에서 아무런 대중적 기반이 없는 이승만은 친일파와 이들과 결탁한 망국적 정치폭력단을 자신의 정치적 기반으로 했다.

거기다가 북조선에 인민정권이 들어서면서 본격적으로 토지개혁과 반봉건체제를 타도하는 민주개혁이 전개되었다. 이에 따라 과거 일제에 빌붙어 동족에게 반역적 행위를 일삼던 친일지주들이 재산을 몰수당하고 고향마을에서 쫓겨나게 됐다. 이들도 38선을 넘어 남조선으로 들어왔다. 거기에는 일제 때 종교적 신념을 팽개치고 전향하여 신자들에게 신사참배를 강요했던 목사와 신부들도 있었다. 이들이 남으로 내려와 남조선의 친일파와 더불어 이승만의 정치적 기반이 되었다.

곳곳에서 애국자들이 폭력배들에게 테러를 당했다. 매일같이 누군가가 당했다, 누군가는 몰매를 맞아 중상을 입었다, 누구 집은 살림이 박살났다는 소문으로 새해를 맞는 사람들의 얼굴을 그늘지게 했다.

할아버지도 집에서 마음 놓고 있을 수 없었다. 워낙 고을에서 알려진 사람이고 밀양 청년들이 존경하는 어른이라 쉽게 물리적 폭력을 쓰지는 못하지만, 협박장 같은 것이 자주 집으로 날아왔다. 할아버지는 새해에 들어서자 여운형 선생이 지난해 11월에 결성한 조선인민당의 밀양군 지부를 결성하기 위한 조직사업으로 바쁘셨다. 그동안 모스크바 3상회의 소동으로 손님들이 많이 와서 집안이 벅적거렸다. 할머니는 손님 접대로 부엌에서 종일 살다시피 했다. 나와 작은아버지는 밥상이며 술상을 나르느라 부엌에서 축담으로, 축담에서 퇴청으로, 퇴청에서 대청을 지나 사랑방으로 쓰는 건넌방으로 뱅뱅 돌았다. 옛날 집이라 심부름하는 사람은 전혀 생각지 않고 큼직한 섬돌만 겹쳐놓아 오르내리기에 여간 힘들지 않았다.

할머니는 없는 살림살이에 손님 접대 때문에 여간 고생이 아니었다. 밤이 되면 쌀자루를 챙겨 이곳저곳 아는 집을 찾아 양식을 얻어 머리에 이고 오시고, 저잣거리에 나가 장도 보아서 이고 오시기도 했다. 더러 먹고 싶은 것이 있어 나와 작은아버지가 들여다보아도 손님 대접할 거라면서 손도 대지 못하게 하고 다락방에 넣어 자물통을 채웠다. 할머니는 우리들에게 아침은 죽을 쑤어 때우게 하고, 점심과 저녁 끼니는 손님 퇴상에서 남은 것을 챙겨 숙질의 밥상을 차려주셨다. 그때는 할머니가 야속하다는 마음도 들었다.

지금 나이가 들어 생각하니 할머니 마음은 얼마나 아팠을까 싶다. 할머니는 어느 누구보다도 자식들과 손자들을 사랑하는 심정이 컸지만 겉으로 드러내지 않았다. 더러 물기 어린 눈으로 나를 그윽하게 바라보다가 머리를 쓰다듬어 주셨다. 나는 그 손길에서 따뜻함을 느꼈다. 그때의 따뜻함이 백발이 다 된 내 머리에 아직도 남아 있는 듯하다. 자연히 내 눈에도 그리움의 물기가 어린다.

새해에 들어서자 할아버지는 집에 계시는 날이 드물었다. 밀양 곳곳에 다니시면서 조선인민당의 면 조직을 꾸리셨다. 또 부산으로 서울로 가셔서 앞으로 있을 미·소 공동위원회에 대한 대처방안을 의논하고 그 결정을 전달받고 오셨다. 또 그것을 밀양의 동지들에게 해설하시는 등 조직과 교양 · 선전 사업을 바쁘게 전개하셨다. 할아버지는 아직도 췌장염으로 대수술을 한 후유증이 가시지 않았지만 자신의 몸은 전혀 생각지도 않고 일에만 매달리셨다. 어느 때는 파리한 얼굴로 집에 들어오셔서 자리에 눕기도 했지만 동지가 들어와 찾으면 금방 생기를 되찾으셨다.

세상은 온통 수세미 범벅 판이었다. 거리에는 거지가 넘쳐났다. 남루한 어린이들이 껌이나 사탕 등 과자 몇 가지를 넣은 상자를 목에 걸고서 이곳저곳 다니면서 팔았다. 기차역이나 자동차부(지금은 터미널이라 하지만)에는 구두닦이 통을 걸치고 오가는 사람들에게 구두 닦으라고 성화였다. 신종 직업이 생긴 것이다. 거리에는 목판에다 고구마, 떡, 묵을 얹어놓고 지나가는 사람들에게 사먹으라고 야단이었다. 거의가 귀환동포들이다.

한편 9월에 개학한 학교도 연말이 되자 차차 질서가 잡혀갔다. 나는 한동안 해방의 흥분으로 거리를 쏘다니다가 개학하고부터는 열심히 학교에 다녔다. 해방 전의 재미없던 학교 시절은 온통 새로움이 가득했고, 새로운 공부로 흥미가 진진했다. 그중에서 국사가 재미있었다.

해방된 해의 6학년 담임은 박현석(朴賢錫) 선생님이셨다. 박 선생님은 특히 조선 역사를 재미있게 가르치셨다. 단군조선의 건국사화를 신화와 곁들여 가르치셨는데, 우리 민족은 하늘나라 임금의 아들인 환웅 할아버지가 여러 신하를 거느리시고 태백산의 박달나무 아래에 터를 잡고 지상의 곰의 나라에서 신부를 맞아 단군 임금님을 낳으셨으며 지금의 평양에 도읍지를 정하고 나라를 여셨다는 말씀은 지금도 그 목소리까지 생생하다. 그리고 고구려의 건국사화와 백제의 건국사화는 정말 재미있고 새로웠다. 신라의 박혁거세 왕의 탄생은 왜놈 시절 조선어 책에서 읽어서 잘 알고 있었지만.

특히 선생님으로부터 올해가 단군 임금님이 나라를 여신 해로부터 4278년이라는 말을 듣고 우리나라도 이처럼 오래된 역사를 가지고 있다는

데 가슴 뿌듯했다. 나라 사랑하는 마음으로 심장이 뛰었다. 더구나 우리 조선 사람들이 을지문덕 장군을 따라 살수에서 침략자 수나라의 백만 대군을 무찔렀고 살아 돌아간 놈이 천 몇 백 명밖에 되지 못했으며, 안시성에서는 양만춘 장군이 30만 당나라 군사를 막아 마침내 당나라 임금인 이세민이 양만춘이 쏜 화살에 맞아 외눈깔 신세가 되었다는 말에는 모두가 손뼉을 치면서 만세를 불렀다. 그러면서 다들 이제 새 나라가 선다면 나라를 위해 몸과 마음을 다 바쳐 일하고 다시는 남의 나라의 종살이는 하지 않을 것임을 다짐했다.

또 국어 시간에는 모두 《한글 첫걸음》이라는 책을 받아 공부했다. 우선 자모 이름을 외우고 '가갸거겨……' 부터 해서 받침 붙이기, 그리고 읽고 쓰기였다. 나는 한글은 이미 고모로부터 해방 전에 배웠고 소설책도 잘 읽었으며 해방 후 할아버지로부터 받은 '조선어철자법통일안'을 몽땅 외웠기 때문에 공부할 것이 없었다. 그래서 선생님은 다른 아이들이 공부하는 것을 돌보도록 했다. 더러 선생님은 맞춤법이 아리송할 때는 나를 쳐다보고 "재구, 네가 한번 설명해 보아라"라고 하셨다. 그러면 외워둔 '조선어철자법통일안'의 항목을 외워서 그 근거를 밝혀 설명했다. 선생님은 이런 나를 아주 대견해 하셨고, "오늘 또 하나 배웠네"하며 웃으셨다.

한글은 그 시절 누구나 이처럼 맞춤법을 익혀나가야 했던 시절이었다. 그때 한글을 배우면서 부르던 노래가 있다. 이 노래는 공부시간에 이곳저곳 교실에서 자주 불러 지나가던 사람들도 흐뭇한 미소로 해방의 기쁨을 실감했다.

아름다운 우리글 고운 우리글
닿소리 열넉 자를 불러봅시다

기역 니은 디귿 리을 미음 비읍 시옷

이응 지읒 치읓 키읔 티읕 피읖 히읗

홀소리 열 자마저 불러봅시다

아야어여오요우유으이

가나다라마바사아자차카타파하

기쁘게 공부하세 우리 한글을


이처럼 해방된 우리 소년들은 모두가 새로웠다.


## 미 · 소 공위 축하 밀양군 인민대회

1946년 1월 달이 거의 지나가고 있는 어느 장날, 아마 27일일 것이다. 밀양의 장날은 2 · 7일 장이니 바로 음력설 대목 밑 장날이었다. 밀양 사람들은 설이나 추석 명절을 바로 앞둔 장날을 큰장날이라고 했다. 그해는 양력으로 2월 2일이 설날이었다. 이때까지 왜놈들이 구정 설을 못 쇠게 했다가 해방이 되어 맞는 첫 설날이라 장날도 대목 분위기로 흥성였다. 이제 모두가 펴놓고 구정 설을 조선 설이라 해서 벅적지근하게 마음 놓고 쇠는 것이다.

이 큰장날에 밀양군 인민위원회와 조선인민당 밀양군당이 노동조합, 농민조합, 청년단체, 여성단체 등 민주단체를 모아 '미 · 소 공동위원회 개최 축하 밀양군 인민대회'를 열었다. 밀양국민학교 뒤편의 송림 속에는 어설프게 둑을 쌓아놓은 공설운동장이 있다. 운동장 넓이는 4백 미터 트랙을 그릴 수 있을 만큼 되지만 바닥은 모래흙이라 먼지가 보얗게 인다. 바로 이날 밀양공설운동장에 1만여 명의 군중들이 모여들어 '미 · 소 공동위원회 개최 축하 밀양군 인민대회'를 연 것이다.

나는 아침을 먹자마자 동무들과 일찌감치 떼 지어 공설운동장으로 갔다. 내 또래 되는 소년들도 있지만 성미 급하고 할 일 없는 영감쟁이들이 운동장 둘레에 쌓아놓은 둑 밑의 햇볕 드는 자리에 쭈그리고 앉아 있었다. 모두 무명베 솜바지저고리에다 무명베 흰 두루마기를 입었다. 빛바랜 진회색 중절모자를 쓰고 더러 곰방대에 엽초를 한 줌 비벼 메워 넣고 담배를 피우고 있었다.

나도 그곳이 햇볕이 잘 드는 곳이라서 그 할배들 곁에 앉아 있었다. 다른 동무들은 대회를 준비하느라 천막도 치고 연단도 만들고 있는 곳에 가서 어른들의 심부름을 했다. 나는 하는 일 없이 할배들 곁에 앉아서 꼬챙이를 들고 땅바닥에 알파벳을 쓰면서 영어 단어를 익히고 있었다.

"미국 놈하고 소련 놈들이 우리 조선을 신탁통치한다캐서 모두 반대한다며 야단이던데, 그것이 조선 정부를 만든다카이 이제는 고맙다고 안 카나."

"그래, 임시정부라도 남북 조선 전체에 만들어 하루속히 토지개혁을 해야지."

"한민당 놈들은 돈을 받고 토지를 분배하자고 하는데, 그러면 농민이 무슨 돈으로 그 땅을 분배받을 끼고. 동척 땅은 우짤라는공."

"민주주의라 안 카나. 농민들이 지금 8할 9할이 되이 농민들의 뜻을 냅두고 저거가 우짤 끼고."

"지난 가실(가을)에 3·7제 소작으로 농사짓는 백성들이 창자에 기름이 좀 배겼지만 땅꺼정 생긴다카이 이제 농군들이 정말로 나라 백성이 되는 기라. 말이 났으니 카지마는 우리 농군들 그동안 산 기 어디 사람 산 기가. 땅 좀 부친다고 다 가져가는 소작료는 고사하고 지주나 마름 놈들한테 얼마나 굽신거려야 했노. 우리한테 오만 가지 일도 다 하라 안 캤나. 우리가 어디 사람이기나 했나."

이 할배들의 말은 지금도 귀에 생생하다. 여기에서 나는 진정한 해방은 바로 이러한 농민들의 해방이라야 한다는 것을 배웠다.

나중에 할아버지한테 이 얘기를 하면서 바로 반봉건식민지 체제를 청산하고 민주주의를 건설하는 일이 우리 민중에게 놓인 과업이라는 것을 배웠다. 민족해방은 그 당시 조선 사회에서 가장 기본적인 농민의 해방이라야 한다는 것을 알게 되었다. 그리고 농민들은 하루속히 토지개혁을 하는 정부가 들어서는 것을 기다리고 있었다. 그래서 그날 낮에 그처럼 많은 군중이 대회에 모여들었던 것이다.

한낮이 가까워오자 먼저 떡반탱이를 머리에 인 할매들이 길목에 자리를 잡기 시작했다. 묵 판과 막걸리 단지를 머리에 인 아지매들도 여기저기에 전을 차렸다. 운동장 둑 밖의 솔밭에는 아재들이 솥을 걸고 차일을 쳤다. 이내 국밥을 끓이기 시작하는 연기가 피어올랐다. 더 시간이 지나자 엿장수들이 여기저기에서 엿판을 차렸고 엿가위를 치는 소리도 들렸다.

시간이 지나 대회 연단 쪽에서는 확성기 시험하는 "어, 어, 마이쿠 연습, 마이쿠 연습, 잘 들립니꺼" 하는 소리가 나기 시작했다. 이제 굿판이 자리를 잡아갔다. 여기저기에서 흰옷 입은 사람들이 모여들기 시작하고 여러 단체가 대회장에 들어와 자리를 잡기 시작했다.

이윽고 노래패들이 나와 노래를 부르기 시작했다. 목소리 좋은 여성의 노래가 마이크 소리에 나오고 남자들과 여자들이 합창하는 소리가 들렸다.

불러라 노래 불러라
농민의 깃발을 휘날려라

논밭을 빼앗겼던 삼십육 년간
우리들 얼마나 괴로웠던가
우리들 얼마나 서러웠던가

〈농민의 노래〉이다.

조선의 대중들아 들어보아라
우렁차게 들리는 해방의 노래
시위자가 울리는 발굽 소리는
미래를 고하는 아우성 소리

노동자와 농민들은 힘을 합하여
놈들에게 빼앗겼던 토지와 공장
정의의 손으로 탈환하여라
제 놈들의 힘이야 그 다 뭣이냐

〈해방의 노래〉이다.

어느새 사람들이 구름처럼 모여들었다. 운동장이 그들먹하게 꽉 찼다. 둑 위에도 사람들로 산을 이루었고, 운동장 변두리의 솔밭에도 사람들로 붐볐다. 밀양군의 각 면마다 농민조합이 결성된 지 얼마 안 되었지만 지난 가을 3·7제 소작료 투쟁이 성공되고 토지개혁의 소망으로 뭉쳐진 농민들은 모두가 농민조합에 들었다. 그 단결력은 대단했다. 각 면의 농민조합은 농기를 앞세우고 농악을 울리면서 들어왔다.

농민조합은 '농자천하지대본'이라 쓴 농기에 그들 조합의 이름을 쓴 깃발을 들고 나왔다. 기폭 가에는 3원색으로 단을 하고 세로로 기다란 깃발이다. 깃대 꼭대기는 수수 이삭을 꽂아놓았다. 농민들의 선두에는 이 깃발을 든 청년이 너풀너풀 걷고 그 뒤를 따라 농악을 울리면서 흰옷 입은 농민들이 따랐다. 이런 군중들이 수없이 모여들었다.

나는 동무들과 함께 운동장 안으로 비집고 들어가 연단 바로 밑의 어느 농민단체 속에 파고들어 바닥에 퍼질고 앉았다. 오늘 할아버지가 대회를 주재하고 연설도 하신다고 들었다. 그래서 공연히 신이 났다.

마침내 시간이 되자 한 청년이 마이크를 잡고 연단에 나왔다. 조우재 선생이다. 조 선생은 일제 때 학병을 피해 산으로 숨어들어 왜놈들과 한판 붙으려고 청년들을 모아 유격대를 조직하고 있다가 해방을 맞았다. 그 뒤 건준에서, 그리고 인민위원회에서 청년간부로 수고하던 애국청년이다. 나중에 밀양군 민청 위원장이 되었다.

"지금부터 대회를 개최합니다. 먼저 각 단체에서는 인원을 정리하시고 입장을 준비하시기 바랍니다. 지금 앉으신 단체의 순서대로 깃발을 들고 정해진 길을 따라 행진해 주십시오. 각 단체의 특색을 잘 살려서 농악도 하고 노래도 힘차게 부르며 연단 앞으로 씩씩하게 지나가시기 바랍니다."

연단 뒤 둑에 자리를 잡고 차일을 친 본부에는 지금은 아스라이 먼 지난날이 되어 이름도 다 기억할 수 없는 밀양의 애국 어르신들이 의자에 앉아 계셨다. 의열단에 들어 일제에 항거하다가 고문과 옥고를 겪으신 김병환 선생님도 젊은이들의 부축을 받고 가운데 앉아 계셨다. 김희지 선생님 등을 비롯해서 정웅 선생님, 여성운동가인 김정애 선생님, 삼성의원의 김형달 선생님, 그 밖에 갓을 쓰고 흰옷을 갖추어 입은 밀양 유림의 선비님들도 있었고, 청년단체·노동조합·농민조합의 지도자들도 있었다. 모두가 밀양 고을에서 지조를 지키고 고을 사람들로부터 진심으로 존경을 받고 있는 어른들이었다. 연단에서 왼편 쪽 단체부터 연단 앞으로 행진하기 시작했다. 백여 명의 농민들이 농기를 앞세우고 농악을 울리며 들어왔다. 더러는 상모를 돌리고 춤을 추면서 앞장섰다. 그 뒤에는 그들이 가졌던 수백 년의 원망이 담긴 구호를 적은 깃발을 들고 행진했다.

'정권은 인민에게로, 공장은 노동자에게로, 토지는 농민에게로!'

'무상몰수 무상분배 토지개혁 실시하라!'

'미 · 소 공위 성공시켜 임시정부 수립하자!'

각 단체가 입장할 때마다 사회자는 마이크로 무슨 단체가 입장한다는 소개를 했다. 이에 군중들은 박수와 환성을 질렀다. 그 함성과 박수 소리는 운동장과 솔밭을 들었다 놓는 듯했다.

밀양에는 당시 일제 때 고급 군복지로 모직을 짜는 모직회사가 운동장 남쪽 솔밭 속에 있었다. 현대적 설비를 갖춘 수백 명의 노동자를 고용하는 큰 공장이었다. 그곳에서 일하는 노동자들이 전평 산하의 노동조합을 결성하여 왜놈들이 내버리고 도망한 공장을 노동조합이 자주관리하며 기세를 올리고 있었다.

농민조합이 입장하고 나자 모직회사 노동조합이 망치와 톱니바퀴가 그려진 큼직한 전평의 붉은 깃발을 들고 입장했다. 범북의 광산에서도 노동조합이 입장했으며, 소규모 자영공장에서 일하는 노동자들도 노동조합을 만들어 붉은 깃발을 들고 〈적기가〉를 부르며 힘차게 입장했다.

맨 나중에 밀양의 학생들이 학교 구별 없이 한데 모여 행진했다. 이들은 걸으면서 구호를 외쳤다. 앞선 사람이 붉은 깃발을 휘두르면서 선창하면 뒤따르는 학생들은 힘차게 따라 외쳤다. 더러 둑 위에서 구경하고 있던 내 또래의 소년들도 신이 나서 합창했다.

'봉건 소작제를 폐지하고 토지개혁 실시하라!'

'식민지 교육 청산하고 민주학원 건설하자!'

'모든 권리는 인민에게로, 공장은 노동자에게로!'

'무상교육, 의무교육 즉시 실시하라!'

'8시간 노동제 실시하고, 남녀 평등권 보장하라!'

가짓수도 많았지만 다 외울 수 없다. 각 단체가 특색 있는 행진을 하면서 입장하고 장내가 어지간히 정리되자 사회자가 먼저 본부에 앉아 계신 여러 어른들을 소개했다. 모두 일제의 폭압에 굴하지 않고 지조를 지키며 살아오신 어른들이었고, 대부분이 옥고를 치른 경력이 있는 분들이었다.

이윽고 사회자는 오늘 대회를 주재하시는 어른이라면서 할아버지를 소개했다. 그리고 연단에서 물러나와 그 다음에는 식순에 따라 대회를 진행시켰다. 먼저 애국가를 불렀다. 애국가는 가사가 지금과는 좀 다르지만 대동소이 했다. 열기 있던 분위기가 애국가의 그 곡과 가사 때문에 수그러들고 말았다. 이어 순국 독립열사들에 대한 묵념이 있었다. 묵념 중에 한 여성이 추도가를 불렀다. 그 추도가 때문에 분위기는 더욱 숙연해졌다.

산에 나는 까마귀야
시체 보고 짖지 마라
몸은 비록 죽었으되
혁명정신 살아 있다


만리타향 외로운 곳
부모처자 이별하고
나무 밑에 힘이 없이
쓰러졌다 혁명가

대회의 의례가 끝나자 할아버지가 연단에 올랐다. 먼저 본부 차일 밑에 계신 밀양 고을의 여러 어른들과 도 인민위원회에서 나오신 여러분에게 인사를 했다. 그 다음 오늘 대회는 선배이신 김병환 선생님이 주재하실 것을 환후가 있어 자기가 대리하게 되었음을 말하고 오늘 대회의 의의와 목적을 두고 연설하시면서 대회 개최를 선언했다.

할아버지는 미·소 공동위원회가 순조롭게 진행되어 하루속히 '민주주의 임시통일정부'를 수립하여 일제의 식민지 잔재를 청산하고 모든 봉건 제도를 타도하여 참으로 해방된 나라를 건설하자고 하셨다.

다음으로 농민조합 대표, 노동조합 대표, 유림 대표, 시장조합 대표들이 그들의 결의를 나타내는 연설을 힘차게 했다. 맨 나중에 밀양 학생들을 대표하여 구레나룻이 거뭇하게 난 나이 많은 밀양농잠중학교의 고학년 학생이 나와 열렬한 웅변으로 기세를 한껏 올렸다. 많은 박수를 받아 몇 번이나 연설이 중단되기도 했다.

모두가 3상회의 결정으로 미·소 양군을 철수시키고 그들이 그어놓은 38선을 없애며 남과 북이 하나의 민주정부를 세울 수 있게 되었음을 축하했다. 우리 인민들의 자주독립 기세로 신탁통치에서 하루속히 벗어날 수 있도록 모든 인민들이 단결해야 한다고 주장했다. 그리고 친일파·민족반역자들이 인민의 민주주의 정부가 수립되는 것을 한사코 반대하고 있음을 비판하고 그들의 3상회의 결정을 파괴하려는 난동을 극렬히 비난했다.

식순에 따라 대회가 끝나자 놀이패들이 본부석 앞으로 나와 공연을 했다. 주로 농악이었는데, 특히 무안면에서 전해 오는 굿거리 농악은 정말 볼 만했다. 특히 나의 어머니의 고종인 살내 동네에 사는 이성환(李成煥) 아재가 매김소리를 붙였다. 그 매김소리는 아재가 지은 것인데 당시 우리 사회를 풍자하고 있어서 군중들의 속을 시원하게 했다. 지금 살아 계신다면 그대로 적을 수 있을 텐데……

일자나 한자 들고 보니,
일본 쪽발이 쫓겨 가니 조선 독립이 완연쿠나.
미·소 양군 얼렁 가소, 각설이 타령 들어간다.
이자나 한자 들고 보니,
이 박사가 환국해서 국부라고 알았는데
노랑머리 국모라니 각설이 타령 화가 났네
삼자나 한자 들고 보니,
삼일정신 어디 두고 친일파 놈 설치대네
조선 백성 정신 차려 각설이 타령 미치겠네

이런 매김소리가 십자까지 갔다가 다시 일자로 들어갔다. 그것을 한도 끝도 없이 엮어대었다.


# 찬탁과 반탁
# 소동

새해에 들어서자 모스크바 3상회의 결정에 대해 조선공산당과 조선인민당이 그 결정을 지지한다고 정식 발표를 했다. 대개의 민주정당과 사회단체들도 그 지지를 표명했다. 여러 노동조합과 농민회, 사회단체들도 이에 합세했다. 하지만 이승만은 김구 선생, 안재홍 선생 등과 한민당을 중심으로 상해 임시정부에 가담한 반공적인, 이른바 민족주의자라는 사람들을 규합하여 '신탁통치 반대 국민총동원회의'를 조직하고 나섰다. 이승만은 신탁 지지는 망국적 음모라고 욕을 퍼부었다. 안재홍도 지지자들에 대해 사대주의라면서 비난했다.

여기까지는 그래도 정치적 의견 대립으로 보아줄 수도 있다. 하지만 이 승만을 추종하는 친일지주들의 지원을 받은 테러단의 행패는 가히 망국적 이었다. 이들은 3상회의 결정을 지지하는 논설을 실었다고 신문사들을 백 주에 습격했다. 인쇄기에 모래를 뿌리고 편집실에 있는 기자들과 간부들을 마구 패고 잡아가기도 했다. 또 사회단체 사무실에는 다이너마이트를 터뜨 리는 등 이루 말할 수 없는 행패를 부렸다.

군정 경찰은 이때쯤에는 간부들이 거의 다 일제 밑에서 동족을 탄압했 던 반역자들이라 테러단이 습격하는 것을 알고도 모른 척했고, 보고도 못 본 척했다. 신문사나 정당·사회단체의 청년들이 이들 테러단의 습격에 맞 서 싸우기만 하면 언제 왔던지 벼락같이 달려들어 테러단은 내버려두고 도 리어 방위하던 청년들을 마구 잡아가서 폭력범으로 다스렸다.

1월도 한가운데쯤 되자 대부분의 민주정당과 사회단체들은 3상회의 결정을 지지하는 성명서를 냈다. 이들은 하루속히 민주정부가 수립되어 미·소 양군에 의해 국경 아닌 경계선으로 굳어지고 있는 38선을 철폐하고 통일정부가 수립되기를 기대했다. 그러나 한민당과 친일 민족반역자들은 통일 민주정부가 수립된다는 것은 바로 그들의 발판을 잃어버리는 일이라 한사코 3상회의 결정을 반대해 나섰다.

이들의 지지와 지원으로 이른바 반탁학생총연맹을 조직했고, 이들은 군정 경찰의 비호 아래 민주적인 학생들에게 폭행을 가했다. 이들은 학생 이라기보다는, 여학생들에게 성희롱과 성폭행도 서슴지 않은 인간 망종들 이었다. 이들은 군정 경찰의 비호를 받아 허리에 권총을 차고 설치기도 했 고, 길 가는 학생들에게도 공연히 트집을 잡아 회관으로 끌고 와서 뼈가 흐물흐물하도록 두들겨 팼다.

당시 이들을 '학련' 이라고 불렀는데 나의 고향 밀양에도 그 조직이 있었다. 그들은 밀양교 곁의 영남루 반대편에 있는 왜놈이 하던 여관을 회관으로 차지하고 있었다. 이곳은 밀양 학생들에게는, 특히 똑똑하고 공부 잘하는 학생들에게는 지옥과도 같은 겁나는 곳이었다. 이들에게 잡혀 들어가 흠씬 맞아도 하소연할 곳이 없었다. 당시 밀양의 학련 위원장은 밀양농잠중학교 6학년에 재학하고는 있지만 학교하고는 담을 쌓고 싸움이나 일삼고 있던 밀양의 인간 망종으로 호가 난 놈이었다. 얼굴이 거무데데하고 구레나룻이 시꺼멓게 난 키다리였다. 이놈이 회관 밖으로 나갈 양이면 좌우에 권총을 찬 경찰 두 사람이 붙었다. 이놈은 제 명대로 못 살고 1949년인가, 야산대가 있던 시절에 총 맞고 죽었다는 말을 들었다.

밀양뿐만 아니라 전국 곳곳에서 학련의 행패는 대단했다. 학교에서 교사가 보는 앞에서 동료 학생을 개 패듯 해도 말도 할 수 없었다. 교사도 이들에게 찍히면 학교에서 쫓겨나야 했다.

이처럼 어수선하던 때였지만 1월 15일에 미·소 공동위원회 소련 측 대표인 스티코프 중장이 차라프킨 소장과 파린 소장, 그리고 로마넨코 소장을 보좌관으로 거느리고 73명의 대표단을 인솔해 서울로 들어왔다.

그 이튿날 한민당은 3상회의 결정을 반대한다는 건의문을 미·소 공동위원회 앞으로 제출했다. 또 그들의 주장을 반영하는 신문을 통해 소련이 20년간의 신탁통치를 주장했고 미국이 5년간으로 했다고 모략했다. 학련은 정동예배당에서 성토대회를 열고 시가로 나와 인민당과 조선신보 편집국 그리고 서울시 인민위원회 회관을 습격하여 사람들을 몽둥이로 패고 기물을 부수며 난동을 부렸다. 이들의 습격 소식을 들은 학병동맹 청년들이 달려와 대항했으나 도리어 흠씬 얻어맞고 달려온 군정 경찰에 붙잡혀 갔다. 군정 경찰은 학련 청년들이 기물을 부수고 있는데도 그냥 두고 학병동맹의 청년들만 잡아갔다. 이런 테러 사건이 날마다 일어나도 미 군정과 군정 경찰은 조금도 단속하지 않았다. 도리어 정당히 방위하는 사람들만 잡아가서 폭력범으로 다스렸다.

사태가 이 지경에 이르자 소련 측은 발끈했다. 스탈린은 해리만 소련 주재 미 대사를 불러 항의했다. 타스통신은 신탁통치는 미국이 먼저 제안했다고 폭로했다. 그것도 최소 10년간을 제안했다고 주장하고, 최근 3상회의 결정을 반대하는 반동시위는 미국이 고무하며 남조선 반동경찰의 보호를 받고 있다고 비난했다. 이에 대해 미 국무장관 애치슨은 모스크바 방송을 비난했다. 하지만 애치슨은 신탁통치를 주장한 것은 미국임을 인정하면서 미국은 처음부터 5년을 주장했다고 응수했을 뿐이었다.

이에 대해 소련은 스티코프 대표의 기자회견을 통해 모스크바 3상회의의 조선 문제 결정 경과에 대한 전말을 일방적으로 공개해 나섰다. 스티코프 대표는 처음에 신탁통치를 제안한 것은 미국이고, 미국은 신탁통치가 10년까지 계속할 수 있다고 제안했으며, 미국은 조선 전체의 통일 민주정부 수립에는 아무런 관심도 없었다고 했다. 이에 반해 소련은 그 기간을 최대한 5년으로 하되 빠를수록 좋다고 주장했음을 발표했다.

이처럼 반탁 시위와 테러가 벌어지고 미·소 양국 정부가 신탁통치 문제를 둘러싸고 서로 책임을 전가하는 가운데 3상회의를 지지하는 200여 단체가 참가하는 '미·소 공동위원회 양국 대표 환영 시민대회'에 30만 민중이 모여들었다. 그들은 하루속히 통일된 민주주의 임시정부 수립을 주장하고 토지개혁과 8시간 노동제 등 민주개혁을 구호로 외쳤다.

이에 대해 반탁을 주장하는 학련을 비롯한 100여 명의 청년들이 시위 대열에 몽둥이를 들고 습격했다. 이들은 군중에게 돌멩이와 기왓장, 벽돌,

하수도 구캐흙(하수도의 침전 흙)을 던져 많은 부상자를 내게 했다. 민주주의 임시정부 수립을 주장하고 토지개혁과 8시간제 노동을 주장하는 이러한 함성은 1월 중순부터 2월 달 내내, 그리고 3·1절까지 온 나라를 뒤덮었다. 나의 고향 밀양도 1월 말에 이 군중대회가 앞서 말한 대로 열렸던 것이다.

## 대탄압의 신호탄, 예비검속

1946년 5월 중순 어느 날, 학교를 파하고 집에 들어왔더니 집안이 엉망이었다. 할머니는 집에 안 계셨고 방바닥에는 책과 여러 서류가 뒤죽박죽 흩어져 있었다. 벽장과 장방에도 살림도구가 이리저리 나뒹굴고 있었다. 옛날 일제 때 '치안유지법'을 개정하고 첫 예비검속으로 할아버지를 잡아갔을 때하고 똑같았다. 미·소 공동위원회가 무기 휴회로 들어가자 민주진영에 대한 대탄압이 시작된 것이다.

미 군정의 경찰, 바로 일제 때의 경찰이 복귀하고 거기에다 숭미 사대주의자들이 더 붙은 군정 경찰이 또다시 사람들을 마구 잡아가기 시작했다. 그것도 왜놈들이 쓰다 버린 치안유지법을 골방에서 찾아내어 거기에 있는 예비검속 방망이를 휘두른 것이다.

할아버지는 옛날 일제 때 맞은 예비검속이라는 방망이를 해방된 조선에서 다시 얻어맞은 것이다. 김병환 선생님도 잡혀갔고, 김희지 선생님도 잡혀갔다. 김병환 선생님은 당시 병이 위중해서 그날로 방면했지만 다른 사람들은 유치장에 가두어놓고 조사했다. 그놈들은 미·소 공동위원회가 무기 휴회되어 좌익에서 폭동을 일으킨다는 정보가 있다고 했다.

할머니는 또다시 일제 때 하시던 할아버지의 옥바라지를 해야 했다. 날마다 사람들을 찾아 나섰고 경찰서 면회실로 가셨다. 한 일주일쯤 지나자 경찰 놈들도 시비 걸 거리가 없는 사람들은 풀어주었다. 하지만 할아버지는 검사국으로 넘어가서 재판을 받게 되었다고 한다. 그들은 무슨 죄목인지 말도 해주지 않았다. 그래서 할아버지는 부산검사국으로 넘어가서 부산형무소로 가셨다. 나중에 알고 보니 그 죄목이 협박죄와 재산권 침해라고 했다.

당시 밀양경찰서 서장은 일제 때 학병에 제일 먼저 지원해서 충성스런 신민이라면서 칭찬을 받았던 박찬현이라는 자인데, 이자가 친일파 신현대를 꼬드겨 고소를 하게 했던 것이다. 앞서 말한 김원봉 장군이 거처하시던 신현대의 집을 할아버지가 협박해서 빼앗았다는 죄목이었다. 그래서 협박죄라는 것이고, 일인의 재산소유권을 보호한다는 이른바 '연합국 태평양사령관 포고령 제1호' 위반으로 재판을 받는다는 것이다. 그야말로 생억지 놀음이었다.

재판에서 그 사실이 낱낱이 허위이고 모략임이 밝혀졌는데도 앞서 말한 애국청년에게 총 맞아 죽은 전 아무개 검사는 1년이라는 징역을 구형했다. 판사 역시 일제 때 왜놈 졸개였던지라 4개월을 선고했다. 그러나 할아버지는 그동안의 과로와 당시의 열악한 감옥살이에 옛날에 앓으셨던 췌장염이 도지셨다. 결국 할아버지는 친구이자 일제 때 애국자를 헌신적으로 원호했던 삼성의원 원장이신 김형달 선생님의 항의로 보석으로 풀려났다.

이처럼 조선은 해방의 기쁨으로 들뜬 지 겨우 몇 달 만에 참으로 기가 막히고 분통이 터지는 세상으로 되고 말았다.

온 근로민중의 관심을 모으고 있었던 미·소 공동위원회는 이승만과 한민당의 모략적 반대와 친미 사대주의자들의 테러 등으로 소란쯤 떨었지만 처음 얼마 동안은 고무적이었다. 그러나 날이 갈수록 미·소 간의 의견 차이가 나고 그 틈이 벌어지고 있었다.

미국은 분단으로 야기되는 시정 문제를 주로 들고 나왔고, 소련은 임시정부 수립이라는 실제적 문제를 들고 나왔다. 미국은 당시 에너지의 주역이었던 발전시설과 석탄이 주로 북쪽에 있었고, 그 밖에 주요한 공업생산도 북쪽에 치우쳐 있으며, 남쪽은 식량을 위주로 한 농업생산이었기에 남쪽의 치안통치를 위해 경제교류가 절실했던 것이다. 그래서 미국은 군사점령에 필요한 양군의 연락 문제와 경제교류 문제를 주로 들고 나왔다.

그러나 소련은 일제의 무장해제가 끝난 상태에서 하루속히 철군해야 했다. 조선 반도에 소련에 우호적인 정부가 들어서면 하루속히 철군해서 군대의 역량을 전후복구에 투입하고 싶었던 것이다. 그래서 소련은 조선에 자주적인 민주주의 정부를 세울 것을 우선했다. 그러기 위해서는 외세에 의지하는 친일파와 민족반역자 집단을 제외하여 자신들에게 적대적이 아닌 우호적인 임시정부를 만들어야 한다고 보았다. 말하자면 미국은 군대 철수는 안중에 없었고, 소련은 철수가 시급했던 것이다.

처음에는 남북 양쪽 지역의 경제 혼란을 막기 위한 송전과 물자교류를 위한 협상은 쉽게 합의를 보았다. 그들 군대의 연락장교 교류도 쉽게 이루어졌다. 그러나 임시정부를 세우기 위한 합의는 날이 갈수록 틈이 벌어지기만 했다.

3상회의 결정에는, '미·소 공동위원회는 임시정부를 대표할 공동위원회를 조직하는데, 반드시 조선의 민주주의 제 정당과 사회단체와 협의한다'라고 되어 있다. 문제는 이 협의 대상으로 할 민주주의 제 정당과 사회단체를 정하는 것이었다. 그것을 두고 의견이 대립되었다.

미국 측은 조선에 있는 민주주의를 표방하는 모든 정당과 사회단체를 협의 대상으로 할 것을 주장했고, 소련 측은 친일 민족반역자를 협의 대상에서 제외할 것을 주장했다. 미국은 이미 군정통치의 하수인으로 일제 때의 관리와 경찰을 고스란히 이어받고 있는 처지라 소련의 주장을 들을 수 없었다. 그래서 협의는 난관에 부딪쳤다. 소련 측이 3상회의 결정 지지 의사를 발표하는 정당·사회단체를 협의 대상으로 하자는 데까지 양보해서 일단 합의를 이루었다.

그러나 막상 협의 대상을 결정하는 마당에 가서는 미국이 또한 지지 의사를 표명하는 모든 정당·사회단체를 같은 수로 해서 공동위원회를 조직하자고 했고, 소련은 정당·사회단체가 가지고 있는 당원수·회원수에 비례해서 조직하자고 주장해서 다시 난관에 부딪치고 말았다. 이 바람에 남조선에서는 하룻밤 자고 나면 정당·사회단체가 몇 십 개씩 생겨나는 기현상이 벌어졌다. 그래서 3인 1당이라는 새로운 말이 유행되었다.

미·소 공동위원회 소련 대표는 5월 6일 마지막으로 협의 대상을 3상회의 결정을 지지하는 정당·사회단체로 하자고 주장했다. 이에 미국은 신탁통치를 반대하는 쪽도 자격을 주어야 한다고 주장했다. 이 때문에 미·소공위는 무기 휴회로 들어가고 말았다. 도저히 하나로 묶을 수 없는 지경으로 되고 말았던 것이다.

그 이튿날 미국은 일방적으로 최초의 협의 대상에 관한 합의였던 '시문서'라는, 조선 민주주의 임시정부의 조직 형태와 정강에 관한 질문서를 받기로 한 것을 이른바 좌익단체는 4개 단체, 우익단체는 21개 단체로 결정했다고 발표함으로써 영영 건널 수 없는 강을 만들고 말았다.

마지막으로 8일에 소련 대표 스티코프가 하지 미 주둔군 사령관을 방문해서 3시간 이상이나 토론했지만 아무런 결론을 얻어내지 못했다. 스티코프 대표는 그 이튿날인 9일에 특별열차를 타고 평양으로 철수하고 말았다. 이로써 남조선 민중들이 그처럼 기대했던 민주주의 임시정부 수립은 넉 달 만에 물거품이 되고 말았다. 미제와 그 앞잡이 군정 경찰은 미·소 공위가 무산되자 조선 민주주의 임시정부 수립을 지지하고 토지개혁과 민주정책 실시를 주장하고 나섰던 세력을 꺾어보려고 대탄압을 들씌웠다. 그래서 일제가 만들어놓은 치안유지법을 꺼내어 불문곡절 사람들을 무더기로 잡아가서 재판 놀음을 벌였던 것이다.

## 입학시험

세월은 갈수록 험해졌다. 민중들이 그처럼 기대를 걸고 있던 미·소 공동위원회가 무기 휴회로 들어가고 민주주의 임시정부 수립이라는 희망도 꺾여버렸다. 농민들은 토지개혁의 소망이 물거품이 되었고, 노동자들은 식민지적 노예노동에서 벗어나는 길이 막혀버렸다. 나라의 북부에서는 김일성 장군이 북조선 인민위원장으로 추대되어 토지개혁이 봄부터 실시되고, 8시간제 노동법이 공포되었다고 한다. 또 수많은 민주적 법률이 공포되어 일제 식민지 제도를 완전히 청산하고, 대를 이어 민중의 숨통을 조이고 있었던 모든 봉건잔재를 타도하여 새 세상을 만들고 있다는 소문이 돌았다. 남부 조국의 세상과는 너무나 대조적이었다.

봄부터 식량 사정이 나빠지고 물가는 천정부지로 뛰어올랐다. 거리에는 거지가 넘쳐났고 끼니때마다 대문 열고 밥을 얻는 거지가 잇달았다. 미 군정은 이때에 비로소 위기감을 느껴 그들의 졸개인 군정 관리들에게 방도를 구했다. 하지만 내어놓는 방도라는 것이 일제 말기에 공포되었던 '조선식량공출령'이라는 총독부령이었다. 미군은 이 법을 들고 군정 경찰을 앞세워 농촌에 들어가서 보리 농사에서 걷은 곡식을 공출이라면서 빼앗았다. 곳곳에서 농민들과 군정 경찰이 충돌했다. 많은 농민들이 잡혀갔다. 미 군정은 일제 총독부와 다를 것이 없었다. 그들의 앞잡이인 군정 경찰은 조선

말을 한다는 것밖에는 일제 경찰과 달라진 것이 아무것도 없었다. 날이 갈수록 민중과 미 군정, 그리고 그들의 앞잡이인 군정 경찰, 군정 관리들 사이에 패어지는 골은 깊어만 갔다.

학교도 미국식이라면서 9월이 학년 초로 되었다. 그래서 나는 7월 25일 당시 밀성국민학교를 졸업했다. 선생님들이 성적을 계산해 보고 모두 깜짝 놀랐다. 평균이 97점이었다. 학년과 전교에서 최고 성적이었다. 모두 칭찬하는 속에서 최우등상을 받고 졸업장도 전 학년을 대표해서 받았다. 그렇지만 그때는 할머니가 식구의 끼니를 잇기에도 너무나 벅찼고, 살림이 어렵기 짝이 없었다. 할아버지는 감옥에서 나오신 후 집에 들어오시는 날이 거의 없이 바쁘셨다.

친일파·민족반역자들과 친일지주들이 미 군정이라는 유리한 정세를 틈타서 역사에 반동하는 반민족적이고 반민중적인 정치집단을 형성하자, 이에 대응해 사상과 정치적 신념 그리고 종교의 차이를 넘어 민주주의 정권을 수립하는 데 하나의 통일 조직을 만들어야 했다. 계급과 계층의 이해관계를 대표하는 모든 민주정당과 사회단체들을 한데 모아 통일전선을 형성한 것이 '조선민주주의민족전선'이라는 통일전선 조직이었다.

2월 15일 YMCA 강당에서 조선공산당, 인민당, 조선신민당, 민족혁명당 등 진보적인 제 정당들과 백만 노동자의 조직인 노동조합전국평의회(전평), 천만 농민의 조직인 전국농민조합총연맹(전농)을 비롯해서 여성단체, 문화단체 등 수많은 제 사회단체들의 대표자들이 참가하여 조선민주주의민족전선(민전) 중앙위원회를 결성하였다.

할아버지는 여기에 인민당 밀양군당 대표로 참석하고 돌아오신 후, 문제의 신현대 집에 민전 밀양군위원회를 두고 의장단에 들었다. 그러다가 경찰에 붙잡혀 감옥에 들어가셨던 것이다. 감옥에서 나오신 다음 인민당 밀양군당을 복구하고 민전 조직을 강화하기 위해 밤낮으로 사람들을 만나 조직사업을 하셨다. 할아버지가 감옥으로 가는 통에 신현대의 집은 한민당, 독립촉성회의 간판을 달고 있었지만 거의 빈집으로 있었다. 그때 민전회관은, 지금은 그 목조건물이 없어지고 콘크리트 건물이 들어섰지만, 지금의 우리은행에서 밀양극장 쪽으로 두 집 건넌 이층집이었다. 할아버지는 그 회관에서 거의 종일을 보내고 더러 거기에서 주무시기도 해서 집에 들어오시지 않는 날이 많았다.

이러한 경황 중에 나는 초등학교를 졸업하게 되었고 중학교 입학시험을 쳤다. 당시 입학시험은 중학교가 시험 날짜를 정했다. 모집 학급 수도 그 학교의 교실 수와 확보하고 있는 교사 수에 따라 자체적으로 정했다. 그래서 나는 당시 6년제 중학교인 밀양농잠중학교에 먼저 시험을 쳤고, 다음에는 3년제 인문공립중학교로 신설된 밀양중학교에도 시험을 쳤다.

밀양중학교는 일제가 망한 해인 1945년 봄에 설립한 밀양실수학교가 해방이 되어 밀양중학교로 된 것이다. 일제의 식민지 정책인 우민정책으로 왜놈들은 조선에 중학교를 많이 설립하지 않았다. 중학교는 도청 소재지나 도시에 한두 학교를 두고 사립학교도 그 설립을 아주 제한했다.

대신 일제는 초등학교를 졸업한 아이들에게 나중에 일제의 군대에서 공병 요원으로 잡아가기 위한 준비로 설계도면이나 공구를 구별할 줄 알도록 미리 가르치기 위해 좀 큰 군청 소재지 읍에 실수학교라는 것을 설립했다. 하지만 그때는 이미 왜놈들이 망할 지경이라 교사를 새로 지을 형편이 못 되어 교실의 여분이 많은 일본인 초등학교인 당시 밀양국민학교로부터 교실 한두 군데를 빌려 받았다.

나의 작은아버지는 이 실수학교에 다녔다. 작은아버지는 일제가 망하기 2년 전에 초등학교를 졸업했다. 졸업하던 첫 해에는 진주사범학교에 지원했는데, 이른바 '불령선인'(왜놈들은 독립운동가나 사회주의자를 이렇게 불렀다)의 자식이라는 이유로 좋은 성적임에도 입학이 거절되었다. 그 다음해는 부산공업학교(지금 부경대학교의 전신)도 납세 등급이 낮다는 이유로 거절되었다. 때마침 실수학교가 설립되어 거기에 들어가서 당시 날마다 소년항공학교나 소년전차학교에 지원하라는 괴로움을 면했던 것이다.

왜놈들은 조선 소년마저 그들 침략전의 대포밥으로 만들기 위해 중학교에 진학하지 못한 똑똑한 조선 소년에게 갖은 유혹과 협박으로 소년항공학교나 소년전차학교에 끌어갔다.

나는 물론 두 학교에 모두 합격했다. 그것도 두 곳 모두 수석으로 합격했다. 그래서 어느 학교든 입학금 없이 갈 수 있게 되었다. 하지만 다달이 내어야 할 월사금(당시는 수업료라 해서 다달이 공납금을 내었다)을 생각하니 기쁜 마음이 들 수만은 없었다. 시험에 합격은 했지만 끼니도 겨우 잇는 집안 형편 때문이었다. 그러나 입학금을 면해 주어서 우선 학교에는 갈 수 있었다. 일단 합격한 두 학교 중에서 할아버지와 의논해서 나중에 학문을 한다는 포부를 가지고 인문중학교인 밀양중학교를 선택했다. 입학금을 내지 않고 절차를 마쳤다.●

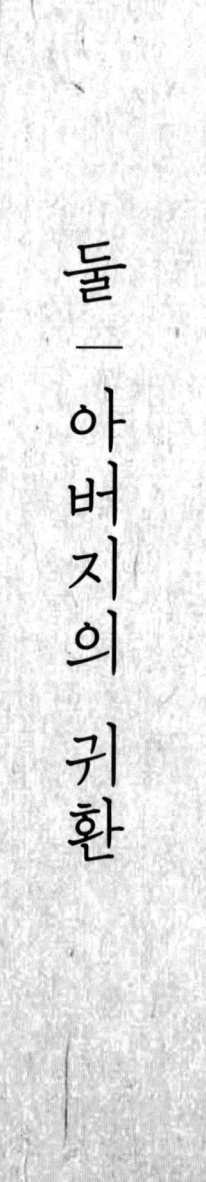

둘 — 아버지의 귀환

> 아버지도 밀림의 고생에서 회복되자 이 순례를 돌았다.
> 아버지가 근무했던 곳을 찾아가서 그 금줄 사이의 길을 걸어갔다.
> 여기저기에서 소리치는 사람들이 나타났다.
> 그런데 그 소리는 분노의 소리가 아니었다. 반가움과 감사의 환호였다.
> 입회한 조사위원회 사람들도 이 환호 소리를 듣고 얼굴에 웃음을
> 가득히 담고 나와 악수하고 얼싸안았다.

# 남양에서
# 살아 돌아오신
# 아버지

그 이튿날이 나의 고조모 박씨 할머니의 제사가 드는 날이었으니 1946년 8월 13일이었을 것이다. 밖에서 귀에 익은 목소리가 들려왔다. 아침 10시가 좀 넘은 것 같다.

"어메, 어메, 내가 왔소."

아침 설거지를 마치고 한낮으로 치닫던 여름 더위를 식히시느라 부채를 들고 안방에서 쉬고 계시던 할머니는, 갑자기 눈을 크게 뜨고 비명 같은 소리를 울음과 함께 쏟아냈다.

"아이고, 저 소리가 의환이 소리 아이가!"

나와 작은아버지는 책 보느라고 엎드렸던 몸을 화들짝 젖히고 일어났다. 할머니가 '아이고, 아이고' 소리와 함께 나가시는 뒤를 따라 나갔다. 축담에 선 아버지를 보고 나는 눈물이 빙 돌아 아버지의 얼굴이 흐릿했다. 그러나 흐릿함 속에서도 보이는 얼굴 모습은 분명히 아버지였다. 할머니는 아버지 가슴에 얼굴을 묻었고, 나는 왼편에 작은아버지는 오른편에 매달려 껴안았다.

"아버지!"

"형님!"

아버지를 둘러싼 세 식구는 그저 반가움에 끌어안고 떨기만 했다. 아버지는 할머니의 흐르는 눈물에 젖은 얼굴을 쓰다듬으며 거저 '어메, 어메' 소리뿐이었다. 그 이상 무슨 말로 반가움을 나타내랴.

만남이라는 감격의 순간이 지나 정신을 수습하고 모두 서로 붙들고 마루 위에 올라왔다. 나는 아버지의 얼굴을 자세히 보았다. 피골이 상접한 정도는 아니지만 얼굴이 유달리 길어 보였고, 팔다리가 옛날처럼 튼실하지 못하고 가늘었다. 아마 남양이라는 곳이 더워서 땀을 많이 흘렸기 때문에 야위었을 것이라고만 생각하기로 했다. 그러나 그 더운 곳에서 몇 년이나 살았다니 피부도 검을 터인데 오히려 보얗다.

아버지는 일제 말기에 조선 청년을 마구 징병으로 징용으로, 좀 나이가 든 남자들은 보국대로 끌어갈 때 징용을 피하기 위하여 일본군 군속으로 들어갔다. 징용에 끌려가면 광산에서 노예노동을 하다가 죽거나 전선에서 토치카를 구축하는 중노동이나 하다가 죽을지도 몰랐다. 때마침 일제 관료로 판임관 대우를 하며 일본군에 붙잡힌 연합군의 포로 감시 군속을 모집한다는 소식을 듣고 거기로 지원했던 것이다.

그래서 부산 서면에 있던 일본 병영에 들어가 군사훈련을 받고 어느 날 가족에게 아무 소식도 전하지 못한 채 말레이 반도의 남쪽 끝에 붙어 있는 싱가포르로 갔다. 싱가포르는 전쟁 전에는 영국의 식민지였고, 영국의 동양함대 사령부가 있는 군사적 요충지였다. 이곳에 수만의 군대가 집결해 그 일대의 영국 제국주의의 이해관계를 지키고 있었다.

일제가 태평양전쟁으로 진주만을 공격할 때 동시에 말레이시아 동쪽 해안에도 상륙했다. 일제는 반도의 남쪽 끝에 붙어 있는 싱가포르를 향해 전격전을 전개해 70여 일 만에 점령했다. 이때 영국군은 일본군에 무조건

항복을 했는데, 그때 붙잡힌 영국군의 수는 2만여 명이나 되었다. 말레이시아와 싱가포르에 거류하고 있던 영국 사람까지 합하면 포로수용소에 수용된 사람은 약 3만 명이나 되었다고 했다.

교활한 일제는 연합군 포로의 감시원을 조선 사람에게 떠넘겼다. 포로는 전쟁포로에 관한 스위스 협정에 따라 대우해야 했다. 이에 따르면 포로를 명예로운 자로 취급해야 하고, 포로수용소의 생활은 수용자의 자치에 맡기기로 되어 있으며, 인간적인 대우를 해야 한다. 그러나 이들에게 인간적인 대우를 하려면 막대한 비용이 들 것을 생각한 왜놈들은 아예 그 국제협정을 무시하기로 작정을 했다. 그래서 생각해낸 것이 포로 감시를 조선 청년에게 맡겨 국제협정의 위반 문제가 전후에 불거질 때 그 책임을 몽땅 조선 청년에게 지울 요량이었던 것이다. 실제로 전후에 그 지역에서 전쟁포로에 대한 전쟁범죄자로 수많은 조선 청년들이 그 책임을 지고 전쟁범죄자 재판에 회부됐다. 이들에게는 중형이 선고되었고, 때로는 총살을 당하기도 했다.

아버지는 징용으로 끌려가는 절체절명의 지경을 면하려고 여기에 지원했다. 이는 군속으로 지원한 조선 청년들의 공통된 정황이었다. 아버지는 전쟁이 끝날 때까지 전쟁으로 불행한 처지에 놓인 연합국의 청년들과 동병상련의 심정으로 친교를 맺으면서 지나기를 작정하고 지원했던 것이다. 이러한 심정으로 연합군 포로들을 대하다가 왜놈들로부터 숱한 고통을 당하기도 했다. 왜놈들로부터 당한 고난은 전후에 필연적으로 감시원에게 닥친 보복으로부터 면할 수 있게 해주었다. 포로로 고통당한 연합국 청년들로부터도 많은 존경과 대접을 받았다고 한다.

아버지는 1942년 7월에 싱가포르에 도착해 1945년 8월까지 포로수용소에서 감시원 군속으로 근무했다. 당시 수용소에는 영국군 사령관 버시벌 중장과 그 참모장인 와일드 대령이 수용되어 있었다고 한다. 또 전후 1년간은 전쟁범죄자조사위원회의 영국군 책임자였던 와일드 대령의 부탁으로 영국군 측 조사위원회에 통역관으로 근무했다고 하셨다. 그래서 귀국이 그처럼 늦었다고 말씀하셨다. 아버지는 내가 초등학교 3학년이던 1942년 여름에 남양으로 가서서 1946년 여름에 오셨으니 꼭 만 4년 만이었다.

이야기를 다시 되돌려, 이윽고 할아버지가 기별을 받고 달려오셨다. 할아버지는 그때 부산 감옥에서 석방되신 지 한 달쯤 되셨다. 당시 조선민주주의민족전선이 갓 조직되어 밀양군 지부의 의장단에서 수석의장을 맡고 계셨다. 밀양군의 각 정당·사회단체의 간부들과 매일 회합하시느라고 매우 바쁘셨다. 그곳으로 다른 아재들이 달려가서 기별을 한 것이다.

할아버지는 아버지를 보자마자 와락 끌어안으셨다.

"네가 전쟁이 끝났는데도 너무나 소식이 없어 오만 가지 생각이 다 들더구나."

그러고는 목멘 소리로 말씀을 이으셨다.

"어디 보자, 얼굴이 와 이리 수척하노. 고생이 많았겠지."

한참 만에 할아버지 품에서 풀려난 아버지는 한 걸음 뒤로 물러섰고, 할아버지는 방으로 들어가셨다. 아버지는 방문 밖에서 큰절을 올렸다.

아버지의 모습은 몇 년 사이에 몰라보도록 변했다. 남양으로 떠날 때 통통하던 볼도 홀쭉해졌다. 여름철 짧은 소매 밖으로 나온 팔은 예전에 튼튼한 근육을 자랑하던 팔뚝이 아니었다. 볼품없이 가늘었다. 그래서 눈이 유달리 크게 보였다. 입고 온 옷은 일본 군복이었고, 구두도 편상화라는 일본 군화였다. 커다란 키슬링 배낭을 메고 오셨는데 여러 가지 잡품이 들어있는 듯 겉보기로 울퉁불퉁했고, 일본 군대가 쓰던 수통과 반합이 겉에 매달려 있었다. 지금 생각하면 완전한 패잔병의 모습이었다. 군복을 입은 사람이 총이 없으면 영 볼품이 없다는 것을 그때 처음으로 느꼈다.

할머니는 자꾸 아들의 모습을 보고서는 치맛말 끈 자락을 눈에 갖다 대며 우신다. 말씀은 안 하셔도 아버지의 여윈 모습을 보고 마음이 몹시 아프신 것 같다. 조금 시간이 지나자 밀양 읍내에 있는 할배, 할매, 아재들이 모여들었다. 연계소 그 넓은 대청에 가득 찼다. 모두 죽음에서 돌아온 큰집 조카를 반갑게 맞았다. 서로 끌어안고 울음 반, 웃음 반으로 반가운 말들이 오갔다.

좀 나중에 나의 끝에 종증조부인 '뒷집' 할배가 오셨다. 나의 증조부는 3형제이신데 그중 맏이가 나의 증조부이시다. 가까운 대소가 일가들은 모두 '큰집' 할배라고 불렀고, 좀 촌수가 뜬 일가들은 영산 고을의 도천이라는 동네로 장가를 가셨기에 택호로 도천 할배라고 불렀다. 나의 증조부는 내가 너덧 살 때 돌아가셨다. 둘째는 앞서 말한 구 제국 때 무관학교를 졸업하고 참위로 임관하셨던 '윗집' 할배로, 촌수가 좀 뜬 일가나 고향 사람들은 참위 할배, 참위 어른이라고 불렀다. 3형제분 중 끝에 할배인 '뒷집' 할배는 밀양의 청도면에 있는 한목이라는 동네로 장가를 가셨기에 촌수가 뜬 일가 사람들은 한목 할배라고 불렀다. 한목 할매는 일찍 돌아가셨고, 구 왕가의 궁녀 출신인 후처가 들어왔다. 그 후처인 할매는 전처의 택호를 그대로 물려받는 게 우리 조선 사람들의 풍습이라 그대로 한목 할매로 통했다.

그러나 가까운 일가 사람들은 택호로 부르지 않고 그냥 '큰집', '윗집', '뒷집'이라고 불렀다. 거기에는 까닭이 있다.

옛날 우리 집은 할아버지 대 이전에는 밀양시 초동면 성만리에 있는, 앞서 말한 '통바우'라는 동네를 이루어 살았다고 한다. 그때에 두 종증조부가 장가를 가셔서 큰집 곁에서 집을 새로 짓고 첫 살림을 차렸다. 둘째 종증조부는 큰집의 북쪽, 즉 위쪽에 집을 지어 살았고, 셋째인 끝에 종증조부는 큰집의 바로 뒤쪽에 살았다. 그래서 '윗집' 할배, '뒷집' 할배라고 부르게 된 것이 가까운 일가들에게 고유명사화된 것이라고 한다. 고향 사람들 중 나이가 많은 어른들은 아직도 우리 집안을 '통바우 안씨댁'이라고 부른다. 좀 험구가 담긴 말을 할 때는 '통바우 안가'라고도 하지만.

뒷집 큰할배가 오셔서 어른들은 모두 모였다. 뒷집 큰할배는 반가운 빛이 낯에 완연했지만 그냥 힐끗 아버지를 옆눈으로 한 번 보고 그대로 방 안에 들어가셔서 가장 윗자리에 좌정하셨다. 옛 선비들은 아무리 반가운 일이라도 반가움을 얼굴에 나타내지 않아야 한다. 인사를 하고 난 다음에 천천히 점잖은 말로써 나타내어야 한다는 것이다.

이윽고 웃옷을 입고 몸을 단정하게 한 다음 아버지는 방문턱 밖에서 큰절을 올렸다.

"작은할배, 저 의환이 돌아왔습니다."

사지에서 돌아온 장손의 인사 받기를 기다리다 지치셨는지 뒷집 큰할배는 이미 눈물이 글썽한 음성이셨다.

"오냐, 얼마나 욕봤노. 이리 들어온나. 할애비가 손이나 만져보게."

끝소리는 울음이었다.

당시 읍내에 계신 여러 할배들이 모두 뒷집 할배가 앉아 계신 큰방으로 옮아가서 뒷집 할배의 오른편에 앉으신 아버지를 바라보며 이야기꽃을 피우고 있었다. 아버지를 둘러싸고 온 가족이 이야기꽃을 피우고 있는 저녁 때에 나의 할아버지의 누이인 활천 할매와 아버지의 누이인 교동으로 시집 간 고모가 헐레벌떡 숨을 쉬면서 대문에 들어섰다. 대문에서 울음 섞인 왁짜한 소리가 활천 할매와 고모의 목소리이다.

"야야아, 의환아, 니가 살아 왔구나. 어디 보자아."

"오빠아, 오빠아, 뭐 하고 있다가 인제 왔노!"

그 높은 축담과 대청을 언제 어떻게 넘은지도 모르겠다. 고함 소리와 함께 할매와 아지매가 들어선다. 활천 할매는 아버지의 뺨에 자기 얼굴을 비비며 반가운 눈물을 흘렸고, 고모는 아버지의 가슴에 안겨서 울음을 터뜨렸다. 반가운 오빠를 보니 자기 서러움이 복받쳐 울음이 통곡이 된다.

"오빠는 그 수만 리 떨어진 데서 해방되었다고 이처럼 돌아왔는데 손 서방은……."

아버지는 그때서야 누이의 신상에 무슨 일이 일어났음을 아셨다.

"야야, 그기 무슨 소리고? 손 서방이 우쨌다고?"

그러자 활천 할매가 치맛자락을 걷어 눈물을 훔치고 말씀하셨다.

"의환아, 그 소문은 못 들은 모양이제. 손 서방은 감옥에서 안즉도 몬 나왔다 아이가."

활천 할매는 아버지에게 고모부 신상에 일어난 일을 설명했다.

나의 고모부는 일제 말기에 어렵게 일본 군수공장인 밀양읍 북편에 있는 범북 내화벽돌 공장에 취직을 해서 징용을 면하게 되었다. 고모부는 거기에서 창고 경비 업무를 맡고 있었다.

당시는 전쟁 말기라서 일반 소비물자의 시장 유통이 극도로 제한되어 있어서 민중생활이 말이 아니었다. 생활에 필요한 물자를 왜놈들에게는 그런대로 배급으로 충족시켜주고 있었지만, 조선 사람들에게는 극히 소수 친일분자를 제외하고 일체 배급이 없었다. 그래서 엄청나게 비싼 암시장을 통해 충족할 수밖에 없었다. 그 암시장의 물자 원천은 이와 같은 군수공장의 창고였다. 이들 창고에는 그런 물자가 가득히 쌓여 있었다. 당시에 귀한 설탕, 밀가루, 석유 등을 비롯해서 내복, 양말, 광목, 거기에다 성냥조차 그곳으로부터 새어나왔다.

고모부는 그 창고로부터 많은 식량과 소비물자를 빼내다가 암시장에 흘려보냈다. 그중 일부분은 못사는 일가친척들에게 주었고, 일부는 상부

감독자에게 유통 사실을 묵인해 달라는 부탁과 함께 상납했다. 그런데 이 일이 발각되어 잡혀갔고, 사건을 몽땅 혼자 뒤집어쓰고 징역을 살게 되었다. 그때 나의 고모는 18살이었다. 시집간 지 1년 남짓했다. 나의 고모도 왜놈들이 정신대로 끌어가는 소동 때문에 17살에 8살이나 많은 노총각인 고모부에게 시집가게 된 것이다.

해방이 되어 정치범과 경제사범은 석방되었다고 하지만 왜놈들은 폭력범과 절도범이 경합된 자들은 석방하지 않았다. 독립운동을 하다가 왜놈들과 무력이나 폭력으로 저항했던 사람이나 강제공출에 저항하다가 경찰에게 폭행한 사람은 폭력범으로, 군수공장 창고에서 물자를 빼낸 사람은 절도범으로 경합되어 있다고 해서 8·15 해방을 맞은 석방에서 빼놓은 것이다.

고모부는 해방이 되었으니 곧 나갈 줄 알았는데 그대로 가두어두고 있는지라 감옥 당국에게 항의를 했다. 하지만 소 귀에 경 읽기라 실력행사를 할 수밖에 없었다. 그것은 탈출을 조직해서 실천하는 것이었다. 당시 도처에 있는 감옥에서 탈출 사건이 빈번했는데 거기에는 이런 원인이 있었다.

고모부는 감옥에서 경영하는 농장에 일하러 나갈 때 미리 조직한 탈출 계획을 실천했다. 농장을 둘러싸고 있는 철조망을 끊고 모두가 거기로 빠져나가는데 간수들이 달려왔다. 고모부는 다른 동료들이 달아나가도록 간수들에게 삽을 휘두르면서 막아 나섰다. 고모부가 막아 나서는 바람에 다른 동료들은 무사히 탈출에 성공했다. 하지만 정작 탈출을 조직한 고모부는 수많은 간수들의 공격을 당해낼 수 없었다. 결국 고모부는 붙잡히고 말았다. 고모부는 이 탈출 사건으로 해서 2년의 가형을 덧붙이게 되고 말았다.

활천 할매의 긴 설명이 있자 모두 일단 만남의 반가운 흥분이 가라앉았다. 여자들은 부엌으로 가서 저녁밥 차리기에 바빴다.

아버지는 그 이튿날 고향 마을 성만으로 가셨다. 거기에는 아버지를 기다리시는 어머니가 3남매를 데리고 있었다. 아버지가 남양에 계신 동안 태어난 용아가 아버지와의 첫 만남을 기다리고 있었다.


# 장기
## 포로수용소

아버지의 얘기는 한이 없다. 거기에서 왜 놈들에게 당한 고초는 이루 말할 수 없었다. 하루 이틀 가지고는 그 말을 다 들을 수 없었다. 내가 들은 얘기에다 줄거리를 세워서 얘기할 수밖에 없다. 물론 이 얘기는 한목에 다 들은 것은 아니다. 여러 장소에서 여러 계기로 하신 얘기를 추려서 쓸 수밖에 없다.

포로수용소는 싱가포르 섬의 북부에 있는 장기라는 곳에 터를 잡았다. 거기에는 약 1만 2천명이나 되는 영국군 포로와 연합국 국적을 가진, 말하자면 일본의 적국 국민들인 민간인들이 붙잡혀 있었다. 주로 영국 사람들이었다. 처음 아버지가 가신 곳이 거기였다.

포로들의 생활은 비참했다. 식량과 생활용품은 일본군이 대어준다고는 하지만 그 양이 턱도 없이 모자랐다. 그래서 없는 생활용품은 그들의 지혜로 대용품을 만들어 쓰고 먹거리도 수용소의 텃밭을 일궈 보충했다. 포로들은 처음에는 가진 돈으로 얼마간 보탬이 되었으나 시간이 지나자 그것도 떨어졌다. 영양을 제대로 보충하지 못해 뼈만 남는 처참한 모습으로 변해 갔다. 수용 포로들 중에는 실력 있는 군의관도 있었고 민간 억류자들 중에는 의학박사도 있었다. 하지만 일본군에서 필요한 의약품을 주지 않아 병이 들면 대책 없이 죽어야 했다.

전쟁이 말기에 들어서자 겹친 영양부족으로 질병에 이겨낼 수 없어서 연합국 포로와 억류자들은 수없이 죽어 나갔다. 특히 억류자들 중 어린이들과 노인들의 상태는 볼 수 없을 지경이었다. 수천 명의 포로를 동원한 공사도 있었다. 영양이 부실한 몸으로 이를 감당하지 못해 죽는 사람도 이루 말할 수 없을 정도로 많았다.

나중에 아버지가 〈콰이강의 다리〉라는 영화를 보고 일본 놈이 무슨 인간성을 말하고 있는데 정말 가소롭다고 했다. 그들의 눈 밖에 나면 그것은 바로 죽음이지 무슨 처벌이냐고 하면서 웃으셨다.

포로들의 목불인견의 참상을 보고 아버지는 일본군 장교의 눈을 피해 그들에게 몰래 식량을 구해다 주기도 했다. 포로들은 숨겨놓은 귀금속을 가지고 와서 아버지에게 약을 구해 달라거나 식량을 구해 달라고 부탁했다. 그럴 때마다 아버지는 그것을 시중에 나가 팔아 물건을 구해서 들고 나는 트럭에 몰래 숨겨 싣고 들어오는 모험도 했다. 그래서 영양부족으로 죽을 사람을 많이 살리기도 했다. 이런 일은 한두 번이 아니었다. 그들이 부탁하면 살신성인하는 마음으로 감행했다고 한다.

그러한 수많은 이야기 중에서 몇 가지는 그저 값싼 인도주의만으로는 할 수 없는, 사상의식적으로 연합군의 승리를 확신하지 않고서는 할 수 없는 일이었다.

포로수용소에 억류된 군인들은 전투를 하다가 잡혔기에 전쟁이 끝나면 집으로 가리라는 기대만 가지고 있었지만, 민간 억류자들 중에는 일본 침략자를 반대하는 의식이 철저한 사람들이 많았다. 일본군이 말레이시아와 싱가포르를 점령하고 있었지만 농촌이나 밀림지대에는 그들의 통치력이 미치지 못했다. 거기에는 말레이시아공산당이 이끄는 인민해방전선이 조직되어 있었다. 그 지도 밑에 조직된 말레이시아인민해방군이라는 유격대가 밀림지대를 거점으로 영국군이 쓰다 버린 무기를 주워 들고 일본군에 저항하고 있었다. 민간 억류자들 중에는 청년들이 많았다. 파시스트의 침략에 대해 저항감이 투철한 용감한 청년들도 있었다. 이들은 조직화되어 외부의 인민 해방전선 조직과 연계되어 있었다. 이들은 자주 탈출을 기도했다. 탈출이 성공한 경우도 있었지만 탈출에 실패하는 날에는 바로 죽음이었다. 재판도 없이 감독 장교의 명령으로 즉석에서 총살되었다.

하루는 영국 국적을 가진 중국인이 탈출하다가 실패해서 붙잡혔다. 아버지는 묶인 어린 청년의 모습이 너무나 가긍해서 어떻게 살릴 수 없을까 생각하다가 용기를 내어 즉결처분을 자청하고 나섰다. 왜놈 밑에서 종노릇을 하는 조선 사람이 아무 원한도 없는 사람을 죽이는 것을 누가 좋아하겠는가. 아무도 선뜻 나서는 사람이 없기에 아버지가 자청했던 것이다.

아버지는 장교의 명령을 받고 뜻이 맞는 동료에게 눈치를 주며 따라올 것을 당부했다. 그 동료는 눈치를 받고 끌어묻을 삽을 들고 따라왔다. 두 사람은 수용소에서 멀리 떨어진 밀림 속으로 들어갔다. 마침내 후미진 곳까지 왔을 때, 아버지는 붙잡힌 그 어린 청년의 포승을 풀고 영어로 말했다.

"나는 조선 사람이다. 조선 사람도 일본 놈들에 당하고 있다. 조선 사람은 너에게 적이 아니다. 달아나라. 총은 공중에다 쏠 테니 그것으로 총살한 것이다."

그 청년은 천만뜻밖의 소리를 듣자 한동안 어리둥절하게 쳐다보다가 불안과 슬픔에 찬 햴쑥한 얼굴에서 삶에 대한 기쁨이 번져 나오며 말했다.

"정말인가? 살려주면 은혜를 잊지 않겠다. 정말 살려줄 텐가?"

"그래, 아무 염려 말고 저쪽 밀림 속으로 들어가라. 우리는 여기에서 총을 몇 방 쏘고 갈 테니. 잘 가거라."

그러자 그 청년은 자꾸 뒤를 돌아보면서 밀림 속으로 들어갔다. 처음은 슬슬 걷다가 좀 거리가 떨어지니 허겁지겁 달려갔다. 아버지는 청년이 숲에 가까이 가자 공중에 대고 총을 여러 방 쏘았다. 첫 총소리에 그 청년은 그만 폭 꼬꾸라졌다. 다시 일어나 자기 몸을 이리저리 만져보더니 아버지 쪽을 향해 고개를 깊이 숙여 절을 하고 뒤돌아서 달려갔다. 아버지와 동료는 서로 웃으면서 구덩이를 팠고, 그 안에 썩은 나무둥치를 넣고 끌어묻었다. 한참 후에 왔던 길을 되돌아가 감독 장교에게 보고했다.

"장교님, 그놈을 총살하고 묻고 왔습니다, 이상."

또 한 번은 임팔 전투에서 붙잡은 연합군 포로를 데리고 오는 임무를 받은 부대를 따라갔다. 임팔은 인도의 서북부에 있는 마니푸르 주의 중심지인 소도시이다. 미얀마와 산맥으로 접하고 있다. 이곳을 들어가려면 마니푸르 계곡을 따라 북으로 올라가야 한다. 이 계곡은 서쪽 미얀마의 아삼 주와 접하고 있어서 세계적으로 비가 많이 오기로 유명한 곳이다. 마니푸르 계곡은 비가 오지 않는 건기에는 자동차가 그냥 지나갈 수 있는 도로이지만 우기에 들어서면 바로 강으로 된다고 한다. 임팔은 일본이 미얀마를 점령하고 인도로 진격하는 길목이었다. 그곳을 장악하면 연합국이 중국의 중경 정부에게 보내는 보급로를 차단할 수 있었다. 따라서 임팔 전투의 승리는 일본으로 보아서는 필수적이었다. 반면 연합국으로서는 이곳은 절대 물러설 수 없는 지역이었다. 그래서 대격전이 붙게 된 것이다. 이때만 해도 일본군은 사기가 충천했고 전력도 꽤 남아 있었다.

일본군은 전쟁 초기에 승승장구했던지라 영국군을 아주 얕보았다. 특히 영국군과 연합한 인도군의 감투정신을 잘 몰랐다. 영국군은 식민지 주둔군이지만 인도군은 자기 조국이 일본군으로부터 유린되는 위기를 그냥 보고 있지 않았다. 일본군은 그들 작전이 건기에 들면서 시작해서 우기에 들기 전에 마무리될 줄 알았다. 하지만 영·인 연합군의 완강한 저항으로 계산이 빗나가고 말았다. 작전이 반도 집행되기 전에 일본군은 막대한 타격을 입었다. 게다가 시간은 어느새 우기로 접어들고 말았다.

과연 그 비는 연일 퍼붓는 소나기였다. 병참로라고는 마니푸르 계곡 바닥에 나 있는 도로뿐이었다. 그곳은 이미 강바닥이 되고 말았다. 그 기슭에 새로 길을 내려 해도 완전히 진흙구덩이로 변했기에 오도 가도 못하는 신세로 되고 말았다. 소나기처럼 퍼붓던 비가 때때로 뜸해지면 계곡 능선에 붙어 있던 영·인 연합군이 치고 달려들었다. 일본군은 수많은 희생을 내면서 달아나야 했다. 가다가 좀 개활지라도 만나면 영국군의 탱크가 나타나 기관총으로 갈겨댔다. 들판에는 일본군의 시체가 즐비했다. 후퇴하는 일본군 대열에는 전염병이 돌아 죽는 자도 부지기수였다. 마지막에는 배낭도 총도 내버리고 유령처럼 떠돌다가 맞아 죽거나 쓰러져 죽었다. 거의 전멸적인 패배를 당했다. 이 임팔 작전으로 왜놈들의 남방군은 다시 일어설 수 없게 되고 말았다.

아버지는 장기 포로수용소에서 차출되어 포로 인수 부대를 따라 이 죽음의 계곡으로 갔다. 마니푸르 계곡 들머리에서 후송되어 오는 포로를 인수받고 패주하는 일본군을 따라 내려오는 길은 바로 죽음의 길이었다. 연일 폭격기가 날아와서 융단폭격을 해대었다. 후퇴 길이 차단되어 밀림 속으로 우회하면서 오는 길은 그 고생이 이루 말할 수 없었다.

나중에는 부대가 분산되고 감시원 한 사람당 열 명 안팎으로 포로를 배당해서 후송하도록 했다. 아버지는 열 명쯤 되는 포로를 데리고 낮에는 밀림에서 자고 밤에는 길을 걸으면서 행군했다. 먹을 것이 없을 때는 농가 곁의 텃밭이나 과수원에 들어가 먹거리를 훔치기도 했다. 주인이 뻔히 보고 있어도 가지고 와서 포로와 더불어 배를 채웠다. 하도 고생이 심한지라 아버지는 포로들에게 말했다.

"여기에서 해산하여 너희들은 너희들 부대를 찾아가고, 나도 혼자서 돌아가기로 하자."

그러나 포로들은 아버지에게 애원했다.

"우리들이 전선을 뚫고 돌아간다는 것은 바로 죽음으로 가는 것이다. 살려면 당신과 같이 행동할 수밖에 없다. 제발 버려두고 가지 말라."

그때부터 포로라는 생각도 없어졌고 그들도 아버지를 감시원으로 생각하지 않게 되었다. 아버지가 가지고 있는 총과 탄약도 그들이 메고 다녔다.

남양 특유의 대낮 같은 밤에는 서로 고향의 가족을 생각하면서 고향 얘기도 했다. 서로 자기들의 민요를 부르면서 우울한 심사를 달래기도 했다. 또 서로 자기 나라의 민요를 가르쳐주기도 했다. 아버지는 그때 많은 영국 민요를 배웠고, 아버지도 그들에게 아리랑과 도라지타령, 천안삼거리를 가르쳐 주었다.

그로부터 시간이 좀 지난 어느 날, 외출을 허가받아 싱가포르의 상점가를 거닐고 있을 때였다. 이날도 아버지는 포로들의 부탁을 받고 먹거리와 약품을 사기 위해 시장에 들어가서 필요한 물품을 사고 있었다. 그런데 좀 거리를 두고 자기를 유심히 바라보고 있는 중국인 청년이 있는 것이었다. 아버지는 혹시나 해서 조심을 하고 있었다. 살 것을 다 사고 시장거리를 벗어나 얼마쯤 갔더니 아까 그 청년이 잰걸음으로 다가와 물었다.

"혹시, 당신이 미스터 안이 아닙니까?"

"맞습니다. 그런데 무슨 일입니까?"

"당신을 만나기를 바라는 사람이 있는데, 따라올 수 없습니까?"

아버지는 전혀 모르는 사람이 따라오라고 해서 조심스러운 얼굴을 하고 그 청년을 바라보았다.

"염려하지 않아도 됩니다. 당신을 반가워하는 사람을 만날 것입니다."

아무리 생각해도 짐작은 가지 않았다. 하지만 그 사람의 눈치로 보아서 해칠 사람은 아닌 것 같았다.

"좋습니다. 갑시다."

그러고는 순순히 따라갔다. 그 사람을 따라 길을 몇 구비 도는데 이윽고 붉은 기둥에 황금빛이 나는 글자가 쓰인 커다란 대문이 나왔다. 청년이 그 대문에 붙어 있는 문고리를 잡고 무슨 신호처럼 문고리 쇠를 몇 번 두드렸다. 그랬더니 안에서 영감이 나와 정중하게 인사를 하더니 따라오라는 눈치를 주었다. 집은 정갈하고 무척 넓었다. 돈 있는 화교의 집이었다. 또 몇 구비를 돌아 안으로 들어갔다. 그러자 안내하던 청년이 커다란 빈방에서 잠깐 기다려달라고 하면서 안으로 들어갔다. 얼마 안 있어 한 노인이 나이 어린 청년을 데리고 나왔다. 그는 눈물이 글썽한 눈으로 아버지의 손을 잡으면서 말했다.

"여기에서 은인을 만납니다. 이 아이를 알겠지요?"

아버지는 처음에는 멋모르고 점잖은 노인이 무슨 일일까라고 생각했지만 노인의 이 말에 그 아이를 바라보았다. 그런데 바로 그 청년이 아닌가.

그 청년은 아버지를 끌어안으면서 울음 반으로 절규했다.

"따이거(형님), 저를 알아보겠습니까? 제가 형님 덕으로 목숨을 건져 이렇게 건강하게 살고 있습니다. 정말 고맙습니다."

그는 다름아닌 수용소에서 탈출하다가 잡혀 아버지 손으로 즉결처분하도록 된 것을 헛총을 쏘아 달아나게 한 바로 그 청년으로 노인의 아들이었다. 수용소에서는 고생으로 여위어서 보기 민망할 지경이었는데 이제 건강을 회복하니 헌헌한 대장부였다. 아까 안내하던 청년이 어느새 들어와 있었다. 그 청년은 이 노인의 막내아우라고 했다. 다시 인사를 하였다. 그 사람은 아버지를 만나려고 그동안 수용소 영문 거리에 있는 한 가게에 터를 잡고 몇 달을 기다렸다고 했다.

"오늘은 하늘이 도왔는지 이처럼 만날 수 있게 되어 조상 신령님께 감사를 드립니다."

저녁 대접을 하겠다는 것을 그날은 귀대 시간 때문에 사양하고 돌아가야 했다. 사정을 노인에게 말하자 다음에 정식으로 초청할 테니 꼭 오시기 바란다면서 놓아주었다. 그러면서 노인은 말했다.

"군인이 무슨 일로 시장에 나와 물건을 다 삽니까? 앞으로는 제가 무슨 부탁이라도 듣겠으니 제게 부탁하십시오."

그래서 아버지는 포로수용소에 있는 포로들과 민간인들의 말할 수 없도록 비참한 상황을 설명하고, 그들의 부탁으로 얼마 안 되는 식품과 약품을 사가지고 간다고 말했다. 그러자 그 노인은 무릎을 치면서 말했다.

"과연 살신성인이 따로 없구나! 당신은 바로 부처님이시구려. 내가 그 일을 도울 수 없겠습니까. 제게 무슨 부탁이라도 하십시오. 꼭 해내겠습니다."

이날 이렇게 해서 포로들과 억류 민간인을 위한 원호사업을 본격적으로 할 수 있는 토대를 마련하게 되었다. 이들과는 전쟁 중 교분을 튼튼하게 맺고 사귀었다. 그들의 도움으로 수용소 비밀창고에는 화급하게 필요로 하는 구급약품이 떨어지지 않게 되었다. 때때로 고기도 몰래 싣고 들어가 포로들의 영양에도 도움이 되었다. 그 덕분에 전쟁이 끝나기 반년 전까지는 그런대로 지날 수 있었다.

아버지는 영국 포로들에게 잘 대하는 친영파로 몰려 말레이 반도의 울창한 밀림 속으로 귀양 가게 되었고, 그들 중국인은 해방 후 영국 제국주의가 돌아와 그들의 나라를 식민지로 다시 차지하게 되자 이를 반대하는 무장투쟁에 가담하게 되었다. 이로써 영영 다시 만날 수 없는 운명의 갈림길이 되고 말았다.

나중에 알게 되었는데 그 노인의 막내아우는 중국공산당의 당원이었고, 노인도 말레이시아인민해방전선의 간부였다고 한다. 영국은 전후에 다시 들어와 말레이시아를 직할 식민지로 경영하면서 해방전선을 진압했다. 그런 다음 여러 토호국 중 한 토호를 왕으로 내세워 토호국 연방의 국왕으로 해서 1957년에 독립국으로 내세웠다. 싱가포르는 처음에는 연방에 들어왔지만 1963년에 탈퇴하여 독립했다.

아버지의 친한 중국인 벗들은 아마 이러한 역사 속에서 사라졌을 것이다. 아시아의 식민지 나라들이 겪었던 역사처럼.


# 죽음의 밀림에 버려지다

전쟁이 막바지로 들어가게 되자 왜놈들의 그 모지락스러움도 날로 더해 갔다. 말기에 연전연패의 망조 길에 들어서자 포로에 대한 보복으로 그들의 울분을 달랬다. 무단히 트집을 잡아 폭행하고 조금만 반항해도 일본도를 휘둘러 사람을 죽였다. 특히 폭격기의 조종사나 승무원이 비행기가 격추되거나 사고가 나서 낙하산을 타고 탈출하다가 일본군의 점령지에 떨어지면 엄청난 보복을 했다. 일본군과 영국군 포로들이 보는 앞에서 그들을 일본도로 참수하는 공개처형도 서슴지 않았다. 그래서 아버지의 포로와 억류자들에 대한 원호는 날아 갈수록 위험하게 되었다. 따라서 행동도 아주 은밀하게 할 수밖에 없었다. 들통이 나는 날에는 바로 죽음이 기다리고 있는 것이다. 하지만 아버지는 일신의 위험을 무릅쓰고 그들을 원호하는 일을 그만두지 않았다.

마침내 그 일도 못하게 되고 말았다. 일본군은 포로감시원 중에서 영국군이나 억류자들에게 인도적으로 대하거나 이들을 은밀히 원호하는 자로 짐작이 될 만한 사람들을 가려다가 영국군이나 억류자들로부터 격리시켜 버리는 모략을 꾸몄다. 그것은 그들을 몽땅 모아다가 밀림 속에 비밀히 가

두어버리는 일이었다.

하루는 새벽에 트럭이 몇 대 와서 병영 앞 광장에 섰다. 차에서 장교 몇이 내려오더니 감시원 부대 본부에 들어가고 나서 좀 있다가 주번사관이 병사에 들어왔다. 다음에 호명하는 사람은 무기를 반납하고 단독무장으로 중대 병영 광장에 모이라고 했다. 그래서 배낭만 지고 나왔더니 주번사관이 '이동명령서' 라는 것을 읽고 나서 즉시 차를 타라고 했다. 불려 나온 사람은 15명쯤 되었다. 그들은 거의 아버지와 친한 사람들이었다. 모두 영국군이나 억류자에게 모질게 대하지 않은 조선 사람들이었다. 주변에는 완전무장한 헌병들이 둘러섰다. 분위기가 심상치 않았다.

승차 명령이 떨어지자 생각할 여유도 없이 어마지두에 차를 탔다. 차를 타자 차에 포장을 덮어 쳤다. 바깥을 전혀 볼 수 없도록 했다. 차는 영국군이 쓰던 것을 전리품으로 빼앗은 것이었다. 일본제 군용차보다 성능이 월등했다. 커다란 차바퀴가 남북을 잇는 잘 포장된 말레이시아 국도를 거침없는 속도로 달렸다. 몇 시간을 가다가 국도를 빠져나왔는지 속도를 줄였다. 비포장도로라서 그런지 차는 들까불었다. 그러고도 몇 시간을 갔다.

예닐곱 시간쯤 지나서 차는 덜컹 섰다. 오는 동안 아무리 밖을 내다보려고 해도 포장이 하도 여물게 닫혀 있고 입구를 밖에서 사슬로 묶어놓아서 전혀 내다볼 수 없었다. 처음은 북쪽으로 간다고 짐작했지만 시간이 지날수록 방향조차도 전혀 알 수 없었다. 좀 있으니 사슬로 묶어놓은 것을 풀더니 문을 활짝 열어놓고 모두 내리라는 것이다. 밖을 내다보니 울창한 밀림으로 둘러싸인 조그마한 개활지가 보였다. 거기에서 간단한 식사를 주고 한 시간 후에 행군이라고 했다. 아침도 먹지 못한 늦은 점심이라서 배는 무척 고팠다. 하지만 앞일이 걱정되어 모두 밥맛을 잃었다. 그럭저럭 시간이 되자 인솔 장교가 집합 구령을 외쳤다. 배낭을 메고 게도르를 다시 감고 모였다. 모두 트럭에서 내려놓은 쌀가마니에서 쌀을 나누어 자루에 넣고 배낭 위에다 묶었다. 그리고 식수통을 두 사람씩 짝을 맞추어 가운데 나무를 걸쳐 메었다. 행군이 시작되었다. 앞에는 험상궂게 생긴 하사관이 길을 안내해 나섰고 장교는 일행의 뒤를 따라왔다.

그 행군은 정말 고되었다. 밀림의 습기와 더위로 땀이 비 오듯 했다. 길도 끊어졌다가 이어졌다가 했다. 그렇게 방위조차 알지 못하는 열대림을 몇 시간이나 행군해서 석양 때쯤에야 목적지에 도착했다. 모두가 지칠 대로 지쳤다. 군화는 물이 흥건했다. 게도르를 감은 장딴지도 푹 젖었다. 트럭에 싣고 온 식수통을 내려놓고 배낭에서 지고 온 쌀을 군용 반합에 담아 우선 밥부터 지어 먹었다.

막사라고 지은 것은 나뭇가지를 얼기설기 엮어놓고 잎이 넓은 갈대 비슷한 풀로 덮어놓은 것이었다. 일단 막사에 들어가서 풀을 베다가 자리를 깔고 몸을 눕혔다. 밖은 오만 가지 풀벌레가 울고 밀림의 작은 짐승 소리가 꽥꽥거렸다. 어둠은 한 치 앞도 분간 못 하는 칠흑의 밤이었다. 아버지는 몸을 눕히고서야 오늘 일이 다시 되살아났다. 이제야 겨우 무슨 일인지 생각할 여유를 가지게 되었다.

함께 실려 온 조선 사람들은 모두 감시원 부대에서 영국군 포로와 억류자들에게 동정심을 가진 친한 사람들이었다. 왜놈들은 분명히 이들을 영국군 포로와 억류자들로부터 격리시키려고 이처럼 귀신도 모르게 싣고 온 것이다. 아니면 아무도 모르게 죽일 작정인지도 모른다. 생각할수록 일은 난감하게 되었다. 왜놈들은 전쟁에서 적에게 포로가 되는 것을 수치로 배워 그것이 이미 관념으로 굳어 있었다. 그래서 포로를 사람 대접하지 않는 것은 당연하다고 생각했다. 그런데 일부 조선 사람들이 포로의 처지를 동정하고 그들과 인간적으로 벗이 되어 그들의 비인간적 처지를 진심으로 마음 아파하고 있으니 눈꼴이 시어 견딜 수가 없는 것이다.

왜놈들은 전쟁에서 연전연패했다. 이곳 말레이 반도와 싱가포르도 일본이나 조선과는 교통이 완전히 막혀버렸다. 통신도 겨우 연결되고 있을 뿐이다. 곁에서 함께 누워 있는 친구도 잠을 이루지 못하고 있는 것 같다. 그래서 아버지는 작은 소리로 불렀다.

"여보게 이 사람아, 난감하게 되지 않았나. 왜놈들이 우리를 죽일 작정인지도 모르겠네. 아니면 여기에다 가둬둘 작정인지."

곁의 친구가 말했다.

"안 형, 나도 걱정이 돼 잠이 오지 않는구먼. 오늘 밤을 지나봐야 무슨 곡절인지, 어쩔 작정인지 안 알겠나. 열댓 명을 죽여버릴 작정이면 장교 한 놈과 헌병 하사관 한 놈, 그리고 졸병 한 놈, 이렇게 세 놈만 오지 않았을 거야."

"그러고 보니 죽일 작정은 아닌 것 같네. 우리를 여기에 가두어둘 작정인 것 같구만."

"여기에 그냥 두고 그들만 가버린다면 이 밀림 속에서 어떻게 살아가나 말일세. 차라리 죽는 게 낫지."

"아무튼 내일 아침이면 무슨 규단이 나겠지. 만일 그들이 우릴 죽일 작정이면 우선 고깃값이나 해야지. 세 놈을 쳐 죽이고 빠져나갈 궁리를 해야지."

밤새 두 사람은 소곤거리면서 의논을 했다. 하지만 무슨 방도가 나오지 않았다.

남양의 계절은 우기와 건기뿐이다. 밤낮의 길이도 거의 같다. 그때는 2월이라 건기이지만 3월에 들면 우기에 들어간다. 밀림에서 우기를 맞으면 정말 오도 가도 못 한다. 온갖 독충이 무성하고 진흙에다 사람을 삼켜버리는 늪투성이라 멋모르고 나다니다가는 바로 죽음이다. 그럭저럭 날이 밝아왔다. 희뿌연 빛으로 사람 얼굴의 윤곽이 드러날 때, 깡마른 목소리로 장교 놈이 소리를 쳤다.

"오이, 전원 기상! 본관 앞으로 집합!"

여기저기에서 모두 잠을 설친 부석한 얼굴을 하고 모였다. 헌병 하사관이 집합을 보고하자 장교는 한 번 휘 둘러보고 말했다.

"여러분은 적의 상륙 대비하여 여기에 비밀 진지를 구축하기 위해 왔다. 우선 비밀을 지키기 위해 그냥 단독무장으로 왔지만 나와 여기 인솔 헌병들이 되돌아가서 보고를 하고 식량과 장비를 다시 가져오도록 하겠다. 그사이 며칠이 걸릴 테니 기다려주기 바란다. 이상."

그뿐이었다. 그러고는 헌병들을 보고 가자고 했다. 모두 어처구니없게 아무 말도 못하고 멍하니 쳐다볼 뿐이었다. 그러자 한 사람이 소리쳤다.

"장교님, 여기가 대체 어딥니까? 무슨 진지를 만들라는 것입니까?"

장교는 떼던 발걸음을 그냥 멈추고 대답했다.

"그것은 군사기밀이기 때문에 말해 줄 수 없다. 너희들은 기다리기만 하면 된다."

그 사람이 다시 항의 조로 말했다.

"장교님도 식량과 장비가 올 때까지 우리들과 같이 있어야 하지 않습니까!"

그러자 이번에는 헌병 하사관 놈이 총 노리쇠를 철거덕거리면서 소리를 꽥 질렀다.

"고노 싱에이하노 히구꾸민노 야츠, 리유가 오오이! 고로사나이노오 아리가다꾸 오모에! (이 친영파의 비국민 놈들, 무슨 이유가 그리 많으냐! 죽이지 않는 것만도 고맙게 생각해!)"

이것으로 모든 것을 알았다. 왜놈들은 그들이 말하는 친영파를 밀림 속에 내다버리는 것이다. 아버지는 웅성거리는 동료들을 진정시키고, 그놈들이 알아듣지 못하는 조선말로 말했다.

"여러분, 저놈들이 우리를 밀림 속에 가두기로 작정한 것입니다. 만일 우리들이 저놈들을 쳐 죽이고 설사 밀림을 벗어나더라도 그때는 왜놈들이 정말로 우리들을 죽이려 할 것입니다. 여러분 일단 진정하십시오. 저놈들이 가고 난 다음에 대책을 의논합시다."

그놈들이 돌아가고 나자 밀림에 갇힌 조선 군속들은 한데 모여 의논을 했다. 곧 우기가 닥칠 테니 그 전에 나갈 길을 찾기로 했다. 그 이튿날부터 두 사람씩 조를 짜서 여러 방향으로 길을 찾기로 하고 나섰다. 모두 허리에 찬 대검으로 나무 둥치에 껍질을 벗기면서 나아갔다. 한 무리는 점심때 전에 돌아왔고, 나머지는 저녁때에 되돌아왔다. 점심때 돌아온 사람들은 덤불과 늪으로 앞이 막혀 나아갈 수 없었다. 저녁때 돌아온 사람들도 왜놈들이 간 방향을 찾아갔지만 길을 잘못 들어 허탕을 치고 말았다. 밀림은 너무나 울창해서 사람이 지나간 흔적쯤은 하룻밤 자고 나면 지워버리기 마련이었다.

사흘째부터는 남양 특유의 쏟아붓는 스콜이라는 비 때문에 나갈 수가 없었다. 우기에 접어든 것이다. 말레이 반도의 우기는 시작할 때 엄청난 비를 뿌린다고 했다. 천둥과 번개가 요란하고 밀림 속은 밤처럼 캄캄했다. 땅위는 물 천지로 밀림은 물 위에 떠 있는 것 같았다. 물속에는 모든 것을 집어삼키는 늪이 기다리고 있어서 우기에는 꼼짝도 못 하는 것이다. 일단 모두 나무 위로 올라갔다. 이리저리 나무를 베어다가 걸치고 그 위에 풀을 베다 얹었다. 우선은 장대비부터 피하는 데에 바빴다. 얼마 되지 않는 쌀도 비에 젖지 않도록 배낭에서 우의를 내다가 덮었다.

한 일주일쯤 지나자 쌀도 바닥났다. 이제는 개구리나 뱀, 도마뱀을 잡아먹고 견디어야 한다. 비위가 약한 사람은 처음은 토했지만 국을 끓여 국물을 억지로 마시게 했다. 날이 지나자 그들도 구운 것을 먹게 되었다. 모두가 살아남기 위해서 필사적이었다.

"전쟁이 곧 끝날 것일세. 그러면 우리를 찾을 사람이 있을 게야. 영국 사람들은 의리를 저버리지 않는 사람이 많다네. 자신들에게 고맙게 한 사람을 반드시 찾을 게야. 그러니 우리들도 그때까지 반드시 살아남아야 한다네."

아버지는 동료들에게 이렇게 말하면서 용기를 북돋웠다. 자신도 그것을 신념으로 해서 용기를 내었다.

이리하여 아버지와 동료 조선 군속들은 3월부터 9월 말까지 우기를 견디어내고, 건기에 들어서 한참 지난 후에 영국군의 수색으로 구출되었다. 그때는 모두 피골이 상접했고 밀림에서 원시인 생활로 사람의 모습이 아니었다. 참으로 왜놈들은 악독했다.

8월 15일, 말레이시아와 싱가포르는 해방되었다. 바로 8월 15일 저녁에 영국군 부대의 선발대가 싱가포르에 들어왔다. 그들은 제일 먼저 장기 포로수용소부터 접수했다. 수용소는 기쁨의 도가니로 변했다. 그들은 포로 수용소에 근무하던 일본군부터 잡아 가두었다. 물론 감시원 군속인 조선 사람도 붙잡혀 갇혔다.

조선 군속을 잡고 보니 그들에게 고맙게 한 조선 사람들이 반년 전부터 보이지 않았고, 한 사람도 그 행방을 알 수 없었다. 포로들의 보고를 받은 선발부대의 장교들은 사라진 조선 사람들의 행방을 조사했다. 일본군 장교들을 족쳤다. '행방이 없는 조선 사람들을 죽인 것은 아닌가, 그들의 행방을 못 찾게 되면 너희들이 그 책임을 면하지 못할 것이다' 라며 족쳤다고 한다.

왜놈들은 이미 전쟁에 졌고 포로에 대한 비인간적인 대우로 해서 당할 지경인 데다가 조선 사람의 행방불명까지 책임을 져야 할 지경이라선지 순순히 그들을 밀림 속에 격리시켰음을 자백했다. 또 그 위치까지 알려주었다. 그래서 수색작전을 폈으나 우기를 막 지난 밀림에 들어설 수가 없기에 건기를 기다려 한참 지나서야 찾아낸 것이다. 왜놈들은 이런 장소를 대여섯 군데나 정해 놓고 그들이 말하는 이른바 친영파 군속을 격리시켰다고 한다.

아무튼 아버지는 그야말로 죽을 고비를 넘겼다. 일단 구출되자 영국군은 이들을 병원에 수용하고 정성껏 치료했다. 몸은 비록 겉으로는 회복되었지만 골병이 들었다. 그런 고생을 겪은 골병 때문에 아버지는 몸이 몹시 허약했고 그처럼 여위었던 것이다.

# 전쟁범죄자<br>조사위원회

일본이 항복하고 말레이 반도와 싱가포르에 상륙한 영국군은 장기 포로수용소를 접수하고, 일본군을 이번에는 바로 그 장기 포로수용소에 억류했다. 영국군은 포로가 되었던 그들 동포들의 해골 같은 참상을 보자 격분했다. 거기에다 학살과 폭행의 전말을 듣고 치를 떨었다. 급히 전쟁범죄자조사위원회를 조직했다. 조사위원회의 위원장으로 임명된 사람은 와일드 대령이었다. 싱가포르가 일본군에게 점령당해 항복 조인장에서 일본군 남방방면 사령관이었던 야마시다 호오분(山下奉文)에게 "예스까, 노까"라는 유명한 말로 그의 상관인 버시벌 중장과 함께 수모를 당한, 바로 그 참모장이었다.

전쟁범죄자 색출은 철저했다. 먼저 전 일본군과 일본인을 대상으로 말레이 반도와 싱가포르 등 영국군의 주둔 영역에서 근무지를 조사하고 그 근무지를 순회시켰다. 일본군은 그들이 근무했던 곳에 가서 거기에 모인 영국인과 영국군 포로, 그리고 일본군에 유감이 있는 지방민들이 모인 곳을 지나가야 했다.

조사위원회는 길 양편에 금줄을 쳐놓고 일본군과 일본인을 그 사이로 지나가게 했다. 구름처럼 모인 영국인과 석방된 영국군 포로, 그리고 지방민들이 길 양옆에서 지나가고 있는 일본인들을 보고 그 자리에서 고발했다. 뿐만 아니라 따로 널찍한 장소를 마련해 놓고 고발당한 일본인을 즉석에서 끌어내어 그곳에 데려다가 흠씬 패주도록 했다. 여기에는 일본군이나 일본군에 가담한 조선인 군속, 그리고 그곳에 거류한 일본인 모두 예외가 없었다.

영국 쪽에서는 그것이 가장 인도적인 조사 방법이라고 했다. 그 이유는 죄를 지은 사람은 죄를 철저히 밝힐 수 있고, 죄를 짓지 않은 사람도 그곳을 지나면서 죄가 없음을 인정받을 수 있으며, 더구나 고마운 사람은 거기에서 그 고마움에 대해 감사할 수 있다는 것이다. 영국 사람들의 이러한 조사 방법을 듣고 나는, 우리들도 해방될 때 친일파와 민족반역자들을 이처럼 조사했어야 했다고 생각했다. 그랬더라면 해방 후 친일 경찰이 다시 군정 경찰로 되지 않았을 것이고, 친일파와 민족반역자들이 애국자로 가장해서 모스크바 3상회의 결정을 신탁통치로 몰아 민주주의 임시정부 수립을 방해하지 못했을 것이라고 생각했다.

아버지도 밀림의 고생에서 회복되자 이 순례를 돌았다. 아버지가 근무했던 곳을 찾아가서 그 금줄 사이의 길을 걸어갔다. 여기저기에서 소리치는 사람들이 나타났다. 그런데 그 소리는 분노의 소리가 아니었다. 반가움과 감사의 환호였다. 입회한 조사위원회 사람들도 이 환호 소리를 듣고 얼굴에 웃음을 가득히 담고 나와 악수하고 얼싸안았다. 환호하는 영국인 중에는 눈물을 흘리는 사람도 있었다.

이 순례를 마치고 다시 일본군 패잔병 수용소가 된 장기 포로수용소에 갔더니 아버지와 같은 사람들은 따로 모아 수용했다. 거기에 도착한 이튿날 아버지는 와일드 대령의 부름을 받고 조사위원회에 갔다.

와일드 대령은 아버지에게 자기 동포와 지방민에게 인도적 박애를 베풀어준 데 대하여 영국인을 대표해서 진심으로 감사한다는 말을 하고, 한 가지 부탁이 있다고 했다.

"미스터 안, 당신은 조선 사람으로서 일본어와 영어에 능통하므로 조사위원회에서 통역관으로 일해 줄 수 있겠소? 간곡히 부탁합니다. 하지만 만일 나의 부탁을 들어준다면 당신의 귀국은 1년쯤 뒤로 미루어질 수밖에 없습니다."

아버지는 조사위원회 일이 순조롭게 되어야 우리 동포인 조선 사람에게도 유익할 것이라면서 쾌히 승낙했다. 그래서 그처럼 아버지의 귀국이 늦었던 것이다.

아버지가 조사위원회에 근무하면서 가장 가슴 아팠던 것은 조선 사람이 전쟁범죄자로 붙잡혀 와서 처벌을 받는 것을 속수무책으로 보고만 있어야 했던 것이다. 하기야 포로 감시원인 조선 사람 중 그 혹독함이 왜놈보다 더한 사람도 보았다고 한다. 이들은 포로가 말을 듣지 않는다고 붙잡아다가 뺨을 사정없이 때리고 발로 찼다. 심지어는 왜놈들이 잘하는 벌로서 서로 뺨을 때리게도 했다. 이는 일본 문화와 다른 영국 사람이 볼 때는 격분을 감추지 못하는 만행이었다.

한번은 아버지가 그 동료에게 영국군 포로도 자기 나라에 충성하다가 잡힌 사람인데 무슨 죄가 있느냐고 말하면서 충고했다. 그러자 그 사람은 아버지에게 적국 사람을 동정하는 그런 말은 '비국민'이나 하는 소리라면서 오히려 큰소리를 쳤다. 그 사람은 어찌 되었을까.

전쟁범죄의 처벌은 혹독했다. 뺨을 맞은 사람이 고소를 하면 군법회의에서 징역 2년, 서로 뺨을 때리게 한 사람은 징역 5년, 맞은 사람이 그 일로 죽은 것이 아니더라도 죽었다면 징역 10년에서 20년이었다. 때려죽인 사람은 교수형, 비인간적 학대로 사람을 죽게 했다면 총살형이었다.

왜놈들은 법을 무시하고 잔인했지만 영국인은 법이라는 것을 사용해서 잔인했다고 아버지는 말했다. 돌아온 영국군이 일본군과 일본인에게 한 법을 이용한 보복은 이처럼 혹독했다. 아버지는 모두 다 사람인데 함께 접하다 보면 화나는 일도 있을 것이고 그래서 언쟁도 하게 되고 싸우기도 하는데, 만일 그 사람들에게 한 번이라도 때린 일이 있었다면 속절없이 감옥살이를 했을 것이라면서 몸을 떨었다. 아무튼 전쟁은 그 행위 자체도 비인간적일 뿐만 아니라 전쟁 뒤의 전쟁범죄를 다루는 것도 비인간적일 수밖에 없는 것이다.


## '지스 이즈 아 도꾸'

수학이나 물리, 화학, 생물 등은 이치를 따져 책을 읽을 수 있어서 혼자서도 공부가 된다. 역사와 지리 등도 기록된 책을 보고 내용을 읽고 기억을 하면 혼자서도 할 수 있다. 그런데 이놈의 영어는 절대 그렇지 않다. 내가 영국 사람이나 미국 사람을 만나 그들과 말해 보지 않으면 내가 책으로 배운 것을 알아듣는지 못 알아듣는지 전혀 알 수 없다. 내 나름대로 공부를 해도 그 결과를 알 수가 없다.

중학교에 입학하게 되었으니 나는 벌써 중학교 과정 공부를 성미 급하게 서둘렀다. 특히 수학은 초등학교 5학년 때 둘째 작은할배인 돌아가신 안포동 할배의 서재에 있던 중학교 교과서와 연습문제집을 보고 중학교 과정의 대수, 기하 공부를 이미 다 마쳤으니 중학교 졸업 때까지는 끄떡없다.

물리, 화학도 책을 보고 중학교 교과 내용은 어지간히 다 이해했다. 역사, 지리 등은 새 책이 나오면 읽으면 되고.

그런데 영어는 말이고 글이다. 이것은 나만 알아서는 안 되는 것이다. 공부한 것을 영국 사람, 미국 사람이 들어서 알 수 있어야 하는 것이다. 아무튼 성미 급하게 영어 책과 그 책을 해석해 놓은 참고서까지 구해다가 공부를 시작했다. 중학교 1학년 교과서인데 《더 킹 잉글리슈 리더즈 북 원》이라는 책과 그 해석 책인 참고서였다.

자모 A, B, C……는 대수를 공부하느라고 이미 다 익혔다. 그래서 바로 읽기에 들어갔다. 맨 처음 나오는 말이 '도꾸'이다. 일본어로 된 참고서라서 일본 '가나'로 토를 그렇게 달아놓았다. 그래서 개를 '도꾸'라고 읽을 수밖에. 그렇거니 알았다. 다음은 주어와 동사가 나오는 대목이다. 거기 문장에 '지스 이즈 아 도꾸'라고 나왔다. 또 그렇거니 알았다.

나는 원래 부끄럼이 별로 없는 놈이라 아무 데서나 큰 소리로 읽는다. 곁에서 듣고 있는 농잠학교에 다니는 목이 아재와 중문이 아재도 내가 읽는 영어를 그냥 듣고 있다. 아마 그들도 학교에서 그렇게 배운 것일 테다. 나의 흠구를 잘 뜯던 세 살 많은 작은아버지도 아무 소리를 안 한다. 그렇고 보니 내가 읽는 것이 틀리지 않은 것 같다.

당시 우리 집에는 고향 마을인 성만에서 진촌 할배의 둘째 아들인 중문이 아재와 가미실 할배의 맏아들인 목이 아재가 하숙하고 있었다. 아재들은 해방이 되어 바로 농잠학교에 입학을 했다. 6년제 실업학교였는데 이제 2학년이 된다. 나의 작은아버지는 밀양중학교의 전신인 실수학교에 들었다가 해방이 되었다. 이 학교가 내가 입학할 학교로 3년제 인문중학교가 되었다. 작은아버지도 2학년이 된다. 그러니 작은아버지를 포함해서 아재 셋은 모두 2학년이다. 나와 나의 종고모인 수환이 아지매는 이제 중학교 1학년에 입학하는 것이다.

그런데 여기에 아버지가 오신 것이다. 그것도 영어를 아주 썩 잘하고 영국 사람의 통역관을 했다는 아버지다. 하루는 내가 그 예의 '지스 이즈 아 도구'라고 멋지게 읽었더니, 아버지가 그 소리를 듣고 배를 잡고 웃으신다.

"아버지, 내가 틀리게 읽었나?"

"이놈아, 그게 영어냐, 하늘나라 천국어냐!"

나는 눈이 둥그레졌다.

"아버지, 참고서에 그렇게 씌어 있는데?"

"영어는 영국 사람의 말이지 참고서 말이냐? 영국 사람이 알아들어야 제."

"그럼 이 참고서가 틀렸단 말이가?"

그러자 아버지는 찬찬히 말했다.

"왜놈들의 글이 우리 조선말을 소리대로 적을 수 없듯이 영어도 소리 대로 적을 수 없제. 그래서 저그 글자로 소리를 나타낸다는 게 겨우 그렇단 다. 나도 옛날에 일본 선생한테 영어라고 배운 것이 그래서 아무 짝에도 소 용이 없었거든."

그러면서 영어사전을 내어놓고 영어와 비슷한데 좀 다른 글자도 있는 곳을 가리키며 말했다.

"영어는 왜놈들이 저그 글자로 토를 단 대로 읽어서는 안 되고 여기에 적힌 만국발음기호에 따라 읽어야 한다."

"아버지, 그럼 이 글자부터 먼저 알아야겠네."

"그렇지, 그렇지."

"아하, 책머리에 영어 글자도 아닌 좀 다른 글자가 있고 입과 혀 모양 을 그린 그림이 있는데 그게 이것이구나. 그런데 아버지, 그 글자 밑에 일본 글자로 그렇게 토를 달아놨는데 이것도 엉터리겠네."

"그래 그래. 이놈의 자식, 가르치기는 좀 편하겠네."

아버지는 기특한 듯이 웃으셨다.

"자, 그러면 오늘부터 이 발음기호를 내 입모양을 흉내 내면서 보고 배워라."

그런데 중학교에 들어가서 영어를 배우는데 영어 선생은 그 왜놈 식의 발음으로 책을 줄줄 잘도 읽는다. 해방 직후 학교 교육의 단면이다. 일제 식민지 교육의 잔재와 함께 우리들이 물려받은 엉터리였다. 당시 영어 교육은 가르칠 교사가 없어서 이렇게밖에 할 수 없었다. 그 결과 세상에는 미국 놈과 직접 대면해서 손짓 발짓으로 배운 이른바 '하우스보이 영어'가 판을 치게 되었다. 그것은 미국의 천민문화를 이 땅에 물어오도록 만들었다. 이것이 미제의 식민지 문화의 첨병 역할을 다했던 것이다.

아버지는 성만에 가서 어머니를 만났다. 아버지는 어머니에게 돌아와서 마음을 놓았는지 왜놈들 때문에 든 골병이 드러나기 시작했다. 그럭저럭 겨울이 다가오자 아버지는 추위를 유달리 많이 탔다. 식수가 맞지 않는지 설사도 많이 했다. 온몸 곳곳에도 부스럼이 돋았다.

진촌 할배는 마을에서 동의(東醫)를 많이 안다. 손수 화제(藥方文)를 지어서 읍에 나와 약을 구해다가 어머니에게 주어서 다려 먹게 했지만 별반 차도가 없었다. 저러다가 사람 굿히겠다고 모두 걱정을 했다. 그러나 아버지는 그 첫 겨울을 이겨내고 봄이 들자 자리를 털고 일어났다. 피부병도 어찌된 영문인지 말끔해졌다. 설사도 그쳤으며 살도 붙기 시작했다. 온 식구들과 일가 어른들은 그제야 마음을 놓게 되었다.

하지만 세월은 점점 험해졌고 우리 집 사람들의 삶은 날이 갈수록 어려워졌다.

# 밀양중학교에 입학하다

1946년 9월 달에 들자 나는 밀양중학교 1학년이 되었다. 당시 조선에서는 중학교에서 공부한 사람들이 드물었다. 초등학교만 나와도 면서기를 하는 데 충분했다. 중학교도 도립이나 관립 중학교를 졸업하면 출셋길이 훤했다. 중학교 과정인 실업학교를 졸업하고 현장에서 몇 년 일하게 되면 책임부서를 맡게 된다. 그리고 당시로는 생활도 유족하게 되었다. 그래서 중학교를 다닌다는 것 자체만으로도 이미 지식계급에 들어가는 셈이었다. 모두 일제의 조선 사람에 대한 우민정책의 결과였다. 나도 그런 시대의 중학생이 된 것이다. 중학생이 되고부터는 나 자신이 생각해도 많이 자란 것 같다.

입학식을 마치고 만난 1학년 1반 담임 선생님은 40대 초반이셨다. 국어를 담당하는 하성호(河聖護) 선생님이시다. 이 선생님은 좀 혀 짧은 소리로 말한다. 당시 '말본' 시간의 교과서는 최현배 선생님이 지으신《우리말본》이라는 책이었다. 거기에 쓰인 문법 용어는 한문 용어가 아니고 우리말에서 만든 것을 썼다. 말본 시간에 선생님은 조심하면서 '홀소리, 닿소리'라고 하는데 말이 급해지면 자기도 모르는 새 '홋쪼이, 닷쪼이'라고 했다. 그 바람에 선생님의 별명은 '홋쪼이 닷쪼이'로 되고 말았다. 검은 굵은 테 안경을 쓰고 중후한 느낌을 주는 선생님인데 나에게는 각별한 애정을 베푼 선생님이었다.

당시 나는 학비를 대기가 무척 어려웠다. 당시의 공납금은 수업료라고 해서 매달 10일에 납부해야 한다. 보통 이것을 옛날에 쓰던 말로 월사금이라 했다. 끼니를 이어대기조차 어려운 집안 처지라 월사금을 내지 못했다. 학교 서무에서 미납자 명부를 담임 선생님에게 주어 각별히 해당자를 불러 독촉하도록 했다. 그런데 하성호 선생님은 다른 학생들에게는 하교 전 종례 때

주저 없이 이름을 불러 언제까지 내겠느냐고 다짐을 받았지만, 내 이름은 부르지 않았다. 사실이지 월사금을 못 낸 미안함은 이루 말할 수 없었다. 선생님은 복도에서나 운동장에서 우연히 만날 때면 나를 불러 살짝 말씀하셨다.

"요새 너그 집이 참 어려운 모양이지?"

그러고는 한숨을 쉬셨다.

"월사금 때문에 걱정하지 말고 너는 공부만 열심히 하거라."

선생님의 사랑이 가득 담긴 이 말씀을 듣고 내 눈에는 눈물이 고였다. 어릴 때부터 남자는 울어서는 안 된다는 것을 들어온 때문인지 나는 억지로 눈물을 참으며 대답했다.

"선생님, 미안합니다. 할머니도 미안하다고 말씀하십디다."

"오야, 괘않다."

그 후 내가 학교 선생이 되어서 학교 당국으로부터 공납금을 못 낸 학생들에게 엄중한 경고를 당부하라고 부탁받을 때마다 언제나 선생님이 하신 말씀, '오야, 괘않다'는 소리가 귀에 들리는 듯했다.

하성호 선생님은 일제 말에 조선어 연구를 금지하던 시절에도 꾸준히 조선어학회의 회원으로 비밀히 활동하셨다. 조선어 연구에 게으르지 않으셔서 해방 후 밀양에서 한글을 제대로 가르칠 수 있는 유일한 분이셨다. 내가 밀양중학교에서 메이데이 사건으로 퇴학을 당한 후 세월의 격동으로 그 물결에 휩쓸려 한 번도 만나 뵙지 못했다. 전쟁 후 고향의 친구들에게 물었더니 전쟁이 끝나고 얼마 안 되어 돌아가셨다고 했다. 그 소식을 듣고 나는 흐르는 눈물을 억지로 참고 마음속으로 말했다.

"선생님은 구천에 가셨어도 선생님이 제게 베푸신 자애는 제 마음속에 언제나 남아 있습니다."

그 밖에 마음에 남아 있는 선생님은 화학 선생님이신 손기용 선생님과 수학 선생님이신 김기화 선생님이시다.

손기용 선생님은 우리들에게 언제나 이렇게 설파했다.

"나라의 주인은 노동자와 농민이다. 민주주의는 노동자와 농민의 민주주의라야 진짜 민주주의이다."

그래서 내가 입학할 당시에 이미 이른바 '좌익 선생'이라는 꼬리표를 달고 있었다. 그러나 학생들에게는 가장 스스럼없이 대하였다. 나이도 젊고 활달하며 교원이나 학생들의 문제에는 가장 먼저 나서는 선생님이시다. 이 선생님과는 나중에 특별한 교분이 생겨 한동안 같이 지내기도 했다.

수학 선생님이신 김기화 선생님은 그야말로 사람 좋은 분이시고 수학을 재미있게 가르치셨다. 나에게는 유별한 애정을 가지고 계셨다. 학교를 퇴학당하고 나올 때 가장 마음 아파하셨던 분이셨다. 선생님은 역사의 격랑을 피해 공립학교인 밀양중학교를 그만두고 사립학교인 세종중학교가 설립되자 그쪽으로 옮기셨다. 그 뒤로는 수학을 가르치면서 술로 낙을 삼으셨다고 한다.

내 기억에 남은 분들이 많지만 세월이 오래되어 대부분 이름을 잊었다. 기억의 인연이 이어지기도 하고 끊어지기도 해서 이제는 희미한 과거라는 안개 속으로 그늘만 남았다고나 할까.

# 일제의 묵은 몽둥이와 갈퀴

8·15 해방을 지난 지 1년이 되었지만 조선의 남부는 난마(亂麻), 즉 수세미 범벅판이었다. 친일관리였던 놈들이 군정청의 간부로 득세하고 친일지주들이 이승만을 에워싸고 그들이 정권을 창출하기 위해 온갖 모략으로 애국자들

을 중상하고 테러를 가했다.

특히 미 군정은 2월 21일 일제가 조선 농민으로부터 강탈해 간 동양척식주식회사(약칭 동척)의 땅을 일본의 소유로 규정하고 적산이라는 이유를 들어 미 군정의 소유로 했다. 이를 위해 미 군정은 신한공사라는 것을 만들었다. 신한공사는 조선 정부와 독립된 기관으로서 사장에는 미군 장교를 임명했다. 조선 정부는 어떠한 권한도 없으며, 공사에 관계된 범죄는 미군의 군사재판이 담당한다고 발표했다. 미 군정이 말하는 이 조선 정부란 그때 모스크바 3상회의 결정으로 수립될 조선 민주주의 임시정부를 말하는 것이다. 그러니 독립이 된 후에도 그 땅을 미국의 재산으로 하겠다는 것이다.

이는 바로 강도가 탈취한 것을 더 힘센 새로운 강도가 빼앗아 그것을 주인에게 돌려주지 않고 제 것으로 하겠다는 것과 마찬가지다. 이에 대해 농민들은 결사적인 반대투쟁을 조직하고 저항했다. 하지만 총칼을 가진 미국 놈들에게 속수무책이었다.

실제로 미 군정은 3월 11일에 신한공사의 법률을 제정 공포하고, 왜놈들이 강탈해 간 조선 사람의 땅을 제 것으로 차지하고 그 땅에서 소작료를 받았다. 미 군정은 소작인들에게 군사재판으로 위협했고 그해 가을부터 약 3할의 소작료를 강탈했다. 해방군의 너울을 쓰고 들어온 미제는 이때부터 침략의 의도를 노골적으로 드러내기 시작했다. 미제는 일제가 조선에서 차지하고 있던 모든 중요 산업과 일인의 개인 재산까지 전부를 점령군이 점유한 재산으로 결정하고 적산관리부를 만들어 차지했다. 이로써 미제는 조선의 대부분의 부동산, 동산을 차지하게 됐다.

이에 대해 민전 산하의 민주적인 정당과 사회단체들은 맹렬히 반대하고 나섰다. 군정장관 러치는 법률의 번역이 잘못되었다느니 하면서 변명했으나 그들의 흑심을 감출 수 없었다. 가을에 신한공사에서 소작료를 받아

갔고 적산관리부에서 일인 재산에 대한 사용료를 받아 갔는데 무슨 변명을 할 수 있겠는가.

1월부터 개최되었던 미·소 공동위원회가 5월에 무기 휴회로 들어가자 조선에서 통일된 민주주의 임시정부 수립의 길도 막히고 말았다. 그러자 이때껏 참아왔던 노동자와 농민을 비롯한 각계각층 민중들의 요구가 들불처럼 일어나기 시작했다.

첫째가 식량 문제였다. 앞서 말했던 바와 같이 지난해 풍년이었던 식량 생산에도 불구하고 봄부터 시장에 쌀 공급이 줄어들어 쌀값이 천정부지로 치솟았다. 도시민은 그들의 임금으로 식량을 사댈 수가 없었다. 월급쟁이들이 한 달 월급을 몽땅 털어도 쌀 한 말 사기가 어려웠다. 쌀값이 이처럼 뛰어오르자 물가는 쌀값에 미치지는 못해도 덩달아 오를 수밖에 없었다. 6월 초에 당국에서 물가지수란 것을 발표했는데, 3월 말 기준이라고 하면서 1945년 8월 15일을 100으로 할 때 524라고 했다. 불과 반년 사이에 5배나 오른 셈이다. 실제 물가는 이보다 더했고, 쌀값은 이보다 훨씬 더했다.

일이 이 지경에 이르자 쌀 배급을 도시에 실시하려 했지만 쌀은 이미 물 건너 일본으로 간 뒤였다. 창고에 남아 있던 총독부가 공출로 빼앗아놓은 얼마 남지 않은 묵은쌀을 털어 일단 서울에 1일 1인 1홉의 배급을 해보았지만 며칠이 안 되어 그것도 바닥나고 말았다. 봄이 지나고 여름이 시작되자 사정은 더 악화했다.

초여름에 보리 수확 철을 맞아 식량 사정이 좀 풀리는가 했지만 도시민의 식량 해결의 길은 보이지 않았다. 그래서 미 군정 당국이 군정 관리에게 그 해결 방안을 강구하도록 했다. 그 방안으로 꺼낸 것이 일제 총독부가 만든 이른바 식량공출령이라는 역시 묵은 법률이었다. 처음에는 일제의 묵은 몽둥이 치안유지법을 들고 나오더니 이제 식량공출령이라는 묵은 갈퀴를 들고 나온 것이다. 군정청은 그들의 졸개 행정기관을 통해 농민에게 공출을 할당하고 회유와 독려를 했지만 농민의 반발은 격렬했다. 농민조합은 이를 즉각 반대했고, 농민들도 조직적으로 반대하고 나섰다.

군정은 미군이 지휘하는 경찰을 동원해서 강제 공출에 나섰다. 미군이 지프차를 타고 뒤따라오고 군정 경찰을 앞세워 마을에 들어가 집집마다 뒤지고 빼앗았다. 도처에서 실력행사가 일어났다. 많은 농민들이 붙잡혀 유치장으로 끌려갔다. 실력행사 와중에 사상자도 났다. 신한공사가 만들어져 토지개혁이라는 희망도 사라진 데다가 공출까지 당해야 하는 농민은 군정과 이제 영영 원수가 될 수밖에 없었다. 그 공출 소동에 동원된 군정 경찰의 모진 탄압으로 경찰에 대한 감정도 극도로 나빠졌다. 이렇게 빼앗은 보리로 배급을 주려고 했지만 그것으로 식량 문제 해결에는 새 발의 피였다.

쌀 소동으로 세상이 한참 뒤숭숭할 때 이승만 박사는 한 말씀 했다.

"한국 사람들은 도무지 이해할 수 없다. 쌀이 없으면 고기를 먹으면 될 것을 왜 쌀만 먹으려고 하는지 모르겠다."

이런 말이 나돌자 사람들은 말했다.

"정말 천황씨 같은 양반이네. 쌀 살 돈도 없는데 고기를 사 먹을 돈은 어디 있나? 어이구 참, 미국에서 살았다고 고기만 아는가뵈. 그런 사람이 나라를 맡았다가는 우리들 다 굶겨 죽이겠다."

당시 치솟은 물가는, 왜놈들이 망할 무렵 그들이 앞으로 필경 조선에서 쫓겨날 것을 염두에 두고 그때 쓸 요량으로 조선은행권을 많이 찍어둔 것을 군정청이 차지해 그들의 군정 비용으로 시중에 아무런 제한 없이 유통시켜 일어난 것이다. 이리하여 세상은 연일 미 군정에 대한 항의 시위로 들끓었다. 민중들의 분노를 수습할 길은 보이지 않았다.

한편 미제와 그에 추종하는 이승만은 미·소 공동위원회가 무기 휴회에 들어가자 조국의 영구 분단을 획책하기 시작했다. 미·소 공동위원회가 4월에 들어 협의 대상 문제를 놓고 교착상태에 빠지고 있을 때 미제는 남조선 단독정부 수립 의도를 흘렸다. 4월부터 전국 유세를 하고 있던 이승만도 급거 서울로 돌아와 이 사람 저 사람 만나면서 바쁘게 돌아쳤다. 그러곤 6월에 들자 다시 유세를 하면서 그 첫 강연을 정읍에서 했다. 거기에서 그는 이렇게 주장했다.

"남조선 단독정부를 수립해야 한다. 남조선만이라도 독립을 하여 북에 있는 소련군을 국제여론을 일으켜 철수시킬 것이다."

그 사흘 뒤 이리(지금의 익산)에서는 이렇게 말했다.

"미·소 공동위원회가 무기 휴회가 되어서 일반 대중이 남조선만이라도 정부가 수립되기를 고대하는데 조만간 무슨 일이 있을 것이니 아직 인내하고 기다려서 경거망동하지 말기를 바란다."

이승만의 이 발언이 미제의 영구 분단 주장을 대신하는 것임을 알게 된 민중들의 분노도 커졌다. 그날 당장 김구 선생의 한국독립당은 이승만의 정읍 발언을 맹렬히 비난했다. 민전 산하의 모든 정당과 사회단체뿐만 아니라 중간 세력이라고 하는 학술단체, 문화단체들도 '단독정부' 수립을 반대한다는 성명을 내고, 이승만 발언의 매국배족을 규탄 비난했다.

이에 대해 한국민주당 선전부장 함상훈은 오히려 공산당이 이승만이 전횡하는 이른바 독립촉성중앙협의회를 탈퇴한 사실을 들어 민족 분열이라고 비난했다. 또 공산당이 어느 나라의 연방이 되기를 희망한다고 터무니없는 비난을 퍼부으며 이승만의 주장을 자주정권 수립의 의견이라고 비호했다. 이승만을 충성스럽게 지지하는 대한독립촉성국민회와 민주의원, 그리고 신탁통치 반대운동을 위해 조직된 이른바 비상국민회의는 이승민의 정읍 발언에 대해 민주의원을 중심으로 한 연석회의를 열고 '우리는 단연히 단독정부 수립에 매진한다'는 성명을 냈다.

'민주의원'은 미제가 민주진영의 통일전선체인 민전 조직에 대응해서 군정의 지지 기반인 친일지주와 숭미분자들을 모아 이른바 남조선 과도정부를 수립한다는 구실로 군정청이 위촉한 위원 25명으로 구성한 조직이었다. 의장은 이승만이었다. 여운형 선생도 처음에 김구 선생과 김규식 선생과 함께 부의장으로 추대되었으나 즉시 사퇴하고 말았다. 그리하여 완전히 극우세력과 친일지주, 숭미분자들로 판을 짜고 있었다. 이들이 김구 선생과 김규식 선생을 소외시키고 이승만의 단독정부 수립을 지지하고 나섰던 것이다.

미제는 때를 맞추어 전국을 탄압의 도가니로 몰아넣었다. 그것은 당시 3상회의 결정 지지투쟁의 중심이었던 조선공산당 본부인 정판사를 급습해서 문서를 압수하고 거기에 있던 당원을 잡아가는 것으로부터 시작했다. 미제는 정판사를 폐쇄해 버리고 미군이 총을 들고 보초를 서게 했다.

일제 때 정밀 인쇄를 전문으로 하는 근택인쇄소가 있었는데, 그 인쇄 시설을 정판사가 인수받고 있었다. 근택인쇄소는 일제의 총독부가 조선은행권을 인쇄했던 곳이다. 정판사는 인쇄 노동자들이 자주경영을 하던 곳인데, 이곳에 조선공산당의 본부를 두고 그들의 기관지인 〈해방일보〉를 인쇄하고 있었다. 여기에서 군정 경찰이 조선은행권의 인쇄 동판을 발견했다는 것이다. 미제의 주구였던 당시의 군정 경찰은 일제시대부터 조선 민중을 탄압하는 데 고문으로 이골이 난 자들이었다. 이들은 붙잡아 간 당원들에게 갖은 고문을 들이대고 위조지폐 인쇄를 자백받았다. 정판사를 수색한 5월 15일에 미제와 군정 경찰은 "조선공산당이 위조지폐를 찍어내 남조선 사회의 경제를 마비시키려고 한다"고 서둘러 대대적인 발표를 했다.

미제는 당시 그들의 군정 정책으로 엉망진창이 된 남조선 경제에 대한 책임을 정판사에서 발견된 화폐 인쇄 동판을 증거로 내세워 조선공산당에게 몽땅 뒤집어씌운 것이다. 미제는 즉시 조선공산당을 불법화하고 당 간부들을 체포하는 체포령을 내렸다. 당수 박헌영은 이북으로 내뺐다. 또한 미제는 동시에 〈해방일보〉도 폐쇄하고, 그들이 좌익계라고 보던 〈대동신문〉도 정간시켰다. 그리고 전국적으로 대대적인 검거 선풍을 일으켰다. 이른바 '정판사 위조지폐 사건'의 재판도 고문에 의한 자백을 근거로 해서 진행시켰다. 재판에서 피고는 전원 범죄 사실을 부인하고, 고문에 의한 자백임을 주장했다. 이렇게 되자 사회는 물 끓듯 했다. 연일 재판소 앞에는 시위 군중으로 들어찼다. 이를 제지하는 경찰과 충돌해서 많은 부상자가 나오고 많은 사람들이 잡혀갔다.

미제의 탄압은 학원도 예외는 아니었다. 서울대학의 도상록 교수와 백남운 교수를 파면했고, 여러 대학에서도 학생들에게 정치경제학을 강의하던 교수들이 대대적으로 쫓겨났다. 마침내 미제는 남조선을 문화적으로도 식민지화하려는 기도를 노골적으로 드러내기 시작했다. 그것은 6월 19일에 발표한 이른바 '국립서울종합대학안'이라는 것이다. 세상은 이를 '국대안'이라고 부른다. 거기에는 미 군정이 학교 경영권을 가지고 군정에서 관선으로 이사회를 조직해 대학의 경영을 맡긴다는 것이 골자였다. 또한 서울에 있는 일제 총독부의 관립·도립 전문학교와 수원에 있는 농업전문학교를 한데 통합한다는 것이다.

해방 후 경성대학과 각 전문학교는 조선인 교수들의 열성적인 활동으로 교수를 새로이 초빙하고 학생자치회와 더불어 자치경영하고 있었다. 미 군정이 학원을 간섭하기 전에는 참으로 학문의 자유와 사상의 자유를 향유할 수 있었다. 미 군정과 군정 관리는 이것이 못마땅했다. 자유주의적인 교수와 사회주의 경제학을 연구하는 교수들을 눈엣가시처럼 생각하고 있었다. 그래서 미·소 공동위원회가 무기 휴회되자 학문의 자유에 대해 가장 열렬하고 현대물리학, 특히 양자역학을 전공하신 도상록 교수와 사회주의 경제학자로 일제 때부터 탄압을 무릅쓰고 연구에 전심해서《조선사회경제사》를 낸 것으로 유명한 백남운 교수를 본보기로 해서 파면했다. 그것은 앞으로 식민지 교육정책으로 내놓을 이른바 국대안을 위한 전주곡이었고, 다른 교수들에 대한 위협이었다.

6월 19일 이른바 국대안이라는 것이 나오자 전국의 학원들에서는 벌집을 쑤셔놓은 것처럼 반대운동이 일어났다. 제일 먼저 서울대학교 의과대학의 전신인 경성의학전문학교에서 동맹휴학에 들어갔다. 이어 서울대학을 비롯해 국대안에 들어갈 전문학교들이 동맹휴학에 들어갔다. 연이어 다른 학교들도 동정휴학을 선포했다. 나중에는 중학교도 이에 동조했다. 대부분의 학교에서 군정청의 민족교육을 무시한 교육정책을 비난하고 진보적인 교수와 교사의 해임을 반대하며 즉각 복직시킬 것을 주장해 동맹휴학으로 나섰다.

미 군정의 교육 당국은 사태가 걷잡을 수 없을 만큼 커지자 '국립서울대학교'의 총장은 조선인으로 한다고 무마해 나왔다. 하지만 이미 그들의 식민지 교육정책의 마각이 드러난지라 믿을 사람들은 아무도 없었다. 동맹휴학의 열풍은 지방으로까지 번져나갔다. 미 군정은 한편으로 회유하면서 다른 한편으로는 탄압을 강화했다. 진보적인 사상을 가진 교수, 교사를 다른 구실을 붙여 학교에서 축출했다. 학생들은 학원에서 퇴학시켜 추방했다.

당시 사회는 일제로부터 막 해방이 되어서 일제의 우민정책으로 대학이나 중학교의 교사로 임명할 수 있는 정식 자격을 가진 사람이 별로 없었다. 그래서 중학교 교사 중에서 실력이 있고 자발적으로 학문을 꾸준히 연구해 온 학자들이 대학의 교단을 담당했다. 여기에 곁달아 수단 좋은 사람들도 줄을 달아 대학으로 적잖이 올라왔다.

중학교도 마찬가지로 공인된 정식 교사가 아주 적었다. 갑자기 불어난 중학교 교원의 수요를 도저히 감당할 수가 없는 상황이었기 때문이다. 그래서 초등학교 교원 중에서 일부 실력 있는 자들이 중학교 교원으로 올라왔다. 여기에서도 여러 가지 경로로 줄을 달아 초등학교 교원도 못할 자들이 들어와 학생들에게 배척을 당하는 경우가 허다했다.

일제 때부터 왜놈들 밑에서 식민지 교육의 첨병으로 모략적 책략에 이골이 난 군정의 문교관리들은 이러한 해방 직후의 불가피한 상황을 이용했다. 그들은 대학과 중학교의 교원 자격 문제를 정리한다는 명분을 내걸고 진보적인 대학 교원과 중학교 교원 중 앞으로 교육의 식민지 지배에 방해될 교원들을 정리하려 들었다. 그들에게 무자격이라는 핑계를 걸고 학원에서 추방하는 일을 벌였다. 대신 실력도 없이 줄을 타고 중학교에, 대학교에 교원으로 올라온 자들은 온갖 위조 졸업장을 만들고 자격증을 위조해서 그것을 근거로 교원 자격증을 받았다. 이 때문에 실력은 있지만 위조 졸업장을 만들거나 자격증을 위조해서 학생들을 속일 수 없다는 양심적이고 진보적인 교원들은 학원에서 대거 추방당하는 어처구니없는 꼴을 당했다. 나중에 유신정권 시대에 교수 재임명을 빙자해서 학생들의 통일운동, 민주화운동에 동정적인 교수들을 추방하는 방법의 원조는 여기에서 나온 것이라 할 수 있다.

학생들이 따르고 실력이 있는 대학 교원과 중학교 교원들은 일시에 직업을 잃고 방황하게 됐다. 여기에 조국의 북부에서 구원의 손길이 뻗쳐 왔다. 많은 지식인들과 예술가들이 이때 북으로 넘어갔다. 거기에서 그들은 자기의 능력에 따라 일할 곳을 얻어 나라의 과학기술과 문화예술 발전에 크게 공헌했다. 지금 북의 강성한 과학기술과 문화예술의 토대를 구축하는데 그들이 크게 이바지했던 것이다.

## 북부 조국의 민주개혁 소식

한편 남의 식민지 재편에 정신이 빠진 미제의 군정 정책과는 달리 조국의 북부에서 일어나고 있는 근로민중을 위한 민주개혁의 소문은 38선의 장벽을 넘어 조국의 남부 민중들의 가슴을 들끓게 했다. 일제 말기에 조국의 성산 백두산 밀림을 터전으로 해서 일제의 최정예군인 관동군과 조선을 지배하는 무력으로서의 조선군, 일제의 괴뢰정권인 만주국의 정부군, 즉 위만군을 연전연승으로 쳐부수어 질곡에 허덕이는 조국 동포들의 한 맺힌 가슴을 틔워주고 조국 광복의 신심을 다져주었던 김일성 장군이 평양에 개선했다.

김일성 장군은 당시 30대의 청년 장군으로 해방 직후 북조선 사회의 혼란을 정리하고 북조선인민위원회 위원장으로 추대되었다. 소련의 주둔군은 모든 시정권을 북조선인민위원회에 맡겼다. 평양으로 개선한 김일성 장군은 해방 후 각 지방에 조직된 인민위원회를 정비 강화하고 1945년 11월 19일에 이를 통합 지도할 중앙 행정기관인 북조선 행정 10국을 설치하여 치안을 확보하고 행정을 실시했다. 김일성 장군의 지도 밑에 2월 8일 민주정당, 사회단체, 행정국, 인민위원회 대표자들을 소집하여 2월 9일에 북조선인민위원회를 구성했다. 북조선인민위원회는 일제의 식민지 반봉건사회의 질곡으로부터 해방된 나라에 곧 민주개혁을 단행했다.

그 첫째가 토지개혁이었다.

3월 5일 '토지개혁법'을 공포하고 3월 15일부터 토지개혁을 시작해서

3월 30일 토지개혁을 완료했다. 불과 보름 만에 완료했다는 것은 조선 농민이 얼마나 토지개혁을 고대하고 있었는지를 여실히 말해 주는 것이다. 빈농과 고농(雇農)이 개혁에 적극 참여하였고 도시의 노동계급이 지원을 아끼지 않았기 때문이다. 봉건적 토지 소유자는 수백 년을 봉건적 토지 소유로 농민들의 고혈을 짰을 뿐만 아니라 비인간적인 봉건적 신분관계·사회제도의 토대였다. 단 15일 만에 그 토대를 무너뜨려버린 것이다.

북조선의 토지개혁은 무상몰수 무상분배의 방식이었다. 몰수 대상은 친일파·민족반역자의 토지, 일본 국가와 일본인이나 일본 단체의 소유지, 5정보 이상의 토지를 소유한 조선인 지주의 소유지, 자경하지 않고 전부 소작을 주는 지주의 소유지, 계속적으로 소작만 주는 자의 소유지, 5정보 이상을 소유한 교회와 사찰 그리고 기타 종교단체의 토지였다. 몰수 대상에서 제외되는 토지는 학교와 과학연구회 그리고 병원이 소유하는 토지, 독립유공자와 그의 가족이 소유하는 토지, 민족문화 발전에 큰 공이 있는 자와 그의 가족이 소유하는 토지였다.

몰수한 토지 전부를 농민에게 무상으로 영원한 소유지로 주었고, 토지는 매매나 소작 또는 저당할 수 없다고 규정했다. 토지개혁의 결과로 백만 여 정보를 몰수하여 농가 71만 호에게 무상으로 분배했다. 이로써 북조선은 영원히 지주가 없는 나라로 되었다. 토지개혁을 완료하자 북조선임시인민위원회는 '노동자와 사무원에 대한 노동법령'을 공포했다. 거기에는 8시간노동제 실시와 14세 미만의 유년 노동을 금지했고, 여성 노동자와 소년 노동자에 대한 보호와 사회보험 등이 제정되어 있었다.

북조선의 농민과 노동자의 해방 소식을 들은 남조선의 농민과 노동자들은 그들과 북조선의 형제들을 비교하고 참된 해방의 의미를 깨닫게 되었다. 남조선의 민중들은 이러한 해방을 위해서는 미제의 점령군이 하루

빨리 이 땅에서 물러가고 민주주의 임시정부가 수립되어야 한다고 굳게 믿었다. 이리하여 농민해방, 노동해방을 위한 투쟁으로 떨쳐나섰다. 이때부터 '제2차 해방'이라는 말이 돌게 되었고, 우리의 자주정부 수립을 고대하고 있었다.

사회적 대변혁으로 해방된 북조선의 민중은 하나로 떨쳐나섰다. 그 첫째가 보통강변의 개수공사였다. 해마다 여름의 장마철이 되면 보통강변의 낮은 곳에 살던 가난한 백성들이 모진 고통을 겪어야 했다. 그 고통을 영원히 면할 수 있도록 해방된 농민들과 노동자 그리고 청년학생들과 도시민, 또 어제까지 백두산 밀림에서 유격전으로 왜놈들을 족치던 전사들까지 모두 떨쳐나섰다. 순식간에 제방을 쌓고 수문을 내고 땅을 고르게 다져서 아름다운 집 터전으로 바꾸어버렸다. 그리고 전후 복구사업을 전개했다. 왜놈들이 쇳물을 굳혀 영원히 복구할 수 없도록 만든 강선제강소의 용광로를 복구했다.

북조선의 민주개혁 소식은 계속해서 38선 장벽을 넘어왔다. 7월 30일에는 일부다처제와 인신매매 금지, 공창·사창 그리고 기생제도 폐지, 결혼과 이혼의 자유, 이혼 시 재산과 토지의 분배 권리, 조혼 금지, 그리고 여성에게도 남성과 차별 없이 선거권과 피선거권을 가지고 모든 사회기관에 남성과 동등하게 활동할 수 있음을 보장하는 '남녀평등권 법령'이 공포되어 봉건적 남녀관계를 완전히 청산했다.

마침내 북조선은 '중요 산업기관, 교통, 체신, 운수, 은행 등의 국유화 법령'을 공포했다. 거기에는 일본 국가와 일본인 사인 및 법인이 소유하는, 또는 친일파와 민족반역자가 소유하는 모든 기업소, 광산, 발전소, 철도, 운수, 체신, 은행, 상업과 문화기관 등을 전부 몰수하여 인민의 소유, 즉 국유화한다고 되어 있었다.

이로써 북조선은 일제 식민지 제도와 반봉건적 사회제도를 완전히 청산했고, 친일파와 민족반역자의 경제적 토대를 완전히 파괴하고 청산했다. 이처럼 조국의 북부는 왜놈이 물러간 지 1년 만에 놈들이 남기고 간 모든 것과 수백 년을 지탱해 오던 낡은 찌꺼기를 말끔히 씻어내고 새로운 조선 나라를 만들어나가는 준비를 다하게 된 것이다. 그러나 조국의 남부는 해방군이 아닌 점령군으로서 미군이 들어와 일제의 주구들을 모두 불러 모아 그들을 군정의 앞잡이로 했다. 친일지주들은 기세가 등등하게 다시 나서서 소작료와 지세를 받았으며 소작인을 경제외적으로 신분적으로 부리고 있었다. 친일지주는 그들이 농민으로부터 짜낸 소작료를 바탕으로 반민주세력을 조직하여 모스크바 3상회의 결정을 파탄으로 몰고 가는 데에 모든 힘을 기울이고 있었다.

　　일제가 조선 민중으로부터 약탈한 토지와 재산은 모두 적산이라는 이름으로 미제가 영원히 차지할 것을 획책하고 있었으며, 미제가 일제를 대신해서 우리나라를 식민지로 재편하려는 준비에 여념이 없었다. 온갖 사회적 불평등이 그대로 온존되고 있으며 말로는 공창제도를 없앴다지만 공창은 여전히 문을 열고 있었다. 미군기지 주변에는 이른바 새로운 '양갈보' 촌이 생겨 인육시장이 번성하고 있었다. 거리에는 남루한 거지가 떼를 지었다. 사회의 그늘에서 자라는 깡패 건달들이 조직을 지어 부패한 이권에 붙어 자라고 있었고, 온갖 범죄도 난무하고 있었다. 이제 어느 누구도 이래서는 안 되겠다, '제2차 해방'이 와야겠다고 생각하게 되었다.

　　남부의 민중들의 어두운 삶 속에 북부의 밝은 민주개혁의 소식은 그래도 민족적 자긍심을 가지게 해주었고, 참다운 민족해방의 희망을 버리지 않게 고무해 주었다. 당시에 남부 사회에서 많이 읽힌 책으로《김일성 장군의 유격전술》이라는 것이 있었다. 내가 초등학교 5, 6학년 때 김일성 장군의 전설적인 얘기를 더러 들었고, 그때마다 왜놈들이 잘난 체 설치는 것이 미워 못 견디던 나는 가슴이 트이도록 좋아했다. 그리던 것을 책으로 보게 되었으니 얼마나 좋았겠는가. 책을 쥐자마자 단숨에 다 읽어버렸다. 거기에 씌어 있던 유인전술, 적의 추격을 멋지게 따돌리는 전술, 특히 저희들끼리 밤새도록 서로 죽이도록 뱀이 제 꼬리를 먹게 하는 전술에는 눈이 번쩍 뜨였고 속이 후련했다.

이렇게 해서 당시 사랑방이나 머슴들의 초당방에서는 조국의 북부에서 민주개혁을 멋지게 지도해 가고 있는 김일성 장군의 얘기로 꽃을 피웠고, 북부의 동포들을 부러워했다.●

셋 — 첫 모임과 첫 투쟁

> 할배, 걱정하지 마이소. 우리들이 재주껏 잘하고 있어.
> 설사 붙잡히는 일이 있더라도 어른들에게는 모질게 대하지만
> 우리 학생들에게는 남의 눈을 생각해서 그렇게 모질게야 하겠어?
> 나라를 송두리째 미국 놈과 그들의 앞잡이들이 먹으려고 하는데
> 우리들이 학생이라 해서 어찌 그대로 보고만 있겠노.
> 그것도 맞아 죽은 사람이 한둘도 아닌데.

# 독서회
## 첫 모임

정판사 위조지폐 사건의 재판에 민중들이 분노를 터뜨리며 매일처럼 시위가 벌어지고, '쌀을 달라' 는 아우성이 온 나라에 메아리치며, 미제의 식민지 교육정책으로 나온 국대안 반대의 목소리가 모든 학원을 들끓게 하여 사태가 극단으로 치닫고 있는 1946년 9월, 나는 드디어 중학교에 입학했다.

중학교에 입학해서 한 열흘쯤 되었을 때 박상업이라는 2학년 선배가 나를 찾았다. 말이 2학년이지 턱밑이 거무스름한 스무 살쯤 되는, 당시로는 어른이 되고도 남는 청년이었다. 가슴이 떡 벌어지고 키도 크고 언제나 얼굴에 웃음을 띠고 있는 호남아였다. 2학년 학생자치회 회장이다.

"네가 공부 잘한다고 소문난 재구 아이가. 내가 오늘 1학년 중에 너하고 몇 사람을 만나 이야기를 좀 해보고 싶은데……. 어떻노, 조금 있다가 학교 마칠 때 이곳으로 나와 기다려줄 수 있겠나?"

그는 웃음 띤 얼굴로 나에게 다정하게 말을 걸어왔다.

"응, 형아! 무슨 일인데?"

"자세한 건 나중에 만나서 얘기하께."

"응."

하학 종례를 마치고 아까 만났던 장소에서 기다렸다. 조금 있으니 나와 같은 1학년인 몇 동무들이 그곳으로 모였다. 남학생으로는 강성호, 박말수, 이재우와 나 네 사람이고, 여학생으로는 김문자, 신정애 두 사람이었다. 당시 여학생하고 말을 건넨다는 것은 여간 쑥스럽지 않았다. 여학생은 둘이 손을 잡고 무슨 말인지 소곤소곤 말하다가 킥킥 웃고 있다. 간혹 김문자는 나를 웃는 얼굴로 본다.

김문자는 건준 밀양군 위원장이시던 김병환 선생님의 고명딸이다. 내가 할아버지의 심부름으로 더러 동문 안에 있는 선생님 댁에 갔을 때 대문을 열어주던 처녀였다. 나보다는 서너 살이 많다. 김문자는 얼굴이 동그랗고 언제나 눈을 가늘게 뜨고 웃는다. 대문을 열어줄 때도 그 웃음을 담은 반가운 얼굴로 말없이 맞았다. 그와 함께 있는 신정애는 시장 건어물 도갓집의 딸이다. 이 처녀도 잘 웃기로 유명하다. 그러나 나는 그때 이 처녀는 잘 몰랐다. 키가 조그맣고 아주 어려 보였지만 나이는 나보다 두어 살 많다.

이윽고 박상업 형이 왔다. 우리는 박상업 형을 따라 걸었다. 그때는 버스도 없고 모두 걸어 다니던 시절이었다. 밀양중학교는 지금 밀주초등학교가 있는 자리이고 삼문동의 남쪽 끝이다. 거기에서 북으로 한참 걸어야 남천강에 놓인 밀양교가 나온다. 다리를 건너 좀 더 나아가면 저자가 나오는데, 그 들머리에서 동쪽으로 골목이 있어 그 골목길로 한참 올라갔다. 어느 한 초가집에 도착하자 박말수가 대문을 열고 소리쳤다.

"어메(어머니), 학교 갔다 왔소. 동무들하고 왔소."

안채가 마당 건너에 있고 왼편에 두 칸짜리 초가, 오른편에도 두 칸짜리 대문 곁에 정낭이 있었다. 박말수의 집이다. 안채는 삼간인데, 가운데 한 간은 청이다. 왼편 큰방에서 남쪽으로 난 미닫이가 열리더니 아주 인자하고 말쑥한 우리 할머니 또래의 얼굴이 나왔다.

"오이야, 인제 오나. 배고프제. 곧 저녁 해주께 기다려라. 야야, 너그들도 얼렁 들온너라. 만쇠야, 데불고 니 방에서 놀아라."

만쇠는 박말수의 애명이다. 어머니가 아주 나이가 많아서 끝으로 얻은 아들이라는 뜻이다. 그렇지만 그 아래에 또 딸이 있다. 그 딸은 고명딸이다. 고명딸로 점지받았다고 애명이 점쇠였다.

모두 방 안에 있는 박말수의 어머니를 보고 마당에 서서 절을 드렸다. 그러자 오른편 채에서 30대 가까운 아주 건강한 젊은 아낙네가 어린아이를 업고 띠를 두르며 나온다.

"대렴(도련님), 인제 오는교. 동무들도 많이 왔네요. 얼렁 들어가이소, 밥 지을께."

박말수의 형수가 반갑게 우리들을 맞는다. 얼굴이 동그스름하고 보얗다. 어린아이는 우리들을 보고 좋은지 싱긋싱긋 웃는다.

"형수요, 애 이리 주소. 우리가 데불고 놀라요."

말수가 아이를 받으려고 하니 아낙은 손사래를 친다.

"아이요(아니요), 동무들하고 이바구하는 데 방해돼요. 괜않구마, 들어 가소."

그러고는 큰방 곁에 붙어 있는 정지 문을 열고 들어갔다.

박말수의 집은 밀양 성내에 있고 3형제에 누이가 하나다. 가족이 모두 일본에 살다가 해방되는 해 앞서 미리 고향으로 귀환했다. 미군의 폭격을 피해서 소개되어 온 것이다. 그래서 이 집 사람들의 말소리에는 일본 억양이 약간 남아 있었다. 맏형은 필명이 박석정으로 일제 때 동요 작가로서 유명했다. 우리들이 어릴 때 《샛별》이라는 잡지에 그 형의 동요가 자주 나왔다. 8·15 해방 후 얼마 안 있어 이북으로 올라갔다. 그해 봄부터 과학자들과 예술가들이 많이 북으로 넘어갔는데 그때 올라간 것이다. 둘째 형은 일본에서 나오지 않고 거기에서 눌러 있고 그의 아내가 시어머니를 따라 나왔다. 밥 지으러 부엌으로 간 형수가 둘째 형의 아내다. 또 안채의 작은방에 거처하는 이 집 맏며느리는 박석정 선생의 부인으로 몸이 아주 약했다. 이름이 김정애이며 해방을 맞아 건준에서 부녀부장으로 많은 일을 했다. 그후 부녀동맹의 밀양군 위원장이 됐다. 그러나 얼마 후 그 약한 몸에 결핵병을 앓았다. 전쟁이 나고 얼마 안 되어 남편과 갈라진 한을 안고 돌아가셨다. 나를 가장 아껴주고 나에게 겨레 사랑의 많은 말을 남겨주신 분이다.

말수의 누이동생이 바로 점쇠로, 이름이 봉섬이다. 우리 학교에 다니며 같은 1학년이다. 나보다 한 살이 많은 소녀였다. 참으로 예뻤고 마음씨가 고왔다. 내가 그 집을 찾아갈 때면 언제나 먹을 것을 두었다가 주곤 했다.

말수는 나보다 세 살이 많았다. 처음에는 같은 반 학생이라서 그냥 이름을 불렀지만 자주 드나들게 되어 한 식구처럼 되자 형이라고 불렀다. 그러나 나보다 한 살 많은 그의 누이동생 봉섬에게는 누나라고 부를 수가 없었다. 그것이 남자라는 자존심일까. 한 학교에다 한 학년이어서 그럴까.

이들 식구에 관한 이야기는 나중에 다시 하겠다.

말수 형이 거처하는 방에 모두 들어갔다. 방은 좀 넓은 듯해도 소년 소녀이지만 신정애를 빼고는 모두 덩치가 있어서 일곱이 둘러앉으니 한 방 그득했다. 그중에서 내 나이가 제일 어렸다. 그러나 나이보다 훨씬 숙성해 보여서 어린 티가 나지 않았다. 그래도 가장 어려서 만만한지 정애가 내 곁에 스스럼없이 생글거리며 앉았다. 이 집으로 데리고 온 박상업 형이 말을 떼기 시작했다. 평소에 우리들을 보고 말을 놓던 형이 갑자기 '동무들'이라고 말을 해 모두 긴장을 했다.

"동무들, 미국 놈들이 해방군인 줄 알았더니 일제를 대신해서 들어와 지금 우리나라를 그들의 식민지로 만들 작정을 하고 있소. 뜨거운 피가 흐르는 우리 학생들이 어찌 이를 그대로 보고만 있을 수 있단 말이오. 친일하던 놈들이 요새 겁도 없이 제 세상을 만났다고 미 군정에 붙어 설쳐대니 정말 속이 터질 것 같소. 여러분은 어떻게 생각하시오?"

그러고는 한 바퀴 휘둘러보았다. 모두가 긴장한 얼굴로 박상업 형의 이때껏 웃기만 하던 사람 좋은 얼굴에 저런 결연한 모습도 있는가 하는 표정으로 쳐다보았다. 박상업 형의 이야기는 계속되었다. 거기에 따라 되어가는 세상 꼴의 이야기를 하는 과정에서 모두가 점점 열기가 올라갔다.

대체로 이야기는 농민의 토지 문제와 신한공사 문제, 쌀 문제와 모리배 문제, 쌀 달라는 시민에게 몽둥이질로 해산시키는 악질 경찰 문제로부터 친일파·민족반역자 처단 문제, 보리 공출로 농민들을 대거 잡아간 문제와 미국 놈 문제, 학원 문제와 실력 없는 교사를 놔두고 실력 있는 교사를 쫓아낸 문제 등이었다. 이런 이야기들로 한참 열을 올리고 있는데 밖에서 형수가 부르는 소리가 들렸다.

"대렴요, 저녁상 가지고 가입시더."

그 소리에 잠시 얘기가 중단되었다. 모두가 얘기에 정신이 어지간히 빠진 것 같다. 저녁상을 앞에 놓고 밥을 먹으면서도 얘기는 계속됐다.

저녁상에는 쌀알이 겨우 보일 정도의 보리밥이지만 형수가 정성 들여 지은, 검은콩이 섞여 있고 푹 퍼져 진기가 도는 밥이 올랐다. 보리밥은 날씨가 좀 서늘해지면 잘 퍼지지 않아 고두밥이 된다. 이제 초가을이 들고 아침저녁에는 제법 선선한 계절이라 보리밥을 이처럼 지으려면 여간 정성을 들이지 않으면 안 되는 일이다. 모두가 배고프던 참이라 한 그릇씩 뚝딱 잘해치웠다. 나물된장국도 구수하고 시원했고, 무청김치도 젓갈에 푹 익어 맛이 있었다. 모두 자기 밥그릇을 다 비웠다.

저녁상을 물리고부터는 얘기가 결론으로 모였다. 모두가 투쟁에 나서야 한다는 것이다. 그러자 박상업 형은 말했다.

"동무들, 여러 동무들의 애국심은 참 장하오. 그러나 애국심만으로는 일이 안 되오. 애국심이 있는 만큼 애국심을 실천할 수 있는 지식이 필요하오. 또 애국심을 가진 사람들이 각자 혼자 놈들과 투쟁한다면 힘이 약해서 소용없지요. 작은 힘도 뭉치면 큰 힘이 되거든. 그래서 힘을 뭉치는 방법도 알아야 하겠고, 놈들을 이겨낼 수 있는 투쟁 방법도 배워야 하겠소. 동무들은 이제 중학교에 들어왔소. 세상 사람들은 민족의 장래를 우리 학생들에게 걸고 있소. 그런 만큼 우리들은 그들의 기대를 헛되게 할 수 없지요. 여기에 온 동무들은 중학교 1학년 학생 중에서 공부도 잘하고 용기도 있고 해서 반에서도 많은 학생들에게 신망을 받고 있다는 것을 잘 알고 있소. 그래서 여기로 불러온 것이오. 동무들을 통해 학생들의 힘을 뭉치고 애국운동을 힘차게 벌여나가자는 것이오. 그래서 옛날부터 양반들에게 천대받고 착취받으며 왜놈들에게 종노릇을 했던 농민들과 노동자들이 나라의 주인이 되는 새 나라를 건설하는 운동에 큰 힘이 되도록 합시다."

이처럼 서두를 내고서, 애국운동을 하기 위한 지식을 공부하고 때에 따라서는 애국운동의 투쟁 대열에 참가하여 훌륭한 민족의 지도자로 자라나기를 제의했다. 모두 이 제의를 받아들였고 그런 뜻으로 박수를 쳤다. 다시 박상업 형은 말했다.

"내가 주장한 제의에 대해 여러 동무들이 무조건 찬성해 주어서 고맙소. 이제부터 당분간 박말수 동무의 집을 연락 장소로 하고 여기에서 공부할 책도 받고 시간 나는 대로 토론도 하고 합시다. 학습할 책들은 오늘 민청 소년학생부 지도원 선생님이 가지고 올 것이오. 그 지도원 선생님이 동무들을 참으로 반가워할 것이오. 참 좋은 선생님이오. 좋은 말씀을 많이 듣도록 합시다."

대체로 이런 말들로 우선 끝마쳤다.

민청은 당시 조선공산당 산하의 청년 대중단체이다. 정식 이름은 조선 민주청년동맹이다. 이미 우리들은 민청이라는 이름을 알고 있고 〈민청의 노래〉도 알고 있었다. 그 노래를 부르면 노동자와 농민, 인민들의 나라에 대한 희망에 차올랐다. 민청 지도원을 기다리는 동안 우리들은 누구의 제 안도 없이 누구의 선창도 없이 이 노래를 불렀다. 그리고 다른 노래들도 부르고 서로 배웠다.

정의와 자유에 타는 불길
우리의 가슴속 빛나도다
인민의 자유는 영원한 별
우리의 가슴속 빛나도다
우리들은 젊은 친위대
인민조선의 젊은 친위대

전제의 세상은 물러가고
인민의 시대는 동터 온다
……
우리들은 젊은 친위대
인민조선의 젊은 친위대

모두 나이 어린 소년들이라 곧장 장난질로 허물없이 친해졌다. 당시에 유행하던 놀이로 '찌·빠·구' 놀이가 있었다. 이 놀이로 '와그르' 웃음소리가 어두운 밤을 밝히는 듯했다.

'찌·빠·구'는 일종의 '가위·바위·보' 놀이다. '가위·바위·보'

를 하되 '찌', '빠', '구'라고 소리치면서 '가위·바위·보'를 낸다. '찌'는 '가위'이고 '빠'는 '보'이며 '구'는 '바위'이다. 처음 시작은 '가위·바위·보'부터 시작된다. '가위·바위·보'에 이긴 사람이 패잡이가 되어 '찌', '빠', '구' 중 한 소리를 내면서 자기가 소리를 낸 '가위·바위·보'를 이길 것을 내거나 자기가 소리 낸 대로 낸다. 패잡이가 아닌 쪽은 소리치는 대로 내거나 다른 것을 내어 패잡이가 내민 '가위·바위·보'에 지면 벌점을 받는다. 양쪽이 '가위·바위·보'를 낸 결과가 비기면 패잡이는 계속 패를 잡고 '찌', '빠', '구' 소리를 내면서 게임은 계속된다.

벌점으로 진 사람이 손바닥을 마주 붙인 채 두 손을 내밀고 이긴 사람이 손바닥으로 진 사람의 손등을 때린다. 오른쪽 손등을 때리든 왼쪽 손등을 때리든 마음대로 때린다. 이때 손바닥을 마주 붙이고 있는 진 사람이 마주 붙인 손바닥을 아래위로 벌려서 이긴 사람이 헛때리게 하면 그것으로 벌점을 면하고 다시 시작한다. 이긴 사람이 헛때리지 않고 '찰싹' 소리가 나게 때리면 계속 때릴 수 있다. 남녀 소년학생들이 한참 '찌·빠·구' 놀이를 하면서 '아야' 소리와 웃음소리로 떠들고 있을 때 민청 지도원 선생님이 책을 가득 싼 보자기를 손에 들고 들어왔다. 모두 일어나 맞았다. 그럭저럭 밤은 제법 되었다.

구정식(具貞植) 선생이다. 구정식 선생은 동진학교(同塵學校) 선생이다. 동진학교는 밀양의 민족교육자이신 이진화(李鎭華) 선생이 설립하신 학교다. 일제 때 우리들은 그냥 서당이라고 불렀다. 동진학교는 '신당 마을'에 있는 누각 같은 기와집이다. 신당 마을은 신당이 있는 마을이라는 뜻이다. 그 기와집의 누각에다 앉은뱅이책상을 놓고 거기에 앉아서 아이들은 한문을 배웠다. 정자관(程子冠)을 단정히 쓴 자그마한 할아버지가 얼굴에 인자한 웃음을 가득 띠우고 아이들을 가르치고 있었다. 그때는 그냥 서당 접장인 줄로

만 알고 있었는데 나중에 해방이 되자 건준에서 할아버지와 말씀을 나누고 계신 적을 자주 보았다.

　이진화 선생은 한학을 하는 선비이셨다. 조선의 유교 전통을 숭상하며 조선의 얼을 유학에서 찾았던 깔끔한 유학자로 고을 사람들의 숭배를 받고 있었다. 선생은 스스로 낮추어 호를 동진(同塵)이라 했다. 노자(老子)가 사람의 삶을 말하면서 '빛에 화답하고 티끌과 함께한다(和其光同其塵)'라고 했는데, 이는 '진리에 화합하고 민중과 함께한다'는 뜻이다. 이진화 선생은 동진학교를 설립해 일제의 식민지 정책으로 가난에 찌들어 당시 월사금을 내는 학교에는 못 보내는 아이들을 모아 한문과 한글 그리고 산수를 가르치며 조선의 얼을 유교 전통으로 아이들에게 담아주셨다. 일제의 감시 밑에서 그냥 아무것도 모르는 서당 접장 행세로 평생을 가난하게 살았다.

　해방의 반가움으로 곳곳에서 조그마한 창고만 있어도 학교를 설립하고 중학교라고 했는데, 선생의 동진학교도 한때 남의 권에 못 이겨 동진중학이라 했다. 그러나 군정은 학교를 정리한다면서 그 간판마저 떼게 했다. 그래서 이름을 그냥 동진학원으로 바꾸었다.

　구정식 선생은 고을 양반으로 위명이 뜨르르한 밀성 손씨의 마을에서 향교의 고지기를 하는 천민의 아들이다. 어릴 때부터 양반집 아들들 속에 섞이지 못했고 학교도 다니지 못할 만큼 가난했다. 겨우 이름자나 알고 셈이나 헤아릴 수 있도록 그의 아버지가 이진화 선생의 동진학교에 보냈다. 거기에서 자라며 공부했고 좀 자라서는 강의록을 받아 독학해서 중학교 과정을 마쳤다. 그런 다음에 이진화 선생의 조수로서 아이들에게 산술과 과학을 가르쳤다. 구정식 선생은 그때 나이가 20대 후반쯤이었다.

　구정식 선생은 자리에서 일어난 우리들을 보고 조용한 목소리로 말했다.
　"자, 앉지. 모두 반갑네."

그러고는 자리에 좌정했다. 모두 선생을 중심으로 해서 양편으로 둘러앉아 절을 하고 인사를 올렸다. 구 선생도 같이 맞절을 하고선 조용한 목소리로 이야기를 풀어나갔다.

"박상업 동무에게 밀양중학교 신입생 중에 '우리 공부'를 좀 할 사람을 모아보라고 했는데 이처럼 모여주어서 정말로 고맙소. 지난 8·15에 우리 민족이 일제로부터 해방되었다곤 하나 세상은 조금도 변한 것이 없고 오히려 살기는 더 어려워진 것 같소. 해방 후 건준이 서고 인민위원회가 조직되긴 했는데 미국은 총칼로 인민위원회를 파괴했소. 대신에 일제 때 우리 백성을 왜놈 못지않게 못살게 굴던 친일파와 민족반역자들을 끌어안고 군정을 실시하고 있소. 우리들은 또 다른 미국의 식민지로 되고 있다는 말이지. 일제의 식민지를 후손에게 물려줄 수 없듯이 미국의 식민지로 된 나라도 물려줄 수는 없는 것이오."

구 선생은 결연한 목소리로 우리들을 잡아끌며 이야기를 계속했다.

"그래서 우리 민청 조직은 자라나는 소년학생들에게 학교에서도 가르치지 않은 참다운 진리를 가르쳐 세상일을 깨우치고 여러 동무들이 가지고 있는 애국심을 참다운 길로 나아가도록 도와주기로 했소."

그러고는 학습이란 애국운동을 하는 길잡이가 되는 이론을 공부하되 실천과 함께 해야 살아 있는 학습이 된다, 학습할 장소가 없는 형편에서 학습하려니 책을 주어 읽게 하는 수밖에 없다, 그것도 펴놓고 할 수 없는 처지다, 그러니 이 집을 중심으로 해서 여기 모인 소년동무들이 책을 돌려가며 읽고 서로 토론해서 공부하라고 했다.

밤이 상당히 깊었다. 통행금지 사이렌 소리가 난 지 오래되었다. 집에 가는 것은 그렇게 어렵지는 않았다. 밀양 읍내는 큰길이 남북으로 난 외길 뿐이고 모두가 꼬불꼬불한 골목길이다. 큰길을 건널 때 조심하고 골목길은 발소리를 죽여가면서 담장 그늘에 붙어서 가면 된다.

박상업 형이 구정식 선생이 가지고 온 책을 펴놓았다. 먼저 《사회주의 대강》이라는 책을 다섯 권 내어놓고 한 사람씩 나눠주었다. 그 책은 당시 선화지라는 재생지로 찍은 책인데 군데군데 희미하게 인쇄된 곳이 있어서 자세히 들여다보아야 했다. 그래도 잘 보이지 않는 곳은 앞뒤로 문맥을 맞추어 글자를 파악해야 했다. 당시에는 새로 나온 책이 대개 이런 것이었다. 책을 들춰 보는 우리에게 구 선생은 말했다.

"특히 이 책은 사회주의 이론을 쉽게 해설한 책이오. 동무들이 사회주의를 이해하는 데 기초가 될 것이오. 이 책을 모두 한 권씩 가지고 집에서 찬찬히 읽고 이해해서 일주일에 두 번씩 여기에 모여 토론하도록 합시다."

그러면서 다른 책은 우선 몇 권씩 마음에 드는 책을 선택해서 읽도록 하라고 했다. 우리들이 책에 관심을 가지고 이것저것 뒤적여보고 있는 중에 구 선생은 일어났다.

"그럼 동무들, 열심히 학습하소. 나는 또 가볼 데가 있어서 이만 나가봐야겠소."

구 선생이 일어서자 모두 따라 일어나 방 밖으로 나갔다. 그리고 마당에서 구 선생에게 살펴 가시라는 인사를 했다. 밤하늘에 높이 뜬 반달은 이미 서늘해진 초가을을 느끼게 하고 있었다.

우리들도 다시 방에 들어가 흩어진 책을 수습하고 몇 권씩 읽을 책을 나누어가지고 다시 나왔다.

"어머니, 우리 갑니다. 편히 주무시이소."

안채를 향해 인사를 드리자, 미닫이가 열렸다. 어머니의 얼굴이 뒤에 전깃불을 업고 있어서 윤곽만 보인다. 청 쪽의 문이 열리고 봉섬이 나오더니 김문자를 향해 말했다.

"싱이야(언니야), 자고 가면 안 돼나, 응?"

"가봐야 한다. 아침에 아버지가 편찮으신 것을 보고 왔는데, 어떤공 모르겠다."

"정애야, 너도 가야 하나? 자고 가라, 나하고."

"오야, 자고 갈게. 내일 아침에 학교 가기 전에 니캉 함께 우리 집에 갔다가 가자."

그러자 말수는 재우에게 말했다.

"너는 집이 삼문동이제? 다리 건너기가 어려운데 나하고 같이 자고 내일 아침에 가거라."

그래서 재우와 정애가 남고, 나와 성호 그리고 문자 셋이 대문을 열고 소리 없이 나왔다. 그러고는 담 그늘 어둠에 들어가 담에 붙어 발소리를 죽이고 골목길을 바쁘게 걸었다.

동문 안에 있는 문자의 집에 먼저 갔다. 문자의 집은 인적이 없이 조용했지만 대청마루의 기둥에는 외등을 환히 켜두고 있었다. 대문도 잠그지 않았다. 문자는 문 앞에서 그 잘 웃는 얼굴로 우리 둘을 보고 말했다.

"조심해서 잘 가거래이, 우리 집까지 데려다주어서 고맙데이. 그리고 재구야, 너그 할매한테 인사 전하고 한 번 오시라 해라."

우리는 다시 되돌아 골목을 끼고 돌았다. 밀양예배당 길로 들어 북으로 난 신작로를 건너야 하는데 그곳은 순찰 순사가 돌아다니는 곳이다. 골목 어둠 속에서 신작로 아래위를 잘 살펴서 소리 내지 않고 후딱 건너 저편 골목 어둠 속으로 들어가야 한다. 성호는 조금 떨어진 장소에서 만일을 위해 기다리고 있다. 건너다가 순찰 순사에게 들키면 발자국 소리를 내면서 내달려 주의를 제 쪽으로 돌릴 생각이다.

이윽고 아래위를 살피던 나는 발소리를 내지 않고 길을 건넜다. 그러고는 성호가 있는 쪽을 향해 달빛에 몸을 드러내고 손을 흔들어 잘 가라는 인사를 하고 골목 속으로 들어갔다. 우리 집 연계소까지는 안심이다. 우리 집도 언제나 대문을 열어놓고 있다. 할아버지는 많이 바쁘셔서 민전 회관에서 밤을 지내시는 일이 많으시다. 문을 살짝 열고 들어가 작은방 문을 열고 들어갔다. 어둠 속에 드러눕자 시계태엽 풀리는 소리가 '치일' 나더니 '뎅' 소리를 한 번 냈다. 새벽 1시였다.

이것이 우리들의 첫 모임이었다. 그 모임은 일주일에 두 번씩 박말수의 집에서 열렸다. 그러는 동안에 나는 그 집 가족과 한 식구처럼 가깝게 되었다. 말수의 형수인 김정애 선생은 나를 끔찍이 사랑해 주었다. 나는 어머니와 오랫동안 떨어져 살아서 그런지 어머니뻘 되는 여성들의 사랑을 받게 되면 마음이 아늑한 느낌을 받았다.

이렇게 해서 나는 초등학교의 울 안에서 동무를 사귀던 범위가 넓어졌고 책을 더욱 열심히 읽었다. 그래서 한층 더 성장하게 되었다.


# 10월
# 인민항쟁

세상은 더욱 험해졌다. 쌀값은 천정부지로 올라가는데 시장에는 쌀이 나오지 않았다. 미제의 군정 경찰의 탄압은 날이 갈수록 그 강도를 높였다. 9월 들어 인민당 기관지인 《조선인민보》 등 민주진영계의 언론을 정간해서 민중의 입을 봉했다. 앞으로 일어날 저항을 탄압하기 위하여 수도경찰청을 창설했다. 그 청장으로 장택상을 임명했다. 그의 아비는 장승원이라는 자였다. 숭미분자이고 영남지방의 거대한 지주이며 구제국의 친일관료였다. 장승원은 독립운동가의 총탄에 희생되었다. 그래서 그는 항일혁명가를 원망하고 있었다. 미제에 붙어서 민중을 탄압하는 군정 경찰의 간부들 중에는 주로 그런 사람들이 많았다.

민중의 생활 문제에 대한 미 군정의 대책은 탄압 이외에는 아무런 방책도 없었다. 신한공사로 일제의 소작농에서 미제의 소작농으로 되어버린 농민들의 원한은 실로 컸다. 게다가 보리 공출 사태를 빚어 숱한 농민들을 잡아 가둔 군정 경찰과는 이미 건널 수 없는 골이 깊이 패어졌다. 사태는 불을 보듯 뻔한 것이다. 그것은 봉기로 치달을 수밖에 없게 되었다.

이윽고 민중들은 일어났다. 그 첫 주자가 철도노동자들이었다. 9월 24일, 전국의 철도노동자 4만 명이 총파업에 들어갔다. 전국의 열차 운행은 서울에 도착하는 통근열차 이외는 완전히 정지되었다. 전평 위원장 허성택은 파업의 경위를 설명하고 전체 인민들에게 성원을 호소했다. 대구 철도노동자들은 바로 그날로 파업에 합세했다.

그 이튿날, 대구우체국 종업원 200명도 파업에 들어갔고, 대구의 40여 개 공장도 철도노동자의 파업에 합세했다. 출판노조 산하의 32개 분회도 파업투쟁에 나섰다. 그 다음날 대구중공업, 경성전기회사 전기부가 연달아 파업에 동참했다. 전국의 교통, 통신이 완전히 마비되고 도시의 전기는 끊어져 어둠 속으로 빠졌다. 연이어 파업은 전국적으로 확산되어 갔다. 서울중앙우체국, 광화문우체국, 광화문전화국, 중앙전화국, 부산남전, 대구 섬유부문 50여 개 공장 3,000여 명, 경성철도 운수부 본국 사무직원도 합세했다. 해원동맹(海員同盟) 산하의 노동자 1,000여 명이 파업하여 뱃길도 멈춰버렸다.

날이 갈수록 파업의 파도는 더욱 퍼져나갔다. 부산전신전화국, 서울중앙전신전화국은 전국 산하기관에 파업 지령을 타전했다. 이로써 지방의 전보, 전신이 완전히 두절되고 말았다.

9월 30일, 대구 시내의 노동자들이 식량 배급과 임금 인상을 요구하며 시내로 나와 시위를 감행했다. 그리고 대구 시내에 있는 생산공장 40여 개의 노조가 파업에 가담하고 이 시위에 합세했다. 대구 시내의 의과대학, 사범대학, 농과대학을 비롯하여 각 중학교 학생들은 국대안 반대와 학원 민주화, 도시민의 생존권 보장을 요구 조건으로 내걸고 노동자의 시위 대열에 참가했다. 수천의 노동자와 청년학생들이 역전 광장에 모여들었다. 시위는 격렬했고 이를 막아나서는 경찰도 완강했다. 그러나 이날은 불상사가 없었다.

서울 시내에서는 극렬 우익 폭력단체들이 언론기관과 민주단체에 대해 테러를 감행해 총파업의 국면으로 날카로워진 민심을 더욱 자극하고 있었다. 저녁때에 100여 명의 우익 청년단체원들이 완장을 차고 몇 대의 트럭을 타고 와서 자유신문사를 습격하였다. 이들은 편집국장과 간부 세 사람을 붙잡아 인사불성이 되도록 흠씬 두들겨 패고 문선활자를 뒤엎고 유리창과 편집실의 책상을 부수었다.

이들은 또 남대문 앞에 있는 조선공산당 본부에 쳐들어가서 건물 옥상에 있는 붉은 기를 찢어버리고 간판을 부수었다. 그 다음날에는 안국동에 있는 민전 사무국, 중앙인민위원회 회관, 민청 회관을 무장경찰이 경비하고 있는 중인데도 거침없이 들어와 사무실 집기를 부수고 간판과 깃발을 파괴했다. 이들은 다시 서울 역전에 있는 전평 회관도 쳐부수고 거기에 있는 사무직원을 흠씬 두들겨 팼다.

우익 폭력집단의 이와 같은 테러는 총파업으로 흉흉한 인심을 더욱 자극했다. 마침내 10월 1일, 부녀자들이 대구시청 앞에 모여들어 '쌀을 달라!'는 구호를 외치는 시위를 선두로 해서 대구 시내 400여 개소의 공장 파업 노동자들과 청년학생들, 이에 합세한 일반 도시민들이 약 1만 명의 군중을 이루어 대구역 광장으로 모여들었다. 이들의 구호는 '미군 물러가라'는 구호로 집결되어 갔다. 이제 민중은 그들의 고통의 뿌리를 확실히 인식하게 되었던 것이다. 진압경찰 200여 명이 출동하여 해산을 명령하고 군중에게 위협사격을 했다. 그 총탄에 군중 1명이 즉사를 했다. 경찰의 위협사격으로 일단 해산하기 시작한 군중은 다시 모여들었다. 시위는 폭력으로 나아갔다. 시위군중은 시내에 있는 파출소를 점거하여 불을 질렀고 경찰관을 두들겨 팼다. 대구 시내의 전 민중이 항쟁에 총궐기하여 군정 지배체제를 엎어버렸다. 이를 세상 사람들은 '10월 인민항쟁' 이라 했다.

10월 1일 봉기가 일어나자 치안을 담당하고 수습하기 위해 봉기의 지도부로 경북도위원회를 조직했다. 대표는 장적우, 이상훈, 이재복, 윤장혁, 장하명, 서영로, 송기영, 나윤출 등이었다.

경찰의 발포로 피를 본 시위군중 1만여 명은 밤새도록 대구경찰서 앞에 모여 발포 경찰과 발포 명령자를 내놓으라고 외쳤다. 날이 밝고 10월 2일 아침이 들자 대구의전(大邱醫專) 학생들이 흰 가운을 입고 전날 사살당한 자의 시신을 메고 왔다. 시위군중의 분노는 폭발했다. 경찰서를 포위하고 있던 4,000여 명의 군중이 경찰서로 쇄도했다. 대구경찰서는 점령되었다. 경찰은 옷을 벗고 담을 넘어 달아났다. 붙잡힌 경찰은 그 자리에서 수많은 군중에게 짓밟히고 맞아 죽었다. 흥분한 시위군중은 도망간 경찰을 찾아 시내를 수색했다. 집을 찾아 경찰이 없으면 살림을 박살내어 부수었다. 이 바람에 20여 명의 경찰이 그날로 맞아 죽었다. 군중들의 주요 공격대상은 경찰관서이고 경찰관이었다. 대구 시내의 모든 경찰관서는 시위군중들에 의해 점령되고 파괴되었으며 시외의 동촌지서, 현풍지서도 점령되었다.

미 군정은 10월 2일 오후 6시에 계엄령을 선포했다. 충북 등 인접 도의 경찰 병력 400명을 파견했다. 이들 경찰은 시위군중이 모인 단상에서 연설하던 남녀를 잇달아서 조준사격하여 사살했다. 이에 격분한 군중은 경찰과 대충돌을 일으켜 경찰 4명이 맞아 죽고 군중 18명이 경찰의 총에 맞아 죽

는 대참사가 발생했다. 이에 미군은 전차대와 기관총대를 출동시켜 진압에
나섰다.

　계엄령이 선포되고 미군에 의해 진압되자 시위군중은 농촌 지역으로
분산되어 시위를 전개했다. 자동차를 타고 성주, 칠곡, 영천, 의성, 군위,
고령으로 나아갔다. 경찰서를 점령하고 길목의 지서를 보는 대로 파괴했
다. 경찰은 잡히는 대로 타살당했다. 경북 일대로 봉기가 퍼져나가 경찰관
53명이 이 통에 맞아 죽었다. 이 봉기는 11일에 가서야 겨우 진압되었다.
봉기에서 유혈로 퍼져나가게 한 것은 경찰의 발포였다. 10월 1일 경찰의 발
포가 시위군중으로 하여금 격분을 폭발시켰고, 진압군으로 들어온 경찰의
시위군중 사살은 수습의 길마저 완전히 차단했다.

　조병옥이 스스로 회고한 것에서 이 봉기의 폭력 원인을 잘 말해 주고
있다.

　"당시 나는 경무부 고문인 맥클린 대령을 대동하고 대구로 가서 4, 5일
동안 있었다. 당시 경북 미 군정장관은 공산폭도를 진압하는 데에 보복행
위를 하는 경찰관을 체포하라는 명령을 내렸다고 했다. 그러나 나는 경북
군정장관과 맥클린에게 '보복행위를 한 경찰관은 폭동진압 후에 내가 책임
을 지고 체포하여 의법 처단할 것이니 지금 그런 명령을 내리지 말라'고 하
면서, '지금 그런 명령을 내리면 폭동을 진압하는 경찰관들의 사기를 저하
시키는 결과를 초래하게 되어 폭동진압에 커다란 영향이 미칠 것이다'라고
주장하여 그들은 그런 명령을 내리지 않았던 것이다."

　경찰의 시위군중 사살에는 이와 같은 격분을 금할 수 없는 반민족적인
배역행동이 있었던 것이다. 그들은 장래의 집권을 위해서는 동족의 목숨쯤
은 파리 목숨처럼 여기고 있었다.

　이처럼 10월 봉기는 미·소 공동위원회가 무기 휴회로 들어가서 민주

주의 임시정부 수립의 전망이 막히고, 또 신한공사 설립으로 토지개혁이라는 우리 농민의 수백 년 소망이 가로막힌 상황에서 벌어진 투쟁이었다. 또한 미 군정의 식민지 경제정책으로 야기된 식량 문제와 물가 문제로 도시민의 생존권이 위협받으면서 그 불만이 터져 나온 것이었다. 거기에다 군정의 앞잡이인 친일경찰로 구성된 군정 경찰의 살인적 폭압으로부터 야기된 것이었다. 그래서 구호의 첫째가 '쌀을 달라'는 것이었고, 그 다음으로 '임금을 올려라'와 '악질 경찰을 몰아내라'는 것이었다.

하지만 이러한 국면에서 보여준 지도부의 좌경 모험주의와 우경 투항주의는 항쟁의 성과를 온전히 남기지 못했다. 당시 민중들의 조건과 처지를 도외시한 채 계급혁명을 구호로 내걸고 봉기로 이끌어 간 조선공산당 지도부의 좌경적 모험으로 적의 강력한 반격역량을 스스로 맞이하게 된 것이다. 봉기가 일어나고 체포령이 나오자 봉기의 가장 중심적인 영도자로서의 위치에 있는 박헌영은 북으로 내뺐다. 또 기회주의자인 이승엽은 러치 군정장관과의 단독회담을 구실로 파업투쟁을 적시에 올바르게 지도하지 않았다. 오히려 투항주의에 빠져 파업을 일단 중지시키는 등 투쟁하는 노동자들을 내버리는 결과를 가져왔다.

또 한편으로 1946년 8월 중순부터 제기된 인민당과 신민당과의 '3당 합당' 문제를 둘러싸고 공산당 내에 심한 종파 싸움이 벌어지고 있었다. 박헌영의 반대파들은 이를 계기로 당 대회를 열어 당 간부를 개편하려 했다. 당권을 장악하고 있던 박헌영 일파는 반대파의 당 대회 개최를 저지하기 위해 원래 농민의 추수투쟁과 맞춰 10월에 계획되었던 총파업투쟁을 9월로 앞당겼다. 이는 반대파의 기도를 분쇄하고 3당 합당이 합법적, 전면적, 민주적 방법으로 연합하는 것을 불가능하게 하려고 기도했던 것이다.

총파업을 계획했더라도 당내 문제가 제기되고 있고, 더구나 가장 시급히 해결해야 할 3당 합당 문제가 제기되고 있는 상황에서는 일단 중지시켜야 할 터인데 박헌영 일파는 자기 종파의 이해관계에 눈이 멀어 오히려 9월로 무리하게 앞당기고 말았다. 그리고 폭력을 수반하는 파업투쟁을 전개해 민주역량을 지도하는 3당의 간부가 지하로 들어가지 않을 수 없도록 만들었다. 이를 빌미로 당내 반대파들이 제기하는 당 대회를 무산시키고 자기들의 방법으로 인민당과 신민당을 흡수할 수 있다고 생각했던 것이다.

이렇게 되자 박헌영 일파의 반대파인 '대회파' 또한 그들 자신의 이해관계에만 매달려 이미 결행된 민중의 투쟁을 반대파의 일로 보고 외면했다. 또 그들 일파의 영향 아래에 있는 지역과 조직에게 투쟁에 참가하지 말도록 지령을 내렸다. 이리하여 투쟁의 역량은 분산되고 말았다. 실제로 노동계급의 세력이 강성한 인천 지역은 대부분 파업투쟁에 참가하지 않았다.

이리하여 박헌영 일파들의 영향력이 가장 두드러진 대구, 부산 지역이 투쟁의 중심이 되었다. 서울, 인천 등 나라의 중심 지역에서는 철도, 전신전화, 출판 부문 이외에는 파업 참가가 저조하게 되었다. 따라서 불충분한 역량으로 통치의 중심을 공격하는 격이 되어 오히려 정치깡패와 합작한 군정 경찰의 강력한 집중공격을 받아 봉기의 가장 중심이 되어야 할 중앙이 허물어지고 말았던 것이다.

박헌영 일파의 영향 아래에 있는 출판 부문도 박헌영의 체포령 취소를 요구 조건에 반영하지 않았다고 해서 북으로 도망간 박헌영의 권위를 이은 이승엽에게 책임 추궁을 했고, 이미 내렸던 파업 중지의 지령을 걷어차고 투쟁을 계속하도록 만들었다. 그 결과 민중에게 파업 지지를 호소할 수 있는 통신기관까지 파업으로 끌어들였다. 당면해서 절실하게 필요한 전술적인 무기를 스스로 내다버리고 만 것이다.

또 철도노동자의 파업투쟁에서도 9월 25일 밤 농성한 용산 철도노동자들이 용산역 앞 시위 후 대책을 적절히 취하지 않고 그대로 해산해 버림으로써 파업역량을 현저히 감소시키고 말았다. 그 역량 감소는 결국 9월 30일 3,000여 명의 수도경찰대와 김두한이 지휘하는 우익 깡패들의 기습으로 이어졌다. 이는 파업 지도부가 철저히 파괴당하는 결과를 낳았다. 봉기는 괴멸적 타격을 입어 농성 노동자 전원이 체포당하고 말았다.

그 결과 봉기투쟁은 지도부의 상실과 도피로 비조직적이고 자연발생적인 양태로 되어버렸다. 결국 폭동의 부정적 현상만 드러내게 되어 초기와는 달리 민중의 지지를 잃어버리고 말았다. 뿐만 아니라 차후 투쟁에서도 민중의 지지를 현저히 감소시켜 버리는 부정적인 결과만 초래했다.

아무튼 '10월 인민항쟁'으로 미제는 우리 민족의 거세찬 저항을 처음으로 맛보았고, 조선 민족을 얕잡아 볼 수 없게 되었다. 이리하여 그들이 이때껏 조선 민족을 노골적으로 멸시하던 식민지 정책은 더욱 음흉한 신식민지 정책으로 바뀌어졌다. 이는 정책에서 그들의 본질적 모습을 숨기는 양상으로 나타나게 되었다.


## 첫 투쟁

모임이 조직된 후 성원들은 매주 두 번씩 하교 후 박말수 형의 집에 모였다. 처음 학교에서 일어난 얘기들을 주고받다가 《사회주의대강》을 열고 학습토론에 들어갔다. 모두 열심히 읽고 토론을 했다. 그러던 9월 하순도 늦은 어느 날, 박상업 형이 모임에 나타났다. 형은 일주일에 한 번은 우리 모임에 와서 우리들의 학습토론을 잠깐 지켜보다가 먼저 돌아가곤 했다. 하지만 그날은 학습토론을 마치자 우리들이 해야 할 일이 있다고 했다.

"동무들, 지금 여러 동무들도 알다시피 남조선 민중들이 생활고와 경찰의 탄압으로 더 이상 견딜 수 없어 투쟁에 나섰소. 지금 철도노동자들을 비롯해서 남전 직원들까지 모두 파업에 나섰소. 여기 밀양의 모직회사 노동자들도 어제부터 파업에 들어갔소. 시국이 이처럼 엄중한 지경인데 우리들이 책만 읽고 있을 수는 없는 것이오. 우리들은 이러한 파업투쟁의 소식을 우리 고을 사람들에게 알릴 필요가 있소. 그 방법은 벽보를 만들어 대중들이 잘 볼 수 있는 곳에 붙이는 일이오. 이 일을 우리가 맡아 해내기를 제의하오. 어떻소, 해볼 만하오?"

우리들은 파업투쟁의 소식을 이미 듣고 마음이 들떠 있는 중이라 쾌히 대답했다.

"합시다."

박상업 형은 다시 말했다.

"그러면 동무들, 먼저 투쟁 소식과 투쟁 구호를 써서 읍내 요소요소에 벽보를 붙여야 하겠는데, 우리 학교가 담당할 곳은 삼문동과 내일동이오. 삼문동은 2학년이 담당하고 여기 1학년은 내일동을 맡기로 했소. 지금부터 그 준비를 해야 하겠소. 먼저 여기 남학생들은 벽보를 만들고 여학생들은 풀을 끓이겠소. 일단 모두 집으로 돌아가서 남학생들은 종이와 붓, 먹, 벼루를 준비하고 여학생들은 밀가루와 바께쓰 그리고 풀비를 장만해서 다시 모이기로 합시다. 지금 각자 집으로 가서 9시까지 준비해서 이곳으로 모이기로 합시다. 나는 지도원 동지를 만나 벽보 문건과 구호 내용을 적어 오겠소."

이리하여 모두 집으로 돌아갔다가, 다시 모이기로 한 9시 정각에 한 사람도 빠짐없이 시간에 맞추어 집합했다.

당시는 흰 종이가 귀한 때라 구호는 신문지를 한 쪽 크기로 잘라서 쓰기로 하고, 벽보는 신문지 두 쪽 크기로 흰 종이에다 쓰기로 했다. 박상업 형은 학생복 윗옷의 안깃을 따더니 거기에 붙여놓은 작은 봉지를 뜯어냈다. 그 봉지를 찢어 속에 든 얇은 미농지를 꺼내어 놓고 이것이 오늘 벽보 투쟁할 내용이라 했다. 지금 나는 그 내용을 다 기억할 수는 없다. 그러나 벽보에 쓸 내용은 대강 다음과 같았다.

'미 군정은, 쌀은 모리배를 시켜 일본에다 팔아먹고 조선 사람들은 다 굶어 죽게 만들어놓았다. 그러고는 쌀 달라는 노동자와 시민들에게 일제의 주구였던 군정 경찰을 시켜 총질해서 대구에서는 수많은 시민들을 죽였다.

이제 미국은 해방의 은인이 아니라 일본을 대신한 압제자이다. 우리는 이 새로운 압제자를 반대해서 지난 36년 동안 일제에 항거했듯이 미제를 반대하여 궐기하자.

또 미제는 조선 사람들의 총의로 세운 인민위원회를 반대하고 친일역적들을 모아 조선에 군정을 펴고 있다. 이는 조선을 미제의 식민지로 만들려는 음모이다. 당장 모든 권리를 인민위원회로 넘겨라.

미제는 식민지 정책으로 신한공사를 만들어 조선의 땅을 모두 차지했다. 교육도 국대안으로 식민지 교육을 강요하고 있다. 신한공사를 해체하고 국대안을 철폐하라.'

구호는 다음과 같은 것이었다.

'모든 권리는 인민에게로!'
'친일역적 한민당을 해체하고 친일경찰을 처단하자!'
'신한공사를 해체하고 토지개혁을 실시하자!'
'식민지 교육제도 국대안을 철폐하라!'

'학원의 자유를 쟁취하자!'

'살인경찰을 처단하자!'

'노동자에게 1일 4홉 배급을 보장하라!'

'8시간제 노동제와 동일 노동 동일 임금제를 실시하라!'

'노동자와 농민을 죽인 악질 경찰을 타도하자!'

'인민의 원수에게 복수를 하자!'


벽보를 붙일 곳으로는 읍사무소의 벽보판 옆 담벼락과 영남루 앞 청진 각 문짝, 버스 대합실 안 벽 세 곳을 선정했다. 구호 벽보는 거리의 전봇대 나 적당한 담벼락에다 붙이기로 했다. 벽보는 흰 종이에다 잔글씨로 써야 했다. 그래서 잔글씨를 잘 쓴다고 내가 썼다. 구호 벽보는 여러 사람들이 나누어 큼직한 글씨로 썼다. 아무리 글씨로 작게 쓰려 해도 한 장에 다 들 어갈 수 없었다. 붙일 때 이어 붙이기로 하고 두 장에다 썼다. 문장을 다 쓰 고 난 다음 박상업 형이 가지고 온 붉은 잉크와 푸른 잉크로 중요한 대목에 동그라미를 그려 넣고 줄을 그어 눈에 잘 드러나도록 했다.

남학생들이 벽보를 쓰고 있는 동안 부엌에서는 여학생들이 풀을 쑤었 다. 풀은 알맞게 묽어서 칠하기도 좋고 잘 붙을 것 같았다. 십대 소녀들은 개울 건너 강아지 보고도 웃는다더니 여학생들은 부엌에서 깔깔거리는 웃 음 속에서도 풀은 잘도 쑤었다.

새벽 3시 종이 댕댕 친다. 세 사람씩 두 패로 나누었다. 나와 이재우, 그리고 여학생 신정애가 한 패이고, 박상업 형과 강성호, 그리고 여학생 김 문자가 다른 한 패였다. 우리 패는 읍사무소 쪽과 버스 대합실 쪽 벽보를 맡았다. 신정애가 앞장서서 살랑살랑 걸어가면서 주변을 살피고 적당한 전 봇대나 담벼락에 가서 그늘에 붙어선다. 그러면 이재우가 풀을 담은 들통에 조그마한 방빗자루로 풀을 듬뿍 묻혀 벽보 붙일 곳에다 이리저리 칠하고선 자리를 벗어난다. 뒤이어 따라가는 나는 그 자리에다 벽보를 위에서부터 아래로 내리 펴면서 역시 방비자루로 쓱쓱 몇 번 쓸어 붙이고선 앞서 간 사람의 뒤를 따라간다.

문제는 읍사무소 게시판 옆 담벼락과 버스 대합실 안이다. 읍사무소 게시판 쪽은 게시판 위에 환히 켜놓은 전등이 문제이고, 버스 대합실 쪽은 그 안에 자고 있는 노숙자들이 문제이다. 당시에 거지가 많았다. 떼를 지어 버스 대합실이나 기차역 대합실에 거적때기를 깔고 자는 사람이 많았다. 세 사람은 우선 한곳에 모여 의논을 했다. 할 것인가 말 것인가. 일단 하기로 했다. 그러면 대담하게 거침없이 하고 내빼는 것이다. 먼저 구호 벽보를 다 붙이고 나서 두 곳은 마지막에 하기로 했다. 곳곳에 구호 벽보를 무사히 끝내고 다음 읍사무소 쪽으로 갔다.

우선 신정애가 앞서 정찰을 했다. 부근에 아무도 없었다. 이번에는 두 사람이 함께 가서 풀칠을 하고 벽보 두 장을 붙였다. 그동안 신정애는 읍사무소 문기둥 그늘에 들어서서 사방으로 망을 보았다. 다 붙이고선 냅다 뛰었다. 시장 안 골목길로 들어가 버스간 쪽으로 갔다. 버스간에 들어갔더니 지린내가 진동을 했다. 이리저리 누워서 자고 있는 사람들이 여남은 명이 되었다. 모두 벽 쪽에 붙어 자고 있어서 붙일 곳이 마땅하지 않았다. 이재우는 자고 있는 사람을 한쪽으로 밀치고 벽에다 풀칠을 했다. 밀쳐진 사람은 곤했던지 밀린 채로 그냥 자고 있어서 벽보를 무사히 붙일 수 있었다.

우리가 다 붙이고 돌아섰더니 한 사람이 뒤에 서 있었다. 그야말로 허리가 빠질 듯이 놀랐다. 그 사람은 놀란 우리를 보고 물었다.

"괜않소, 놀라지 마소. 어린 학생들이 잠도 안 자고 수고가 많소. 그런데 깜깜해서 볼 수가 있어야제. 무어라고 써놓았는교?"

"아재요, 미안쿠마. 내일 아침에 날 밝거던 읽어보소. 우리는 얼렁 가야 해요."

나와 이재우는 얼렁뚱땅 대답하고는 그대로 내뺐다. 그 사람 좋은 아재에게 제대로 대답도 못하고 더구나 잘 있으라는 인사도 못해 마음이 좀 걸렸다.

이것이 나의 첫 투쟁이었다. 그 후 이런 벽보 붙이는 일이 우리들에게 과업으로 주어졌다. 그러면서 점점 담도 커지고 일솜씨도 재빠르게 되었다. 9월 하순부터 10월 한 달 내내 벽보 붙이는 투쟁은 계속되었다.

하루는 밤샘을 마치고 새벽에 집에 돌아왔더니 할아버지가 계셨다. 할아버지는 작은방에서 주무시지 않고 나를 기다리셨던 것 같다. 나는 두근거리는 가슴으로 평소 잘 안 하던 인사를 했다.

"할아버지, 밤새 안녕하십니까?"

"밤새 안녕하지 못했다. 무슨 일로 날을 새고 새벽에 들어오나? 거기 앉거라."

나는 맞은편 쪽에 조심스럽게 앉았다. 할아버지는 나를 한참 쳐다보시더니 말씀하셨다.

"밤을 새워 많이 고단하겠구나. 우선 잠이나 자고 낮에 얘기를 하자. 나도 네 걱정으로 한잠도 못 잤다. 나도 내일, 아니 오늘이지, 일이 있어서 좀 자두어야겠다. 하학하거든 민전 회관으로 오너라. 자 이불 펴고 자자."

할아버지 잠자리를 펴드리고 곁에 내 잠자리를 잡고 이불 속으로 들어갔다. 아침에 모두 학교 갈 준비로 부산한 서슬에 잠이 깼다. 나도 좀 고단하긴 해도 푹 자서 그런지 머릿속이 곧 맑아졌다. 소금 양치를 두 인지로 이리저리 문대고 낯짝에 물 좀 두어 번 양손으로 끼얹었다. 그러고는 모두 열심히 아침밥을 먹고 있는 데로 비비대고 들어갔다. 후딱 한 그릇을 먹은

게 아니라 퍼 넣었다.

"할매, 학교 갔다 올게."

어제 그대로 둔 책가방을 들고 할매에게 인사를 하고 대문 밖으로 나갔다. 아마 할머니가, 내가 밤을 새고 새벽에 들어오는 날이 많고 어떤 때는 바지에 풀을 묻히고 오더라는 얘기를 할아버지께 여쭈었던 것 같다. 그래서 할아버지는 걱정이 이만저만이 아니신 것 같다.

그날 학교를 마치고 민전 회관에 가서 할아버지를 찾았다. 할아버지는 다른 사람들과 한창 말씀 중이셨다. 나는 사무실에 있는 서가에서 책을 이것저것 뽑아 읽으면서 말씀이 끝날 때까지 기다렸다. 그때는 3당 합당 문제를 놓고 여러 가지로 고민을 하고 있는 중이어서 할아버지는 몹시 바쁘셨다.

이윽고 할아버지와 말씀을 나누던 손님이 일어서서 할아버지와 악수를 하고 하직인사를 했다. 할아버지는 나를 한 번 힐끗 보셨다. 일이 끝나신 모양이었다. 손님을 배웅하고 들어오신 할아버지는 내게 따라오라고 하셨다. 할아버지는 나를 데리고 한 방으로 들어가셨다. 자그마한 방이었다. 가운데 책상이 하나 있고 의자 서너 개가 놓여 있었다. 할아버지는 앉으라고 하신 후 앉은 나를 한참이나 쳐다보셨다. 앉자마자 큰소리로 안 하시니 꾸중하실 생각은 없는 것 같다.

할아버지는 조용한 목소리로 나에게 말씀하셨다.

"요즘 너희 학생들이 모여 학습도 하고 삐라투쟁도 한다는데, 너도 같이 하나?"

"예."

나는 숨김없이 대답했다.

"내가 너희 학생들이 애국운동을 하는 걸 말릴 생각은 아니다. 그러나 지금 한창 공부할 너희들에게까지 운동에 참가하도록 만든 세상이 참말로 한심스러워서 그런다. 그것도 일종의 공부라면 그렇기도 하지만."

할아버지는 한숨을 쉬신다. 나는 할아버지께서 내게 무슨 일이 닥칠까 봐 걱정돼 하시는 말씀임을 알았다. 나는 할아버지께 안심시켜 드려야겠다는 마음이 생겼다.

"할배, 걱정하지 마이소. 우리들이 재주껏 잘하고 있어. 설사 붙잡히는 일이 있더라도 어른들에게는 모질게 대하지만 우리 학생들에게는 남의 눈을 생각해서 그렇게 모질게야 하겠어? 나라를 송두리째 미국 놈과 그들의 앞잡이들이 먹으려고 하는데 우리들이 학생이라 해서 어찌 그대로 보고만 있겠노. 그것도 맞아 죽은 사람이 한둘도 아닌데."

"오냐, 그렇기는 하다마는. 운동도 때가 있고 모인 힘이 있어야 하는데 너무 서두르는 것 같아 걱정이구나. 민주정당 3당이 합당해서 힘을 하나로 모아서 해야 할 것을 이리 서둘고 있으니. 그리고 싸움은 이기는 싸움을 해야지 지는 싸움을 해서는 안 되지."

할아버지는 이렇게 말씀의 서두를 내어놓으시고 그간의 운동을 설명해 주셨다.


# 3당 합당

조선이 일제 식민지로부터 해방된 8·15 때 활동했던 우리 민족의 혁명역량은 대체로 세 가지였다. 그중 가장 활발하고 강한 역량은 백두산 밀림을 근거지로 해서 일제가 최정예로 뽑내던 관동군과 조선군, 그리고 그들의 주구 위만군을 상대로 15성상 간난신고의 기나긴 유격전쟁을 벌여 그들에게 무리 죽음을 안겨주고 조국의 해방과 더불어 개선한 김일성 장군의 조선인민혁명군과 이들의 통일전선 조직인 조국광복회였다.

그리고 또 하나는 여운형 선생이 조직 지도하셨던 국내의 비밀 지하조직으로, 연합군이 장차 조선 반도에 상륙하여 일제를 몰아내는 결전을 승리적으로 맞이할 준비를 전국적으로 확대하고 있던 건국동맹의 역량이 있었고, 중국공산당의 산하에서 조선의용군을 조직하고 중국인민해방군인 팔로군에서 활동하고 있던 김두봉 선생이 지도하던 조선독립동맹의 역량이 있었다. 여기에다 조선에서 일찍이 공산주의 운동을 하면서 일제의 모략적 탄압과 종파 싸움으로 그 역량이 전멸적 타격을 받아 거의 일제에 투항하고 변절하고 말았지만, 더러 자기의 사상을 끝까지 지켜온 사람들도 있었다.

이들은 8·15 해방을 맞이하자 각자의 세력으로 그 역량을 조직화했다. 그 결과 미 군정이 통치하는 조선의 남부에서는 여러 종파들이 우여곡절을 겪으면서 이른바 노동계급의 계급적 이해를 반영하고 민주주의 국가를 건설한다는 슬로건을 내걸고 당으로 조직된 조선공산당이 있었다. 또 여운형 선생이 조직 지도하셨던 건국동맹을 발전적으로 해체하고 국내의 다른 민주역량을 흡수하여 조직한 조선인민당이 있었다. 그리고 중국공산당의 지도 하에서 활동한 조선의용군의 정치적 역량으로 조직된 조선독립동맹이 해방을 맞아 국내에 있는 동조자를 흡수하여 새로이 조직한 신민당이 있었다. 이들 3당은 그 정치적 지향이 비슷하고 계급적 토대가 같아서 그 역량을 하나로 묶어세우는 것이 필요했다. 이는 당시의 정치정세 하에서 반드시 이루어져야 할 과제였다.

당시 남조선의 민주정당과 민주적 사회단체의 통일전선체로는 민전이 이미 조직되었고, 이 통일전선체에 3당이 모두 개별 정당으로 가입되어 있었다. 통일전선이 하나의 영도적 당 아래 지도되어야 조직과 운동이 통일적으로 수행될 수 있는 것이다. 미제의 식민지 체제로 재편되고 있는 남조선의 정세를 맞아 통일전선의 통일적 영도는 필요성과 아울러 절박한 과제로 되고 있었다.

이러한 정세를 맞아 제일 먼저 8월 초에 조선인민당은 중앙집행위원회를 열고 3당 합당 제의를 결정하고 다른 두 우당에게 호소했다. 즉시 다른 우당은 물론이고 민주진영에서는 쌍수를 들어 환영했다. 조선공산당은 그 이튿날 중앙위원회를 열고 3당 합당을 전적으로 지지하고 합당 교섭 개시를 결정했다. 이어 신민당도 이를 지지하고 나섰다. 그러나 뿌리 깊은 조선공산당의 종파성이 이러한 정세에 힘입어 또다시 발동하기 시작했다. 8·15 이후 이른바 '재건'을 둘러싸고 종파 싸움을 벌였던 조선공산당은 박헌영이 우여곡절을 거쳐 당의 핵심을 장악하고 있었다. 박헌영은 3당 합당의 새로운 정세를 이용해 당내의 다른 종파분자를 몰아내고 그 여세를 몰아 새로운 당마저 자기의 지도력 밑에 두고자 했다.

하지만 강진을 비롯한 여타 종파분자들은 당의 주도권을 쥐고 있는 박헌영 일파의 합당 주장은 당의 총의를 무시한 관료주의적 경향이라면서 비난하는 성명을 냈다. 이에 대해 박헌영은 성명을 낸 중앙위원 강진, 서중석, 김철수, 이정윤, 김근, 문갑송 6명과 이에 동조하는 40여 명을 제명시켜 종파 싸움을 격화시켰다. 이에 제명당한 종파분자들은 합당 문제를 당대회에서 결정하자는 주장을, 그들의 영향 하에 있는 조직을 통해 강력히 들고 나왔다. 이로써 당은 내부 혼란에 빠져버렸다.

조선인민당은 합당 문제에 대하여 처음은 별로 이견이 없었다. 그러나 조선공산당이 당 대회 개최를 둘러싸고 심한 종파 싸움이 벌어지자 합당 문제에 반대하는 세력이 생겨났다. 이들이 조선공산당에서 제명된 '당대회파'와 합세해 합당을 반대하고 나서면서 합당 작업은 난관에 부닥치게 되었다.

신민당도 역시 초기에는 합당을 지지하고 나섰지만 지방 당부에서는 조선공산당의 내부 혼란에 영향을 받고 합당을 반대하는 세력이 점차 늘어나 내부 진통을 겪어야 했다. 조선공산당의 고질적인 종파 싸움이 합당 국면을 맞아 새로운 당의 헤게모니를 쥐기 위한 싸움으로 되었고, 다른 우당에 합당을 반대하는 세력을 만들어주는 결과를 낳게 된 것이다.

마침내 9월 4일, 3당에서 합당을 추진하는 세력들이 모여 3당 합당 준비위원회 연석회의를 열었다. 이 연석회의에서 '남조선노동당'을 결성한다는 것과 근로인민의 이익을 대표하고 옹호하는 민주주의 자주독립 국가를 건설하고 모든 권력을 인민정권의 참된 기관인 인민위원회에 넘겨주기 위한 투쟁을 선언한다는 결정서를 채택했다.

이러한 연석회의의 결정이 발표되자 여운형 선생은 성급하고 무원칙한 결정이라고 표현했다. 이는 조선인민당의 합당 반대파를 자극하여 혼란을 불러일으켰다. 신민당의 백남운 선생은 합당은 절대 필요하지만 두 우당의 내부 통일을 기다려 촉진해야 한다고 말하면서 조급한 합당 결정서의 발표를 비난했다.

3당 합당을 둘러싸고 혼란에 빠져버린 국면을 만회하기 위해 박헌영은 당초 10월 하순으로 예정했던 총파업투쟁을 9월로 앞당겨 지령했다. 총파업으로 지도부가 지하로 들어가는 사태가 벌어졌다. 이는 반대파의 당 대회 주장을 무산시키고, 나아가 총파업에 대한 탄압 국면의 엄중한 분위기를 이용하여 합당을 추진시키려는 의도였다. 즉, 박헌영은 합당을 자기 주도 하에 이루어 새로운 당의 주도권을 쥐려고 했던 것이다.

박헌영의 이러한 기도는 모처럼 민전이 조직되어 통일전선의 영도적 당을 결성하려는 합당 분위기를 헝클어놓고 말았다. 결국 총파업투쟁도 역량을 결집하지 못해 각개격파당하고, 합당도 제대로 이루어내지 못하고 만 것이다.

그런데 9월 4일 남조선노동당을 결성한다고 발표한 결정서를 반대하고 나섰던 조선인민당의 여운형, 신민당의 백남운, 조선공산당의 반간부파이자 대회파인 강진이 10월 15일 공동으로 '3당 합당 결정서'라는 것을 발표해 '사회노동당'의 발기를 선언하고, 그 이튿날 16일에 3당 합당으로 사회노동당의 발족을 선언하고 나섰다.

　　이건 또 무슨 말인가! 어제까지 상대방이 발표한 합당 결정서를 졸속하다고 비판하던 사람들이 먼저 당 결성을 발표하고 나서다니! 그것도 10월 인민항쟁의 봉기 불이 아직도 도처에서 타고 있는 중에. 3당의 당내에 있는 반대파의 맹렬한 반대가 일어났다. 당명을 도용했다고 사회노동당 결성을 반대하고 나섰다. 민전 사무국에서는 통일전선을 분열하는 책동이라고 비난했다. 전평, 전농, 민청 등 민주적인 대중단체들이 배신행위라고 맹렬한 비난을 퍼부었다. 백남운은 신민당의 평양 본부로부터 소환받고 평양으로 갔다. 거기에서도 맹렬한 비판을 받았다.

　　사태가 이 모양이 되자 당초 합당을 반대하던 반대파들이 사회노동당으로 떨어져 나간 셈이라 3당 합당은 우선 보기로는 순조롭게 전개되어 갔다. 10월 하순에 들어 남조선노동당은 민족과 노동대중을 위하여 평생을 다 바쳐온 허헌 선생을 당 중앙위원회 위원장으로 추대했다. 남조선노동당과 사회노동당 양쪽 준비위원회에서 함께 위원장으로 있던 여운형 선생은 분열된 이 두 당을 합치기 위해 많은 노력을 다하였다. 그 결과 사회노동당에 속한 많은 인사들이 탈당 또는 남조선노동당으로 합류하였다. 그리하여 11월 23일 3당이 현실적으로 합당이 되어 남조선노동당을 정식으로 결당하였다.

　　결당식에는 미 군정청을 대표하여 범펠러가 왔고 허헌 선생과 김원봉 장군 등 558명의 대의원이 참석했다. 당 중앙위원회의 위원장으로 허헌 선생이 추대되고, 부위원장으로 박헌영과 이기석이 선출되었다. 허헌 선생은 근로민중의 역량을 집결하여 민주진영의 통일을 강화하고 반동세력을 분쇄하며 민족의 독립을 전취할 수 있는 강력한 정당을 창건한다고 역설했다. 이어 여운형, 허헌, 이승엽, 김형선 등 14명을 당의장으로 선출했다.

대회는 그 이튿날 오전까지 계속되었다. 그러나 반동세력은 이곳에 수류탄을 던져 소란을 일으켰다. 마침 대회가 끝나고 해산된 다음이라 수류탄은 원고 정리를 하고 있던 기자단석에서 폭발했다. 몇 명의 기자들이 부상을 입는 피해가 생겼다. 이미 북조선은 북조선공산당과 신민당의 합당이 순조롭게 이루어져 북조선노동당으로 결집되어 있었다. 북조선노동당은 조선 민족의 독립과 부강한 민주국가를 건설하기 위한 공동 투쟁을 호소하는 메시지를 보내어 축하했다.

사회노동당으로 결집된 많은 인사들은 당을 해체하기를 주장하고 남조선노동당으로 결집했으나 일부 인사들은 잔류하고 있었다. 하지만 날이 갈수록 세력은 줄어갔다. 합당을 반대했던 조선인민당의 인사들은 인민당 재건위원회를 만들어 여러 가지 우여곡절을 겪으면서 근로인민당을 결성했다. 중앙위원회 위원장으로 여운형 선생을 추대하고 백남운, 이영, 장건상을 부위원장으로 선출했다. 여운형 선생은 합당에서 빠진 많은 민주역량을 따로 결집할 필요가 있다고 주장하고 근로인민당의 결성을 받아들였다.

이상은 10월 인민항쟁 당시 벽보투쟁으로 자주 밤샘을 하는 나를 두고 걱정하시면서 시국에 관해 내게 해설하셨던 할아버지의 말씀과 그 후 내가 공부하면서 얻은 3당 합당에 관한 나의 지식이다.

할아버지는 당시 조선인민당에 속해 있으면서 합당을 처음부터 열렬히 지지했다. 남조선노동당 밀양군당을 조직하는 사업에 열정을 기울였다. 할아버지는 그때 대동단결된 합당이 이루어지지 못한 것을 참으로 안타까워

하셨다. 일제 때부터 조선공산당 내부에 도사리고 있던 고질적인 종파성과 그로 인한 좌경적 모험주의를 걱정하셨다.


## 드롭스와 비료

10월 인민항쟁으로 붙잡힌 민중들에게 군사재판을 열어 교수형을 선고하고 중형을 들씌웠지만, 11월에 들자 10월 인민항쟁의 불씨가 호남 일대로 번져나갔다. 광주, 목포에서 수만 명의 농민들이 일어나 경찰서를 습격해 무기를 **빼앗고** 경찰을 잡아갔다. 그 불씨는 함평, 나주, 영산포, 화순로 번졌다. 농민들은 악질 경찰을 잡아 처단했다. 화순탄광의 노동자들은 광산을 점령하고 경찰서를 습격해 무기를 **빼앗아** 저항했다. 군정 경찰만으로는 진압할 수 없자 미군이 직접 개입하여 기관총을 쏘아대고 진압했다. 화순 일대는 가히 격전지였다고 한다.

미제는 조선 민중의 끈질긴 저항을 폭력적으로 탄압하는 것만으로는 군정을 유지할 수 없음을 깨닫게 되었다. 마침내 미제는 미·소 공동위원회를 다시 열어 일단 민중들의 저항을 달래보려고 했다. 미제의 점령군 사령관 하지는 북조선 주둔군 사령관에게 미·소 공동위원회 재개를 제안하고 그 서한을 공개했다. 거기에는 먼저 조선 민주주의 임시정부를 수립하고, 그 정부와 민주단체와 더불어 후견안(여기에서는 신탁이라는 말이 없다)을 작성한다는 것이다. 특히 하지는 신탁의 의미를 정하기 전에 임시정부를 먼저 수립한다는 점을 강조했다.

조선 민중의 저항에 당황한 미제는 경찰에게 일제히 무기 휴대를 금하고 대신 방망이를 지니게 했다. 경찰 복장도 일제 경찰의 검은 복장을 없애고 엷은 카키색 미 군복에다 아프리카 식민지의 서양 사람들이 쓰던 민간 헬멧으로 바꾸었다. 폭동을 진압한다면서 마구잡이로 잡아간 사람들을 석방하라고 지시하고, 급히 미국으로부터 밀가루와 우유, 설탕, 과자를 대량으로 들여와서 배급이라고 주었다.

하지만 미제의 이런 물자 선심은 결국 대조선 차관을 주어서 그 돈으로 했음이 알려지면서 민중들의 분노를 사게 만들었다. 남조선 군정이 미제의 대조선 차관 2,500만 불을 얻어다 태평양 방면에 있는 미국의 전쟁 잉여물자를 사다가 들여온 것이었다. 이 차관은 미군이 철수할 때 그 빚을 조선 정부에 이양시키고, 25년 기간으로 1951년부터 연리 2.63퍼센트로 매년 분할상환한다는 것이었다.

미제는 알토란 같은 쌀을 모리배로 하여금 일본에 갖다 팔도록 해서 떼돈을 벌게 하여 장차 미제의 식민지 경제에서 그들의 주구가 되는 매판자본을 키웠다. 쌀을 달라는 아우성이 폭동으로 번지자 귀한 외환을 빚내어 과자 부스러기나 사다가 안기는 사기를 친 것이다. 미국 놈은 조선 사람을 마치 겨우 아랫도리나 가리고 사는 아프리카의 어느 원시부족인처럼 생각하는 것 같다. 제국주의 침략자들이 처음 들어가서 진귀한 물건이나 과자따위를 가지고 주민들에게 환심을 산 다음 이권을 챙기고, 그리고 나서는 환심을 사기 위해 들여온 자본주의 세상의 진귀한 물건이나 먹거리 값을 빚에 얹어 나중에는 나라를 송두리째 빼앗았으니. 미국 놈의 원조가 바로 그렇고 차관이 바로 그렇지 않은가.

겨울방학이 한 달쯤 남았을까. 어느 날 하학 종회 시간에 담임 선생님이 커다란 상자를 하나 들고 들어오셨다. 그리고 뒷줄에 앉은 키 큰 학생을 두셋 데리고 나갔다. 곧 그 학생들이 상자를 하나씩 들고 들어왔다. 그들이 상자를 열고 교실 바닥에 붓자 여러 가지 색으로 알롱달롱한 과자 봉지가 쏟아져 나왔다. 모두 거리 좌판에 놓고 팔고 있던 미제 과자들이었다. 드롭스, 초콜릿, 껌, 별별 희한한 것들이 다 있었다.

선생님은 호기심에 가득 찬 우리들의 얼굴을 한 번 휙 둘러보고 말했다.

"여러분, 미국의 원조물자입니다. 식량이 부족하다고 해서 그들이 보낸 것입니다. 우유도 많이 있습니다. 그것은 내일 나누어드립니다. 내일 학교에 올 때 모두 두어 되 담을 그릇이나 상자를 가지고 오십시오."

나누어 받은 과자들은 보기에도 곱고 별별 낯선 향기를 풍겼다. 일본 과자보다 훨씬 먹음직스러웠다. 모두 한 보따리씩 받고 책가방에 넣었다. 우리들은 갑자기 닥친 과자 선심에 황당하기는 했지만 언제나 거리에서 우리들의 눈을 자극하던 것이 손에 들어오니 미국이라는 나라에게 일단 고마운 마음이 들었다.

그런데 교실을 나서서 복도를 거쳐 신발장으로 나가면서 교무실 곁까지 왔더니 교무실에서 고함 소리가 들리고 분위기가 어수선했다. 교무실 유리창에 발뒤꿈치를 들고 까치발을 하고 들여다보았다. 화학 선생인 손기용 선생이 반짝이는 안경 너머 언제나 빛나는 눈망울에 화를 잔뜩 담고 큰 소리를 치고 있었다.

"10월 항쟁에서 탱크를 몰고 시위군중에게 기관총을 마구 쏘던 미국 놈들이 이제는 그 피 묻은 손으로 과자 부스러기로 달래려고 하는 모양이지. 우선 우리들이 생돈을 안 주고 얻어서 공것이라 생각하는 것 같은데 그건 턱도 없는 소리지. 자본주의 나라 미국 놈 세상에 공것이 어디 있단 말이고. 그놈들이 나중에 빚으로 이자까지 챙겨 받을 게 틀림없어. 모두 정신 똑바로 차리라고."

"손 선생, 그러면 우째야 되겠노. 도로 돌려줄 수도 없고. 우리 학교만 아니고 국민학교까지 모두 배급하는 것 같은데, 일단 나누어줄 수밖에."

교감 선생의 말이다. 그리고 사환 아이에게 말했다.

"숙아, 주전자 물 끓거든 얼른 들고 온나. 선생님들한테 우유 한 잔씩 타드려라. 너도 한잔하고. 설탕 듬뿍 넣고. 날씨도 제법 쌀쌀한데 손 선생, 한잔하고 마음 돌리소 그만. 허허⋯⋯."

그러자 여러 선생님들도 모두 웃었다.

"어데, 우유 한 잔 가지고 마음이 풀리겠능교. 막걸리라면 모를까, 하하⋯⋯."

"그럽시다. 나중에 직원 종회 마치고 생각 있는 사람은 진주집으로 오소."

유리창 너머 들여다보던 우리들도 빙그레 웃으면서 어수선한 분위기가 풀어지는 것에 마음이 놓였지만 어딘지 모르게 개운치 않았다.

집에 돌아오니 동네 반상회에서 나누어주는 것이라면서 집에도 미제 과자를 한 보따리 받아놓고 있었다. 우유도 있고 그 귀한 설탕도 그득했다. 비록 예전에 보던 보얀 가루 설탕이 아니라 시꺼먼 설탕이지만 달기는 흰 설탕보다 더 달았다.

우리들 독서회에서도 미국의 과자 원조를 놓고 토론을 했다. 모두 우리 민족을 아프리카의 미개부족인처럼 대접한다고 분격했고 자존심이 상했다. 그런데 이야기를 해나가는 가운데 미제의 속셈을 들여다보게 되었다. 미제의 과자 원조 때문에 결딴이 난 사람들이 있다는 것이다. 그것은 첫째 엿장수였다. 미제 과자 때문에 엿이 통 외면을 당하고 있다는 것이다.

당시 조선 아이들의 군것질 중 대부분이 엿이었다. 아이들은 단것을 좋아한다. 당시 설탕은 매우 귀한 것이어서 여간 잘사는 집이 아니고서는 맛볼 수 없는 것이었다. 보통 가정집에서는 단것이래야 엿기름으로 삭힌 단술이나 조청으로 잰 찰떡 정도였다. 엿은 꼭 돈이 있어야 살 수 있는 것도 아니었다. 집 안에 뒹굴고 있는 떨어진 고무신짝이나 부러지고 깨진 놋그릇, 무쇠 연장 등이 엿으로 바꿀 수 있는 물건들이었다. 이것은 당시 우리 조선 경제에서 매우 중요한 부분이었다.

밀양에도 신당 마을에 몇 집의 엿도가가 있었다. 엿장수가 아침에 여기에서 엿반탱이를 메고 가위 소리를 요란하게 내면서 골목골목을 돌았다. "엿 사소, 엿"이라고 외치면서 아이들에게 엿을 팔았다. 아이들은 이 소리가 들리면 바삐 집 안 구석구석을 뒤진다. 뒤안으로 마루 밑으로 그 순진무구한 눈망울을 굴리면서 바쁘다.

어떤 놈은 누나의 덜 떨어진 고무신 한 짝을 저고리 옷섶 밑에 감추어 나오기도 했다. 또 어떤 놈은 평소에 제가 신고 있던 고무신짝을 돌가루판(시멘트 바닥)에 문질러 구멍을 낸 것을 들고 나오기도 했다. 엿장수도 가위를 신명나게 두들기면서 노랫가락을 멋지게 뽑는다. 밀양에서 울릉도는 가마득한데 '울릉도 호박엿이오!' 란다. 이것이 어릴 때 접하던 우리들 문화의 하나였다. 그런데 이 엿장수가 미제 과자 배급 때문에 결딴나고 말았다는 것이다.

독서회에서는 엿장수가 조선 경제에 미치고 있는 영향을 분석했다. 그 결과 엿장수는 조선의 소비품 생산에서 중요한 역할을 하고 있다는 것이다. 아이들의 먹거리를 담보할 뿐만 아니라 그들이 거두어들이는 깨진 쇠붙이나 떨어진 고무신짝이 소비품 재생산에 중요한 자재라는 것도 알게 되었다. 결국 미제 과자나 우유, 설탕은 우리들의 식량을 원조하는 것이 아니라 조선의 자립경제 기초를 파괴하고 미제에게 영구히 매어두려고 하는 일종의 식민지 정책임을 깨닫게 된 것이다.

농촌에는 비료가 잔뜩 나왔다. 당시 우리 농촌은 화학비료는 거의 쓰지 않았다. 대신 여름 더위에 비지땀을 흘리면서 논두렁이나 산에 가서 풀을 베어 마구간이나 돼지우리에 깔아 소나 돼지의 똥오줌으로 썩힌 풀을 거름 간에 재어놓은 퇴비와 부엌 재, 개똥, 닭똥, 그리고 정랑 구덩이에서 푼 사람의 똥오줌, 사랑방 뒤안 축담에 남자들이 내놓고 깔긴 오줌통, 이런 것들이 주된 비료였다. 설사 화학비료를 쓴다 해도 그것은 보조적일 뿐이었다. 그것은 값도 비싸고 귀했다.

그런데 미국이 엄청나게 많은 화학비료를 싣고 왔다. 이것도 원조란다. 집집마다 공으로 안겼다. 화학비료를 쓰지 않다가 공으로 원조받은 화학비료를 아낌없이 써보니 작물이 엄청나게 잘 자랐다. 생산량도 많았고 염천에 퇴비한다고 드는 수고도 덜했다. 농가는 거름 마련을 위해 맡아야 하는 지독한 냄새도 덜 맡게 되어 생활도 쾌적했다. 농민은 모두 환영이었다.

그러나 우리 조선 땅은 미국 땅과는 근본적으로 다르다. 조선 땅은 수천 년 동안 농사를 지어서 지심이 얕았다. 해마다 퇴비나 자연비료로 가꾸지 않으면 2, 3년이 못 가 땅이 메말라버리고 만다. 미국은 땅이 넓고 개척된 지 얼마 안 된 지역이다. 수만 년 동안 초원이나 수림으로 부식된 토양이 쌓여 있어서 지심이 깊다. 거기에다 화학비료를 주면 생산량이 그만큼 엄청나게 오른다. 해방이 되어 미제의 화학비료가 무제한적인 원조로 들어오고, 농민들도 한동안 돈을 내지 않으니 쉽게 화학비료에 의지하게 되었다. 결국 2, 3년이 지나자 화학비료를 쓰지 않으면 농사가 되지 않을 뿐 아니라 땅은 산성화되어 못쓰게 되고 말았다.

일제 식민지 체제를 미제 식민지 체제로 재편하려는 미제의 의도는 날이 갈수록 분명해지고 있었다. 그들은 조선 사람이 자주적으로 새 나라를 세우기 위하여 인민위원회를 조직한 것을 파괴했다. 조선 민중의 총의로 선포한 조선인민공화국을 불법이라면서 탄압했다. 친일파·민족반역자들과 그들의 새로운 주구로 부상한 숭미 사대주의 분자들을 내세워 군정청의 하수인으로 하고 민중을 탄압했다.

미제는 모스크바 3상회의에서 결정된 조선 민주주의 임시정부를 수립하기 위한 미·소 공동위원회를 친일파·민족반역자까지 참여해야 한다면서 파탄으로 몰고 갔다. 친일역적과 숭미 사대주의자들의 지도자인 이승만으로 하여금 남조선 단독정부를 세워 남조선을 그들의 간접적 통치 밑에 두는 새로운 형태의 식민지 지배 의도를 노골화했다.

제2차 세계대전 이후 제국주의는 미제가 패권을 잡았다. 전쟁 전의 식민지 통치는 직접적인 통치였다. 식민지 종주국은 총독이나 판무관(辦務官)을 두어 그들의 경찰과 군대로써 치안을 확보했고, 관리를 직접 임명하고 통치하여 식민지 민중을 착취하고 억압했다. 이는 식민지의 자주성을 직접적으로 유린했기 때문에 자주성을 회복하기 위한 식민지 민중의 저항이 거세었다. 전쟁을 거치는 과정에서 종주국은 식민지 민중의 저항을 무마하면서 이들의 협력을 필요로 했다. 어느 정도의 자치를 허용했고 전후의 독립을 약속하기도 했다. 이로써 식민지를 해방하거나 통치 방법을 달리해야 할 필요가 생겼다. 이는 전후에 나타난 정세의 새로운 변화였다.

식민지에서 자주독립의 요구가 요원의 불길처럼 전 세계를 휩쓸고 있는 전후의 변화된 정세에 대응해 제국주의의 새로운 패권자로 등장한 미제는 새로운 식민지 정책을 창출했다. 미제는 자유민주주의를 내걸고 식민지 민중의 민족해방 역량을 공산주의자로 몰아갔다. 이들을 무력 또는 모략으로 소멸시켰다.

그 다음 식민지 민중의 자결권을 인정한다는 구실 아래 그들의 예속 정권을 창출하여 그들로 하여금 통치하게 했다. 형식으로는 주권을 가진 독립국가의 형태를 갖추었지만 내용으로는 군사원조, 경제원조, 교육원조 등을 빙자하여 여러 가지 협정과 조약을 맺어 식민지를 정치·군사·경제·

문화적으로 예속되도록 만들었다. 그들이 만들어놓은 예속 정권으로 하여금 간접적으로 통치하는 정책을 미제는 공산주의를 막고 자유민주주의를 지키기 위한 것이라고 강변했다.

미 제국주의의 이러한 새로운 형태의 식민지 정책을 훗날 정치경제학자들은 신식민지 정책이라 불렀다. 미제는 이러한 신식민지 정책으로 식민지 민중에게는 해방의 은인 행세를 할 수 있었다. 게다가 식민지 통치에 드는 비용마저 대리 예속 정권을 통해 식민지 민중에게 떠넘기면서 일거양득의 실리를 취할 수 있었다. 미제의 대조선 정책은 바로 이러한 신식민지 정책이었다. 이 정책은 그 후 반세기 넘어 걸친 남조선 강점에서 본질이 되고 있는 것이다.

한편 미제는 남조선에 대한 식민지 정책을 합리화하기 위하여 '남조선 과도정부입법의원'이라는 것을 만들어놓고, 군정의 이름도 과도정부니 하면서 민심을 얻어보려고 했다. 이 입법의원이란 것은 관선 의원 45명과 민선 의원 45명으로 구성되어 있었다. 관선은 주로 친일분자나 숭미 사대주의자들로 미 군정에 의해 지명되었다. 민선이라는 것도 보통·평등·비밀선거로 선출하는 것이 아니라 입후보 자격을 세금 등급 등 재산의 정도에 의해 제한했다. 그래서 사람들은 총독부의 자문기관이었던 중추원의 재판(再版)이라면서 비난했다.

내가 당시에 다니던 밀양중학교 교장 이주형이 이 입법의원의 의원으로 당선되어 서울로 다니기에 바빴다. 교원들에게는 정치에 관여하지 말라고 입버릇처럼 외대면서, 자기는 현직 교장으로 있으면서 한민당 간부로 활약하고 입법의원 의원까지 하고 있었다. 그래서 우리 학생들은 민주교원에게 온갖 구실을 갖다 붙여 이들을 내쫓고 있는 교장을 정치에 관여하는 교장이라고 비난했다. 이러한 갈등이 날이 갈수록 격화되어 갔다.

# 교장의 독선에
# 맞서다

1946년의 연말은 곳곳에서 터져 나오는 파업
과 농민들의 공출을 반대하는 시위가 연달았
고, 군정 경찰들의 탄압에 맞선 민중들의 저항으로 저물어갔다. 우리들 독
서회 성원들은 매주 두 번씩 모여 학습하고 밤에는 벽보를 붙이는 투쟁을
했다. 때로는 장날에 모여드는 농민들에게 일제와 같은 공출을 반대하자는
가두연설을 하기도 했다. 나도 종종 장날에 읍사무소 앞에다 책상을 놓고
학생모를 손에 움켜잡고 선동연설을 했다.

"여러분! 지난해 세상 생기고 처음 보는 대풍년을 맞았는데 봄이 채 못
되어 식량 소동이 났습니다. 쌀이 장에 나오질 않았습니다. 여러분! 왜 그
런 줄 아십니까? 모리배 놈들이 조선 쌀을 마구 사다가 배에 싣고 왜놈들에
게 팔아서 제 놈들의 배를 채웠기 때문입니다. 미 군정은 이것을 조금도 단
속하지 않았습니다. 오히려 조선 쌀을 못 빼앗아 먹으면 왜놈들이 굶어 죽
을까 봐 미 군정은 모른 체하고 있습니다. 이야말로 모리배를 두둔하고 왜
놈들 편을 들고 있는 게 아니고 뭐겠습니까?"

여기저기에서 시장의 군중들이 호응했다.

"옳소! 미국 놈은 왜놈 편이다!"

"그런데 미국 놈은 왜놈들이 하던 공출로 여러분이 힘들게 지은 쌀을
빼앗으려고 합니다. 여러분, 힘들게 농사지어도 농비 들고 소작료 주고 나
면 얼마 남습니까? 그런데도 가난한 우리 농민들에게 쌀을 공출하란 말입
니까? 쌀은 곡수(소작료) 받은 지주들의 곳간에 있습니다. 농사지은 농민들
에게는 내년 봄 보리타작 때까지 먹을 것도 없습니다."

선동연설은 계속됐다.

'미 군정은 들어오자마자 조선 인민이 자주적으로 선포한 인민공화국

을 부수고 인민위원회를 해산시켜 친일관리들을 도로 불러들였다. 그래서 왜놈 세상과 조금도 다름이 없다. 옛날 친일관리들이 농민들로부터 공출받은 것을 어떻게 썼는지 잘 알고 있다. 그들에게 쌀을 맡길 수 없다. 그래서 공출을 반대하자. 조선 인민이 믿을 수 있는 정권은 인민의 총의로 세운 인민위원회라야 한다. 인민위원회를 지키자. 인민공화국 만세!'

대체로 이렇게 연설을 결속했다. 시간이 오래 걸리면 경찰이 방망이를 들고 달려와서 군중을 해산시키고 연설하는 학생들을 잡아 경찰서로 끌고 갔다. 그래서 경찰이 오기 전에 끝내야 했다.

독서회의 학습은 모두 열심이었다. 독서회 성원들은 다른 독서회를 지원하기 위해 파견되기도 했다. 벽보투쟁, 가두연설, 학습, 학습지원, 참으로 바쁘게 돌아다녔다. 그래서 학교 공부는 학교에서만 하고 하교 후는 각자 맡은 학습과제를 정리하고 익히느라고 애를 썼다. 그리고 가두연설을 위해 원고를 만들고 또 그것을 외워야 했다. 그러니 학교의 일은 무엇이 어떻게 돌아가는지 별로 관심을 가지지 못했다.

12월에 들어서니 겨울방학도 한 달이 못 남았다. 그런데 갑자기 전교의 학급 급장이 바뀌었다. 그것도 교장이 직접 임명했다나. 밀양중학교 교장인 이주형은 당시 남조선과도정부입법의원 선거에 출마하여 한창 선거운동에 열을 올리고 있었다. 그래서 학교에 출근도 잘 안 하고 어쩌다가 한 번 들러 밀린 결재나 했다. 학교로 보아선 있어도 그만 없어도 그만인 그런 사람이었다. 그런 교장이 학생들과 담임 선생이 의논하여 뽑은 공부 잘하고 반 학생들에게 존경을 받고 있는 학생들을 그만두게 하고 자기가 직접 학생을 골라 급장으로 임명했다는 것이다.

그것은 학교 운동장의 운동시설이 전혀 없어서 학생들이 체육 시간이나 방과 후에 운동할 수 있도록 간단한 시설이라도 해달라는 학생들의 요구로부터 발단되었다. 학생들은 이 요구를 반영하기 위해 교두 선생(지금의 교감 선생을 당시 일제 때 이름 그대로 불렀다)의 허락을 받아 학급대표인 급장들이 모여 이 문제를 총화하고 학교에 요구하기로 했다. 교두 선생도 학생들의 의견을 쾌히 받아들였고 교장에게 전하겠다고 했다. 교장은 교두 선생이 학생들의 전체 의사라면서 전하자 화를 벌컥 내면서 야단을 쳤다.

"교두 선생, 요즘 학생들이 집단적으로 동맹휴학도 하고 학교 일에 일일이 간섭해서 골치를 앓고 있는 학교가 얼마나 많소. 운동시설이 필요하다고 생각되고 예산이 있으면 그놈들이 요구 안 해도 알아서 할 것인데 건방지게 아이놈들이 작당을 해 요구랍시고 들이대? 교두가 그 자리에 있으면서 아이들을 야단치지도 못하고 그것을 듣고 의견이라고 교장한테 말을 해?"

교두 선생도 어이없어 말문을 닫았다.

교장은 다시 말을 이었다.

"안 되겠어. 요즘 학생들 중에는 불온한 것들이 많은데 우선 저놈들 마음대로 정한 급장부터 갈아치워야겠어. 공부 잘한다고 고분고분할 줄 알다가는 큰코다치지. 교두 선생은 이 일에 신경 쓰지 마소. 훈육주임한테 단단히 일을 맡길 테니."

이렇게 해서 훈육주임이 선별해서 각 학급의 급장을 추천하고 교장이 임명했다는 것이다.

당시 학교에는 교두 선생 밑에 교무와 학적을 맡고 있는 교무주임과 학생들의 풍기를 단속하고 후생을 담당하는 훈육주임이라는 직책이 있었다. 당시 밀양중학교의 훈육주임은 학생들이 주로 별명을 불렀기에 이름은 기억이 없다. '인각 선생'이라는 별명으로 불렀는데 얼굴이 찐빵 같고 눈은 손톱으로 찍은 것같이 조그마했다. 보기에도 간살스러웠다. 일제의 모진 식민지 교육정책으로 조선말을 못 가르치게 했고 그래서 배우지 못했기 때문에 학생이나 선생이나 한자 말을 쓸 때 실수를 많이 했다. 그것은 선생도 별수 없었다. 생각하면 참으로 서글픈 일이었다.

　이 훈육주임은 '공민'과 '체육'을 담당했는데 어찌해서 중학교 선생이 되었는지 참으로 궁금한 사람이었다. 당시 '공민'이라는 과목은 물론 그 본 목적은 그렇지는 않겠지만, 이 훈육주임이나 학생들은 일제의 '수신(修身)'이라는 과목쯤으로 생각했던 것 같다. 훈육주임이 가르치는 '공민' 과목의 내용이라는 것이 낡은 봉건사상과 일제의 충군애국사상을 조선이라는 나라에 번안한 것이었다. 게다가 일본 책의 것을 그대로 번역해서 우리들에게 받아 적으라면서 띄엄띄엄 읽었다. 스스로 생각해도 별게 아니라고 생각하는지 받아 적지 않고 아예 딴 책을 보거나 엎드려 자도 별로 야단치지도 않았다.

　그런데 이 훈육주임이 읽어주는 번역이 가관이었다. 일본 한자 말을 그대로 토를 달아 읽지를 않나, 조선 한자 발음을 일본 한자 발음에 미루어 제멋대로 만들지를 않나, 듣고 있으면 절창이고 가관이었다. 아예 그렇거니 해서 당신 멋대로 하라고 팽개치고 있었지만 어쩌다가 학생들로부터 시비가 걸리기도 했다.

"국가가 위태로운 '장합'에는 청년들이……."

"선생님, '장합'이 뭡니꺼?"

"아니, '장합'도 몰라?"

선생은 오히려 기가 막힌다는 얼굴이다. 그래서 설명을 한다.

"에또, 일본말로 '바아이'라는 말이다."

학생은 씩 웃으면서 비꼬듯 말한다.

"아, 예, '경우'를 말하는 것잉교."

선생은 그래도 우긴다.

"그것을 '장합'이라 해도 된다!"

다른 학생이 나섰다.

"선생님, 그것은 왜놈이나 쓰는 한문이지 조선 사람은 그런 한문을 안 씁니다."

또 다른 학생이 큰 소리로 야단을 친다.

"야 이놈의 손아, 선생이 그렇다카면 그런 줄 알지 무슨 대꾸가 많노!"

"하하."

"낄낄."

교실은 그만 웃음바다가 된다. 그날도 훈육주임의 점잖은 목소리로 예의 일본 책 번역을 읽어주고 있었다.

"국민 각각 '각조' 높은 '인각'을 배양하고……."

"선생님, '각조'가 아니고 '격조'가 아닙니꺼? 그리고 '인각'이 아니고 '인격'이 아닙니꺼?"

그날은 선생이 무슨 일로 기분이 몹시 상했던 것 같다. 그리고 자신이 있었다. 그것은 '각각'의 '각'도 '인격'의 '격'도 일본어로 모두 '가꾸'이기에 자신이 생겼던 것이다. 그래서 선생은 칠판에 한자로 '각(咯)'자와 '격(格)'자를 커다랗게 써놓고 모두 '각'이라고 우긴다. 학생들 중 누군가는 재미가 나서 그런지 꼬장해서 그런지 '격'이라고 우긴다. 선생과 학생이 서로 우겼다. 이래저래 짜증이 난 나이 든 학생이 굵다란 목소리로 야단을 쳤다.

"야 이놈의 손아, 선생은 '각'이라 하고 네놈은 '격'이라 하면 됐지, 뭐 먹을 끼 있다고 따지노, 따지기를."

그래서 시비는 그치고 교실 안은 웃음바다로 변하고 말았다. 이렇게 해서 훈육주임은 '인각 선생'이라는 별명을 얻게 되었다. 학생들은 이름은 몰라도 이 별명을 모르는 사람이 없었다. 참으로 어처구니없는 교실이었다.

36년간의 식민지 땅에 왜놈들은 곳곳에 '다꾸앙' 냄새를 남겨놓고 갔다. 그것은 반세기가 훨씬 넘는 지금도 도처에 남아 있다. 이때까지 그 청산을 한 번도 다잡아 한 일이 없었기 때문이다.

이 훈육주임이 학생들 가르치는 데는 이 모양이지만 학생들의 동태를 정탐해서 교장에게 일러바치는 데는 영악했다. 학교 곳곳에 수하 염탐꾼을 깔아놓고 학생들의 동태를 살피고 교장에게 보고했다. 그 염탐꾼들이 이번에 급장으로 된 것이다. 학생들은 체육시설 문제를 놓고 요구를 하다가 되잖은 놈들이 급장이 되자 술렁거리기 시작했다.

"세상에 이럴 수가 있나. 학교 운동장에 평행봉 몇 개 해달라칸다고 담임 선생과 우리들이 뽑은 급장을 바꾸어버렸다고? 교장이면 다가?"

"지는 교장이면서 학교는 가뭄에 비 오듯 얼굴 보기 어렵게 해먹는 자가, 입법의원 나선다고 학교 팽개치고 돌아다니면서 온갖 지랄을 다 떨고 하는 사람이, 지 돈 내고 하라카나?"

"어이, 모두 안 되겠다. 당장 교장 배척운동을 벌여야겠다. 우리 학교, 아직 한 번도 동맹휴학한 적 없지만 당장 책가방 들고 나가자. 이번에는 우리도 남들 잘하는 동맹휴학을 이참에 한번 해보자. 안 그렇나? 야들아!"

아무튼 학교가 발칵 뒤집어질 만큼 모두가 흥분했다.

독서회에서는 이 문제를 놓고 대처 방안을 토론했다.

"우리가 너무 학교 문제에 소홀했다. 학교 동무들이 운동장 시설을 두고 불만을 하고 있는데도 우리들은 벽보투쟁과 선전투쟁에만 정신이 팔려 별 관심을 못 가졌다. 지금 학교에는 문제가 많이 있다. 학교란 선생과 학생이 모두 주인이다. 선생이라 해서 학생들 주장을 꺾고 선생들 마음대로 해서도 안 된다. 더구나 교장이라 해서 선생들 의견을 무시하고 또 학생들 의사도 무시하고 독재하는 것은 더더구나 안 될 일이다. 이번 참에 학교도 민주주의를 해야 한다는 것을 알리자."

"좋은 말이다. 지금 학교에는 문제가 많다. 선생들 중에도 선생 할 수 없는 사람들이 있다. 예를 들면 훈육주임 말이다. 이 사람은 실력도 없는 것이 교장한테 아부만 하고, 학생들 소문을 살피고, 선생들 이야기를 고자질한다는데 이런 자가 우째 선생이라카겠노? 교장이란 자도 한민당 일에 쏘다니고 학교는 하루에 한 번 나오기도 어렵다. 더구나 이번에 입법의원에 나온다고 설치는데 이래도 되는 기가? 내 알기로 선생은 정치운동을 못 하기로 되어 있다는데."

"지는 정치에 발 벗고 나서는 자가 선생들 중에서 사회주의를 좋게 말하면 그런 정치사상을 가지려면 학교를 그만두라고 생야단이라면서? 누가 학생더러 사회주의자가 되라캤나. 자본주의와 비교해 사회주의가 이런 점이 다르고, 또 노동자와 농민들이 주인이 되는 세상을 이상으로 하는 것이라는데 무엇이 잘못이고. 지금 돈 있는 놈들은 모두 일제 놈에게 붙어먹은 놈들 아이가. 그놈들이 그렇게 동포들을 착취해서 돈 모은 것을 당연히 되돌려 받아야지. 민족반역자라고 안 죽이는 것만도 고맙게 여겨야지."

난상토론이 되어서 말이 제대로 모아지지 않는다. 마침내 박상업 형이 제의했다.

"동무들, 우리 학교 학생들이 교장의 독단적인 처사에 모두 흥분해서 술렁거리고 있습니다. 많은 학생들이 이번 교장의 처사에 대해 항의하여 동맹휴학을 하자는 의견도 나오고 있습니다. 그러나 아무 준비 없이 덜컥 동맹휴학을 해가지고는 필경 주모자 몇 사람이 퇴학당하고 끝나고 말 것입니다. 그래서 투쟁은 잘 조직해야 합니다. 투쟁 목표도 분명하게 잡고 그 목표를 향해 학생들이 일치단결된 힘을 보여주어야 합니다."

박상업 형의 이야기는 계속 이어졌다.

"그리고 이번 일로 잘 알게 되었지만 학생들이 늘 단결된 힘을 가지고 있어야지, 힘이 흩어져 있다는 것을 알면 이번처럼 급장을 바꾸어 우리들의 요구도 꺾어버리고 맙니다. 그래서 우리들도 학생들의 의사를 한데 모으고 전교생의 의견과 요구를 대표해서 교섭도 하고 투쟁도 하는 하나의 단체를 조직해야 하겠습니다. 다른 학교에서는 학생자치회라는 것을 만들어 학생전체의 의사를 결정하고 행동도 단체로 해서 교장이라도 제멋대로 하지 못하게 하고 있습니다. 우리들이 그 문제들을 토론해서 오늘 모임이 생산적인 것이 되도록 하는 것이 어떻습니까?"

모두 고개를 주억거리며 찬성했다. 박상업 형은 말을 계속했다.

"그러면 우리들이 당면 목적을 세워야겠는데 어떻게 하겠소? 의견이 있으면 말하시오."

그러고는 좌중을 둘러보았다.

"우선 급장을 임명한 것을 취소시켜야 하겠고, 운동시설의 요구를 관철해야지요."

한 사람이 의견을 내어놓았다. 그러자 잇달아 또 한 사람이 다른 의견을 내어놓았다.

"그깟 놈의 급장이야 우리들이 상대를 안 하고 있으면 취소고 말고 할 것 없고, 나중에 자치회를 만들면 자치회가 우리들의 대표가 될 게 아니오. 그냥 모른 체합시다. 자치회를 만들어서 교장이 내세운 급장이 아무 소용 없는 것으로 만들어버리면 오히려 좋지 않겠소?"

의견은 대체로 두 가지로 정해졌다.

그 하나는, 먼저 학생들의 요구에 따라 운동시설 문제를 전체 학생들의 결의로 묶어 요구하고 그렇게 하기 위하여 곧 학생총회를 열기로 했다. 또 하나는 학생들의 이해관계를 학교에 반영하기 위하여 학생자치회를 결성하는 문제였다. 이것은 사전 준비가 단단히 있어야 할 문제였다. 이상 결의한 내용을 2학년 학생들의 의견과 합쳐 전 학생들의 결의로 모아야 하는데 이것은 박상업 형이 맡았다.

그 이튿날 박상업 형은 2학년 학생들의 의견을 모아 왔다. 2학년 학생도 같은 의견이었다. 다만 이번 일에 독서회는 전면에 나서지 않고 어디까지나 학생들의 총의를 내세우기로 한다는 것이다. 그래서 1학년과 2학년 학생들을 대표할 수 있는 학생들을 몇 사람 선정해 우리들과 함께 일의 진행을 결정할 모임을 가지기로 정하고 왔다.

그 이튿날 방과 후에 2학년 형들과 우리들은 각 학년에서 선정되어 온 학생들과 삼문동 재판소 들머리에 있는 박봉식의 집에 모였다. 그 집은 일본인 판사가 살던 이른바 적산집인데 다다미가 16장이나 깔린 널찍한 방이 있었다. 열댓 명이 모였으니 그 넓은 방도 그득했다.

먼저 의장 격인 박상업 형이 모인 취지를 대강 이야기하고, 앞서 우리들이 결의한 안을 내어놓고 설명했다. 모두 다 대찬성이었다. 더러 자치회를 먼저 결성하고 자치회의 이름으로 투쟁하자고 하는 동무들도 있었다. 하지만 그것은 준비하는 시간이 있어야 한다고 의견이 돌았다. 그래서 운동시설 문제와 자치회를 결성하기 위한 준비에 관한 문제를 두고 토론했다. 여러 가지 의견이 나왔으나 다음과 같은 내용으로 묶어졌다.

첫째로, 운동시설 문제는 요구 조건을 전체 학생들의 총회에서 결의하고 5명의 대표를 선출하여 교장과 직접 만나 담판하기로 한다. 만약 담판이 결렬되면 전체 학생총회를 열어 동맹휴학을 결의한다.

둘째로, 학생자치회를 겨울방학 전에 결성한다. 5명의 학생을 선출하여 자치회의 목적과 회칙을 작성하고 그 회칙안에 따라 임원을 선정하여 총회의 결의를 받는다. 특히 자치회는 학교 교장과 그의 추종자들의 방해

공작을 경계하여 비밀리에 준비하고 겨울방학 종업식을 이용해 학생총회를 열고 자치회의 회칙안과 임원 후보를 발표해 총회의 동의를 얻는다.

운동시설을 요구하는 문제에서 교장과 담판하는 5명의 학생 대표는 2학년 3명과 1학년 2명이었다. 그중에 나도 들었다. 나는 학생자치회를 준비하는 5명의 모임에도 들었는데, 회칙과 결의문 등 모든 문건을 작성하는 일을 내가 맡았다.

그 다음날 점심시간에 우리들은 각 학급에 6교시가 끝나면 전체 학생들이 운동장의 교단 앞에 모이라고 사전에 연락을 돌렸다. 이미 학생들은 모임의 목적이 무엇인지 다 알고 있었다. 거의 전체 학생들이 6교시가 끝나자 모두 책가방을 들고 운동장 교단 앞에 모였다. 군중들이 모였는지라 일부 학생들은 벌써 흥분하여 당장 동맹휴학이 벌어지는 줄 알고 떠들었다. 물론 학생들이 아무런 사전 통고도 없이 갑자기 모였는지라 선생들도 교무실에서 몇 사람이 나오고 있었다. 교무실 창문에도 내다보는 몇 분 선생님의 얼굴이 겹쳐 있었다. 이윽고 박상업 형이 교단에 올랐다.

"여러 동무들, 오늘 우리들이 여기에 모인 뜻은 그동안 학교에 여러 번 요구했던 운동시설 문제를 놓고 다시 학생 전체의 요구로서 반영시키기 위한 것입니다. 우리들의 요구를 급장들이 교두 선생에게 전한 것을, 교장은 학생들이 공부는 하지 않고 건방지게 학교 일에 간섭한다고 화를 내고 급장까지 갈아치웠습니다. 그리고 급장을 교장의 종노릇이나 하는 아이들로 채웠습니다. 이 처사는 우리 학생들의 인격을 무시하는 일입니다. 우리는 이를 받아들일 수 없고 도저히 참을 수도 없습니다."

박상업 형의 목소리가 운동장에 퍼져 나갔다.

"여러 동무들, 이에 대해 우리들은 운동시설을 해달라는 우리의 요구가 우리 전체의 요구라는 것을 오늘 다시 결의하고자 합니다. 또 우리의 요구를 받아내기 위해 대표자를 뽑아 동무들의 승인을 받고 교장을 만나려고 합니다. 나의 이러한 제의에 이의가 있는 분은 손을 들어주십시오."

박상업 형의 우렁찬 목소리는 전체 학생들에게 들렸다. 그 소리는 드넓은 운동장에 넘쳐났다. 박상업 형은 학생들을 한 바퀴 휘둘러보았다. 학생들도 무심중에 주변을 둘러본다. 아무도 이의가 없다.

다시 박상업 형은 그 큰 목소리로 말했다.

"이의가 있는 사람은 한 사람도 없습니다. 그러면 이번에는 찬성하는 사람은 손을 들어주십시오."

이제는 술렁거리며 하나둘 손을 들었다. 손을 들지 않은 사람은 한 사람도 없다.

"그러면 운동시설 문제는 우리들 모두 만장일치로 뜻을 모은 것으로 하겠습니다. 다음은 우리들 대표를 선출하도록 하겠습니다. 어떤 방법으로 선출하는 것이 좋겠습니까? 좋은 의견이 있는 사람은 말해 주십시오."

아무도 손을 들고 나서는 사람이 없다. 박상업 형은 한참 군중을 둘러보다가 말했다.

"동무들, 오늘 우리들의 모임을 빨리 결속짓기 위하여 내가 몇 학우 동무들과 의논해서 후보자를 생각한 것이 있는데 여러분들의 다른 의견이 없으면 이들을 선출해 주시기 바랍니다. 여러분, 어떻습니까?"

모두 한목소리로 소리쳤다.

"좋습니다!"

여기까지 모임이 진행되고 있는데 훈육주임이 나와서 박상업 형이 서 있는 교단에 올라섰다. 그리고 박상업 형을 한 손으로 제치고 말했다.

"너그들 와 이카노? 학교의 허락도 없이 이래 모여 떠들면 되는 기가!"

차분한 모임의 분위가 술렁거렸다.

"훈육주임 내려가라!"

몇 사람이 교단에 뛰어올라 훈육주임의 팔을 잡고 끌어내렸다. 훈육주임은 씩씩거리면서 소리쳤다.

"해산이다! 해산해라!"

운동장 여기저기에서 와락 웃음소리가 터졌다.

다시 박상업 형은 모임을 진행했다.

"여러분, 내가 이럴 줄 알고 미리 몇 동무들과 의논해서 후보를 정해 왔습니다."

여기저기에서 소리가 나왔다.

"얼른 발표하소!"

"그러면 후보자 이름을 발표하겠습니다. 2학년에 저를 포함해서 세 학생, 1학년에 두 학생입니다."

이렇게 해서 2학년에 박상업 형을 넣어서 세 사람, 1학년에는 나와 여학생 김문자가 선출되었다.

마지막으로 박상업 형은 말했다.

"이때까지 학교 선생님들에게 우리들의 뜻을 전하는데 급장이 대표로 했지만 교장이 급장을 갈아치웠으니 이제부터는 이처럼 전체 모임을 가져야 할 것입니다. 그리고 우리들의 뜻을 모으고 일을 성공시키자면 우리들의 자치회가 있어야 하겠습니다. 여러분 어떻습니까? 오늘 여기에 모인 김에 이번에 선출된 다섯 학생들이 자치회를 만드는 준비도 맡았으면 합니다."

여기저기에서 손뼉을 치면서 외쳤다.

"좋습니다!"

"다른 의견이 있는 사람은 손을 드시오. 없습니까?"

"그러면 자치회를 만드는 준비도 이들 다섯 학생들에게 맡기기로 하겠습니다. 찬성하시는 동무들은 손을 들어주십시오."

모두 손을 들고 그리고 박수를 쳤다. 우리들 다섯 대표는 교단에 올라서서 전체 학생들을 향해 절을 하고 내려왔고, 박상업 형은 폐회를 선언했다. 학생들은 그대로 교문으로 빠져나갔다. 해는 이미 종남산에 한 뼘쯤 되게 떠 있었다.

운동시설 문제는 쉽게 해결되었다. 교직원 회의에서도 운동장만 있었지 운동시설이 아무것도 없는 것도 문제이고 학생들의 요구가 정당하다고 의견을 모았다. 그리고 학생들의 정당한 요구를 억제하면 일이 점점 커지게 될 것이고, 이는 교육상 좋지 않고 사제 간의 관계도 나빠질 것이라는 의견이었다. 교장은 교장대로 이해타산이 밝았다. 마침 입법의원 선거가 있어서 학교에 문제가 생기면 표를 얻는 데 지장이 있을 것을 염려한 탓인지 한 발자국 물러섰다.

모임이 있은 다음날로 공사가 진행되었다. 운동장 가에 축구 골대가 서고 배구장이 닦아졌다. 그리고 서쪽 켠에는 평행봉이 줄을 섰다. 이리하여 한 소동이 난 다음에 운동시설 문제는 해결되었다. 그러나 급장 문제는 그대로 남았고, 교장과의 갈등도 여전히 남았다. 들리는 소리에는 '입법의원 선거가 끝나면 이놈들 보자!' 라는 말이 있었다. 그래서 훈육주임은 우리들의 동태를 살피는 데 더욱 열을 올렸다. 우리들의 자치회 준비는 전혀 드러내지 않고 진행할 수밖에 없었다.

자치회 준비라야 별일은 아니지만 강령도 만들어야 하고 회칙도 정해야 하며, 임원도 후보로 정해 두어야 했다. 그리고 총회를 여는 날도 전체 학생이 잘 모일 수 있는 날을 잡아야 했고, 회의도 일사천리로 진행해 교장이 보낼 방해꾼이 훼방할 틈을 주지 않도록 해야 했다. 또 만일의 경우를 위해 경계를 맡을 사람들도 정해야 했다. 대강 날짜를 겨울방학 종업식 때로 정했다. 종업식 직후 전체 모임을 열어 자치회를 결성할 작정으로 일을 다그쳐 갔다.

나는 강령과 회칙을 만드는 일을 맡았다. 학교 공부가 끝나면 민청 사무실에 가서 다른 학교의 자치회 회칙을 찾아보기도 하고 거기에 있는 선생님들에게 배우기도 했다.

강령은 첫째, 우리들은 학교에 남아 있는 일제의 모든 잔재를 청산하고 민주주의 새 나라 건설을 위하여 단결한다. 둘째, 우리들은 학교생활에서 자율과 참여로 공동생활을 학습한다. 셋째, 학우들의 어려움을 공동의 문제로 하고 서로 돕는다. 넷째, 우리들은 자발적 학습으로 조국의 미래를 담당하는 훌륭한 일꾼으로 성장한다.

규약은, 자치회의 이름을 '밀양중학교 학생자치회'로 정하고, 부서를 정하는 것, 간부회는 총회에서 선출하는 것, 총회는 간부를 소환할 수 있는 것, 자치회 일을 간부회에서 결의하고 집행하며 중요한 문제는 총회의 동의를 얻는 것 등, 모두 열두어 조항을 만들었다.

이런 일은 처음 해본 일이라 잘된 것인지 어떤지를 도무지 알 수 없었다. 일단 독서회 때 내어놓고 토의한 결과 내가 만든 안으로 내어놓기로 했다. 미흡한 부분은 앞으로 자치회를 운영해 나가면서 고치기로 하고 개정할 수 있는 조항을 하나 더 넣기로 한 뒤 끝냈다. 그리고 준비회의 다섯 학생들의 회의를 열어 정식으로 성안을 결의하고 그것을 민청 사무실에 가서 등사판으로 인쇄했다. 내가 등사 원지를 철필로 긁어 써본 것은 이때가 처음이었다.

마지막으로 5인 준비회를 열어 간부를 정했다. 회장은 박상업 형으로 정하고, 부회장은 1학년 대표로 내가 추천되었다. 우리 학교는 남녀공학이라 여학생을 대표하는 문제가 나와 부회장은 여학생을 대표해서 한 사람

더 두기로 했다. 내가 처음 규약을 만들 때는 생각이 미치지 못했는데 여러 사람이 모여 진지하게 토의하는 과정에서 여학생의 이익을 대표하는 문제가 중요하다는 것을 모두 깨달았다. 이래서 한 사람보다 여러 사람이 모여 토론하는 것이 훨씬 낫다는 것을 또 배울 수 있게 되었다. 여학생을 대표하는 부회장으로 김문자 누나가 추천되었다.

이와 같이 해서 자치회 준비는 결속되었고, 겨울방학이 되어 종업식 날이 오기를 기다렸다. 우리들이 이처럼 열심히 자치회 결성을 준비하고 종업식 날을 기다리고 있었지만 학교의 교장과 훈육주임은 딴 수를 걸었다. 그 꼼수는 겨울방학의 전교 종업식을 하지 않고 각 학급별로 담임 선생이 교실에서 성적표를 나누어주는 것으로 끝내고 만 것이다. 교장과 훈육주임은 우리들의 자치회 결성을 미리 눈치채고 종업식 모임을 없애고 자치회 결성을 못 하게 한 것이다.

준비회의 우리들과 학생들은 아연했다. 그러나 우리들은 개학 첫날에 결성대회를 결행하기로 작정하고 방학 동안에는 여러 학생들에게 자치회의 필요성을 선전하고 결행을 다짐하기로 했다. 오히려 교장의 이러한 처사로 학생대중들의 결의만 더 굳게 만들었다.


## 김병환 선생의 영면

이러는 가운데 새해 1947년이 밝아왔다. 이 새해 벽두에 내 고향 밀양에는 지역 변혁운동의 지도자이신 김병환 선생이, 그분께서 가지신 민족해방의 의열 정신을 고향의 후대에게 남기시고 돌아가셨다. 일제의 모진 고문과 가혹한 옥고로 얻은 병이 끝내 향년 57세로 1947년 1월 16일에 수를 다하게 한 것이었다.

김병환 선생은 1889년 2월 19일에 의열의 땅 밀양에서 출생하셨다. 1919년 3·1 독립만세 봉기 때 윤세주(尹世胄), 윤치형(尹致衡)이 고종 황제 인산에 참례하고 올 때 가지고 온 '독립선언서'를 제시하고 밀양에서도 봉기할 것을 제의했다. 김병환 선생은 이에 동참하여 윤세주의 집에서 밀양 부북면 면사무소의 등사판을 훔쳐 그 북편 산인 아북산(阿北山)에 병풍으로 불빛을 가려두고 밤새워 독립선언서 수천 장을 등사했다. 또 태극기 수백 기를 만들어 윤세주의 집에 숨겨두었다가 3월 13일 12시에 밀양보통학교 (지금의 밀양초등학교) 앞 네거리에 장꾼으로 모여든 수천 명의 민중에게 독립 선언서와 태극기를 나누어주었다.

윤세주가 독립선언서를 낭독하고 '조선 독립 만세'의 깃발을 선두로 '만세!' 소리 드높이며 밀양의 거리를 발칵 뒤집어 놓았다. 그 이튿날 3월 14일에는 밀양보통학교 학생 160여 명이 거리로 나와 깃발을 들고 만세를 부르자, 수백 명의 민중이 합세해 함께 거리로 행진하여 기세를 떨쳤다.

왜놈들은 김병환, 윤세주, 윤치형, 박소종(朴小宗) 등 12명을 검거하여 혹독한 고문을 가했으며 재판을 받고 옥고를 치르게 했다. 윤세주, 윤치형 은 피신하여 옥고는 면했으나, 망명의 길로 들어 광복운동에 평생을 바쳤 다. 김병환 선생은 이때 징역 6월을 받고 부산 감옥에서 감옥살이를 했다.

1920년 5월, 의열단에서 김원봉, 곽재기가 폭탄 3개를 안동현에서 밀 양역전 김인환(金仁丸)이 경영하는 운송점을 통해 보냈다. 이병철(李丙喆)이 밀양으로 내려와 그 폭탄을 찾아 김병환 선생의 집 마루 밑에 숨겨두고 거 사를 준비하고 있던 중 탄로되어 많은 동지들이 체포됐다. 이것이 이른바 '밀양 폭탄사건'이다. 김병환 선생은 이때 다시 체포되어 경성지방법원에 서 징역 3년을 언도받고 대구 감옥에서 옥고를 치렀다.

김병환 선생의 항일운동으로 받은 여러 고난 중 특히 의열단의 '경북

경찰 폭탄사건'이 있다. 밀양 출신의 항일투사 김원봉은 의열단을 조직해 중국에서 단원을 국내에 침투시켰다. 부산경찰서 폭파사건(1920. 9. 14), 밀양경찰서 폭탄투척(1920. 12. 27), 조선총독부 폭탄투척 및 삼판통(三坂通, 지금의 후암동)·효제동 총격(1921. 9. 12), 일본 동경 니주바시(二重橋) 폭탄투척사건(1924. 1. 5) 등으로 연이어 의열 폭파·격살 투쟁을 일으켰다.

김원봉은 대대적인 제2차 의거를 위해 많은 단원을 대동시켜 폭탄과 권총 등 무기를 휴대한 양근호(본명 이종암李鍾岩으로 대구 달성 지금의 공산면 출신)를 서울에 잠입시켰다. 그러나 양근호, 즉 이종암은 대구 노곡동에 있는 동지 배중세 집에서 밀양의 동지 고인덕(高仁悳)과 함께 붙잡히고 말았다. 이것이 '경북경찰 폭탄사건'이라는 것이다.

이 사건에 관련되어 붙잡힌 사람들은 9명이었다. 이 중 이종암, 배중세, 한봉인, 고인덕 4명만 재판에 부쳐졌고 나머지는 5명은 면소 처분을 받았다고 한다. 특히 고인덕은 그 혹독한 고문을 받으면서 끝까지 절개를 지켰다. 그 때문에 얻은 병으로 공판정에 나오지도 못하고 궐석재판을 받았으며 고향 밀양에서 온 가족들과 면회도 못했다. 그리고 1926년 12월 25일의 언도공판을 앞두고 검사 구형 3일 후인 12월 21일에 해방된 조국을 그리며 사무친 한을 안고 대구 감옥에서 옥사하셨다. 향년 38세였다.

김병환 선생은 모두 3회, 6년 6개월간이나 옥고를 치르셨다. 이 옥고와 고문에 의한 후유증으로 남은 삶을 병고로 지내셔야 했지만 8·15 해방을 맞아 건국준비위원회 밀양군 지부 위원장으로 추대되어 후대들의 살아있는 귀감이 되기도 하셨다.

장례는 밀양군 사회장으로 거행됐다. 수천 명의 참례자가 모였다. 나라와 고을에서 애국자들이 모여들어 고인의 생애를 기리었다. 장지는 부북면 운전리(雲田里) '굴밭' 마을의 뒷산에 모셨다. 그 곁에는 백민(白民) 황상

규(黃尙圭) 선생의 산소도 있다. 세월이 하도 오래되어 망각의 구름 너머 기억이 아득한데 나의 동지인 문자 누나의 눈부시게 하얀 소복이 내 망막에 지금도 비껴 있다. 그때 구성진 가락으로 부르던 추도가는 기억에 남아 있으나 작사자도 작곡자도 그 이름은 기억에 없다.

추도가

검은 무덤은
바람에 스치고
찌들은 묘목은
달 아래 떨어도
그대는 지상의 별

피어린 간난과
왜적의 칼 아래
한 번도 굴함이 없이
굳세게 쓰러진
혁명의 투사여


방학 동안에는 군정 당국의 민주진영에 대한 탄압이 극성을 떨었다. 지난해 10월 인민항쟁으로 토지개혁에 목매달고 있던 농민들이 조선공산당의 좌편향적인 투쟁 지도로 대열에서 많이 떨어져 나갔다. 이런 시세를 타고 날뛰는 군정 경찰의 폭압과 극우 청년단체의 테러로 대중은 많이 위축되어 있었다.

이러한 분위기에 활력을 불어넣기 위해 투쟁 대열이 살아 있음을 나타내 보여야 했다. 그래서 벽보 선전투쟁은 계속했지만 경찰의 감시와 극우 테러단의 눈길을 피해서 하자니 자주 하지 못했다. 투쟁은 더욱 경각성을 가지고 해야 했다. 은밀히 품을 내어 벽보투쟁을 조직해서 벽보를 붙였지만 경찰은 그 이튿날로 일꾼을 데리고 와서 물로 적셔 벽보를 지웠다. 밤잠을 자지 않고 열심히 벽보를 만들어 붙였는데 그 이튿날로 당장 지워지고 말게 되니 은근히 화가 났다. 그래서 물로 적셔 지우지도 못하게 아예 콜타르로 구호를 써놓기로 했다.

밀양교 서녘에 있는 제방 축대의 난간은 폭이 3자쯤 되고 높이가 2자 반쯤 되는 네모반듯한 콘크리트 칸으로 지어져 있다. 그곳은 벽보를 붙이기에 아주 좋은 곳이었다. 이번에는 콘크리트 난간에 벽보를 붙이지 않고 거기에다 구호를 쓰기로 했다. 축대 칸마다 콜타르로 큼직한 글자로 써서 아무도 지울 수 없도록 하자는 것이다. 쌀쌀한 겨울밤 추위에 웅크려서 아무도 밖에 나오지 않는 한밤중을 이용해서 해치우자는 것이다.

그날은 미리 마분지 상자를 구해다가 이리저리 붙여서 가로 세로 2자 반쯤 되게 판을 만들었다. 거기에다 글자를 써서 오려냈다. 그놈을 난간 벽에 갖다 대고 그 위에다가 콜타르를 쓱쓱 칠하면 글자가 찍혀 나오는 것이다. 콜타르에 석유를 좀 섞어서 글씨가 잘 나올 수 있게 적당히 묽게 했다. 콜타르를 칠할 붓으로는 아주 보드라운 방빗자루를 준비했다.

그 준비 작업을 하루 종일 하고 밤이 되어 일찌감치 잤다. 새벽 3시쯤 일어나 작업에 들어갔다. 작업은 세 사람씩 두 패로 나누어서 했다. 그날 밤은 깜깜한 그믐날 밤이었다. 게다가 아주 추운 날씨였다. 12시 통행금지 시간이 지난 지 두세 시간은 넘은지라 길가에는 개미 새끼 한 마리도 얼씬 안 했다. 그 난간 건너편에는 왜놈이 하던 여관이 있었는데 거기에는 극우

반동단체가 사무실로 쓰고 있었다. 대동청년단, 서북청년단과 학련, 그리고 독립촉성회라는 간판을 달고 있었다. 그곳도 숨소리 하나 들리지 않고 조용했다. 하기야 그믐날 겨울밤에 추위에 움츠리고 사타구니에 손을 끼고 개잠이나 자고 있었겠지. 작업은 아주 쉽게 끝났다.

날이 밝자 거기에는 경찰관이 보초를 서고 아무도 가까이 가지도 못하게 했다. 구호가 적힌 곳의 양쪽에는 아이들과 어른들이 모여 수군거렸다. 경찰과 우익청년들은 눈을 날카롭게 하고 모인 사람들에게 독을 피우고 있었다.

며칠 후에 글자를 지우기는 했는데 지운 자리가 더욱 선명하게 구호를 나타내고 있었다. 그 구호는 아주 오래도록 소리 없이 외치고 있었다.

"모든 권력은 인민에게로!"

# 마침내 자치회를 결성하다

마침내 겨울방학이 끝났고 개학이 되었다.

개학날 우리 학생들은 이미 자치회 결성대회를 강행하기로 결의되어 있었다. 왜놈 시절 때 강당으로 쓰던 교사에 칸을 지워 세 개의 교실로 쓰면서 행사 때는 칸을 틔워 강당으로 하고 있던 곳에서 개학식을 했다. 식순에 따라 태극기에 경례도 하고 '동해물과……' 도 부르고 교장의 훈화도 듣고 개학식을 마쳤다. 마지막으로 '만세 삼창'을 하고 나자 박상업 형이 그 어떤 틈도 주지 않고 단 위로 올라갔다. 아주 늠름한 걸음으로 씩씩한 기세로 올라왔기에 선생들도 훈육주임도 그 기세에 눌려 감히 무슨 말을 할 여유도 없는 것 같았다.

박상업 형은 나를 보고 말했다.

"밀양중학교 자치회 준비회 총무인 안재구 동무는 자치회 결성대회의 시작을 알리시오."

나는 바로 단 아래까지 이미 나가 있었는지라 곧 모인 학생들을 보고 큰 소리로 말했다.

"우리들은 밀양중학교 학우들 절대다수의 요청에 따라 자치회 결성을 준비했습니다. 먼저 준비회에서 이 대회의 사회를 맡아 보도록 박상업 형을 추천했습니다. 여러 학우들의 동의를 구합니다."

연이어 찬성의 소리가 들렸고 박수 소리가 터져 나왔다.

"이의가 없으면 만장일치의 결의로 사회를 박상업 형에게 맡깁니다."

곧 이어 박상업 형이 사회를 수락하고 인사말을 했다. 그 내용은 다음과 같다.

'일제 식민지로부터 해방되어 새 나라를 건설하는 역사적인 시대를 맞아 우리들 학생들도 민주국가의 공민으로 학교생활에서 자치와 자율로 민주주의를 배워야 한다, 새로운 시대의 학교는 우리 학생들이 주인이 되고 교사들은 우리들이 잘 성장할 수 있도록 가르쳐주어야 한다, 그래서 학교는 학생들에게는 배움의 곳이고 교사들에게는 민족의 후대를 교육하는 곳이며, 따라서 학교의 주인은 학생들과 교사들이다, 어느 누구도 이에 대해 간섭하거나 압박해서는 안 된다, 이러한 일은 어느 한 사람이 할 수 있는 일이 아니며 모두가 힘을 모아야 한다, 학생들은 이제 자치회를 통해서 자율과 자치로 학교생활에 힘쓰자……'

힘차게 이어지는 연설 중간중간 '옳소' 소리와 박수가 나왔다. 교사들은 몇 사람만 나가고 거의 다 연단 양편에 서서 사회자의 연설을 듣고 고개를 끄덕이고 있었다. 그 다음에는 일사천리로 대회가 진행되었다.

먼저 자치회 강령과 규약이 준비회의 성안대로 만장일치로 통과되었다. 회장과 부회장도 준비회의 추천대로 박수로 통과되었다. 그리고 총무부, 문화부, 학술부, 체육부, 기율부의 간부들이 추천되고 통과되었다. 이것은 교장 이주형이 생각도 못 했던 일이었다. 그의 앞잡이 훈육주임 '인각선생'도 너무나 창졸간에 일어난 일이라 뻔히 처다보다가 강당 문을 나서고 말았다. 우리들의 기세에 막아 나설 용기가 나지 않았던 것이다.

이렇게 해서 '밀양중학교 학생자치회'는 결성되었고, 학생들의 학교생활에 활기가 넘치게 되었다. 자율적으로 기율을 잡으니 복장도 단정해졌다. 청소도 자기 일처럼 열심히 하여 학교 구석구석이 모두 깨끗해졌다. 자습시간에 스스로 조용해져서 학교의 분위기가 밝아졌다. 교사들과의 사이에서도 학생들이 야단맞을 일을 하지 않게 되어 학생들을 대하는 태도가 훨씬 정다워졌다.

그런데 나에게는 정말 말할 수 없는 고민이 있었다. 그것은 바로 수업료 때문이었다. 수업료를 납부하지 못해 학교 당국에 미안했고, 특히 나를 아껴주시는 담임 선생인 하성호 선생님을 대하기가 민망하기 그지없었다. 집안에는 아무도 돈을 버는 사람이 없었다. 그래서 삼시 끼니를 잇기마저 어려웠다. 수업료를 달라고 말할 처지가 못 되었다. 그것도 나 하나가 아니라 나의 작은아버지도 밀양중학교의 학생이어서 두 사람이나 된다.

나는 할아버지와 할머니 슬하에서 자랐다. 아버지와 어머니에게는 부담감 없이 학비나 학용품 값을 달라고 할 수 있지만 할아버지와 할머니에게는 어린 마음이지만 말이 잘 나오지 않았다. 그래도 때가 되면 말하지 않아도 수업료를 내어주고 학용품도 사주고 군것질 거리도 자주 장만해 주었다. 해방 직후에는 밀양 고을 사람들의 우리 집에 대한 인심이 좋았지만 경찰의 탄압이 극심해지고 특히 10월 인민항쟁 이후 대중의 지지가 약해진 다음에는 그 인심마저 엷어졌다. 그래도 우리 식구가 굶어 죽지 않은 것은 나의 동무 황윤덕의 어머니께서 우리 식구들에게 베푸신 따뜻한 온정 덕택이었다.

그 어머니는 저자에서 쌀가게를 하고 있었다. 농촌의 아낙네나 아저씨들이 살림에 필요한 돈을 장만하기 위해 한두 말이나 되는 곡식 자루를 이고 가게에 와서 내다 팔았다. 그 어머니는 그것을 돈을 주고 받아다가 읍내 사람들에게 되파는 장수였다. 곡식은 쌀 이외에 보리쌀, 깨, 콩, 수수, 조 등 잡곡도 있었다. 농촌 아낙네들의 인심이 순해서 되를 넉넉하게 내었고, 그 어머니는 장사를 이악하게 해서 되를 남기고 구전을 조금 얹고 되파는 장수였다. 그렇게 알뜰하게 장사를 하지만 나에게는 또 그렇게 살갑게 대할 수 없었다.

나는 많이 쏘다니는 아이였다. 밀양은 지금은 시로 되어 제법 크지만 나의 소년 시절은 한 30분 쏘다니면 구석구석 다 돌아볼 수 있는 작은 소읍이었다. 그러니 거의 매일이다시피 그 어머니를 만나게 된다. 거기에다 초등학교에서 언제나 한 반에서 지냈고 밀양중학교에도 한 반에서 서로 별명을 부르며 장난치고 지낸 친한 동무 윤덕의 어머니였다.

집에 쌀이 떨어져 끼니를 잇기 곤란해질 만하면 윤덕이 어머니는 나를 잡고 말했다.

"재구야, 오늘 집에 가거든 내가 할머니를 좀 뵙겠다고 여쭈어라."

나는 무슨 일인지 알면서도 장난기로 대답한다.

"어메(어머니), 키다리 말라깽이 우리 할매를 뭐할라꼬 보자카는교. 부지깽이나 할라꼬요?"

"허허허, 이놈 자석 봐라. 네 다리몽댕이를 패줄 몽둥이 할란다, 이놈아! 하하하."

지금도 그 호탕하게 웃는 웃음소리가 귀에 들린다. 저자에서 농촌 아낙네에게 되내기 장사를 하면서도 언제나 그 호탕한 웃음소리로 고단한 시장 상인의 마음을 풀어주었고, 남의 자식도 자기 자식과 다름없이 사랑을 베풀던 어머니였다.

내가 고향을 떠나 살았고 공부하느라, 그리고 해방운동하느라 지내면서 오래도록 찾지 못하다가 장성해 몇 번 뵙기는 했지만 나와 우리 식구들에게 베푼 은혜의 보답은 한 번도 못했다. 어머니께 따뜻한 밥이라도 한 번 대접하지도 못했다. 오히려 내가 장성해서도 고향에 가서 윤덕이를 찾을 때마다 일부러 손수 시장을 봐서 밥을 챙겨 먹여주시던 어머니였다. 어디 멀리 갔다가 돌아온 아들처럼 꼭 밥을 챙겨주시고 잠도 재워주셨다. 그러나 끝내 내가 감옥살이하는 동안에 돌아가시고 말았다. 정말 그때 우리 식구들의 삶은 고달팠다. 그런데 할머니는 4월에 새 학기가 되자 어디서 구했는지 나와 나의 작은아버지를 부르더니 돈봉투를 내어놓고 말씀하셨다.

"너그 둘, 그동안 월사금이 얼마나 밀렸는지 말해라. 이 돈으로 다 될란가 모르겠다."

작은아버지는 손가락을 꼽으면서 헤아리더니 대답했다.

"어메, 여섯 달이네."

나는 아무 말도 안 했다. 며칠 전에 할머니가 김해 덕정리에 계시는 할머니의 친정 여동생에게 편지를 써서 작은아버지에게 부치라고 하시더니, 그 할머니가 돈을 부쳐 보냈는가 보다라고 짐작했다. 그저 말없이 할머니 얼굴만 바라볼 뿐이었다. 그렇게 해서 그동안 밀린 수업료를 가지고 그 이튿날 학교로 갔다. 교무실에 찾아가서 담임 선생인 하성호 선생님을 뵙고 돈을 내어놓으면서 말했다.

"선생님, 할머니가 갖다 드리라고 하십디다. 그리고 너무 늦어 죄송하다고 여쭈라고 하셨습니다."

선생님은 한참 동안 나를 바라보더니 생각에 잠기셨다. 그리고 말씀하셨다.

"오냐, 네가 서무실에 갖다 주거라."

서무실에 가서 서무 선생님에게 냈다.

"선생님, 그동안 밀린 수업료입니다."

서무실의 선생님도 나를 한참 동안 보더니 말씀하셨다.

"오냐, 이리 도고. 영수증은 담임 선생님한테 줄 테니 하학 때 받아 가거라."

나는 '예'라고 대답하고 나왔다. 그 말 속에서 그동안 하성호 선생님이 나의 수업료를 대신 내주었다는 사실을 짐작했다. 그러나 서무실의 선생님도 담임 선생님도 그런 말을 하지 않았다. 아마 나의 자존심이 상하지 않도록 하려는 배려였을 것이다.

나는 어릴 때부터 이처럼 많은 사람들의 배려와 사랑을 받으면서 자랐다. 그렇지만 그들이 이승을 떠날 때까지 나는 아무 보답도 못 하고 심지어 헤어진 후 한 번도 다시 못 만난 분도 있다. 그러는 새 나는 백발이 되고 만 것이다.

4월도 하순에 접어들었다. 남녘 지방이라서 봄도 일찍 왔다. 초여름처럼 땀이 나고 더웠다. 하교 후에는 동무들과 남천강 강변의 솔밭에 가서 노래도 부르고 장난도 치면서 놀았다. 거기에서 영남루를 바라보면 그 팔작지붕이 천공 중에 나는 것 같고 저녁녘 엷은 안개 속에서 아련하게 잠자고 있는 듯 고요했다.

성미 급한 우리 소년들은 남천강 맑은 물에 빨가벗고 들어가 멱을 감기

도 했다. 세월만 그렇지 않았더라면 경관 좋고 물 맑은 고장에서 얼마나 재
미나게 자랐을까.●

넷 — 퇴학과 구금

66

몇 번인지 돌자 나는 거의 탈진이 되었다.
나중에는 발바닥이 바닥에 닿아도 깨닫지 못했다. 마침내 의식을 잃었다.
무슨 꿈인지 아리송한 가운데 누가 얼굴을 흔드는 기척에 정신이
돌아왔다. 어디 진구덕에 빠져 허우적거리다가 겨우 어디를 잡은 것
같은 느낌이었다. 그도 그럴 것이 방바닥은 물로 흥건하고
나는 그 가운데 완전히 널브러져 있었다.

99

# 메이데이
## 축전

5월이 다가들자 또 한바탕의 투쟁을 조직했다. 그것은 메이데이 축하대회에 참가하는 일이다. 이번 메이데이 날에는 10월 인민항쟁 이후 위축되었던 민주운동세력을 다시 모아 미·소 공동위원회의 속개를 다그치는 일이 중요한 과제였다. 그래서 첫째 구호가 '미·소 공동위원회를 속개하고 민주주의 임시정부를 수립하자!' 는 것이었다.

한편 지난해 6월 달부터 전국 유세를 한다고 곳곳에 다니면서 '남조선 단독정부 수립'을 주장하던 이승만은 연말이 다가오자 마치 미국이 자기에게 독립을 선사할 것처럼 떠들었다. 그 추종자들은 이승만이 미국으로부터 독립 보따리를 가지고 온다면서 한 소동을 벌였다.

12월에 들어 이승만은 미국으로 들어갔다. 미국 워싱턴에 도착한 이승만은 미 군정의 이른바 좌익 탄압이 자기 마음에 흡족하지 않다면서 주둔군 사령관 하지를 용공적이라고 매도하고 조선 독립이 안 되는 것은 공산주의자들 때문이라고 했다. 그 사흗날에 그는 기자들에게 자신이 미국에 온 목적은 조선 문제를 긴급 문제로 유엔에서 토의하도록 하는 것과 미국 정부가 조선 정부를 승인하도록 하는 것이라고 했다. 이는 남조선만을 정부로 해서 미국의 승인을 받자는 것이다. 미·소가 분할 점령한 것을 그대로 받아들여 남조선에 미국의 승인과 후원으로 단독정부를 세워 하나의 조국을 남과 북으로 분단하겠다는 것이었다.

이승만은 자신의 민감한 국제정세 후각으로 곧 미·소 양대 진영의 대립이 있을 것임을 감지하고, 그때 남조선을 소련과 동유럽 나라를 포위하는 한 고리를 담당하도록 자청함으로써 남조선에서 정권을 차지할 수 있다고 판단했다. 그런 생각으로 '정읍 발언'을 내놓았던 것이다. 그리고 미국에 가서 사회주의 나라를 포위하는 데 자신이 남조선의 정권을 차지하여 한 고리 역할을 충실히 하겠다는 의사를 노골적으로 드러냈다. 이를 위해 반공 선전에 열을 올리고 자신의 정권 창출의 후원을 미국에 요청하고 다녔던 것이다. 국제정세 추이에 대한 이승만의 판단은 그 후 1947년 3월 미국의 대통령 트루먼이 상하 양원 합동회의에서 발표한 이른바 '트루먼 독트린'으로 나타났다. 그것은 이승만이 남조선 정권을 차지하려는 의도와 맞아떨어진 것이었다.

이때부터 세계는 미제를 우두머리로 하는 서방 제국주의 나라와, 소련을 맹주로 하는 동유럽 인민민주주의 나라와, 아시아·아프리카·라틴아메리카 여러 나라의 민족해방운동 진영 사이에 벌어진 냉전시대가 펼쳐지게 되었다. 우리 조선은 미제의 이러한 냉전정책으로 70년이 다 되는 세월동안, 뼈저린 민족의 분단을 겪어야 했다. 이승만은 그를 추종하는 친일파·민족반역자와 친일지주, 그리고 새로이 생겨난 반민족적 숭미 사대주의자들로 남조선 단독정권을 창출했던 것이다.

세월이야 어찌 되었건 조선의 5월은 참으로 화창하고 아름다운 계절이다. 그 5월의 첫날이 '국제노동절'이다. '메이데이'라고도 부른다. 밀양의 젖줄인 남천강 강변의 솔밭에서 백여 명의 학생들이 모여 노래를 배우고 있다. 〈메이데이의 노래〉이다. 곡은 모두 왜놈 시절 군가로 배워서 잘 아는 곡조였다. 이 곡은 원래 일본 군가가 아니라 세계 여러 나라에서 자기 나름대로 가사를 붙여서 부르는 행진곡인데 곡의 작자는 알려져 있지 않다.

오늘의 메이데이는 무슨 날인가
세계의 자본가가 두려워하는 날
세계의 노동자가 전투하는 날
정의의 붉은 깃발 휘날리는 날

우리들의 노동을 한번 그치면
세계는 죽음과 마찬가지다
우리 무기 단결로써 싸워나가자
정의의 새 세상을 찾을 때까지

그 노래는 많은 절로 이어 나가는데 애석하게도 지금은 두 절밖에 기억나지 않는다. 그 밖에 〈적기가〉도 배웠고, 백두산 항일유격대가 불렀다는 〈혁명가〉도 배웠다. 모두 가사도 쉬웠고 곡도 쉬웠다. 그중 〈혁명가〉는 참으로 힘찼다.

우리는 누리에 붙는 불이요 철쇄를 마수는 마치다
희망의 푯대는 붉은 기요 외치는 구호는 투쟁뿐
게걸든 소리에 목이 쉬리라 우리 피 짜내는 놈들아
맹렬한 최후의 전투에서 우리의 대오는 백배해

원수들 아직도 발악을 한다. 그러나 조종은 울렸다

포악한 원수의 무리들을 우리는 용서치 않으리
게걸든 소리에 목이 쉬리라 우리 피 짜내는 놈들아
맹렬한 최후의 전투에서 우리의 대오는 백배해

무기를 잡으라 억눌린 자들아 멍에를 벗어라 종된 자
우리의 앞에는 희망뿐이요 나가세 앞으로 앞으로
게걸든 소리에 목이 쉬리라 우리 피 짜내는 놈들아
맹렬한 최후의 전투에서 우리의 대오는 백배해

원수의 잔꾀에 속지 말으라 계급의 용감한 투사들
자본의 사회를 부순 터 위에 민중의 정권을 세우자
게걸든 소리에 목이 쉬리라 우리 피 짜내는 놈들아
맹렬한 최후의 전투에서 우리의 대오는 백배해

그리고 그날 민청 소년학생부에서 선배 청년이 나와서 메이데이 날의
의미를 해설했다. 메이데이는 1884년 미국의 시카고에서 노동자들이 8시
간제 노동의 요구를 내걸고 시위운동을 전개한 날이다. 자본가들이 시위를
탄압했지만 노동자들은 파업으로 승리했다. 1886년 5월 1일을 그 첫 번째
의 '국제노동절'로 정하고 그 승리를 기념하여 시위운동의 날로 정했다.
1889년에 제2차 국제당(제2인터내셔널)은 이날을 만국 노동자의 단결을 시
위하는 날로 정했다.

우리는 전교 학생을 메이데이 축전에 참가시키기로 결의했다. 그해의
메이데이 날은 날씨가 참으로 화창했다. 밀양의 민전 지부와 전평 지부가
주최하고 여러 민주정당·사회단체가 후원하는 축제였다. 메이데이 며칠

전에 자치회 회장단 3명은 교장을 만나기 위해 방과 후 교무실에서 교두를 찾았다. 교두 선생은 우리를 반겨주었다.

"자치회 회장·부회장 세 학생이 모두 왔구만. 무슨 일이지? 자치회가 되고 난 다음에 여러분들이 모두 자율적으로 학교생활을 해주어서 학교 분위기도 명랑해졌고 문제를 일으키는 학생들도 없게 되어 정말로 고맙게 생각하네."

우리를 대표해서 회장인 박상업 형이 웃으면서 서두를 뗐다.

"선생님이 그리 칭찬해 주셔서 정말 고맙습니다."

그런 다음 용건을 말했다.

"선생님, 지금 5월 1일 국제노동절을 맞이해서 밀양 군민들이 축제를 연다고 합니다. 앞으로 세워지는 새 나라는 민주주의 나라가 됩니다. 민주주의 나라에서는 국민 대다수인 노동자와 농민들이 나라의 주인이 됩니다. 그러므로 노동자의 축제는 국민 전체의 축제가 되기도 합니다. 그래서 우리 학생들도 노동자의 축전에 그냥 있을 수 없다는 생각을 하게 되어 그 축전에 참가하려 합니다. 오늘 교장 선생님을 뵙고 우리들의 뜻을 말하고 축전에 참가하기 위해 그날을 쉬게 해달라고 말씀드리려 왔습니다."

교두 선생은 몹시 난처한 얼굴을 짓더니 우리들에게 말했다.

"자네들의 뜻은 잘 알겠네만 지금 교장 선생님이 서울에 출장 중이라 내가 어떻게 말할 수가 없네. 그리고 학교는 나라에서 정한 공휴일 이외는 쉴 수 없도록 되어 있네. 교장 선생님이 계시면 물론 안 된다고 하겠지만 나로서도 교장 선생님이 없는데 내 마음대로 규정에 없는 일을 어찌 할 수 없네. 정말 딱하네."

이번에는 내가 말했다.

"학교의 규정도 잘 알겠고 교두 선생님의 입장도 이해할 만합니다. 그러나 우리나라가 해방되어 모든 것을 새롭게 규정을 만들고 있는 중이고, 그래서 꼭 그렇지 않다는 규정도 없지 않습니까? 그리고 학생으로서 배우는 일이 어디 꼭 학교 교실에서만 다 합니까. 노동자의 국제적 명절이고 민주주의 국가의 모든 나라에서 다 축제를 하고 있는 만큼 우리들에게도 노동절의 의미를 공부하고 노동자의 운동을 배울 수 있는 계기라고 생각합니다. 선생님이 교장 선생님에게 잘 말씀드려 우리들의 뜻을 전해 주시기 바랍니다."

교두 선생은 다시 자기는 대답할 수 없고 교장에게 여러분이 말한 내용을 전해 주겠다는 말만 하고 몹시 난색을 나타냈다.

이래저래 한 시간쯤 승강이를 하다가 마지막으로 박상업 형이 말했다.

"선생님, 어째 학교 일을 교장 선생님 혼자의 뜻대로만 합니까? 가르치는 선생님들도 가르치는 일에 의사를 나타낼 수 있고, 또 그 의사가 존중되어야 하지 않습니까? 교장 선생님이 안 계실 때는 교두 선생님이 선생님들 전체의 의사를 모아 결정할 수도 있지 않습니까? 그래서 학교에는 직원회가 있지 않습니까? 아무튼 저희 학생들의 의사를 모아 전달했습니다. 우리들은 학교 당국의 이해를 기다리겠습니다."

그리고 물러났다. 교장은 당시 한민당 밀양군당 위원장인 데다가 입법회의 의원이며 우익 진영의 큼직한 감투를 여러 개 쓰고 있는 사람이었다. 당연히 허락은커녕 막아 나설 게 뻔하다. 우리들은 우리가 할 일은 다 한다는 뜻으로 전했을 뿐이었다. 과연 이튿날 교두가 우리들을 불렀다. 그리고 회답을 했다.

"어제 여러분들의 뜻을 교장 선생님께 전했더니 학생들의 메이데이 기념식 참가는 절대로 용서할 수 없다고 하더라."

우리들은 그 이유가 무엇인가를 물었다.

"학생들은 정치적으로 중립이어야 하는데 좌익 측에서 하는 정치집회에 참가해서는 안 된다고 하더라."

이번에는 여학생 대표 부회장인 김문자가 따지고 들었다.

"무어라고요! 그러면 지난번 3·1운동 기념식 때 우익 정당이 주최하는 식장에 나오라고 한 일은 무엇인가요? 그때 나간 학생들한테 이야기를 들으니, 이북은 공산당 천지가 되었고 그래서 우리 이남은 그런 이북과 한 정부를 만들 수 없다, 우리들은 국부 이승만 박사를 받들어 따로 정부를 세워서 장차 이북 공산당을 몰아내고 통일해야 한다고 주장했다면서요. 그건 정치집회가 아니던가요?"

"글쎄, 우리는 당국에서 지시하는 대로 했을 뿐이다. 지금 도에서 학생들은 어떤 집회에도 단체이건 개인이건 참석하는 일이 없도록 지도하라는 공문이 와 있다. 어데 우리 마음대로 할 수 있는 일이 있나!"

그러면서 교두는 한숨을 쉰다.

회장인 박상업 형이 마지막으로 말했다.

"교장과 당국의 지시대로만 움직이는 학교의 뜻은 잘 알았습니다. 그렇다면 우리들도 좋은 의미로 학교의 지시대로 하겠습니다. 그래서 시방 우리가 그날 학교를 하루 쉬게 해달라는 말은 취소하겠습니다. 그러나 우리 학생들에게도 학생들의 뜻이 있습니다. 우리는 우리 뜻대로 할 수밖에 없겠습니다. 학생들이 개별적으로 결석하고 축전에 참가하는 것은 어쩔 수 없는 일이지요. 우리 자치회도 학생들의 자율을 존중하는 만큼 학생들이 개별적으로 축전에 참석하는 일은 막을 수 없네요. 학생들이 개별적으로 참석해서 결석자가 생기더라도 우리 자치회 탓은 하지 말기 바랍니다. 동무들, 우리 이제 나가자."

결국 교섭은 이렇게 결렬되고 말았다. 4월 30일 메이데이 전날 아침,

우리 자치회에서는 학교 게시판에 다음과 같은 내용을 담은 벽보를 붙였다.

'내일 5월 1일은 만국 노동자들의 축제날입니다. 이날 우리 학생들은 응당 장차 민주조선의 주인인 우리 노동자들의 뜻깊은 축제에 자치회의 이름으로 축제에 동참해야 하겠지만 학교 당국의 지시에 따라 자치회의 이름으로 참석하지 않습니다. 그러나 우리 자치회는 학생들의 자율적 의사를 존중하기 위해 결성된 만큼 학생들의 자발적 참석까지 못 한다고는 할 수 없습니다. 축전의 참석은 어디까지나 자율적으로 하시기 바랍니다.'

이러한 벽보가 나붙은 지 얼마 되지 않아 학교장 이름으로 벽보가 같은 게시판에 나붙었다. 그 벽보의 제목부터 거창하였다. 그 내용은 다음과 같았다.

'새조선의 동량으로 자라나는 밀양중학교 학생들에게 고함.

새조선의 동량으로 자라기 위해 학업에 열중하기 바쁜 여러분들은 정치에 관심을 가져서는 안 됩니다. 정치는 여러분이 학업을 다 마치고 난 다음에 관심을 가져도 되고 직접으로 참가할 수도 있습니다. 이번 좌익 계열의 모 단체가 주최하는 소위 메이데이라는 공산당 행사에 학생들을 참가시키려고 선동하고 있습니다. 여러분은 이 선동에 절대 속아서는 안 되며 참가해서도 안 됩니다. 만일 이 학교장의 지시를 위반하고 참가하면 교칙에 따라 퇴학, 무기정학, 유기정학, 반성 등 처벌을 받게 됩니다. 학교장으로서 이러한 불상사가 생기지 않기를 바랍니다.'

단연 학교는 술렁거리기 시작했다. 학생들은 교장이 학생들의 자유로운 사상에 대한 간섭한다며 분노를 나타냈다. 회장단의 우리들은 자치회 이름으로 참가하는 대신 개별적으로 가기로 하자고 달래는 데 애를 먹었다. 하지만 우리가 언제 교장 허락받고 자치회를 만든 거냐며 대드는 학생들도 있었다. 그래도 우리는 교장보다 학교 선생님들을 존중해서 학교와 정면으로 부딪치는 일은 하지 말자면서 달랬다. 그런데도 오후에는 각 교실에서 이 문제를 두고 여기저기에서 논쟁을 하느라고 떠들썩했다.

우리 회장단은 확대간부회를 소집했다. 학교 운동장 남쪽 울을 넘어서 마른 내로 삼문동 남부를 둘러싸고 있는 제방의 둔덕에 모여 회의를 했다. 교장이 내건 벽보를 보고 분격해서 이왕 이렇게 된 바에야 당당히 자치회의 이름을 내걸고 참가하자고 하는 의견도 나왔다. 그러나 회장이 교두에게 말한 대로 각 학생의 자율적 의사에 맡기는 것이 나중에 문제를 해결하는 데 명분으로 유리하다는 결론을 얻었다. 그래서 대회를 마치고 나면 모두 학교로 들어가서 그 이후부터 수업을 받기로 했다. 행사 때 자치회 대표로 박상업 형이 축하문을 읽기로 한 것도 자치회의 이름으로 하지 않고 그냥 학생대표로 하기로 정했다.

그런데 내일 학생들이 모두 학교에 가지 않고 축제 행사장에 가면 학교가 텅 비어 수업이 되지 않을 터이니 교장은 선생들을 대회장으로 보내 학생들을 학교로 데려오라고 할 것이 뻔했다. 선생들이 야단을 치고 달려들면 마음 약한 아이들은 겁이 나서 학교로 가고 말지도 모른다. 이런저런 고민을 하다가 대책을 정했다.

일단 확대간부들과 기율부 학생들이 아침 일찍 공설운동장 입구에 나가 큰길에서 입구까지 서 있기로 했다. 그러다 선생들이 오거든 친절하게 맞이하고 선생들이 학생들을 못 들어오게 할 때는 두 조로 갈라서 한 조는 선생들을 둘러싸고 다른 조는 학생들을 집결 장소로 인도하기로 했다.

선생들을 대할 때는 첫째로 어디까지나 말과 태도에서 공손함을 잃지 않아야 하고 선생이 설사 때리더라도 반항하지 않고 공손한 태도로 한 발 물러서서 기다릴 것, 둘째로 어디까지나 학생들의 개별적 행동임을 주장하고 학생들의 정당한 행동을 막는 것은 해방된 나라에 있을 수 없는 일임을 군중들에게 호소할 것, 셋째로 선생들이 학생 입장을 막는 일이 대회를 방해하는 일이 됨을 설득할 것 등 몇 가지 대책을 정했다. 그런 다음 우리들은 학생들에게 이런 결정을 이해시켜 많이 참가를 하도록 선전하기로 하고 학교로 다시 들어갔다. 학생들에게 확대간부회의 결정을 알리자 모두 찬성을 했고, 내일 메이데이 축제에 전체 학생들이 모두 나가자고 했다.

5월 1일, 화창한 봄 날씨에 걸으면 초여름처럼 땀이 배었다. 나는 아침 일찌감치 대회장인 삼문동 공설운동장으로 갔다. 이미 자치회 간부들과 기율부 학생들이 많이 나와 있었다. 8시쯤 되자 거의 다 모였다. 우리들은 곧 조 편성을 했다. 간부들은 주로 선생과 대치하는 조로, 기율부는 학생들을 집결 장소로 인도하는 조로 편성했다.

대회는 10시부터 시작될 예정이고 단체집결은 9시 반이었다. 과연 9시 쯤 되자 선생들이 떼 지어 몰려왔다. 선생들은 학교에 출근을 했지만 등교하는 학생들이 없는지라 이곳으로 모두 나선 것이다. 선생들 중에는 축제 참가를 적극적으로 지지하는 선생도 많았다. 아니, 대부분의 선생들이 학생들의 자발적 의사를 막을 생각은 없었다. 교두는 자기 입장 때문에 어쩔 수 없었고 다만 훈육주임이 때로는 처벌한다고 공갈을 했지만 적극적으로 막을 용기는 없었다. 아무튼 축제 참가를 지지하든 안 하든 학생들이 수업을 받지 않고 대회장인 공설운동장으로 가는 이상 선생으로서는 당연히 따라나설 수밖에 없었던 것이다.

시간이 가까워 오자 운동장으로 학생들이 등교할 때처럼 떼 지어 들어왔다. 선생들이 오기 전에 학생들은 거의 다 이미 집결 장소에 모여 노래를 부르고 있었다. 민청의 연예반 형들이 연주하는 아코디언 반주에 맞춰 부르는 남녀 소년학생들의 노랫소리는 축제의 분위기를 한결 명랑하게 했다. 〈적기가〉를 부를 때는 민청 형들이 나누어준 붉은 기를 흔들며 불렀고, 〈메이데이의 노래〉를 부를 때는 학생모를 불끈 쥔 주먹을 흔들면서 용감하게 불렀다. 선생들은 곧장 그곳으로, 도리어 자치회 간부들의 안내를 받아 왔다. 훈육주임의 어이없어 하는 얼굴이 인상적이었다. 노래 부르는 학생들의 명랑한 분위기에 휩쓸려 다른 선생님들이 오히려 구경에 열중하자 그는 감히 나서지는 못하고 낭패한 모습으로 바라볼 뿐이었다.

이윽고 본부석에서 대회에 참가한 노동조합, 농민위원회, 학생들은 대회장 입장을 준비해 달라는 확성기 소리가 울려 왔다. 그래서 노래는 그치고 분위기가 조용해지자 훈육주임이 앞으로 나섰다. 그리고 학생들을 향해 무어라고 말하려 했지만 아무도 상대를 하지 않았다. 학생의 팔을 붙잡고 말을 걸었지만 그 학생은 팔을 뿌리치고 저만큼 피해 버렸다. 보기가 딱한지 한 선생이 훈육주임을 보고 비난했다.

"보소, 당신 따라갈 사람이라면 여기에 오지도 않았을 거요. 사람들 보는데 이게 무슨 짓이오. 선생 체면도 생각해야지. 그만 갑시다."

다른 선생들은 그렇지 않아도 체면이 말이 아닌지라 서둘러 돌아섰다. 그러자 아무 소리도 없이 학생들을 바라보고만 있던 손기용 선생이 나섰다.

"선생님들, 학생들을 두고 어디로 가는 거요! 학생들이 메이데이 축전에 이처럼 많이 나와 있는데, 허가를 받았건 안 받았건 그건 문제가 아니지 않소. 지금 우리들한테 교장이 학생들을 데려오라고 했지만 학생들이 안 가면 우리들도 갈 수 없잖소. 우리들도 학생들과 같이 있습시다."

그러자 몇몇 선생들은 고개를 끄덕이면서 그냥 있고 대부분은 돌아갔다. 우리들은 대열을 짓고 본부석 확성기가 부르는 단체 순으로 질서 있게 행진하면서 대회장으로 들어갔다. 대회장에 모인 일반대중들이 손을 흔들며 지르는 환성에 민청 지도원이 나누어준 깃발을 흔들면서 대회장에 보무도 당당하게 들어갔다. 앞에는 누가 준 것인지 모르는 붉은 천에 흰색으로 쓴 '만국의 노동자여, 단결하라!' 라는 등 구호가 쓰인 장대를 들고 간다.

나는 대열의 앞에 섰다. 본부석 마이크 앞에 선 사람을 보니 바로 살내에 사는 매원 아재였다. 매원 아재는 나의 어머니의 살내 고모 둘째 아들로 어머니와는 고종사촌이었다. 이름이 이성학(李成鶴)이다. 밀양모직회사의 노동조합 위원장을 지냈다. 지난 10월 인민항쟁 때 파업을 지도했다고 회사에서 쫓겨났다. 그래도 전평 밀양지부의 중요 간부였고, 남로당의 노동운동 지도원이었다. 얼굴이 길고 검었다. 그래서 별명이 '말대가리' 였다. 평소 누구와 대화를 할 때 스스로 자기를 호칭하면서 꼭 이름 앞에 '말대가리' 를 넣어서 모두를 웃겼다. 말소리가 걸걸하고 누구나 가까이할 수 있는 호남아였다. 평생을 노동운동으로 지냈다. 나를 아껴주고 내가 고난을 겪을 때마다 안부를 염려했다.

10시부터 시작한 대회는 1시간쯤 하고 그 뒤부터는 농악대회, 노래와 춤, 만담 등으로 편성한 오락대회를 2시간쯤 했다. 축전은 오후 1시경에 모두 끝났다. 축제가 끝나자 우리들은 다시 대열을 지어 학교로 들어가기로 했다. 마치 봄놀이를 갔다가 되돌아가는 기분이었다. 웃고 떠들면서 한껏 명랑한 기분이 되어 학교에 들어갔다.


## 퇴학 처분과
## 농성 투쟁

그러나 이때부터 문제는 벌어지고 있었다. 평

소 잘 나타나지 않는 교장이 교직원회에 나와서 학생들이 좌익 집회에 나가는 걸 방치했다며 호통을 쳤다. 이에 대해 손기용 선생이 맞섰다.

"교장이면 교장이었지 당신이 무엇인데 우리 선생한테 함부로 야단을 칩니까. 학생들이 노동자의 축제에 참가했다고 무슨 도둑놈 모임에나 갔다 온 것처럼 닦달을 하고 야단입니까. 학생들의 부형들은 대부분이 노동자이고 농민입니다. 그들 부형들의 축제에 나갔다고 왜 그렇게 야단입니까."

이렇게 아무 거리낌 없이 나오는 데야 교장이라도 별수 없었다. 교장은 주동 학생들을 색출해서 퇴학 등 처벌을 해야 한다고 했다. 하지만 여러 선생님들의 외면과 몇몇 선생님들의 반발을 받자 직원회에서 문제를 거론하는 것을 집어치웠다.

결국 훈육주임과 그의 수족쯤 되는 교사 두어 사람과 교장실에서 밀실 회의를 했다. 그리고 이 기회에 학생자치회를 박살내고, 학생들의 자주적 행동을 뿌리째 끊어놓기로 했다. 또 이번 일을 구실로 교장의 눈엣가시였던 손기용 선생도 몰아내기로 했다. 경찰에 일러바쳐 학생들이 이에 대해 저항할 때 공포 분위기를 조성하기 위한 수단으로 학생들이 보는 앞에서 손 선생을 잡아가도록 해두었다.

이윽고 5월 10일이 되자 학교 게시판에 큼직하게 게시물이 나붙었다.

'이번 5월 1일 소위 메이데이라는 이름으로 좌익 정치단체들의 불법집회에 학교 당국의 불허에도 불구하고 순량한 학생들을 참가하도록 선동한 학생들을 학교 교칙에 따라 다음과 같이 처벌한다.'

그렇게 서두에 두고 처벌 학생들의 이름을 죽 써 붙였다.

자치회 간부는 몽땅 다 퇴학이었다. 그런데 이상한 것은, 아무 일도 하지 않았던 학생들도 퇴학생 이름에 들어 있었다. 박말수 형의 누이동생 봉섬이도 들었고, 나의 작은아버지도 퇴학생 이름에 들었다. 나와 같은 1학년인 나의 종고모 수환이 아지매도 들어 있었다. 그들이 말하는 이른바 좌익이라고 부르는 민주인사들의 자녀들까지 이참에 몽땅 싸잡아 퇴학시킬 심산이었던 것이다. 이들 학생들은 자기 행위에 의해서가 아니라 아버지나 형 그리고 올케 탓에 학교를 쫓겨나야 했다. 박말수 형의 형수는 밀양군 여성동맹의 위원장이었다. 그래서 그 시동생과 시누이가 함께 학교에서 퇴학당해야 했던 것이다.

나중에 가서 알게 되었지만 이들은 경찰서장과 각급 학교장, 사법·행정 기관장 그리고 우익반동 단체의 장으로 이루어진 이른바 기관장회의에서 10월인민항쟁의 분풀이로 민주인사들의 자녀들을 몽땅 학교에서 몰아내기로 했다는 것이다. 학생들의 메이데이 축전 참가를 그 구실로 했던 것이다. 참으로 어처구니없는 꼴을 당하고 말았다.

아침에 이 게시를 보고 퇴학 처분을 당한 사람은 물론이고 정학 처분을 당한 학생들도 책가방을 그대로 들고 집으로 돌아가야만 했다. 이들이 집으로 가자 가족들도 야단이 났다. 그날 오후부터 학부형들은 학생들을 데리고 학교에 나왔다. 교장은 학교에 나오지도 않고 교두 선생이 땀을 뺐다.

그날 오후부터 전교 학생들이 모여 긴급 자치회를 소집하고 수업 거부를 결의하고 동맹 농성을 시작했다. 교실 칸막이를 걷어내 강당으로 만들어놓고 집에서 식구들이 밥을 싸들고 오고 이불도 가지고 왔다. 강당의 한쪽에는 본부가 설치되어, 구호를 적은 플래카드를 만들어 학교 교문에서부터 곳곳에 내다붙였다. 퇴학생 학부모들이 교장실에 들어가 교장 면담을 청했으나 교장은 이미 달아나 피해 버렸다. 그래서 교두 선생을 잡고 실랑이를 했다.

"보소, 선상님요. 우리 아이가 무엇 때문에 퇴학을 당했소? 온 세상 사람들이 모이는 공설운동장에 갔다고 이리 마구 퇴학시킨다면 왜놈 때하고 다를 끼 무엇이오? 메이데이라카는 기 그리 못된 것이오, 야?"

"월사금 주고 학교에 공부 가르쳐달라고 보냈더니 공부하는 아이들을 마구 쫓아내는 일은 무엇이오? 무슨 죄를 지었기에 타일러볼 생각도 안 하고 이리도 매정스레 내쫓는 법이 세상에 어디 있소."

어떤 학부형은 농성장에 와서 자기 아들 이름을 부르면서 큰 소리로 분한 마음을 담아 여러 사람들을 둘러보며 떠들었다.

"학교 교장이 내쫓았는데, 지금 니가 뭐 하는 기고? 이놈의 학교에서 쫓겨났다고 야료를 부리는 것도 아니고. 이놈의 교장 놈이 하는 학교 다닐 생각 말고 그만 나오너라. 어디 세상에 중학교가 밀양중학교 하나뿐이가? 다른 학교에 들어가면 안 되나. 야야, 그만 가자!"

자치회 간부들은 모여서 앞으로의 사태를 수습하고 투쟁 방법을 논의했다. 먼저 학부형들에게 이번에 일어난 사태를 설명하고 우리가 왜 투쟁을 해야 하는가를 설명하기로 결의했다. 그래서 자치회장 박상업 형이 학부형 앞에 나가 사태를 설명했다.

"여기에 모이신 아버지 어머니들. 이번에 우리 학생들이 노동자들의 축제날인 메이데이 행사에 참가한 것을 트집 잡고 우리 학생자치회의 간부들을 학교에서 몽땅 쫓아냈습니다. 또 우리 고을 사람들로부터 존경을 받는 애국자들을 좌익으로 몰고 그 집 아이들까지 끼워 넣어서 학교에서 내쫓았습니다.

아버지 어머니들께서 아시는 분도 계시지만 메이데이는, 가진 자들에게 착취당하는 백성인 노동자들이, 말하자면 남을 부려서 먹고사는 사람이 아니라 남에게 부림을 당하면서 일해서 먹고사는 사람들이, 노동자로서 살아갈 권리를 주장하는 만국의 노동자 날입니다. 이 메이데이는 민주주의 나라에서는 노동자들이 하루를 즐겁게 잔치를 열어 축하하는 날입니다.

우리들 학생들은 거의 모두가 노동자와 농민의 아들딸입니다. 그래서 노동자로서의 아버지 어머니, 농사짓는 농민으로서의 아버지 어머니의 좋은 날에 자식들인 우리들도 함께 잔치마당에 가서 축하하는 것은 너무나 당연한 일이 아니겠습니까. 그래서 우리 학생자치회에서는 축제 대회에 참가할 것을 학교에서 허락해 달라고 말씀드렸습니다. 그러나 교장은 이날을 좌익이 하는 행사라면서 못 가게 했습니다.

우리 학생자치회에서는 단체로 갈 수가 없어서 모두 개인적으로 대회에 참가했습니다. 우리 자치회의 입장으로서는 이 성스러운 메이데이 날을 축하하는 것은 좋은 일이기에 참가하는 것을 권하지는 못할망정 막을 수는 없는 것입니다. 그러나 이유야 어쨌건 학교에서 못 가게 했기 때문에 참가하는 것을 개인적인 의사에 맡기도록 했습니다. 그날 우리 학생들은 거의 대부분이 공설운동장에 가서 메이데이 밀양 군중대회에 참가했습니다.

교장은 우리가 개인적 의사에 따라 참가한 것을 학교에서 못 가게 한 것을 듣지 않고 갔다고 자치회 간부에게 책임을 물어서, 그리고 교장의 정치사상과 다른 정치사상을 가진 사람은 좌익이라며 그런 집 아이들까지 모두 이참에 몽땅 퇴학을 시켜버렸습니다.

세상에 이런 경위가 없는 일이 어디에 있습니까! 노동자의 축제에 참가한 것이 무슨 큰 정치운동을 했다는 겁니까! 자기가 하는 한민당은 정치가 아닙니까! 또 학생들이 개인적으로 참가한 것을 왜 자치회에 책임을 지웁니까! 그리고 무슨 큰 사건을 일으켰다고 열 명이나 되는 학생들을 퇴학시키고, 몇 십 명이나 정학을 시킵니까! 설사 학생들이 잘못된 일을 했다고 하더라도 교육하는 학교가 어찌 이렇게도 무참하게 학생들을 내쫓는단 말입니까!

우리 학생들은 교장의 이번 처사를 도저히 납득할 수 없습니다. 교장의 이런 처사에 대해 항의하려고 교무실에 갔으나 교장은 없고 교두는 '나 몰라라' 하고 있으니 우리들은 납득할 수 있는 답변을 요구하면서 일단 농성을 시작했습니다.

아버지 어머니들, 우리에게는 지금 아무런 권리가 없습니다. 그렇지만 우리들은 단결할 수 있습니다. 우리들이 이런 부당한 경우를 당했지만 우리들이 하나같이 단결해서 끝까지 싸운다면 이길 수 있습니다. 세상에서 가장 큰 힘은 단결하는 힘이라는 것을 우리는 잘 알고 있습니다. 그러니 아버지 어머니들, 우리에게 힘을 주시기 바랍니다. 그것은 우리들이 단결하도록 용기를 주시고 단결이 허물어지는 일이 없도록 애써주시기를 당부드립니다."

자치회장의 연설 중에는 간간이 박수가 터졌다. "옳소!"라는 함성도 터져 나와 연설은 중간중간 끊어지기도 했으나 투쟁의 열기는 더해 나갔다. 이때부터 학부형들에게서 자기 아이들의 이름을 부르면서 집에 가자는 말은 없어졌다. 대신 집에 가서 아이들이 먹을 것과 간단한 덮을 것들을 가지고 왔다. 저녁에는 전기가 강당에 없는지라 곳곳에 촛불을 밝히고 서로 이야기를 했다. 또 책을 읽기도 하면서 지내다가 자는 사람도 있었다.

자치회 간부들은 앞으로의 대책에 대해 회합을 가졌다. 처음은 교장의 부당한 처사를 비난하는 난상토론이 벌어졌다. 차츰 투쟁을 좀 더 조직적으로 전개하자는 데로 의견이 모아졌다.

그래서 우선 투쟁 목적을 정했다. 이번 사태는 단순히 교장의 메이데이 참가를 하지 말라는 명령을 반대했다는 데에 있는 것이 아니었다. 이것을 구실로 진보적 사상에 눈뜨기 시작한 학생들을 학교에서 완전히 쫓아내고 아울러 교사를 비롯해 학교 안의 모든 사람들을 교장의 뜻대로 움직이게끔 만들어보려는 속셈이라는 것으로 판단했다. 그러므로 이번 투쟁의 목표는 교장을 배척하는 일에 중심을 두기로 했다. 그래서 교장 배척의 이유를 분명히 밝혀야 우리의 투쟁이 명분을 얻을 수 있다는 데에 결론을 얻었다.

'첫째로, 교장은 밀양중학교에 취임한 이후 한민당 정치운동에 전념하여 학교에 출근하는 날이 거의 없다.

둘째로, 교장은 학교 교무를 직원회의 토론을 거치는 일 없이 독단으로 결정하여 교두를 통해 명령한다. 이는 민주적 운영의 원칙에 반하는 것이다.

셋째로, 교장은 일제 때 군청 촉탁으로 근무하면서 공출 독려, 징용 등 일제의 침략전쟁에 적극 협조한 친일파이다.

넷째로, 교장은 실력 없는 교사를 채용하여 자기 충복으로 삼고 학생들의 동태를 감시한다. 그러므로 교장은 한민당 정치가이지 교육자가 아니다. 우리들은 진정한 교육자인 교장을 원한다. 이주형 교장은 물러가라.'

이러한 결론을 얻고 이를 밀양 읍민들에게 알리기 위해 벽보를 만들어 밀양 읍내 곳곳에 붙이기로 했다.

그날 밤으로 간부들이 일을 분공하여 벽보의 원고를 만들었다. 교무실 복도에 걸어둔 신문을 몽땅 걷어 와 벽보 용지를 확보했다. 이튿날 날이 밝자 필기구를 맡은 사람들이 문방구점에 가서 붓, 먹, 벼루, 붉은 잉크, 푸른 잉크를 사가지고 왔다. 이를 모두 나누어 벽보를 만들었다. 벽보는 우리들이 농성에 들어가게 된 내용을 간략히 설명하고, 이주형 교장의 부당한 반민주적 학교 경영을 폭로하고, 교육자로서의 자질을 규탄했다.

여학생들 몇 사람이 집에 가서 풀을 쑤어 왔다. 우리들은 준비를 다 마친 다음 오후가 되자 조를 나누어 벽보와 풀을 담은 들통과 풀비를 들고 학교 밖으로 나갔다. 삼문동, 역전 가곡동, 내일동, 내이동으로 4개 조로 나누어 나갔다. 그리고 힘깨나 쓸 우람한 학생들이 경호를 위해 각조에 배치되었다. 이들이 나가고 1시간이 못 되어 한 학생이 헐떡거리면서 농성장에 뛰어들어 왔다.

"어이! 큰일 났다. 우리 조의 한 사람이 경찰에 붙잡혀 갔다."

그러자 또 다른 조의 사람들이 쫓아 들어왔다. 벽보 붙이는 일은 경찰의 방해로 못 하고 말았던 것이다. 우리들이 벽보를 만들고 들통에 풀을 끓여 담아 오는 것을 훈육주임 '인각 선생'이 알고 경찰서에 전화로 연락한 것이다. 경찰은 읍내 요소요소에서 미리 지키고 섰다가 학생들이 벽보를 붙이려고 담벼락에 풀칠을 하자 달려들어 풀 담은 들통을 뒤엎고 벽보를 탈취하고 학생들을 마구 끌고 갔다는 것이다.

그러자 또 한 학생이 뛰어 들어왔다. 그는 나를 보자 울상을 했다.

"재구, 야단났다. 손기용 선생을 형사가 데리고 나갔다."

이제 경찰이 학교 문제에 본격적으로 개입한 것이다.

나는 그 자리에서 나도 모르게 뻘떡 일어났다.

"무엇이라! 경찰이 선생을 잡아갔다고? 언제?"

"지금 막 교문 밖으로 나갔다."

그러자 거기에 있던 학생들이 모두 흥분하면서 일어났다. 그리고 누가 가자는 말도 없이 그대로 교문으로 달려 나갔다. 갑작스레 닥친 일에 생각할 여유도 없이 그냥 선생님의 안부가 염려되어 나간 것이다. 교문 밖에 나서자 선생님이 한 형사에게 이끌려 교문으로 들어서는 골목길을 빠져 막 신작로로 굽어드는 것을 보았다.

우리들은 누구나 할 것 없이 소리쳤다.

"선생님, 손 선생님!"

그러자 손기용 선생님이 뒤돌아보았다. 손 선생님의 팔을 잡고 있는 형사도 뒤돌아보았다. 열댓 명의 학생들이 몰려오자 형사는 좀 놀란 눈치였다. 우리들이 빙 둘러싸자 매섭게 생긴 눈으로 한 바퀴 둘러보았다. 얼굴은 가죽과 뼈로만 된 듯이 깡마른 데다가 희다 못해 파랗다. 눈썹은 가늘지만 새까맣다. 마치 괴기영화에 나오는 저승사자 같았다. 나중에 알고 보니 일제 때부터 형사로 이골이 난 자였다. 밀양경찰서에서 가장 모질게 사람을 패는 악질로 밀양 사람들에게 이름이 자자한 정해돈이었다.

"어이, 학생들, 너그들 우짤 끼고. 응이?"

나는 그에게 바짝 다가서면서 대들었다.

"우리 선생님을 왜 잡아가요?"

"응, 경찰서에서 조사할 일이 있어서."

"무슨 혐의로 그럽니까?"

"학생들은 알 것 없고, 길을 비켜라."

"이유를 알기 전에는 못 비키겠소!"

그러자 이자는 사방을 휘휘 둘러보더니 호주머니에서 호루라기를 꺼내어 입에 대고 네댓 번 불었다. 지원을 요청하는 신호인 것이다. 그리고 이리저리 휘둘러본다. 근처에는 경찰이 없는 것 같다.

그러자 그는 나에게 말했다.

"경찰이 하는 일을 방해하면 공무집행방해죄로 잡아갈 수 있다. 좋게 말할 때 길을 비켜라."

그러자 다른 학생이 나서면서 말했다.

"보소, 형사 아재요. 잡아갈 때는 다 이유가 있을 게 아니오. 지금 우리 선생님을 잡아가는데, 배우는 학생들이 왜 잡혀가는지 알아야 할 것 아니오, 남도 아니고."

또 한 학생이 나서며 말했다.

"우리 선생님을 잡아간다면 아무나 잡아갈 수 있는 모양이니 우리도 함께 잡아가소."

이렇게 길에서 시비가 붙자 길 가던 읍내 사람들이 모여들었다. 그들이 우리들을 에워싸는 꼴이 되었다. 그리고 불평을 했다.

"밀양중학교에서 학생들이 교장 배척운동을 한다고 하더니 경찰이 무슨 일로 학교 일에 간섭을 하노! 참 얄궂대이."

그러자 형사는 다시 호각을 입에 대고 불었다.

손기용 선생님은 형사와 승강이를 하고 있는 우리들과 둘러싸고 있는 어른들에게 좀 창피한 생각인 듯했다. 그래서 손 선생님은 우리들에게 말했다.

"학생 여러분, 그리고 재구야. 형사가 나를 잡아가지만 죄 없는 사람을 어쩔 끼고. 조사해 보고 죄 없으면 내보내겠지. 너그가 이러면 내가 무슨 사단이나 있는 듯이 보이기만 하지. 그러니 아무 걱정 말고 돌아가거라. 길에서 창피하게 사람 잡고 이러지 말고 어서 빨리 길을 비켜라."

선생님의 간곡한 말을 듣고 우리들은 아무 소리도 하지 못하고 섰다. 그러자 형사가 이번에는 좀 사정 조로 나왔다.

"좀 문제가 있어서 경찰에서 물어보려고 하는 것이니 걱정하지 말고 돌아가거라. 우리가 선생님을 데리고 가서 우짜겠노."

그러자 한 학생이 불퉁거리면서 말했다.

"보소, 형사 아재요, 그러면 그 선생님의 팔이나 놓고 말하소. 선생님이 도망할 사람이 아니지 않소."

그러자 형사는 붙잡고 있던 팔을 놓고 말했다.

"오냐, 그러꾸마. 아까 사무실에서 가자니 못 간다느니 승강이를 하다가 감정이 나서 그러니 이제 그냥 모시고 갈게."

얼굴에 웃음기를 띠고 말하는데 그 모양이 이솝 이야기 책에 나오는 승냥이 웃음 같았다. 학생들은 모두 선생님에게 꾸벅 인사를 하면서 안녕히 다녀오시라고 했다.

# 부딪치는
# 장애

한 소동을 부리고 학교에 돌아왔더니 간부들이 모두 모여 앞으로의 대책을 의논하고 있었다. 문제가 좀 복잡하게 퍼지고 있었다. 학생들이 잡혀간 데다가 손기용 선생님까지 연행해 갔으니.

교장은 우리들이 교장 배척으로 나오고 교장의 부당함을 고을 사람들에게 폭로하는 벽보투쟁으로 나오자 소위 기관장회의를 열어 경찰서장에게 부탁한 것 같았다. 비열하게 학교 문제를, 메이데이를 핑계 삼아 사상 문제로 취급하려는 것이다. 그래서 그 배후인물로 손기용 선생을 지목한 것이다. 벽보 내용에서 한민당 정치 문제와 친일 문제를 든 것을 좌익적인 운동이라고 몰아붙이는 것이다. 그것은 일제 경찰이 조선 사람들이 생존권 문제로 저항할 때 언제나 사상 문제로 확대해서 탄압하는 바로 그 수법이다.

그리고 정세도 우리에게 매우 불리했다. 10월 인민항쟁에 대한 대탄압의 국면에서 아직 벗어나지 못하고 있는 정세에서, 밀양의 민주인사들이 많이 체포되어 있었기에 우리들을 지원해 줄 세력이 없었다.

그들은 이처럼 위축된 민주세력에 대해 잘 알고 있었다. 그래서 농성을 해제시킬 빌미를 마련하기 위해 학생들을 잡아갔던 것이다. 학생들을 잡아두면 이러한 정세에 위축된 학생들의 학부형들이 자기 아들딸들이 다칠까 염려해 적극적으로 농성 학생들을 데리고 갈 것임을 알고 있는 것이다.

우리는 간부회의 모임에서 여러 가지로 논의했지만 국면을 유리하게 열어나갈 방도를 찾지 못했다. 모두 다 경험도 없고 불리한 정세를 열어나갈 능력도 없었다. 일단 요구 조건으로 잡아간 학생들을 즉각 석방하라는 것과 연행해 간 손기용 선생을 속히 내보내라는 것을 내놓고 학교 당국과 교섭하기로 결정했다. 그날 밤에 대표들이 교두를 만나 우리들의 추가된 요구를 내놓았다. 교두는 알았다는 대답만 하고 나갔다. 그 이튿날 아침에 일찍이 교두가 농성장에 와서 대표들을 만나자고 했다. 교두는 말했다.

"어젯밤에 선생님들이 여러분의 요구를 놓고 의논을 했다. 손 선생은 어젯밤에 집에 가셨다. 학생들 석방 문제는 여러분들이 농성을 해제하면 즉시 내놓겠다고 경찰서에서 말한다고 하더라."

말투로 보아 '선생님들과의 의논'이라는 것은 교장과 교두, 그리고 훈육주임 셋이 한 것 같았다. 아마 교장이 학생들을 석방해 달라고 신호를 보내면 곧 내놓을 것이다.

잡혀간 학생들 중 간부학생들은 하나도 없었다. 따라서 그의 부모들은 그저 자기 아이들이 고생하는 데만 애달파 하는 사람들이었다. 학교 측이 경찰과 짜고 일부러 그렇게 한 것이다. 우리들은 그 함정에 빠진 것이다. 우리가 우리들의 지원군인 학부형들에게 우리들의 정의로운 투쟁을 의식화시켜 내지 못한 결과이다. 우리는 우리들의 투쟁이 우리들 힘만으로는 될 수 없고 학부형과 함께, 따라서 사회적 힘으로써 이루어질 수 있다는 사실을 실감했다.

그날 오전에 한 떼의 학부형들이 농성장에 들어섰다. 그리고 간부들과 만나자고 했다. 간부들과 학부형들의 연석회의가 열렸다. 예상했던 이야기가 나왔다. 학부형들 중 대표 격이 됨직한 분이 말문을 열었다.

"여러 학생들이 아직 밤이 되면 추위가 있는 이 교실 바닥에서 지내는 것을 보니 내 아들이 잡혀 고생하고 있는 생각이 나서 더욱 가슴 아프네. 여러분이 주장하는 일은 우리로서야 충분히 이해하고 있지만 세월이 너무 엄중해서 생각대로 될 수 없는 것 같네.

오늘 아침에 밥을 싸 들고 경찰서에 가서 우리 아이들이 무슨 죄가 있다고 잡아두고 있냐고 따졌네. 그랬더니 경찰서 사찰계장이라는 사람이 나와 안으로 들어오라기에 들어가 사정을 알아보았다네. 그 사람이 여러 말을 했지만 결론적으로 말하자면 학생들이 농성을 풀면 잡아간 아이들을 돌려보내겠다는 걸세. 그 사람이 말인즉 학생들이 농성을 하는 건 경찰이 학교 안에 들어가서 잡아내기가 난처하지만 읍내에까지 나와 소동을 부리면 그대로 둘 수는 없다고 하더군. 그래서 학교 밖까지 나와 삐라를 붙이는 것은 막아야 하고 때에 따라서는 법대로 처리할 수밖에 없는 일이라고 했네.

그자들 말이, 오늘이라도 학생들이 농성을 풀고 해산하면 즉시 잡은 아이들을 돌려보내겠지만 농성이 계속되면 법에 따라 처리할 수밖에 없다고 하더라. 그러니 학생들도 이쯤에서 농성을 풀고 잡혀간 아이들을 찾은 다음에 교장 문제는 우리 고을의 여론을 모아 처리하도록 하는 것이 좋을 듯하네. 어째 좀 생각을 달리할 수 없는가? 좀 의논을 해보도록 하지."

우리들은 학부형 대표의 말을 경청했다. 더러 말씀을 듣는 중에 화가 나서 숨소리가 커지는 학생들도 있었지만, 박상업 형이 뒤돌아보면서 엄중한 눈총을 주어 흥분을 가라앉혔다. 이윽고 자치회장 박상업 형이 말했다.

"어르신네들, 아이들이 경찰에 잡혀가서 얼마나 걱정이 되겠습니까. 우리들이 일을 잘못해서 많은 동무들이 고생을 하고 어르신네들께 걱정을 끼쳐드려 정말 죄송합니다."

그리고 대표 격으로 말하던 분에게 얼굴을 돌려 차분하게 말했다.

"말씀을 잘 들었습니다. 우리도 잡혀간 동무들이 걱정이 되고 하루라도 빨리 고생을 면하도록 해야 할 의무가 있습니다. 그러나 우리들의 이번 투쟁이 학생들의 총의에 따라 시작한 만큼 일단 우리 간부들과 의논을 하고 전체의 의견을 물어서 처리해야 되지 않겠습니까. 걱정이 되시더라도 좀 시간을 주십시오. 오늘 안으로 결정을 짓겠습니다."

그러자 박상업 형을 잘 아는 다른 학부형이 말했다.

"이 사람 상업이, 우쨰든지 잡혀간 아이들이나 나오도록 하고 일을 해도 해야 안 되겠나. 잘 의논해 보게."

참으로 기가 막힐 일이었다. 아직 투쟁이 초다듬인데 벌써 커다란 벽에 부딪혔다. 모두가 혈기왕성한 청소년인지라 성급하게 대낮에 벽보를 붙이러 간 것이 잘못이다. 차라리 벽보 작업을 비밀히 해서 밤중에 몰래 나가서 붙였더라면 동무들이 인질로 잡히지 않았을 것을. 후회하지만 이미 엎질러진 일이다. 곧 간부회의를 열었다. 간부회의는 곧 두 가지 의견으로 갈라졌다. 그 하나는 농성을 풀어 인질로 잡힌 동무들을 석방시켜 놓고 다른 방법으로 투쟁하자는 것이다.

그 이유는 첫째로, 농성을 계속하면 무의식 대중인 학부형이 지금은 점잖게 말하지만 결국 화를 내고 이들이 교장과 경찰 쪽으로 기울어져서 농성을 적극 만류하려 들 것이 뻔하다. 그렇게 되면 우리와 맞서게 될 것이고, 마침내 학생 대열까지도 분열을 가져오게 된다는 것이다. 둘째로, 10월 인민항쟁으로 인한 대탄압 정세와 미·소 공동위원회 속개 전에 민주세력을 약화시키려는 군정 경찰의 방침에서 우리들의 우군을 조직 동원하기가 어렵고 이러한 우군이 없는 고립된 상황에서 투쟁을 이겨낼 수 없다는 것이다.

다른 하나는 이대로 끝까지 투쟁을 벌여나가야 한다는 것이다. 그 이유는 첫째로, 비록 동무들이 몇 사람 잡혀갔다고 해서 투쟁을 그만두는 것은 명분이 될 수 없고, 그것은 예상되는 일로 그런 각오도 없이 투쟁을 어찌했는가. 지금 우리는 우리의 요구 조건에서 아무것도 얻어낸 것이 없고, 적어도 퇴학 처분 철회 정도라도 얻어내야 농성을 풀 수 있는 명분이 된다는 것이다. 둘째로, 자식에 대한 걱정에 빠진 무의식 대중인 학부형을 각성시키고 이들을 투쟁의 대열에 함께할 수 있도록 하는 것이 각성된 우리 학생들의 할 일이지 그들과 동조해서 투쟁을 그만둔다는 것은 너무나 비겁한 일이라는 것이다.

이처럼 두 가지 주장이 나와 합일점을 찾지 못하고 마침내 고성이 나오기도 했다. 울분에 겨워 눈물을 흘리는 동무도 있었다. 그러나 우리들은 모두가 한편이기에 그러는 가운데서 의견을 모아나갔다. 마침내 해거름이 되어 거듭 절충한 다음 결론을 냈다. 그것은 결과적으로 농성을 풀고 다른 방법으로 투쟁을 전개하자는 것이다.

'첫째로, 교장 배척운동은 끝까지 한다.

둘째로, 우리의 투쟁으로 학부형들에게 마음 아프게 만들어서는 안 된다. 무의식 대중이라 해서 그들이 자식을 사랑하는 마음까지 외면할 수는 없다. 이것은 퇴학당한 동무들이 적극 설득해서 나온 결론이었다. 퇴학당한 학생들의 부형은 대개가 민주인사들의 자녀들이다. 그 부형들은 그들 자녀들이 퇴학당하는 것쯤은 참아낼 수도 있고 또 자랑스럽게까지 생각할 사람들이다. 그러나 붙잡힌 학생들의 학부형은 그렇지 못하다.

셋째로, 앞으로 미·소 공동위원회가 속개되면 우리에게 유리한 정세가 올 것이다. 그때까지 어떤 형식이든 투쟁을 계속 해나가면 교장도 내몰 수 있고 퇴학당한 학생들도 되돌아올 수 있는 희망이 있다.'

제법 어둠사리 진 다음에 학생총회를 열었다. 자치회장인 박상업 형이 그동안의 투쟁을 총화하고 제안 설명을 했다.

"밀양중학교 학우 동무들, 우리는 교장의 부당한 학교 경영을 시정하고 학원의 민주화에 반동하는 한민당 정치꾼으로서의 이주형 교장을 배척하는 투쟁을 해왔습니다. 이러한 투쟁은 오늘로 3일이 지났습니다. 그 사이에 선생님 한 분도 경찰에 연행되었고 많은 학생들이 경찰에 잡혀 있습니다. 그래서 우리들을 사랑하는 아버지 어머니들에게 죄송한 걱정을 끼쳐드리게 되었습니다.

오늘 아침에 경찰에 잡혀 있는 동무들의 학부형들과 대책을 의논하고 투쟁을 이끌어 온 간부들이 모여 오랫동안 토의를 했습니다. 그 결과 우리는 지금 어려운 투쟁을 하고 있으며 이 투쟁은 기간이 많이 걸리는 투쟁임을 알았습니다. 그래서 새로 생긴 상황에 따라 투쟁 방식을 바꾸어야 한다는 결론을 얻었습니다. 그래서 농성투쟁은 여기에서 끝내고 새로운 장기적 투쟁으로 전환하기로 했습니다.

우리들의 투쟁은 우리들만의 투쟁이 아니라 일제 노예교육의 잔재를 청산하는 투쟁의 한 부분입니다. 그것이 사회적 투쟁으로 될 때 우리들은 이겨낼 수 있는 것입니다. 우리들에게는 날이 갈수록 유리한 정세가 올 것입니다. 10월 인민항쟁을 맞은 미국은 이때까지의 반동적 군정으로 조선 인민을 자기 마음대로 통치할 수 없다는 것을 알고 미·소 공동위원회를 재개하자고 소련 측에 요청했습니다. 얼마 안 있으면 우리나라도 민주주의 정부가 들어설 것입니다. 민주주의 정부가 들어선다는 것은 일제 식민지 노예교육의 잔재를 씻어내는 일입니다. 그래서 지금 우리들은 어려운 고비에 있지만 우리들의 학원민주화 투쟁은 반드시 승리할 것이라는 믿음을 가질 수가 있는 것입니다. 그때는 반동 교장은 우리들의 힘으로 몰아낼 수 있을 것입니다. 우리들의 모교 밀양중학교도 민주학원으로 민주국가의 동량이 자라나는 성스러운 곳이 될 것입니다.

그러면 여러 학우 동무들에게 간부회의 제의를 말씀드리겠습니다.

첫째, 우리들의 요구인 교장 배척과 학생 처벌 철회를 위해 끝까지 투쟁한다.

둘째, 농성투쟁을 철회하고 투쟁 방식을 전환한다.

셋째, 앞으로의 투쟁 방식은 간부회에 일임한다.

넷째, 밀양중학교의 모든 학생들은 간부회의 투쟁 방식에 적극 협조하고 후원한다."

연설을 끝낸 박상업 형은 학우들을 한 번 휘둘러보고 난 다음 말했다.

"그러면 먼저 이 제의에 대한 이의신청을 받겠습니다. 이의가 있는 동무는 손을 들어주십시오."

또 잠시 학우들을 휘둘러보았다. 손 드는 사람이 아무도 없다.

"그러면 이 제의가 성안되었습니다. 지금부터 이 성안에 대한 가부를 묻겠습니다. 먼저 반대하는 사람은 손을 들어주십시오."

역시 아무도 없다.

"그러면 찬성하는 사람은 손을 들어주십시오."

잠시 동안은 손을 드는 사람이 보이지 않더니 한 사람 두 사람 들기 시작했다. 여기저기에 그리 큰 소리는 아니지만 "찬성이오"라는 말이 나오고 마침내 전원이 손을 들었다. 완전한 승리를 이루어내지 못하고 어려운 투쟁으로 전환하는데 어떻게 손을 힘차게 들 수 있겠는가.

마침내 회장은 선언을 했다.

"그러면 이의도 없고 반대도 없으며 전원이 찬성했습니다. 간부회가 내어놓은 제의가 만장일치로 통과되었습니다."

그리고 한참 있다가 마지막 선언을 했다.

"여러 학우들의 총의에 따라 지금부터 농성을 풀겠습니다. 지금부터 주변을 정리하고 바닥을 깨끗이 쓸고 강당에서 나갑시다."

그러자 한 학생이 커다란 목소리로 외쳤다.

"회장, 긴급동의요."

회장은 단에서 내려오려다가 그쪽을 보고 나서 말했다.

"동무들, 잠깐 멈추시오. 지금 긴급동의가 들어왔습니다. 긴급동의를 받아주겠습니까?"

모두 한목소리로 외쳤다.

"그럽시다."

회장이 그쪽을 보고 말했다.

"이리 나와서 말하시오."

그 학생은 성큼성큼 큰 걸음으로 나왔다.

"여러 동무들, 우리 이대로 나가서야 되겠습니까. 우리 노래라도 한번 힘차게 부르고 이 학교 지붕이 떠나가도록 만세를 한번 부르고 나갑시다. 어떻소."

가뜩이나 침체된 분위기 속에서 헤어지게 되는 우울함이 이 한 마디에 활기를 되찾았다. 모두 힘차게 한목소리를 냈다.

"그럽시다."

그 학우는 다시 말했다.

"우리 메이데이 때문에 이 사단이 시작되었으니 메이데이 노래나 한번 힘차게 부릅시다."

"좋소."

"그러면 내가 한 소절씩 선창하겠습니다. 따라하시오."

노랫소리가 힘차게 울렸다. 오월의 저녁 하늘에 그 노랫소리는 힘차게 메아리치고 있었다.

마지막으로 회장의 선창에 따라 만세를 불렀다.

"조선 민주독립 만세!"

"학원의 민주화 만세!"

"밀양중학교 만세!"

# 말수 형의
# 어머니와 누이

농성을 해제하고 우리 간부 일행은 그 이튿 날로 박말수 형의 집에 모였다. 어머니 방에 들어가 인사를 했더니 나를 반겨 맞아주셨다.

"오냐, 우리 재구가 왔구나. 며칠 동안에 얼굴이 까실해졌구나. 집에 어른들 다 편안하시고?"

어머니는 나를 친아들 이상으로 대하신다. 그래서 봉섬이는 예쁜 눈을 흘겨보면서 장난스레 말한다.

"엄마는 재구가 만쇠 오빠보다 더 좋은가 보다. 부를 때도 언제나 우리 재구라고 부르잖아. 재구 엄마가 들으면 아들 하나 빼앗길까 싶어 샘내시 겠다. 재구야, 우리 엄마가 너를 이처럼 좋아하시는데 니가 내보다 나이도 한 살 적고 하니 오늘부터 나보고 누나라고 불러라."

나는 괜히 얼굴을 붉혔다.

"형아 엄마이니 내게도 어머니가 아니가. 그래도 그렇지 한 학교 한 학 년 동무를 보고 누가 누나라고 하더노."

그러자 어머니는 언제나처럼 인자하신 눈으로 나와 봉섬이를 보고 말 했다.

"봉섬아, 니가 나이가 쬐금 많다고 누나가 되고 싶다지만 누나 값을 해 야지. 만날 어리광이나 하고 아침에 학교 갈 때면 생난리를 치고. 더구나 초저녁부터 잠이나 자고 공부도 안 하면서……."

"그만 그만, 누나 한번 될라카다가 본전도 못 찾겠네."

"우리 재구는 나이는 너보다 쬐금 적지만 어른스러운 것이 이제 다 컸 다 아이가. 키도 너보다 크고 인물도 사내답고 말도 잘하고, 또 공부는 어 디든지 제일 아이가."

그러면서 눈을 섬벅거리더니 이내 눈이 물기에 젖으셨다. 목메인 소리지만 어머니는 점점 말소리가 커졌다.

"아이고, 그놈의 교장이 이런 학생을 내쫓다니. 읍내 저자에서 길을 막고 물어보아라. 연계소댁 손자가 학교에서 교장 놈한테 퇴학을 맞았는데, 그 짓이 잘한 기냐고."

그만 농담이 울분으로 번져나갔다. 나도 봉섬이도 바닥으로 눈을 내리고 입술을 깨문다. 한참 있다가 나는 방바닥을 짚으면서 어머니에게 말했다.

"어머니, 이제 동무들이 거반 모인 것 같습니다. 아래채에 내려가겠습니다."

"오야, 오늘 저녁에는 우리 집에서 먹어라. 그동안 너그들 고생했으니 닭이라도 좀 잡아야겠다. 점쇠(봉섬의 애명)야, 좀 있다가 나랑 저자에 함께 가자."

나는 어머니 방에서 나와 우리들이 모인 아래채로 내려갔다.

자치회 간부들이 모두 모였다. 투쟁을 통해 적극성을 알게 된 동무들도 몇 사람이 더 모였다. 이 중에서 특히 강성호(姜聲浩)는 나의 영원한 동무, 비록 이승에서 함께한 해는 1년 남짓밖에 안 되었지만 그 정치적 생은 영원히 함께하게 된 동무이다. 강성호를 처음 만난 것은 그보다 좀 앞서지만 진정한 동지로 맞은 것은 이때부터였다. 그리고 이재우(李載雨)라는 동무도 이때부터 우리들의 투쟁 대열에 참가했다. 이재우는 삼문동에 집이 있어서 강성호처럼 그 집안 일은 잘 모른다.

밀양중학교에 입학한 지 얼마 안 되어 나의 할아버지의 누이동생이신, 나에게는 존고모(尊姑母)이신 활천 할매 집에 들렀을 때 처음으로 성호를 만났다. 당시 활천 할매는 왜놈이 가고 난 다음 누가 차지한 왜놈의 집, 즉 이른바 적산가옥에 방 하나를 얻어 살았다. 성호는, 활천 할매와 연세가 비슷

하지만 활천 할매 때문에 내가 할매라고 부르는 홀어머니를 모시고 살았다.

성호 어머니는 외모가 곱상하고 언제나 눈부시게 하얀 소복을 입고서 조금도 흐트러진 데가 없는 단정한 모습으로 생활하셨다. 활천 할매와는 그 적산집의 이웃으로 방을 세 얻어 살았다. 두 분은 가난한 살림이지만 침선(針線, 바느질)이 고와서 삯바느질로 생활하면서 외아들을 공부시키고 있었다. 이 두 할매는 서로 의지하며 사는 사이였다.

활천 할매의 아들인 동식이 아재와도 더러 함께 놀기도 했지만 동식이 아재는 사회적인 문제나 새 나라 건설의 문제에는 별로 관심이 없었다. 그러나 성호는 애국심이 대단한 데다가 말에 논리가 정연하고 언제나 태도가 분명한 아이였다. 나는 금방 성호와 친해졌다.

우리들의 이야기는 자연 사회 문제와 새 나라 건설 문제로 되었다. 그것은 우리 둘의 공동 관심사였다. 그와 관련된 지식을 목말라해서 어렵게 구한 책을 서로 바꾸어 읽으면서 언제나 토론으로 시간 가는 줄 몰랐다.

하지만 성호는 결핵을 앓아 언제나 얼굴에 홍조를 띠고 있었다. 자기 병이 남에게 옮길까 봐 사람들이 많이 모인 곳으로는 가지 않았다. 그래서 성호는 그때 우리들 독서회의 성원으로 들어왔지만 토론회합에는 참가하지 않았다. 다만 나를 통해 학습을 게으르지 않은 정열적이고 의리를 존중하는 소년이었다. 강성호는 퇴학에서 빠졌지만 이주형에게 장문의 항의 편지를 보내고 자퇴하고 말았다. 다음해 2월에 우리 셋은 2·7 구국투쟁에서 밀양 읍내를 들었다 놓는 일을 함께 했다.

자치회장 박상업 형은 우리들을 한 번 휘둘러보고 말했다.

"지금 밀양의 정세는 좀 험한 듯합니다. 어른들은 많이 잡혀 있고 또 몸을 피해 있기 때문에 나타나서 일을 못 하고 있는 형편입니다. 그래서 우리들은 아무의 도움도 없이 투쟁을 우리 힘으로만 해야 합니다. 특히 우리를 지도해 오시던 구정식 선생님은 지금 어디에 계신지 연락할 수 없습니다. 선생님은 더 중요한 일을 맡고 있을 것입니다. 그리고 우리들의 투쟁도 이때까지처럼 내놓고 하는 것이 아니라 비밀히 모든 일을 해나가야 합니다. 너무 많은 인원이 모일 수도 없습니다. 그래서 2학년 상급생과 1학년 하급생이 따로 투쟁 조직을 만들어 일을 분담해야 할 것 같습니다. 지금 여기에 모인 동무들은 1학년 학생들입니다. 2학년 동무들은 지역적으로 삼문동과 가곡동을 맡기로 하고 1학년 동무들은 내일동과 내이동을 맡기로 하겠습니다. 일을 조직적으로 하려다 보니 내가 이렇게 임의로 생각해서 제안합니다. 동무들이 특별한 이견이 없으면 우리가 이때까지처럼 이렇게 지역을 분담하는 것을 찬성해 주기 바랍니다. 각각 벽보를 붙일 장소와 길도 이제는 훤히 익혔을 테고."

박상업 형의 말에 모두 찬성을 했다. 박상업 형은 계속 제안했다.

"벽보의 내용과 삐라의 구호는 학교 농성 때 정한 대로 하면 어떻겠습니까?"

모두 다 그때 충분히 논의를 했으니 그대로 하는 것이 좋겠다고 했다.

"그러면 다른 의견이 없습니까?"

회장이 묻자, 나는 내가 생각한 한 가지 방안을 제의했다.

"상업 형, 그리고 동무들, 이번에는 이주형 교장을 배척하는 일이니 좀 더 적극적으로 투쟁하는 것이 좋을 듯합니다."

모두 의아한 듯이 나를 쳐다보았다.

"우리들이 농성을 해서 교장 배척운동을 한다는 소문은 이미 읍내에 잘 알려져 있습니다. 이처럼 알려진 우리들의 투쟁을 온 읍내 사람들이 모두 이주형을 배척하는 분위기로 높여나가는 것이 좋을 듯합니다. 벽보투쟁을 마치고 큰길이나 좀 높직한 곳에 나가서 종이 나팔로 함화(喊譁)를 치는 것이 한 방법이라고 생각합니다. 한자리에서 오래 하면 경찰들이 달려들 것이고, 그래서 이곳저곳 다니면서 외치는 것입니다. 밤중에 소리치면 동네 사람들에게 잘 들릴 것이고, 그것을 밤마다 해대면 밀양 읍내가 시끌시끌하고 읍내 사람들의 분위기가 전체적으로 교장을 배척하는 쪽으로 모일 것입니다. 어떻습니까? 해볼 만한 일이 아닙니까?"

그러자 모두 대찬성을 했다.

"경찰 놈들이 잡으려고 생난리를 안 치겠나. 그러면 골목으로 내빼고, 저쪽 길에서 또 외고 내빼고. 하룻밤에 한 서너 번 하면 소문이 쫙 퍼져 교장 놈이 얼굴도 못 들고 다닐 끼라. 헛헛."

박상업 형은 웃으면서 말했다.

"참 좋은 방법이오. 벽보나 삐라는 붙이기만 하면 아침 일찌감치 떼고 말지만 동네 '고지기'처럼 외대면 소문이 더 잘 날 게요. 거기에다 오만 가지 말이 더 붙어지고 해서 읍내가 이주형이 고약하다고 구석구석 말이 나겠구만. 그런데 외대다가 경찰 놈들에 잡히면 큰일이지. 벽보 붙이는 투쟁이 세 사람이 한 조이니까, 한 사람이 외치고 두 사람이 앞뒤로 멀찌감치 떨어져서 망보면 되겠다. 동무들 어떻소, 그렇게 하기로 하는 게?"

모두 다 껄껄 웃으면서 찬성했다.

우리는 즉시 종이를 준비하고 붓, 벼루, 먹 등 필기도구를 준비해서 작업에 들어갔다. 박상업 형도 2학년 동무들에게 가서 1학년 쪽에서 제안한 함화투쟁을 그쪽에도 권해 볼란다면서 나갔다. 그리고 모두 오후 늦게 일찌감치 저녁밥을 먹고 모이기로 하고 헤어졌다.

나는 말수 형의 방에서 점심을 먹고 방바닥에 엎드려 책을 한참 읽다가 그만 잠이 들었다. 그사이 많이 고단했던 것 같다. 그 당시에 출판된 책 중에 새로운 사상에 관심이 많은 사람이 읽는 책으로 《낮이나 밤이나》라는 소설이 있었다. 지은 사람은 잊었다. 이 책은 2차 대전 당시 소련의 스탈린그라드에서 붉은 군대가 독일 침략군을 맞아 시가전과 육박전으로 자기의 조국을 지켜낸 영웅적 소설이다.

1942년 6월 28일부터 시작해서 그 이듬해 1943년 2월 2일까지 벌였던 치열한 시가전을 묘사했다. 당시 붉은 군대는 한 지붕 밑에서 아래위 층간에 전선이 되는 극도의 혼전 속에서 독일군 15만을 합친 파시스트 침략군대 150만 명을 괴멸시키고 탱크 3,500대, 비행기 3,000대를 깨부수었다. 소련은 이 치열한 전투에서 전쟁 승리의 기틀을 잡았고 독일은 멸망의 나락으로 떨어지는 길에 접어들었다.

좀처럼 책을 읽다가 펴놓고 잠든 일이 없는데 며칠을 밤샘하다 보니 몸이 영 정상이 아니었나 보다. 조금만 틈이 나자 나도 모르게 잠이 들었다. 누가 방문을 열고 들어서는 기척에 잠이 깼다. 엎드려 자는 등에는 얇은 이불이 덮여 있었다. 봉섬이다.

"엄마가 우리 막내라고 이불을 덮어주라고 하더라. 얼른 일어나 엄마 방에 가거라. 막내 줄라고 닭을 고았다."

봉섬이는 나를 부를 때마다 막내, 막내이다. 그것은 내가 자기의 동생임을 알리는 말이다. 나는 그럴 때마다 말없이 빙그레 웃기만 했다. 하루는 정애와 같이 있을 때인데 봉섬이가 나를 말하면서 '우리 막내'라고 불렀다. 그래서 나도 웃으면서 대꾸했다.

"그래, 그처럼 누나가 되고프나? 한 학교, 한 학년이라서 나이가 많아도 누나라고 말이 안 나오네. 졸업을 하거나 시집을 가면 그때는 봉섬이 남편에게 자형이라 부를게."

그러자 정애가 까르르 웃으면서 말했다.

"끝내 누나라는 말이 안 나오는데……. 우리 동무들 중에서 니가 제일 막내 아이가. 너는 누나가 많아서 좋겠다."

"허 참, 누나 사태 났네! 오야, 날아가는 까마구 보고도 누님이라고 해야겠다."

두 사람은 함께 까르르 웃으면서 양쪽에서 나를 쿡쿡 찔렀다.

"야가, 우리를 까마구로 막 본다이."

그러고 보니 이제 이들은 여든이 훨씬 넘은 백발의 할머니겠다. 둘 다 밀양중학교에서 퇴학당하고 부산여중에 들어갔다. 봉섬이는 전쟁이 끝난 다음해에 어머니를 따라 일본에 있는 작은오빠에게 갔다. 1974년인가, 일본에서 이곳에 있는 시집 어른들을 만나러 왔을 때 잠시 오빠의 심부름으로 만난 일이 있다. 하지만 정애는 부산여중으로 가고 나서는 한 번도 만난 일이 없고 소식도 모른다. 같은 하늘 밑에서 손자들 재롱을 보면서 잘 살겠지.

윗방에 올라가서 마늘과 찹쌀을 넣고 푹 고은 닭백숙을 땀을 흘리면서 잘 먹었다. 그 후에도 어머니는 나를 볼 때마다 일부러 쇠고기 곰이나 닭백숙을 고아서 먹였다. 나는 투쟁대열에서 이탈될 때까지는 늘 숨어서 지냈는데, 어머니는 그런 나를 고생한다면서 자기 아들보다 더 먹이려고 애쓰셨다. 전쟁 중 막내아들 말수가 일본에 가고 난 다음에도 나를 아들 보듯 하시면서 챙겨 마음을 쓰셨다.

일본에 가신 후로는 말수 형의 그쪽 형편과 나의 이쪽 형편이 맞지 않아서 어머니께 소식을 전하지 못했다. 그것은 우리 탓이 아니라 남북 분단이라는 세월 탓이리라. 어머니가 돌아가시고 오랜 세월이 지난 1993년 여름에 조국 땅에 처음으로 성묘 온 말수 형을 만나서 어머니 말씀을 들었다.

"우리 재구가 대학 교수가 되었다지. 그 어려운 시절에 위태로운 일을 하면서도 손에 책을 놓지 않고 살더니 이제 대학 교수까지 되었구나."

어머니는 때때로 내 이야기를 하면서 너무도 좋아하셨다고 했다.

# 벽보투쟁과
# 함화투쟁

오후 5시 정각에 모두 모였다. 종이와 필기구들을 준비해 왔다. 그리고 종이 나팔을 만들 마분지도 장만해 왔다. 각자 일을 분담해서 벽보를 만들었다. 여학생들 중 몇 사람은 부엌에 들어가서 풀을 쑤었다. 10시 통행금지 사이렌 소리가 날 때 준비가 완료되었다. 출동 시간은 새벽 2시. 그때가 되면 경찰의 순찰이 뜸해지고 온 거리가 쥐 죽은 듯이 고요할 것이다.

그동안 우리들은 앞으로 있을 미·소 공동위원회 재개를 앞두고 새로운 정세에 관한 이야기를 했다. 이번 미·소 공동위원회 재개는 미제의 주둔군 사령관 하지의 요청에 의해 열린다. 작년 가을에 전개된 10월 인민항쟁으로 군정의 위신이 땅에 떨어지고 그 투쟁은 공출 반대 농민투쟁으로 이어져 왔다. 이로써 미제의 통치 지반이 흔들려 탄압으로 국면을 회복하려고 해보았지만 여론은 더 나빠져 국제적으로 비난이 들끓었다. 미제는 이러한 국면을 타개하고자 미·소 공동위원회 재개를 제의한 것이다. 우리들의 투쟁은 이와 때를 맞추는 것이다. 비록 학원투쟁이지만 밀양 인민들이 새로운 국면을 맞이하여 용기를 북돋는 데 의의가 있다고 의견을 모았다.

이윽고 새벽 2시가 됐다. 3조로 나누어 한 조씩 대문을 조용히 열고 빠져나갔다. 우리 조는 나와 이재우 동무, 그리고 여학생 신정애 동무다. 우리 조는 읍사무소 근방과 저잣거리를 맡았다. 이곳은 바로 경찰서 곁이라서 지극히 조심해야 하는 곳이다. 우리 조는 미리 일을 분담했다. 신정애 동무가 앞서서 벽보와 삐라를 붙일 장소에 가서 안전을 확인하고 작은 기침을 한다. 그러면 나는 풀통과 풀비를 들고 그곳에 풀칠을 흠뻑 한다. 뒤따라오는 이재우 동무는 벽보와 삐라를 들고 그 자리에 죽 내려붙이고선 마른 빗자루로 쓱쓱 훑어 내린다. 이런 과정으로 벽보 삐라를 붙이는 데

20~30분이면 다 끝난다.

그 다음은 함화투쟁이다. 이것은 새로운 투쟁이다. 첫 곳은 읍사무소 앞이다. 읍사무소 문 앞에 조금 넓은 공터가 있다. 그곳은 약간 둔덕진 곳이다. 이곳에서 고함을 치면 장터까지 다 울린다. 신정애 동무는 한 50~60미터 앞 경찰서로 가는 네거리에서 경찰서 쪽으로 망을 보았다. 이재우 동무는 읍사무소 쪽에서 오른편 신당 마을 쪽으로 가는 골목 어귀에서 망을 보았다. 나는 종이 나팔을 입에다 대고 구호를 외쳤다.

"악질 반동 한민당 정치꾼 이주형 교장은 물러가라!"

"민주학원 지키는 밀양중학교 학생들을 지원하자!"

"민주교육 짓밟는 교장을 쫓아내자!"

"일제 잔재 노예교육 반대한다, 민주학원 사수하자!"

"군정청의 식민지 교육을 반대한다!"

그곳에서 1분간 외쳤다. 그러고는 "가자!" 소리를 신호로 서로 흩어져 골목길로 해서 서문거리 나무공장 마당에서 모였다. 그리고 신정애 동무는 서문다리 건너 북성거리로 가는 길과 밀양극장 쪽으로 가는 갈림길에서, 이재우 동무는 연계소 동가리 신작로 쪽을 향해 망을 보았다. 나는 나무공장 마당에 쌓아놓은 나무 위에 올라서서 함화를 쳤다. 길게 하다가는 출동한 경찰에 잡힐 염려가 있다. 이날은 두 곳만 하고 골목길로 빠져 후퇴했다.

그 다음날, 지난밤에 함화를 한 결과가 궁금해졌다. 낮에 저잣거리와 서문거리로 나가 동네 사람들이 모인 곳에 가서 그들이 하는 이야기를 들었다.

한 노인이 말했다.

"너그들 어제 나무공장 마당에서 외는 소리 못 들었나? 무슨 소린지 고함을 지르던데 와 그카노?"

나는 모른 체하고 가만히 귀를 쫑긋했다. 나이 지긋한 아재가 말했다.

"밀양중학교에서 교장질 하는 이주형이가 요전 앞에 공설운동장에서 메이데인가 무언가를 할 때, 거기 가지 마라고 했는데 학생들이 나갔다고 학생들이 숱하게 퇴학을 당했다카네요. 그 학생들이 밤중에 '이주형이 물러가라'고 외댄 모양 아닌교."

그 할배는 말했다.

"온 밀양 사람들이 거기 다 갔는데 와 학생들이 나갔다고 그카노? 지가 우익질 하면 했지, 하이구 참, 얄궂다."

이 사람 저 사람 이야기가 나왔다.

"메이데인가 하는 것이 좌익 정치라고 해서 안 그카나."

"노동절 날이라고 모여서 회초하는데 그기 무슨 정치고?"

"지는 한민당 하면서, 그건 정치가 아이고 무어고?"

그 함화투쟁이 참으로 효과가 있다는 것을 알았다. 벽보나 삐라는 아침 일찍 경찰이 물통을 들고 적셔 뜯으면 그만이지만 이미 사람들 귀에 들어간 말은 후벼 파낼 수도 없는 것이다. 이 투쟁은 한번 더 했다. 그것 역시 대성공이었다. 지경이 이렇게 되자 밀양경찰서 서장은 경찰을 비상동원해서 골목골목 지켜 섰다.

그날은 시간이 되어 골목을 빠져 큰길로 접어들었다. 여기저기 시커먼 것이 서 있다. 경찰이다. 아무래도 위태롭다. 그러나 오기도 났다. 골목에 다시 들어가서 셋이 의논을 했다. 어쩔 것인가. 나는 결정할 수가 없었다. 이재우 동무와 나는 남자라서 잡혀 두들겨 맞아도 버티겠지만 정애 동무는 무작한 경찰에게 무슨 욕을 당할지 걱정이었다. 그렇다고 그만둘 수도 없다. 재우 동무도 같은 심정이었던 것이다.

"재구야, 어쩔래? 우리야 잡히더라도 정애는 안 된다 아이가."

"그래, 정애는 돌려보내자. 정애야, 너는 그만 가거라. 안 되겠다."

"너그 둘만 두고 나만 어째 가노. 나도 따라갈래."

"안 돼. 경찰이 쫙 나왔어."

"그러면 나는 멀리서 망이라도 볼래."

"안 돼, 골목에서 나오면 너는 잽혀."

"그래, 너는 여기에서 꼼짝하지 말어. 우리 둘이 끝내고 돌아올 때까지."

그리고 풀바께쓰를 들고 삐라 뭉치를 가지고 살금살금 나왔다. 일단 어둑한 구석에 한참 있었다. 이쪽저쪽 있던 경찰이 한데 어울려 무슨 이야기를 하는지 낄낄 웃으면서 이야기에 정신이 팔려 있다. 우리 둘은 그 틈에 살짝 골목을 빠져나와 건너편 골목으로 스며들었다. 저자 가게 빈터 그늘로 해서 저자를 지나오자 경찰서 정문 쪽은 조용했다.

등잔불 밑이 어둡다고 정문 맞은편에 그늘진 골목이 있었다. 막다른 골목이라서 거기에 들어가기엔 망설여졌지만 정문 맞은편에 벽보를 붙일 안성맞춤 자리가 있다. 우리 둘은 서로 눈짓을 하고 거기에 붙이기로 했다. 우리는 조용히 골목으로 들어갔다. 정문에 보초가 있었으나 문기둥에 기대고 있는 것이 조는 모양이다.

틈을 보다가 나는 풀비에 풀을 덤뻑 묻힌 뒤 그곳에 쓱쓱 두세 번 칠했다. 그리고 골목에 들어갔다. 약간 틈을 두고 재우 동무가 나와 벽보를 붙이고 골목에 들어왔다. 한참 있다가 골목 어귀에 나와 이쪽저쪽 살핀 뒤 재빨리 경찰서 옆 골목으로 들어섰다. 그런데, 골목어귀에서 무엇인지 시커먼 것이 둘이 나왔다. 서로 불의에 당한 일이라 놀라 멈칫 섰다. 똥바가지(당시 군정 경찰이 쓴 헬멧 모자를 우리는 똥바가지라고 불렀다)를 썼다. 경찰이다.

나는 소리를 쳤다.

"재우야, 뛰어라!"

그러면서 한 놈에게 풀통을 던졌다. 그놈은 풀을 통째로 함박 뒤집어썼다. 재우는 반대 방향인 읍사무소 쪽 길을 냅다 뛰었다. 함께 뛰다간 둘 다 잡힌다. 나는 경찰서 정문 앞을 지나 뛰었다. 정문 앞을 지나자 정문에 선 보초가 언제 잠을 깼는지 호루라기를 불었다.

"휙! 삐리릿!"

그러자 저자 골목에서 두 놈이 나왔다. 나는 앞뒤로 포위되었다. 뒤에 있던 놈이 나를 잡아 부둥켜안고 넘어졌다. 엎어진 등 위에 또 한 놈이 덮쳤다. 그만 나는 잡히고 말았다.


# 첫 유치장 살이

나는 세 놈에게 들려 경찰서 안으로 끌려갔다. 이재우 동무는 그 틈에 도망에 성공한 것 같다. 책상이 여기저기 놓인 작은 방에 들어갔다. 그놈들은 내 한쪽 손목에 수갑을 채우고 수갑의 다른 고리는 나무걸상 등받이 나무에 채웠다. 좀 있자 옷에 덕지덕지 풀을 묻힌 경찰이 들어왔다. 나를 보더니 다짜고짜 뺨을 때렸다. 그러곤 씩씩거렸다.

"이놈의 자슥, 와 해필 나한테 뒤집어씌우노!"

뺨을 맞아 얼굴은 얼얼했지만 풀을 뒤집어쓴 그자의 몰골에다 하는 말까지 우스워 빙그레 웃었다.

"야 이 자석 봐라, 웃어? 이 자석아, 여기가 어딘 줄 아노? 경찰서다, 이 씨발놈아! 허 이 자석 때문에 옷 다 버렸네. 아이구 속옷까지 풀이 묻었네."

이렇게 승강이를 한참 하고 있는 중 한 놈이 무슨 서류를 들고 왔다. 이름과 나이, 본적, 주소, 호주와 아버지 이름을 묻고 그 다음에 학교 이름, 학년을 물어 서류에 적은 다음 나갔다. 또 좀 있자 나이가 좀 든 자가 왔다.

나를 감시하던 놈이 모두 일어서서 거수경례를 했다. 간부인 것 같다. 당직 계장이란다. 그자가 나를 한참 내려다보더니 말했다.

"허 참, 쬐그만 놈이⋯⋯. 어서 집어넣어."

그러자 한 놈이 바지 주머니를 뒤적거리더니 쬐그만 열쇠를 내어 수갑을 풀고는 나를 일으켜 세워 유치장으로 데리고 갔다. 그놈은 경찰서 안 복도 마지막에서 왼편으로 꺾어 네댓 계단을 내려 문에 뚫린 눈높이에 난 조그만 창을 열고 "어이!" 소리를 쳤다. 곧 문이 열렸다. 유치장이다.

안으로 들어서니 경찰 한 놈이 입을 한껏 벌려 하품을 하고 나와서는 서류를 번갈아 보더니 한마디 했다.

"하이고, 요런 쬐그만 자석도 들어오나?"

그러고는 내 어깨를 잡고 복도로 갔다.

복도 양편으로는 굵다란 각목을 방안형으로 얽어놓은, 환히 들여다보이는 방이 죽 있었다. 그 안에는 사람들이 빼곡히 들어차 머리를 양 벽 쪽에 두고 다리를 서로 가운데 뻗어놓고 한잠이 들어 있었다. 아마 이때가 5시는 좀 넘은 것 같다. 방 안에 들어서니 사람들 발에서 나는지 이상한 고린내에다가 무엇이 썩는 것 같은 냄새가 났다. 그것이 바로 유치장, 감방 냄새인 것이다.

간수가 복도의 중간쯤 가다가 나를 세웠다. 그러곤 한 감방의 문을 커다란 열쇠로 땄다. '철컥' 하고 문손잡이를 돌려 문을 열었다. 그리고 안으로 들어가게 나의 등을 밀었다. 문에 들어서자 그때까지 생전 처음 맡는 독특한 냄새가 더 지독하게 풍겨 왔다. 방 안에 있는 죄수들이 꽉 들어차 누웠기에 겨우 발 딛고 설 공간밖에 없었다.

그러자 희미한 전등불에 50대쯤 보이는 사람이 꿈틀거리며 앉았다. 나를 보고 눈을 한참 끔벅이다가 한쪽 편을 가리키면서 말했다.

"학생인가 본데, 거기에 서 있지 말고 저쪽에 가서 앉지. 지금이 몇 시쯤 됐을까?"

"5시쯤 다 되어갈 겁니다."

"아직 일어날 시간이 멀었는데, 거기에서 눈이나 좀 붙이지."

"예."

나는 사람들이 서로 발을 놓고 있는 틈을 조심스럽게 디디면서 그가 가리킨 쪽으로 갔다. 거기에는 어떤 공간이 허리 높이인 가리개로 가리어져 있었다. 가리개와 반대쪽 벽 사이에 한 사람이 누울 공간이 있었다. 나는 그쪽 벽으로 갔다. 악취는 더욱 지독했다. 잡혀 끌려온 다음 그사이에 처음 당했던 긴장이 스르르 풀리자 악취도 잠을 못 당하는 듯 곧 잠이 몰아쳐 왔다. 아침 7시가 되자 복도에서 '꽥' 소리가 났다. 나는 영문도 모르고 놀라 눈을 뻔쩍 떴다. 그 소리는 복도에 있는 간수(유치장 근무자)가 지르는 소리였다.

"기상!"

모두가 일어나 덮고 자던 담요 쪼가리를 갰다. 방빗자루로 이리저리 쓸고 한참 소란이 일어났다. 그러고는 줄을 맞추어 앉았다. 나도 그 뒷줄 끝에 앉았다. 그러자 복도에서 구령 소리가 났다.

"일동 점검!"

절벅절벅…….

맨 첫 방에서 소리가 나기 시작했다.

"제1방 점검, 번호!"

"하나, 둘, 셋…… 열다섯, 이상 15명."

번호는 곧 다음 방으로 이어졌다. 그 소리가 점점 가까워졌다. 그러다 어제 저녁에 만난 당직 계장이 방 앞에 나타났다. 우리 방에서도 마찬가지로 번호를 부르자 지나갔다. 점검이 끝나자 내가 자던 발치에 놓인 나무 물통을 한 사람이 들고 문 앞에서 대기했다. 또 저 멀리 첫 방에서부터 '덜컥' 문 따는 소리가 났다. 한 사람이 나가면서 물통이 문설주에 부딪치는 '쿵' 하는 소리도 났다.

이윽고 우리 방에서도 문이 '덜컥' 열렸다. 한 사람이 신을 끌고 물통을 들고 나갔다. 그리고 한참 있다가 물을 긷고 오자 간수가 뒤따라와서 문을 잠갔다. 그동안 모두 용변을 차례대로 했다. 아침에 일어나 용변을 하는 것을 보고 가리개로 가린 곳이 변소라는 것을 알고 나는 아연했다. 내 차례가 되어 가리개를 열고 안으로 들어가 보았다. 바닥을 시멘트로 발랐는데 그 한복판에 기다란 네모꼴의 뚜껑이 있다. 그것을 열고 보니 구멍이 시커멓게 드러나고 구린내가 등천을 한다. 한 사람이 말했다.

"학생, 거기에서는 소변이고 대변이고 모두 앉아서 해야 하네. 오줌통이 가에 묻지 않도록 조심하면서 말일세."

"예."

나는 바지의 허리말을 풀고 엉덩이를 까고 앉았다. 모두가 한 차례씩 들어갔다 나오고 나니 할 일이 없었다. 모두 벽을 등지고 죽 둘러앉아 있다. 생전 처음 간 곳이라 어리둥절해서 처음은 사람들 얼굴을 마주 볼 엄두가 나지 않았다. 조용해지자 정신이 좀 들었다. 앉은 사람들을 죽 둘러보았다. 그런데 낯익은 중늙은이가 상좌에 앉아 있다. 박희병(朴熙秉) 선생이다.

나는 깜짝 놀라 그쪽을 보고 말을 건넸다.

"선생님, 박희병 선생님이 아니십니까?"

선생님은 나를 보더니 깜짝 놀라셨다.

"허 이 사람, 우정(于正) 선생 손자 아니가? 네가 웬일이고?"

"교장 배척운동을 하다가 벽보투쟁으로 잡혀 왔습니다."

“그래, 어디 이리 온나 보자.”

그 옆에 앉은 깡마른 청년이 옆으로 자리를 내주었다. 그 다음 옆에 있는 사람이 나를 힐긋 한 번 보더니 그 옆 사람을 밀어냈다. 그래서 차례차례로 옆으로 밀려가며 자리를 다시 고쳐 앉는다. 나는 미안한 생각이 들었다.

“아재들요, 괜찮습니다.”

그러자 마른 청년이 웃으면서 말했다.

“이리 오소. 우리야 그렇고 그렇지만 학생은 여기에 올 사람이 아니지.”

나는 미안하고 고마운 생각이 들어서 좀 주저했더니 박 선생이 말했다.

“이 사람, 이리 오게. 체면 그만하고.”

나는 일어나 선생님 앞으로 가 절을 했다. 그리고 선생님의 손길을 따라 곁에 앉았다. 원래 유치장 풍습은 신참은 언제나 변소 곁에 앉기로 되어 있다. 그런데 나는 박 선생님의 덕으로 그 곁에 앉게 되었다. 박 선생님은 그 방 사람들로부터 ‘좌상님’이라는 낯선 호칭으로 불리고 있었다. 말하자면 감방장이다.

“가만있자, 자네 이름이 무어제?”

“예. 재구라고 부릅니다.”

“그래, 재구라. 그저 연계소 안 선생님의 손자라는 것만 알지 이름은 처음이구나.”

이렇게 해서 박 선생님의 덕으로 낯설고 험악한 곳이지만 외롭지 않게 그대로 안착이 된 셈이다.

박 선생님은 부북면 ‘굴밭(구름밭-雲田)’이라는 동네에서 농사를 지으며 사셨다. 가세는 부자라고는 할 수 없지만 넉넉하고 식견도 한학과 신학으로 높아 고을 사람들로부터 존경을 받는 선비이자 유지이다. 해방 후 건준 때에 나의 할아버지와 같이 일했던 농민운동가이시다.

선생님은 중농이면서 토지개혁을 적극 주장했고 부리는 머슴들에게 후한 사람으로 알려졌다. 공출을 독려하러 나온 면서기가 농민들과 몸싸움이 날 때 면서기에게 야단을 쳤는데 이것을 농민을 선동했다는 죄로 몰고 잡아온 것이다. 죄명은 '공무집행방해죄', '포고령 위반죄', '공출령 위반죄' 였다. 그중 '공출령 위반'은 일제가 조선 농민을 수탈할 때 전쟁 중에 만든 악법이다. 군정청은 그 악법으로 농민에게 공출을 매기고 농민을 수탈했다.

"그래, 우짜다가 잡혀 왔노?"

박 선생의 물음에 답하느라 한참 이야기를 하던 중 복도에서 고함 소리가 났다.

"배식!"

예의 첫 방부터 문 따는 소리가 들렸고 밥 들어가는 소리가 '투닥투닥' 났다. 이윽고 우리 방에 수레를 끌고 왔다. 먼저 나무 도시락이 들어왔다. 그 다음 방에서 나무 국통을 내자 거기에 수레에 실은 큰 국통에서 시커먼 국물을 쪽박으로 퍼준다. 이것을 방 안에 있는 나무 국그릇에 나누어 부었다. 나무 도시락에는 납작보리쌀[5]로 지은 보리밥이 담겨 있는데, 보리 알갱이가 덜 퍼져서 따로따로 놀고 모래알 같았다. 그 도시락 밥에 찬은 '다꾸앙' (요즘 단무지라고 부르는 노란 일본 무김치) 다섯 조각, 멸치 대가리가 태반인 멸치무침이 나왔다. 짜기가 소태 같다. 국은 무청 국이다. 소금을 넣고 끓인 것으로 빛깔이 시커멓다.

나는 사람이 먹는 것은 무엇이나 다 잘 먹지만 이것은 사람이 먹으라는 인정이 전혀 보이지 않은 먹거리였다. 나무 도시락을 입에 대고 젓가락으로

---

5) 압맥(壓麥)–보리를 납작하게 눌려 두 벌 삶지 않고 바로 밥을 지을 수 있게 만든 보리쌀.

입에다 쓸어 넣고 씹어보았다. 납작보리쌀이 뜬 것같이 군둥내가 났다. 그 냄새를 가시기 위해 국그릇을 입에 대고 한 모금 마셨다. 이번에는 고린내 가 났다. 내가 밥그릇을 놓고 들여다보고 있으니 그 깡마른 청년이 웃으면 서 말했다.

"이 사람, 누구나 처음은 다 그렇다네. 그래도 며칠 지나고 나면 군둥 내 나는 밥도 단맛이 나고 고린내 나는 국도 구수한 맛으로 바뀐다네. 그때 까지 참고 밥알을 오래오래 씹어보게. 단맛이 날 테니."

모두 열심히 먹고 있는데 나 혼자 밥투정을 하는 것 같아 미안한 마음 이 들었다. 억지로 반을 먹었다. 박 선생님은 그것을 다 자셨다. 그리고 나 를 보고 말했다.

"그래도 반은 먹으니 되었구나. 대개 하루쯤은 못 먹고 굶던데."

그러면서 곁에 말끔한 얼굴을 한 사람을 보고 웃으시며 말하셨다.

"이 사람도 그렇게나 못 먹고 이틀을 지나더니 이제는 남이 남겨놓는 도시락까지 싹 비운다네. 너무 영양이 없어서 내가 사식을 세 사람분 받고 있는데 조금 있으면 들어오니 자네도 그때 조금 더 들도록 하지."

말이 채 끝나기도 전에 복도에서 소리가 났다.

"사식 패통!"

문 곁에 있는 사람이 문에 달린 나무로 된 누르개를 툭 친다. 그러자 나 뭇조각이 툭 떨어져 팔뚝처럼 나온다. 이 장치가 패통이다. 감방에 있는 구 금자가 바깥 복도에 있는 간수에게 알릴 일이 있거나, 간수가 누구를 찾을 때 이 패통을 쳐서 응답한다. 그래서 사식 받을 사람이 있다는 신호로 패통 을 친 것이다.

'털컥.'

그러자 어떤 아재가 문 밑으로 난 식구통을 열고 사식을 넣는다. 사식이라는 것을 보니 제법 반찬이 갖추어져 있다. 국도 고깃국이며 전갱이 자반도 손바닥만 한 것이 놓여 있다. 이제 관식을 막 먹은 다음이라서 그대로 있는 빈 나무 도시락 그릇에 식사반장이 고루고루 나누어주었다. 모두 맛있게 먹는다. 박 선생님도 자기가 산 것이지만 똑같이 나누어 자신다. 그리고 설거지를 하고 방바닥을 말끔히 닦으니 할 일이 없다.

바닥은 널마루로 되어 있다. 거기에는 여기저기 무엇으로 긁었는지 고누도 그려져 있고 장기판도 그려져 있으며 바둑판도 그려져 있다. 감방의 죄수들은 할 일이 없는지라 그 그려진 판을 가운데 두고 종이 환으로 만든 새까만 것과 잿빛 나는 것으로 고누를 두면서 소일을 했다.

## 회유와 욕설

그날 오전에는 아무 기척도 없었다. 오후 점심을 먹고 좀 지나자 간수가 와서 문을 따고 소리를 쳤다.

"안재구, 나와!"

나가 보니 곁에는 나이가 어린 순사가 나를 발끝에서 머리끝까지 힘 준 눈으로 한 번 훑고선 날선 목소리로 소리친다.

"따라와!"

그를 따라 나갔다. 그는 나를 데리고 한 방으로 들어갔다. 방에는 책상 하나가 달랑 놓여 있었다. 그 안쪽에 자리해서 앉아 있는 사복형사 앞으로 가 거수경례를 하고 말했다.

"김 형사님, 데리고 왔습니다."

김 형사라는 자는 나를 데리고 온 순사에게 짧게 대답했다.

"응, 알았어, 나가 봐."

그 젊은 순사가 나가자 책상 앞에 서 있는 나를 한참 아래위로 몇 번이나 훑어본다. 그러더니 금세 웃는 모습으로 친절한 어조를 띠고 말한다.

"거기에 앉지."

나는 맞은편에 놓인 나무 걸상에 앉았다.

"지난밤에 좀 잤나? 공부하는 학생이 고생이 많겠구나. 무어 오늘은 별것 아니고 잠시 네게 물어볼 말이 있어서. 그런데 말이야, 새벽에 경찰서 앞에서 삐라 붙이다가 잡혔다고?"

"……."

"그 삐라가 교장 배척 삐라라고?"

"예."

"이 사람아, 와 교장 배척을 했노?"

"교장이 지난 메이데이 기념식에 학생들이 참가했다고 그 주모자라면서 많은 학생을 퇴학시키고 정학시키고 해서 교장 배척을 하게 되었습니다."

"교장이 나가지 말라고 했다면서? 그런데 와 나갔노?"

"교장이 못 나가게 했지만 밀양 사람치고 안 간 사람이 없을 만치 다 거기에 갔고, 거기에 가는 것이 나쁜 짓을 하는 것이 아니기에 학생들도 제가끔 개인적으로 나갔습니다. 거기에 나간 것이 무엇이 잘못됐습니까?"

"응, 그래그래. 그것은 우리 경찰이 알 바 아니지. 그건 네가 잡혀 온 일이 무슨 일로부터 시작된 건지 알아보려고 물어본 것이고. 그런데 삐라는 와 붙이고 다녔노?"

"교장이 그 일로 학생들을 마구 퇴학시킨 일이 정당하지 않다고 생각해서 학생들이 따지기 위해 만나자고 했습니다. 하지만 교장은 만나주지도 않고, 만나달라고 학교에서 밤새워 기다려도 소식이 없었습니다. 그래서 우리가 당한 억울한 사정을 사람들에게 알리려고 삐라를 만들어 붙였습니다."

"그런데 삐라는 어디에서 만들었노?"

이자가 이제 본격적으로 물어왔다. 나는 마음속으로 단단히 다짐했다. 절대로 말하지 않겠다고.

"재구, 사건을 매듭지으려면 처음부터 끝까지 다 말을 해야 되지 않겠나. 무어 대단한 사건도 아니고 하니 어디서 만들었다고 해도 아무 일 없다. 그라이 죽 말해 보거라."

"그건 말할 수 없습니다."

"그래, 말 안 해도 좋다. 그러면 누구하고 삐라를 만들었노?"

"……."

"무어 그 사람들을 잡을라꼬 카는 게 아이다. 니가 삐라를 붙이는 것을 보고 나니 그저 조사하고 물어볼라고 데리고 온 거 아이가. 야, 이 사람아, 조사 일찍 끝내고 집에 빨리 가야지. 어른들이 걱정하실 터인데."

아주 살살 달랜다. 나는 '네놈한테 그런 사탕발림으로 속을 내가 아이다' 라고 속으로 픽 웃는다는 것이 밖으로 '흥' 소리를 내고 말았다. 그러자 이놈은 금방 얼굴이 험해지더니 또 금방 지우고 미소를 짓는다.

"야, 그렇게 웃지 말고 빨리 끝내자. 나도 일이 많이 밀리고 있다. 빨리 끝내고 나서 너를 집으로 보내고 밀린 일을 해야지."

이놈은 나를 어린아이로 알고 또 집으로 곧 돌려보낸다면서 알랑방귀를 뀐다. 살살 달래어 말을 하게 한 다음 차츰 파고들어 배후를 캐려는 심사였다. 나는 묵묵부답했다. 얼굴도 아예 다른 곳으로 돌렸다. 그러자 이놈이 화가 났다. 나는 어떤 일이 있어도 나 혼자서 뒤집어쓰고 동무들을 절대로 팔지 않겠다고 속으로 거듭거듭 다짐했다. 그래서 나는 얼굴을 똑바로 들고 그놈을 보면서 말했다.

"내 혼자 했소. 풀도 집에서 내가 끓였고 삐라도 우리 집에서 내가 썼소. 삐라 글씨는 전부 내 글씨요. 지금 내가 붓으로 써보면 알 것 아니오."

이 소리를 듣자 이놈은 얼굴이 점점 험상궂어졌다. 그러더니 소리를 꽥질렀다.

"이 자슥 봐라. 쬐그만 놈이 나를 가지고 놀아? 어이 재구, 다시 묻겠는데 어디서 누구하고 삐라를 만들었는지 말해. 아니면 집에 못 가!"

그리고 한참 있더니 이번에는 사정 조로 말한다.

"삐라 붙인 게 무슨 큰 죄라고. 어른들 같아도 구류나 며칠 살면 끝나는데. 서장님이 너는 어린 학생이고 해서 알아보고 곧 돌려보내라고 했다. 어서 말하고 집에 돌아가거라."

"형사 아재요, 참으로 딱하요. 내가 다 했다고 하지 않습니까. 삐라를 만들어 붙인 사람이 나라는데 왜 엉뚱한 사람들을 자꾸 묻습니까?"

이렇게 계속 승강이를 하자 마침내 이놈은 화가 잔뜩 났다.

"야 이 자슥아, 니가 경찰서 맛을 아직 못 봐서 그런 모양인데. 어린 학생이라고 대접을 해주니 나를 깔보고 있구나, 이 씨발놈의 새끼가!"

기어이 쌍욕이 나왔다. 나는 어른들로부터 이런 욕을 듣는 일이 처음이다. 그래서 화가 잔뜩 나서 그놈을 노려보았다. 그러자 그놈은 일어서더니 내 곁으로 와서 제가 지를 수 있는 최대의 큰 소리로 고함을 질러댄다.

"야 이 씨발놈의 새끼야, 니가 꼬나보면 어쩔 끼고. 니가 언제까지 버티나 두고 보자."

이놈이 지른 큰 소리는 복도 밖까지 들렸다. 지나가던 형사가 미닫이를 열고 얼굴을 내민다. 그리고 들어와서 내 등 뒤에서 제 얼굴을 들이밀고 나를 내려보았다.

"지난밤에 간땡이가 부은 학생 놈이 경찰서 앞에 삐라를 붙이는 걸 잡았다고 하더니 이놈아가?"

또 한 형사가 들어오더니 나를 조사하던 김 형사를 보고 빙그레 웃으면서 말했다.

"그놈아가 안병희 손자라던데. 이 자슥아, 니가 달랜다고 그리 쉽게 게워내겠나."

나를 조사하던 김 형사는 창피해서 죽겠다는 듯이 얼굴이 벌게졌다. 아마 김 형사는 형사 중에 하빠리인 것 같았다.

"어이 박 순경, 이 자슥 얼른 집어넣어!"

나를 데리고 온 순사가 들어와 나를 일으켜 세우고 "가자"라고 했다. 나는 그 순사를 앞서 걸어 유치장으로 들어왔다. 들어오자 간수가 따라오더니 서류 한 장과 인주를 내밀고 도장을 찍으란다. 서류를 보니 사식 접수 중이었다. 할머니가 경찰서에 와서 사식을 신청하신 것이다. 지금 집에는 끼니를 잇지 못해 할머니가 애를 쓰고 있는데 손자 구메밥 먹는다고 생돈까지 쓰시게 하다니. '집에 연락할 길이 있다면 이곳 밥도 먹을 만하니 사식 넣지 마시라고 할 텐데'라고 생각하자 눈물이 났다. 그 눈으로 감방에 들어오자 방 안 사람들은 내가 얻어맞아 우는 줄 알고 안됐다는 눈으로 말한다.

"이 사람, 그놈들한테 맞았나?"

나는 억지로 웃으면서 대답했다.

"아니요, 맞기는요."

밖에서 볼 때는 감방 안에 있는 사람들은 죄인이라 무섭게 생각되었는데 이제 보니 보통 사람처럼 따뜻한 마음을 가진 줄도 알게 되었다. 그래서 나는 정다운 얼굴로 이들에게 웃으면서 농조로 말했다.

"아재들요, 세상 어느 놈이 나를 때리겠소."

감방으로 되돌아오니 해는 서녘으로 썩 기울었다. 그러나 해질녘은 멀었다. 해가 아직 중천에 떠 있는데도 '배식!'이라는 소리가 들렸다. 오후 5

시다. 저녁밥은 10여 명이 관식에다 사식을 내 것까지 해서 4인분을 더 보태 먹었다. 모두 다 만족한 듯했다. 저녁식사를 마치고 그릇을 부시고 물을 한 통 받아놓고 나면 곧 저녁 점검이다. 그러면 그날 하루는 끝나는 셈이다.

저녁 8시까지 희미한 전깃불 밑에서 이런저런 이야기를 하는데 복도 쪽에서 '취침!'이라는 구령이 났다. 각 방마다 약간의 소란이 있고 조용해진다. 당시는 전력이 부족해서 정전이 잦았다. 전기가 나가면 방 안은 먹물처럼 어둡다. 간간이 간수의 불빛이 비치기도 하지만 나무 격자 너머 아주 희미한 먼 촛불 빛이 있을 뿐이다.

나는 박희병 선생님 곁에 누워서 희미한 전등불만 쳐다보았다. 초저녁 잠이 별로 없는 나는 밖에선 책을 늦도록 보았는데 감방에 책이 없어서 그저 눈만 멀뚱거리며 잠을 청해 보았다. 하지만 잠이 오지 않는다. 박 선생님도 잠이 안 오시는 모양이다. 이미 다른 사람들은 잠이 든 것 같다. 고른 숨소리만 들린다. 그래서 우리 둘은 아주 작은 소리로 이런저런 이야기를 했다.

"재구야, 지금 한창 공부할 나이인데 이제 퇴학까지 맞았으니 어떻게 할래?"

"예, 이제 저는 학교 공부는 안 될 것 같습니다. 집안 형편도 말이 아니고, 설사 어떤 학교건 들어가도 학생들이 조용히 책만 보도록 하는 세상은 아니기도 하고요. 어디 공부라는 게 학교를 다녀야만 할 수 있는 것도 아니잖습니까."

"그래, 네 말도 일리는 있다만. 너무 걱정하지 말거라. 늘 세상이 이렇기야 하겠나. 나라가 서고 사회가 안정되면 공부할 아이들은 학교에 갈 끼고."

"예, 나라가 없으면 공부를 해도 남의 종살이만 하겠지요. 하루속히 인민정부가 들어서서 모든 사람이 마음 놓고 제 할 일을 열심히 할 수 있는 세상이 되어야지요. 그때는 선생님 말씀대로 공부하는 게 우리들 일이겠지요."

"그래, 농민들은 왜놈 같은 놈들에게 공출로 **빼앗기지** 않고 살면 일할 맛도 나고 더 열심히 농사를 짓겠지."

퇴학 맞은 나를 걱정하시는 말이 점차 세상 이야기, 농민 이야기로 이어졌다.

## 비행기 고문

그러는 중 10시 통행금지 사이렌이 울린다. 그 소리는 밖에선 먼 소리로 들려서 어쩌면 낭만스럽기까지 했는데, 울리는 사이렌 바로 밑에서 듣게 되니 창문까지 울려 우악스럽기 그지없다. 둘은 바로 누워서 다시 잠을 청했다. 통행금지 사이렌이 울리고 얼마 안 되어 밖에서 유치장 문을 덜컹 여는 소리가 고요한 복도를 울렸다. 그러곤 저벅저벅 구두 소리가 나더니 바로 우리 방 앞에 멎고 문 따는 소리가 철커덕 들렸다. 순사 하나가 얼굴을 쑥 밀고 말했다.

"안재구, 나와!"

나는 옷을 주섬주섬 입고 나갔다.

순사는 나를 앞세워 나갔다. 나는 오후에 조사받던 곳으로 무작정 갈 수밖에 없었다. 그쪽으로 가는 복도에 들어서자 순사는 구령 조로 명령한다.

"아니야, 오른쪽으로 가!"

나는 뒤로 힐끗 한 번 보고 명령대로 오른쪽으로 돌아 바로 앞에 난 계단을 내려갔다. 안에서 불빛이 나오는 방이 있었다. 문이 열려 있기에 그냥 들어갔다. 방에 들어가 주변을 둘러보니 바닥은 콘크리트로 되었다. 벽은 나무판자 벽인데 무엇인지 모르는 것들이 주렁주렁 걸려 있다. 가죽인지 고무인지 모를 기다란 것이 벽에 친 굵다란 못에 걸려 있다. 섬뜩하고 기분 나쁜 방이다. 방은 반지하실이다.

나를 데리고 온 순사는 나를 벽 쪽으로 밀어붙이더니 웃옷을 벗겨 저만치 내던졌다. 그러고는 벽에 걸려 있는 군고구마 굽는 아저씨들이 쓰는 벙어리장갑을 벗겨 내 손에 끼웠다. 그 다음 벽에 걸려 있는 굵다란 포승을 끌러 벙어리장갑을 낀 두 손목을 뒤로 돌려 결박했다. 또 포승으로 허리와 팔꿈치 위 팔뚝을 감고는 허리와 가슴을 몇 번이나 감아 묶었다. 그리고 천장에 매달린 기다란 밧줄 끝에 있는 고리에 나를 묶은 포승 끝을 끼워 묶어 놓았다. 그 다음 나의 발목에 두터운 걸레쪽 같은 것을 감고 발목을 모아 감아 꽉 묶었다. 그리고 벽에 세워 벽에 있는 고리에 나를 묶은 포승을 걸어 당겨 나를 꼼짝도 못하도록 해놓고는 아무 말 없이 휙 나가 버렸다.

나는 어마지두에 당한 일이라 넋이 나가 버렸다. 그놈이 나가자 나는 비로소 정신이 들었다.

'아! 이제는 당하는구나.'

겁이 났다. 실로 어린 나에게는 엄청난 공포였다. 그러면서 한편 오기도 났다.

'그래, 이놈들, 어디 한번 해보자!'

마음을 그렇게 다잡아 먹으니 가슴 저 밑에서 따뜻한 무엇이 치밀어 나오는 듯했다. 그리고 마음이 한없이 평온해졌다. 나를 데리고 온 순사가 나간 지 얼마 안 되어 계단을 내려오는 소리가 들렸다. 그 순사와 함께 앞서 한 놈이 들어왔다. 나는 숙였던 얼굴을 들고 똑바로 보았다. 바로 그놈이다. 손기용 선생님을 잡아가던 형사 정해돈이다.

정해돈은 벽의 고리에 걸려 있는 내 앞에 섰다. 다짜고짜 제 놈이 신은 슬리퍼 한 짝을 벗더니 나의 양쪽 뺨을 사정없이 때렸다. 아무 말도 없이 그저 때리기만 했다. 나는 뺨을 맞는 데는 이미 이골이 나 있었다. 왜놈 때는 왜놈 선생에게 많이 맞아봤다. 그런데 이놈은 그것보다 훨씬 더하다. 그래도 이를 꽉 물고 맞았다. 이윽고 입에서는 피비린내가 났다. 입안이 터져 피가 목젖을 넘어갔다. 코피도 터졌다. 처음은 그대로 넘겼지만 차츰 입안에 고였다. 자꾸 맞는 가운데 피는 더욱 많이 나왔다. 숨결도 급해졌다. 그래서 숨을 내쉴 때 입안에 고인 피도 함께 뱉어냈다. 에라 모르겠다.

"푸앗, 푸앗!"

뱉은 피는 그놈의 얼굴에 튀었다.

"어! 이 자슥 봐라. 이 씨발놈의 자슥, 쪼한만 놈이 일부러 이러는거 아이가?"

"어이, 이 순경, 이 자석 입을 수건으로 묶엇!"

"예!"

순사는 걸레쪽 같은 수건으로 내 입을 막아 뒤로 묶었다.

그리고 때리던 일이 지겨워졌는지 그놈은 내 앞에 멀찌감치 놓인 책상으로 가서 걸상에 앉았다. 때리는 데 힘이 들었는지 놈도 숨을 씩씩거렸다. 그대로 나를 세워둔 채 그놈이 말을 걸어왔다.

"야, 이 자슥아. 아까 낮에 곱게 이야기할 때 다 털어놨으면 이렇게 안 당하지. 안재구 이 자슥아, 이제 경찰서 맛이 어떤지 알겠나. 그쯤 맛 봤으니 이제 털어놔 봐. 나도 어린놈 때리는 걸 좋아하는 사람이 아니야. 어이, 술술 불고 빨리 끝내자. 우리가 니한테 우짤 끼고. 삐라 붙이라고 한 사람이 누구고? 그리고 어디서 삐라를 만들었노? 또 누구하고 만들었노? 어서 말하고 들어가거라. 그러면 내일 집에 보내줄게."

이놈은 나의 입을 수건으로 틀어막아 놓은 채 똑같은 소리를 수없이 주절댔다. 그리고 담배를 한 가치 피우고 제 손으로 입을 틀어막은 수건을 풀어주었다. 힘이 빠져 밑으로 숙여진 나의 얼굴을 턱을 받쳐 들고 그놈이 말했다.

"이제 이야기할 거지? 이야기한다면 묶은 거 풀고 책상 앞에 가서 조서를 꾸미자, 응?"

나는 대답을 안 했다. 그러자 그놈은 재차 턱을 받쳐 들고 재촉했다.

나는 그놈 얼굴을 보고 말했다.

"보소, 나는 낮에 다 말했소. 삐라는 내 혼자 만들었고 내 혼자 붙였소. 낮에 다 이야기했소. 더 이상 할 말이 없소."

"어이, 그러지 말고 속 시원하게 다 불어버려. 그러면 니 속도 편할 끼다. 남 애태우지 말고 어서 말해."

"……."

더 이상 나는 대꾸를 하지 않고 얼굴을 돌려버렸다. 결국 이놈은 화가 잔뜩 났다.

"허어, 이 자슥 봐라. 이제 말대답도 안 하네. 아이라고 봤다간 큰일 나겠다. 오야, 이 씨발놈아, 그렇다면 니가 죽어 나가지 별수 있나!"

"어이, 이 순경, 이놈아 비행기 태워!"

그러자 이 순경이 내 곁에 와서 등 뒤에 고리에 걸어놓은 것을 풀더니 나를 방 가운데로 밀었다. 발목이 모두 감겨 있는지라 방바닥에 내동댕이 쳐졌다. 이 순사 놈이 벽에 있는 손잡이를 휘휘 돌려 천장에 매달린 밧줄을 감아 올리자 나는 일으켜 세워졌고 공중에 매달리게 되었다. 겨우 발끝이 땅에 닿을 만치 매달았다.

그러자 정해돈은 나를 빙그르르 돌렸다. 나는 본능적으로 발을 땅에 대어보려고 했다. 그러면 저절로 용을 쓰게 되어 그 힘이 팔에 어깨에 미쳐 가슴까지 빠개지는 듯했다. 얼굴은 시뻘겋게 되었다. 목의 핏줄은 불거져 나왔다. 나중에는 눈앞이 부옇게 되었고 의식이 몽롱해졌다. 그러면 줄을 내려준다. 발바닥이 땅에 닿았다. 숨결이 펑 소리가 나게 틔었다. 이것을 몇 번이나 반복했다. 수없이 맞는 따귀의 고통은 아무것도 아니다.

몇 번인지 돌자 나는 거의 탈진이 되었다. 나중에는 발바닥이 바닥에 닿아도 깨닫지 못했다. 마침내 의식을 잃었다. 무슨 꿈인지 아리송한 가운데 누가 얼굴을 흔드는 기척에 정신이 돌아왔다. 어디 진구덕에 빠져 허우적거리다가 겨우 어디를 잡은 것 같은 느낌이었다. 그도 그럴 것이 방바닥은 물로 흥건하고 나는 그 가운데 완전히 널브러져 있었다. 내가 기절을 하자 양동이에 있는 물을 뒤집어씌웠던 것이다.

정신이 돌아오자 순사 놈은 묶은 것을 모두 풀기 시작했다. 그래도 나는 일어설 수 없었다. 정신이 좀 들어 주변을 둘러보았지만 정해돈은 없었다. 순사 놈은 널브러진 나를 이리저리 굴려 포승을 풀면서 계속 욕질이었다. 나를 보고 하는 욕은 아니었다. 고문하는 뒤치다꺼리에 화가 난 것 같았다. 다 풀고 나자 나를 일으켜 세웠지만 나는 그대로 쓰러졌다. 몇 번을 일으켜 세워보았지만 허사였다. 나는 오금이 펴지지 않아 그대로 쓰러지기만 했다.

"씨발, 비행기를 태워도 적당히 해야지. 영 못 걷잖아. 에이 씨발, 안되겠다."

순사 놈은 투덜거리며 나갔다가 잠시 후에 순사 하나를 더 데리고 와서 나의 양쪽 어깻죽지를 하나씩 걸고 일으켜 세웠다. 그래도 나는 걸을 수가 없었다. 거의 세 시간 동안 비행기를 탔으니 완전히 탈진했던 것이다. 결국 나는 질질 끌려 유치장으로 갔다. 감방으로 끌고 가서 문을 따자 자는 사람들이 모두 깼다. 모두들 끌려오는 나를 보고 놀랐다. 나는 감방 한가운데 완전히 해파리처럼 퍼졌다.

"이 사람 재구, 우째 됐노?"

박희병 선생은 내 머리를 자기 무릎에 두고 들여다보았다. 곁에서 누군가 말했다.

"이놈의 손들, 아이를 완전히 걸레로 만들었네!"

박 선생은 내 얼굴을 흔들면서 애타게 말했다.

"재구 이 사람, 정신 차리게."

나는 박 선생님을 보고 마음이 놓여 편안해졌다. 그리고 빙그레 웃었다.

"선생님, 괜찮습니다. 비행기를 하도 많이 타서 걸을 수 없지만 자고 나면 낫겠지요. 걱정하지 마이소."

"오야, 알겠다. 기운 내거라."

나를 다독인 박 선생님은 주의 사람들에게 일렀다.

"오늘 밤은 천상에 똥찜을 써야 하겠네. 그래야 내일에는 거뜬히 일어나지. 이 사람들아, 똥통 위에 담요를 깔아라. 자네, 오늘은 거기에서 자게."

똥통인지 무언지 아무 생각 없이 드러누웠다. 스르르 잠이 퍼붓듯이 온다. 나른하고 편안한 잠이었다. 그 다음부터 하루 걸러 고문을 당했다. 세 번째부터는 꾀도 나왔다. 맞을 때 그리고 물을 먹일 때 빨리 정신을 잃어버리는 것이 가장 편하다는 것도 알았다. 특히 맞을 때는 힘을 완전히 빼버리면 그저 퍽퍽 소리만 나고 아픈 감각은 남지 않는다는 것도 알았다. 이렇게 근 열흘을 당했다. 결국 그들은 나로부터 아무것도 얻은 것이 없었다.

5월 하순에 들어서자 미·소 공동위원회가 속개되었다. 미·소 공동위원회가 속개되자 소련 측 대표는 제일 먼저 정치범 석방을 요구하고 나섰다. 이리하여 미 군정은 많은 정치범을 석방하게 되었다.

당시 밀양경찰서는 나를 소년원에 송치하려고 했지만 나는 아직 만 14세 전이라 송치할 수 없었다. 나를 고문해서 손기용 선생을 비롯해서 많은 민주인사를 연루시켜 사건을 확대하려 했지만 그것마저 실패했다. 정치범 석방이 있자 그날로 박희병 선생은 석방되어 나가셨다. 그러나 나는 내보내지 않았다. 의사를 불러 진찰을 하고 타박상을 없애기 위해 약을 바르고 먹이고 법석을 떨었다. 이 바람에 할머니는 아침부터 밀양경찰서에 와서 야단을 쳤다. 멍 자국이 어지간히 가셔지자 이틀 후에 석방했다. 18일간이었지만 몇 달이나 된 것 같은 느낌이 들었다.

이때 밀양경찰서장은 박찬현이다. 학병을 자원해 나갔던 청도의 지주 아들이다. 나중에 박정희 유신정권 때 유정회 국회의원도 했고 문교부 장관도 했다.

## 김정애 형수님

유치장을 나오자 할머니가 옷을 가지고 오셨다.

"이놈아, 고생 많았제."

"할매, 할배는?"

"오냐, 할배는 잘 계신다. 요즘은 많이 바쁘신 것 같더라. 오늘 네가 나온다는 말을 듣고 아마 일찍 들어오실 게다."

"할매 할배. 나 때문에 걱정 많이 했제?"

"그래, 이놈아. 손자라는 게 벌써부터 감옥소 신세 지고 있으니 오죽하겠나. 그래도 니가 어른처럼 의젓하게 처신했다는 소문을 듣고 얼마나 마음이 놓였는지 모른다. 우리 손자가 벌써 어른 다 됐다 아이가."

"할매, 그런데 여기 밥도 먹을 만한데 와 사식 넣고 그랬노. 할매 애쓰시는 것 생각하면……."

나는 말을 끝까지 못하고 그만 얼굴을 돌렸다.

"아이고, 우리 손자, 효심도 어른이네. 이놈아, 너를 구메밥 먹이고 어찌 잠이 온단 말이고."

조손간의 말을 들으며 곁에서 석방 수속을 하고 있던 노 형사가 끼어든다.

"이렇게 착한 아이를 감방살이를 시켰으니 법이 무엇인지. 죄가 다른 기 아니고 바로 법이 죄로구만. 재구야, 우리 경찰이 니게 참 못할 짓 했다. 그동안 고생한 건 다 잊어버리고 공부 열심히 해서 나라를 위해 일을 많이 하거라. 너를 감방에 두고서 우리들도 말이 많았다. 어린아이가 어디 그처럼 중심이 있는가고 말이다. 어른들도 견디기 어려워 손들고 마는데. 다른 아이들 같으면 어리광이나 할 나이 아이가. 아주머니, 참말로 미더운 손잡니다."

노 형사는 해방 후 경찰 모집에 들어온 사람으로 밀양경찰서에서 마음씨 좋은 형사라고 알려진 사람이다. 그는 언제나 갈등 속에 지냈는가 보다. 내가 잡혀 들어가자 즉시 우리 집에 알려주었고, 내가 정해돈의 손에 엄청 당했다는 소식도 전해 주었다고 했다. 이 노 형사는 엄청난 탄압 시기에 더 이상 견딜 수 없어 경찰을 그만두었다고 한다.

유치장을 나온 다음날 나는 말수 형의 집으로 갔다.

"말수 형, 내가 왔어."

내가 부르는 소리에 작은방 큰방 문이 한꺼번에 열렸다. 반가운 어머니와 작은형수의 모습이 나왔다.

"아이고, 재구가 왔구나. 그동안 고생 많이 했제."

"재구 대렴(도련님), 얼마나 고생을 했는 기요."

두 분에게서 한꺼번에 똑같은 말이 나왔다.

어머니는 마루로 나와 나의 손을 잡고 이끈다. 내가 건넌방의 큰형수님 방으로 가려고 하자 어머니는 나를 못 들어가게 말렸다. 바깥의 어수선한 분위기로 내가 온 것을 알고 방 안에서 큰형수님의 말소리가 들렸다. 잔기침 소리가 몇 번 나더니 이내 큰형수님이 말했다.

"재구야, 이 방에는 들어오지 말거라. 네가 그 고초를 겪고 와도 내가 나가 맞을 수가 없구나. 얼마나 고초를 당했노. 내 병이 병인지라 특히 어린 너그들에게는 더욱 조심을 해야 하는 기라. 그래, 반가워도 너를 덥석 안아줄 수도 없네. 어떻노? 몸은 건강하나? 집에서 몸조리를 잘하도록 하거라."

큰형수님의 결핵이 심해졌나 보다. 병든 몸으로 여성동맹을 꾸려나가느라고 무리를 한 때문이리라. 여성운동은 농민이 대부분인 당시의 조건에서 농민운동과 겹쳐 있기 때문에 아픈 몸을 이끌고 농촌으로 많이 다녔다. 결국 병이 도져 각혈을 몇 번인가 했다고 한다.

앞에서도 밝혔지만 김정애 형수님은 말수 형의 맏형수이다. 남편은 박석정이라고 하는 분으로 동요 작가이다. 해방 후 이북으로 가서 예술가동맹에서 일한다고 들었다. 형님은 일제 때 우리 소년들에게 조선의 얼을 노래에 담아 《샛별》이라는 소년잡지를 만들던 분이다. 4·6판의 조그만 월간 잡지인데 50~60쪽쯤 되었다. 일제의 조선어 말살정책으로 1930년대 후반에 강제 폐간당했지만 마침 끝에 할배 집에 그 잡지가 빠짐없이 있어서 내가 애독했다.

거기에 노래도 담겨 있어서 어릴 때 많이 불렀다. 그중에서 〈조선의 아들〉이라는 노래를 잘 불렀다. 해방되고 얼마 안 돼 말수 형 집에서 수건놓기[6]를 하면서 놀다가 내가 벌로 노래를 불러야 했다. 그때 내가 이 노래를

---

6) 아이들이 빙 둘러앉아서 술래가 손수건을 가지고 그 뒤를 돌다가 한 사람의 등 뒤에 몰래 놓고 한 바퀴를 도는데 그 아이에게까지 오도록 모르면 그 아이의 등을 두드리고 잡는다. 그러면 그 아이가 술래가 되어 앞선 술래처럼 수건을 가지고 돈다. 술래가 수건을 놓고 그 자리까지 오기 전에 등 뒤에 수건을 놓은 것을 알아차리면 그 수건을 가지고 뒤따라 도는 술래가 되고 앞 술래는 그 빈자리에 앉는다. 술래가 한 바퀴 돌기까지 등 뒤에 수건이 놓인 줄 모르고 그냥 앉아 있다가 잡히면 벌을 받게 되는데 노래를 부르기도 하고 동화 이야기를 하기도 한다. 우리들이 어릴 때 소풍놀이나 집안의 여러 아이가 놀 때 수건놀이를 자주 했다. 어른들도 우리들의 이 놀이를 아주 좋아하면서 그 재롱을 구경하였다.

불렀더니 형수님은 반가워하면서 말했다.

"재구야, 그 노래를 어디서 배웠노? 참 오랜만에 듣는구나."

"형수요, 우리 집에《샛별》잡지책이 있는데 거기에서 배웠어요."

"그래, 맞다. 끝에 대렴의 큰형님이 그 잡지를 만들었지. 네가 그 노래를 부르니 그때 생각이 나는구나. 어디 다시 한 번 불러봐라."

피도 조선 뼈도 조선 이 피 이 뼈는
살아도 조선 죽어도 조선 내 것이로세
에야데야 우리는 조선의 아들
두 팔 걷고 내달을 조선의 아들

백두산에 뛰어올라 고함을 치면
삼천리 방방곡곡 울려오누나
에야데야 우리는 조선의 아들
두 팔 걷고 내달을 조선의 아들

동해물에 뛰어들어 물쌈을 하면
가는 뼈가 마디마디 굵어진다네
에야데야 우리는 조선의 아들
두 팔 걷고 내달을 조선의 아들

형수님은 그 노래를 함께 부르면서 눈을 멀리 두었다. 아마 이북으로 간 큰형님을 생각하시는 것 같다. 형수님은 일제 말기에 조선 지식인을 친일문인으로 만들기 위해 그 난리를 칠 때 숱한 고생을 했다. 해방이 되어 큰

형님이 이북으로 갈 때 맏며느리 구실 때문에 남은 식구들과 이남에 남아 있으면서 건준 밀양군 지부 여성부장을 맡아 열심히 활동했다. 특히 귀환동포의 원호에 열성적이었고 그 뒤 여성동맹을 조직해 농촌 여성운동을 지도했다. 그러다 결국 연약한 몸에 몹쓸 병이 들어 그만 앓아눕게 된 것이다.

나에게는 친동기처럼 대해 주었던 큰형수님. 가면 언제나 무엇이라도 못 먹여 안달을 했고 해방된 나라의 먼 장래에 대한 희망을 불어넣어 주었다. 유치장에서 나와 형수님 생각이 간절해서 갔건만 형수님은 완강히 방에도 들지 못하게 했다. 자기 병이 혹시나 옮을까 봐서 그랬다.

말수 형 집에서 한 20여 일 동안의 변화를 들었다. 퇴학당한 동무들은 거의 대부분 다른 학교로 전학을 갔다. 봉섬이도 부산여중으로 전학갔고, 정애도 부산여중으로 갔다고 한다. 남학생들도 부산으로 마산으로 전학을 갔다. 어머니는 나를 걱정하셨다.

"재구야, 너는 어떻게 할래? 학교에 다시 들어가야지."

해방의 기쁨이 아직 채 가시지도 않았건만 우리 집은 그때부터 벌써 새로운 식민지 해방운동가로서 일제 때 못지않은 고난이 닥쳐 들어와 있었다. 할아버지는 그 운동의 앞장에 서서 가족을 생각할 겨를이 없었다.

아버지는 남양에서 돌아오셨지만 한동안 병을 앓았다. 이제 겨우 몸을 추스르고 일터를 찾았지만 이미 권력을 친일파들이 차지하고 있어서 취직을 할 수 없었다. 여러 곳을 애써 알아보다가 마지막으로 남양에서 귀국할 때 가지고 온, 영국군 사령부에서 아버지가 연합군 협력자로서 활동한 일을 상세하게 적은 소개장을 가지고 미군부대를 찾아갔다. 그곳에서 통역관으로 일하게 해달라는 말을 했더니 부대장은 매우 반가워했다.

그러나 그곳은 아버지가 있을 곳이 못 되었다. 이미 통역관으로 들어온 자들이 미군에게 아부하는 꼴과 그들을 미군들이 도둑놈 취급하는 태도는 참으로 감당하기 어려웠다. 해방 후 미군이 들어오자 어디서 배웠던지 혀 짧은 영어로, 눈치와 재치로 어수룩한 미군을 속여 부대 창고를 털고 피엑스 물건을 챙겨 장사에만 관심을 가지고 설치는 통역관들 때문에 조선 사람에 대한 인상이 아주 나빴던 것이다.

다른 통역관들은 아버지가 자신들과 한통속이 되어 온갖 추잡한 일에 함께하지 않는다고 오히려 적대했다. 그래서 아버지는 한 달이 채 못 되어 그만두고 말았다. 그러다가 마침 고향 동네에서 10리쯤 떨어진 수산(지금 밀양시 하남읍 수산리)에 '동명중학'이라는 중학교가 설립이 되어 영어 선생으로 초청받아 영어를 가르치게 되었다. 하지만 겨우 그곳 식구들 입치레나 할 수 있을 뿐이었다. 이 교사 생활도 나중에 불어닥친 대탄압으로 그만두고 말았지만.

집안 사정이 이런데 어떻게 내가 부산이나 대구로 전학할 엄두를 낼 수 있겠는가. 할머니가 매일 끼니 걱정으로 몸이 달고 있는데 어떻게 월사금을 내고 학교에 가겠다고 하겠는가. 어머니의 걱정스런 물음에 한참 말을 못하고 머리를 숙이고 있다가 머리를 번쩍 들고 웃으면서 말했다.

"어무이, 공부가 꼭 학교에 다녀야만 할 수 있는 것은 아니지요. 어무이, 제가 이때까지 학교에 다녔지만 학교에서 배워서 공부한 것은 하나도 없습니다. 제가 한 공부는 혼자 책을 보고 혼자서 깨우치고 익히고 한 공부지요. 어무이, 내 혼자 공부해서 나중에 직업도 가지고 돈도 벌면 그때 대학 가서 공부할 겁니다. 내 걱정하시지 마이소. 어무이, 꼭 그럴 겁니다. 허허."

"그래, 네가 웃으면서 말하는 걸 보니 정말 미덥구나. 우리 재구는 재주도 있고 결심도 있고 꼭 그럴 거다."

건넌방 형수님은 이쪽에서 하는 말을 귀담아 듣고 있었다. 형수님의 말소리가 들렸다.

"재구야, 네 이야기를 들으니 내가 힘이 나는 것 같다. 어머님, 재구 걱정은 안 해도 됩니다. 재구가 누구 집 아들입니까. 내림받은 선비의 기질을 어릴 때부터 타고 있어요. 재구야, 우리 모두 그런 기대를 가지고 있으마. 꼭 그렇게 공부해서 대성하거라."

이제 걱정은 가시고 분위기는 한층 밝아졌다. 그 집에서 점심을 먹고 저녁녘이 다 돼서야 나왔다.

"형수님, 저 갑니다. 병 조리 잘 하이소. 건강하게 되셔서 우리들하고 재미나게 이야기도 하고 맛있는 것도 많이 만들어주셔야지요."

"오냐, 그랬으면 얼마나 좋을까. 우리 재구가 와도 만나서 이야기 못 하고 보내니……."

형수님은 내가 마당에 내려섰더니 퇴청으로 난 미닫이를 열고 내다보았다. 기어이 내다보았다. 아마 거리가 멀었기에 마음을 놓은 것 같다.

창백한 얼굴에 뺨에는 홍조가 있어 볼그레했다. 새까만 눈망울로 나를 응시하고 있다. 새까만 머리카락에 한가운데 가르마한 곳이 유달리 희다. 나는 눈물이 나왔다. 눈물을 보이지 않기 위해 머리를 숙여 절을 했다. 그리고 서둘러 나왔다. 대문 밖을 나오자 참았던 눈물이 왈칵 쏟아졌다. 돌담을 짚고 울었다. 나오는 울음소리를 가슴으로 짓누르고서.

형수는 그해를 겨우 넘기고 이듬해 봄에 세상을 떠났다. 그때는 2·7 투쟁이 지나고 5·10 단독선거로 온 세상이 깨질 듯한 소동 중이었다. 그래서 그날의 헤어짐이 영별로 되고 말았던 것이다.●

다섯 ― 도동의 외갓집

66

대구에는 나의 외가 친척들이 많이 와서 산다.
특히 나의 외가 큰집 할배는
한민당 도당 감찰위원장이면서 도당 위원장이다.
그야말로 대구에서 우익 정치인으로는 가장 으뜸인 셈이다.
그래서 당시 군정 아래에서 도 행정에 막강한 영향을 끼치고 있었다.
그 통에 나의 외갓집 사람들 중에 관리로 된 사람도 더러 있다.

99

# 한훤당
## 김굉필 선생의
### 후손

나는 내 고향 밀양에서 120리 정도 떨어진 외갓집에서 출생했다. 지금의 대구시 달성군 구지면(求智面) 도동(道洞)이라는 동네가 내 외갓집 동네다. 하지만 내가 태어난 곳은 그 면의 응암동(鷹岩洞)이라는 곳으로 동네 이름이 동화 속 이름 같다. '매바위' 다. 그곳 사람들은 '매방' 이라고 부른다. 외가가 한때 그곳에 살아서 내가 그 동네에서 태어났다. 도동에는 조선왕조 시대 해동오현(海東五賢)이라 일컫는 사림 중의 한 분인 한훤당(寒喧堂) 김굉필(金宏弼) 선생의 사액서원이 있다. 나의 외가는 김굉필 선생의 후손이다.

아버지가 장가를 갈 시절만 해도 봉건의 나라는 망했지만 일제는 식민지 통치 기반의 한쪽 날개로서 이들 봉건 양반계급을 고스란히 남겨두었다. 그래서 양반 유풍이 그대로 남아 있었다. 혼인에서 반상의 구별은 여전했다. 영남지방의 양반들은 이로 인해 서로 혈족으로 얽혀 있어 함부로 욕을 못할 처지다. 이런 연고로 해서 나의 아버지는 당시로는 아주 먼 곳으로 장가를 들었던 것이다.

도동의 서흥(瑞興) 김씨들은 낙동강 가에 서원을 지어 나라에서 사액을 받고 이를 기화로 명문으로 인정받았다. 관직에도 오르고 서원의 봉건적 특권도 물려받아 그 일대에서 권세가 대단했다고 한다.

봉건 조선왕조의 특권으로 인정받은 서원을 기화로 해서 이 지방 호족이었던 나의 외가는 당시 물산의 유통 통로였던 낙동강 중류에 자리 잡고 앉아 지나가는 배들에게 명목 없는 통행세를 거둬 거대 지주로 성장했다. 민중을 수탈해서 치부를 했던 것이다.

외갓집 장손이자 나의 외재종조부인 큰집 할아버지는 큰집에 양자로 갔는데 큰집 유산으로 만 석을 받았다고 한다. 그러나 가통을 이어받자 당시 식민지 선비들은 할 일도 없는지라 축첩에다 풍류 등 향락으로 소일했다. 결국 만석꾼 살림을 당대에 결딴내고 말았다.

나의 외가 큰집 할아버지는 한학에 조예가 깊었다. 한때는 북경대학에서 공부한 지식인이었다. 하지만 식민지의 봉건지식인에게 자신의 지식이 쓰일 곳이란 친일배족이 아니면 한시나 읊고 풍류나 즐길 곳밖에 없었다. 그래서 그 엄청난 살림을 풍류라는 이름의 방탕으로 끝장내고 만 것이다. 마침내 온 집안이 가난의 구렁으로 떨어졌고, 8·15 해방 당시에는 그 후손들이 빈곤 속에서 살게 되고 말았다.

나의 외가 큰집할아버지는 양자 온 장손으로서 회재(晦齋) 이언적(李彦迪) 선생의 후손 집안인 경주 양동(良洞)의 여강(驪江) 이씨 집에서 정실을 맞았다. 하지만 그 본처를 소박하고 첩실을 두고 살았는데 거기에 아들을 두었다. 그러나 첩실에서 난 아들은 가통을 이을 수 없다는 봉건유풍으로 다시 지손 집으로부터 양자를 들였다. 양자로 들어온 진잠(鎭岑) 아재가 양모를 모시고 지극정성 효도를 다했지만 가세가 영락해서 고생이 여간 아니었다. 그렇건만 장손인 나의 외재종조부는 첩실과 함께 살았고 조강지처와 그 양자는 돌보지 않고 지냈다. 만석꾼은 망해도 손자 대까지 간다는 말이 있는데, 손자까지는 못 가도 자기 당대는 잘살았다.

이 외재종조부가 해방이 되자 난데없이 정치판에 뛰어들었다. 그것도 한민당의 경상북도 감찰위원장으로, 또 도당 위원장으로 말이다. 당시 군정 시대의 한민당 도당 위원장이면 그 권세가 대단했다. 나의 외조부는 이종형의 덕으로 구지면의 면장으로 되었다. 나는 외갓집에서 태어났지만 어머니 신행 때 어머니에게 안겨 밀양 고향집으로 온 이후 한 번도 외갓집에 간 일이 없었다.

나는 유치장에서 나온 다음 그때까지 독서회니 민청이니 하는 곳에서 하던 일이 끊어졌다. 별로 할 일이 없었다. 게다가 학교도 퇴학을 맞아 딱히 매이는 곳도 없었다. 이 기회에 외갓집에 가볼 생각을 했다. 그래서 할머니에게 말씀을 드렸더니 할머니는 흔쾌히 승낙을 하셨다.

"그래, 니가 외가에서 나서 밀양에 온 이후로 한 번도 다녀오지 못했구나. 이참에 다녀오너라. 감옥에서 이열이 든 것을 요즘 우리 형편에 가급이 없어 풀어주지 못해 늘 걱정했는데 외할머니한테 가면 좀 안 낫겠나. 가는 길에 대구에 있는 네 이모한테도 가봐라. 이모가 잔인정에 얼마나 걱정했겠나."

이리하여 아버지 어머니한테 가서 외갓집에 가겠다고 말하기 위해 먼저 수산으로 갔다. 아버지는 당시 수산의 동명중학교(東明中學校)가 개교되자 영어 선생으로 취직이 되어 수산에 계셨다. 어머니는 나를 보자 왈칵 울음을 쏟는다. 어머니는 배가 많이 불렀다. 어머니는 말했다.

"해방이 되어 그렇게나 좋아했는데, 그게 해방이 아닌갑제. 세상 꼴이 왜놈 때보다 하나 좋을 것 없으니 말이다."

아버지 어머니가 삼남매를 데리고 사는 집을 보니 허술하기 짝이 없었다. 학교 교사는 일제 때 공출로 수탈한 벼를 보관하던 미곡 창고에 칸막이를 해서 책상 걸상을 놓고 교실로 했다. 그 창고 곁에 지은 숙직실이 살림방이었다. 방 한 칸에 옹기종기 아이들과 살고 있었다. 내가 왔다는 기별을 듣고 아버지가 교무실에서 오셨다. 내가 큰절을 하기 위해 방 밖으로 나가자 그냥 들어와 절을 하라고 하셨다. 방 밖은 부엌이고 맨땅바닥이었다. 절할 곳이 못 되었다. 그래서 방 안에서 큰절을 드렸다.

아버지는 나를 보고 말씀하셨다.

"재구야, 조금만 참아라. 내가 너를 중학교에 꼭 입학시키겠다."

"아버지, 너무 걱정하지 마이소. 요즘 학교 가도 별로 배울 것이 없습니다. 그 정도는 집에서 얼마든지 공부할 수 있습니다. 나중에 형편이 되면 시험을 쳐서 더 높은 학교로 가면 됩니다."

동생 재두와 용아, 향아도 무엇이 좋은지 내 주위를 돌면서 신이 났다. 아버지는 어머니에게 돈을 주시면서 오늘은 재구도 왔으니 불고기를 해먹자고 했다. 그날 저녁은 불고기로 포식했다. 그리고 오랜만에 우리 식구가 한데 모여 한 방에서 잤다.

이튿날 외갓집으로 가는 내게 아버지는 노자를 주셨다. 어머니는 외할머니와 이모에게 전할 편지를 써주셨다. 그길로 걸어서 밀양역으로 갔다. 길은 40리 길이다. 12시가 훨씬 넘어 대구행 기차를 탔다.

당시 기차는 연착이 심했다. 역에서 정차 시간도 대중없었다. 당시 기관차는 석탄을 때는 증기기관차였다. 굴 안에 들어가면 시커먼 석탄 연기가 창틈으로 그냥 들어온다. 특히 청도 남성현역과 경산 삼성역 사이에 있는 십리굴이라는 상현굴을 지나면 객차 안에 연기가 자욱했다. 기침이 나서 기관지가 약한 사람은 죽을 고비를 넘겨야 할 판이었다.

해방 직후 객차의 형편은 말이 아니었다. 객석에 덮어씌워 놓은 비로드 천은 모두 뜯겨져 있었다. 그 밑에 깐 마대 천도 찢어져 속의 짚이 그냥 드러나 있었다. 그래도 그런 객석을 차지한다면 운이 좋은 셈이다. 대개 통로에 몸을 움직일 수 없을 만큼 빼곡히 섰거나 승강구에 겨우 올라 객차 연결 공간에 자리를 차지한다. 그도 저도 안 될 때는 객차 승강 계단에 있는 손잡이를 쥐고 매달려 가기도 한다. 한때는 객차 지붕에까지 올라가는 사람들도 있었다.

정시보다 근 한 시간이나 연착해서 기차가 도착했다. 기차가 도착하자 '타는 곳'에서 기다리는 사람들이 슬금슬금 도착하는 객차의 승강구를 향해 우우 몰려들어 줄달음질을 쳤다. 위험을 알리는 역무원의 호루라기 소리가 요란한 가운데 기차는 정차했다. 기차가 멈추자 아우성이다. 밀고 당기고 싸움박질하고, 더러 젊은 사람은 아예 창문을 열고 창문으로 기어 들어가기도 한다.

기차 타기에 한바탕 난리를 치고 나니 이번에는 과자 상자나 과일 상자, 삶은 계란 꾸러미, 오징어 등을 들고 차창에 매달린 잡상인들의 호객 소리가 진동한다. 이런 수선을 한바탕 보고 이윽고 '꽥' 기적 소리가 요란한 가운데 기차는 슬금슬금 움직이기 시작했다.

나는 곁에 있는 아기를 업은 아주머니의 보퉁이를 들고 부축해서 겨우 올려 태워주고, 승강구의 손잡이를 잡아 의지해서 몸으로 앞 사람을 밀어 승강구 계단에 발을 놓고 겨우 설 수 있었다. 승강구 계단에 타고 있자니 기차가 서면 내리는 사람을 위해 일단 '타는 곳'에 내려야 했다. 그리고 또 승강구의 손잡이를 잡고 앞 사람을 온몸으로 밀어 올려 탈 수밖에 없었다. 이 과정을 일곱 번이나 되풀이해서야 대구역에 도착했다. 해는 이미 서녘으로 기울어 한 뼘이나 남았을까, 오후 4시경이었다. 오후 1시 차가 한 시간 연착했으니 기차는 대구까지 2시간이나 걸린 셈이다. 지금은 무궁화호로도 40분이면 족한 시간이다.

대구역도 마찬가지였다. 온통 잡상인이 아우성쳤다. 남루한 옷에 한쪽 어깨에 구두닦이 통을 메고 다른 손에는 걸상을 들고 다니며 혀 꼬부라진 '슈샤인' 소리를 외치는 소년들이 여기저기에 돌아다닌다. 기차를 타느라 난리를 쳤더니 내가 신은 왜놈 병정구두가 말이 아니었다. 그 발로 상업은행 지점장으로 말쑥한 은행에 단정한 차림을 하고 계신 이모부를 찾아가기에는 망설여질 수밖에 없었다. 그래서 구두닦이 소년을 불렀다. 난생처음으로 남의 손을 빌려 구두를 닦는 것이다. 그러자니 소년에게 자연 미안한 생각이 났다. 걸상에 앉아서 구둣발을 내밀기가 미안해서 그 소년에게 구두를 벗어주었다. 소년은 나를 힐긋 올려다보고선 말했다.

"성(형), 그냥 신고 닦아요. 그게 편하거든."

"아니, 벗고 닦을래. 그리고 솔 하나 다고. 구두약은 니가 칠하고 먼지는 내가 닦을게."

그 소년은 이상한 듯이 나를 쳐다보았다.

"성, 그래도 돈을 다 받는데."

"그래, 돈 걱정은 하지 말고."

구두닦이 통에 있는 솔을 하나 집어 들고 벗은 구두짝을 들고 닦았다. 소년은 내가 먼지를 닦은 구두 짝에 신나게 구두약을 칠하고 닦는다. 구두 닦는 손도 신나지만 어깨까지 으쓱해서 춤을 추는 듯했다. 말끔히 닦인 구두를 신고 1원짜리 두 장을 주었다. 소년이 나를 올려다보며 말했다.

"성, 1원인데."

"그래 안다. 1원은 저기 가서 국화빵이나 사먹어라."

소년은 꾸벅 머리를 숙이며 말했다.

"성, 고맙구마."

국화빵은 요즘 붕어빵이라고도 하는 풀빵인데 모양은 동그란 국화 모양이다.

## 대구의 이모집

상업은행은 역에서 남쪽으로 한 100미터 남짓 중앙로를 내려가면 오른편에 있다. 은행 문을 열고 들어서니 안쪽 문어귀에 모자를 쓴 나이 지긋한 수위가 있었다.

이모부의 함자를 말하고 내가 이질이라고 했더니 수위는 반가워했다.

"총각 이름이 재구지? 안 그래도 지점장님이 말씀하시데. 진작부터 기다리시네. 들어가세."

그러고는 객장 옆에 난 통문 쪽을 열고 안으로 들어갔다. 나도 뒤따라 들어가 한 방으로 안내되었다. 내가 들어서자 이모부는 반가운 얼굴로 맞으셨다.

"어! 재구 오나. 기차가 많이 연착했는가봐. 안 그래도 규야하고 영아가 네가 온다고 여기에 와서 기다렸는데. 애들이 지겨워서 나갔는가봐. 잠깐 의자에 앉지. 그래 소문은 들었다. 숱해 고생했다던데 괜찮나?"

규야는 나보다 한 살 많은 이종 누나이고, 영아는 그때 초등학교 1학년인가 2학년인가 되는 이종 누이다.

"예. 무슨 고생은요. 괜찮습니다."

"세상이 하도 어수선해서 야단 아니가. 네 이모가 네 소문 듣고 걱정이 이만저만해야지. 이제 조심해라. 네 어린 나이에 유치장이 웬 말이고."

"예, 걱정 끼쳐 죄송합니다."

그리고 어머니 아버지 안부를 묻고 할아버지 건강을 묻는 등 인사말이 오고 갔다. 그러던 중에 문이 벌컥 열렸다. 영아가 장난스럽고 땡그란 새까만 눈망울을 굴리면서 들어온다. 나를 보고 야무진 목소리로 외친다.

"아, 오빠. 언제 왔노?"

이어 세일러 여학생복을 입은 누나가 들어왔다. 누나는 대구여자중학교 2학년이다.

"재야 왔구나. 중학생이 되고서는 처음이네. 많이 컸구나."

아주 어른스럽다.

"그래, 학교 잘 다니나? 야, 이제 다 큰 처녀 같네."

누나는 눈을 살짝 흘기면서 윽박지른다.

"요게, 누나한테 버르장머리 없이."

어느새 영아는 나에게 안겨들었다.

"오빠, 집에서 엄마가 아침부터 오빠 온다고 야단이다. 지금쯤 눈도 빠지고 목도 늘어졌겠다. 얼른 가자."

이모부는 두 딸에게 말했다.

"그래. 재구 데리고 얼른 집에 가거라. 엄마 기다린다. 딴 데 가지 말고 바로 가거라이. 나도 일찍 집에 갈게."

우리 셋은 두 자매가 들어온 옆문으로 나와 밖으로 나갔다. 대구는 도회지라서 길가에 이층집도 많고 사람도 벅적거렸다. 시골에만 살던 나로서 무척 당황스러웠다. 조금 남쪽으로 내려 커다란 네거리에서 왼쪽 길로 건넜더니 아름다운 건물이 하나 있었다. '키네마' 라는 극장이란다. 지금의 한일극장 터다. 그 길을 따라 동쪽으로 죽 잊어버리고 갔다. 한참 갔더니 널찍한 운동장이 있는 붉은 큰 벽돌건물이 나타났다. 대구의전, 지금의 경북대학교 의과대학이다. 해방되고부터 대학으로 승격되어 대구의과대학이지만 당시는 그대로 건물을 두고서 그냥 '의전' 이라고 부르고 있었다.

의전 운동장 길 건너편에 아담한 일본식 이층집이 있다. 이곳이 이모 내외가 이종 형, 이종 누나, 이종 누이 둘, 이종 아우 해서 모두 일곱 식구들이 사는 상업은행 지점장 사택이다. 대문이 보이자 영아는 달음박질을 했다. 대문을 후딱 열고 들어서면서 쨍 울리는 야무진 목소리로 소리쳤다.

"엄마, 재야 오빠 왔다."

그러곤 현관문을 열고 복도로 쿵쾅거리면서 들어갔다. 곧 이모가 반가운 얼굴로 현관문을 열고 나오셨다.

"재구 오나. 어디 보자, 상한 데는 없나. 아이구 이놈아, 어린 놈이 유치장이 웬 말이고. 어디 맞은 데는 없나."

어느새 눈에 눈물이 글썽거린다. 나를 이리저리 만지면서 어깨를 감싸고 껴안는다. 나도 반가워 눈물이 핑 돌았다.

"아지매, 걱정시켜서 미안하다. 괜않다. 젊은 놈이 맞기도 예사고 싸움도 예사 아이가. 아이고 배고파라. 밥이나 어서 도고."

"오야, 들어가자. 목간통에 가서 좀 씻고 나오너라. 규야, 재구 목간통 가르쳐줘라. 그리고 수건 있는가 봐라."

이런저런 수선에 집안이 반가운 만남으로 다소 소란스러웠다.

우리 경상도 풍속에서는 일가친척의 여성들에게는 모두 경어를 쓰지 않는다. 그것은 여성이라고 하대하는 봉건적 불평등에서 나온 풍속은 아니다. 할머니, 어머니, 누나, 고모, 숙모, 이모는 수하가 언제나 어리광을 피울 대상으로 보고 있고, 나이가 들어도 스스로 어린 아들 딸, 손자 손녀, 조카 질녀로 어리광을 하는 관계로 보기 때문이다.

이모는 하나 누이인 나의 어머니의 아들, 특히 나를 친아들 못지않게 고이었다. 우리 집 살림이 하도 어려워서 언제나 걱정을 하고 내가 배고플까 늘 걱정이었다. 이모부가 일제 때 상업은행 밀양지점 행원으로 계실 때 밀양에서 살림을 했다. 자기 아이들에게 별미를 해 먹일 때는 형이나 누나를 시켜 나를 불러 함께 먹도록 했다. 나는 대체로 외지에서 사는 어머니와 아버지 품을 떠나 언제나 할아버지 할머니 슬하에서 자랐다. 그래서 어머니 사랑을 별반 받지 못했다. 대신 이모의 사랑은 무척 많이 받았다.

그런 이질이 모진 유치장에서 나와 대구까지 왔으니 얼마나 애처로웠을까. 주방의 솥에는 나에게 먹일 곰국이 구수한 냄새를 풍기며 끓고 있다.

해방 전에 일본인 지점장이 살던 사택이라 목욕탕이 있었다. 목욕탕에서 기차 석탄 연기에 그을린 검정과 제법 여름 맛이 나는 오월 말의 이른 더위로 흘린 땀을 씻고 나왔다. 그들먹하게 차려놓은 상에 수저를 간추려 놓는다고 누나와 누이가 재잘거리는 소리가 명랑했다.

퇴근 시간이 되자 이모부가 오셨고 형님이 땀투성이 운동복으로 들어왔다. 그때 형님은 대구 계성중학교 5학년이었다. 당시 중학교는 6년제가 있었고, 3년제는 초급중학교라고 했다. 내가 다녔던 밀양중학교는 초급중학교다. 이 초급중학교를 졸업하면 중학교 4학년에 편입시험을 치고 들어갈 수 있다.

형님은 학과 공부에는 관심이 없고 운동에 열심이다. 특히 농구를 잘해서 계성중학교 대표선수다. 당시 도시 중학교에서는 운동을 장려했고 운동 경기 때는 전교생을 동원해서 학교마다 응원가를 만들어 부르고 여러 가지 응원 몸짓을 만들어 응원단장의 지휘로 법석을 떨었다. 응원의 도가 지나쳐 경기가 끝나면 패싸움으로 마감하기가 일쑤였다. 그 당시 어린 내가 보기에도 그런 일들이 정말로 유치해 보였다. 학생들이 새 나라 건국에 관심을 많이 가지게 되어, 특히 이른바 좌익이라고 부르는 민청의 청년운동이나 학생운동의 관심에서 떼어내기 위한 미 군정청 정치의 한 방책이었던 것이다.

그날은 이모부와 이모와 이런저런 이야기를 많이 했다. 어머니 편지도 전했다. 아마 내가 고생했다면서 잘 챙겨 먹여달라고 하셨겠지. 모두 밥상머리에서 곰탕과 밥을 먹으면서 많은 이야기를 했다. 간간이 영아의 명랑한 이야기로 웃음판을 벌이면서 평화로운 분위기로 단란한 한때를 보냈다.

이모부는 앞으로 내 학업에 대해서 걱정을 많이 하셨다. 오히려 내가 위로할 지경이었다. 아무 걱정하지 마시라, 세상이 자리 잡히게 되면 그동안 늦어진 학년은 시험을 쳐서 월반이나 아니면 바로 상급학교로 들어가면 된다고 위로했다.

한참 이야기를 하다가 형님과 이층에 있는 형님 공부방에 갔다. 공부방은 이층에 달랑 한 칸인데 다다미가 8장 깔린 방이다. 동녘 창가에 있는 책상에는 여러 학용품이 이리저리 흩어져 있다. 그 반대쪽 벽에는 책장이 있는데 책이 잔뜩 꽂혀 있다. 나는 책장에 붙어 서서 책등에 씌어 있는 책 이름을 보면서 형님의 농구 이야기를 들었다. 내가 책장에 붙어 떨어질 것 같지 않자 형님은 어처구니없이 웃으면서 말했다.

"재야, 너는 책만 보면 그만 아무 생각이 없제. 무슨 놈의 아이가 책벌레가 됐노. 그래 임마, 실컷 봐라 봐. 나는 내려가서 라디오도 듣고 잠이 오면 그냥 잘란다."

"형아, 함께 내려가자. 이모한테 말해서 나는 여기에서 책 보다가 잘래. 형아, 아무 책이나 빼내서 봐도 되지러?"

"응, 그래라."

우리 둘은 내려갔다. 이모 내외는 금방 올라간 아이가 곧 내려오자 의아한 듯 쳐다본다. 나는 이모에게 말했다.

"아지매, 나는 형아 공부방에서 형아 책장에 있는 책 보다가 잘래."

"오냐, 그래라. 너는 책이라면 사족을 못 쓰잖아."

그러면서 형더러 이불장에 있는 이불을 내어 갖다주라고 일렀다. 형과 나는 이불과 요 그리고 베개를 들고 올라갔다. 나는 요 이불을 대강 깔고 곧 책장으로 가서 보고 싶은 책을 찾아 펼쳤다. 그러면서 나는 형에게 말했다.

"형아, 보다가 더러 빌려가도 되지러?"

"이 두 칸에 있는 책은 교과서니까 못 빌려주지만 그것 말고는 가져가도 된다."

원래 형님은 인심이 좋기도 하지만, 특히 이모 내외가 내게는 관대하기 때문에 흔쾌히 승인했다.

"역시 형아는 내게 제일이라니까."

"임마가 이제는 논두렁 비행기 태울 줄도 아는가베, 허허 참."

그러고는 계단을 쿵쾅거리면서 내려갔다.

책장을 찬찬히 들여다보니 못 보던 수학 책도 있고 사회과학 책도 있다. 거의 일어 책인데 내가 책 이름을 알고 있는 책도, 보고 싶은 책도 몇 권이 거기에 있었다. 나는 팔짝 뛸 듯이 기뻤다.

일본 사회주의 경제학자인 가와가미 하지무(河上肇) 쿄토대학(京都大學) 정치경제학 교수가 쓴 《가난뱅이의 이야기(貧乏物語)》도 있다. 독서회에서 읽으라고 구정식 선생이 가져오신 책이지만 내 차례가 안 되어 아직 읽지 못했다. 그런데 여기에 있다니. 《가난뱅이의 이야기》는 1920년대 일본 노동자의 사상의식 교양을 위해 가와가미 하지무 교수가 쓴 책이다. 지식인은 물론이고 노동자와 농민들에게까지 널리 읽혀졌던 책이다. 그리고 누가 가지고 있는 것을 잠시 들고 본 적이 있는 마르크스가 쓴 유명한 《공산당선언》도 있다. 일제 때 이른바 '대정 데모크라시'라고 하는 사회주의 사상이 러시아 사회주의 대혁명의 조류를 타고 1920년대에 잠시 반짝했던 시절이 있었다. 그때 사회주의·공산주의에 관한 사상이론 책이 많이 발행되어 나왔다. 그 밖에 변증법적 유물론과 역사적 유물론에 관한 책도 있다.

또 나는 수학 공부에 취미를 가지고 있었다. 이미 중학교 과정의 수학은 독습해서 다 끝낸 지 오래다. 더 공부하려 해도 어떤 과목이 있는지 그리고 어떤 책이 있는지 잘 몰랐다. 그런데 형님의 책장에는 듣도 보도 못한 이름을 가진 수학 책이 있다. 삼각법, 해석기하, 고등대수, 미분적분학 등의 책이다. 일단 호기심이 발동했다. 책장에서 이들 수학 책을 빼 앞부분을 보았다. 수학 책은 앞부분을 보고 이해가 되면 그 책을 읽을 수 있다. 그냥 술술 잘 넘어가는 것이 삼각법 책이고 해석기하학 책이다. 당장 책상 위에 놓인 백지에 연필을 가지고 수식을 써가면서 계산도 하고 그림도 그리고 문제도 풀어보았다. 쉽게 이해가 되고 문제도 쉽게 풀렸다.

다음에 고등대수학 책이 궁금해서 책장을 열어보니 처음에 순열과 조합의 이론이 나왔다. 옛날 초등학교에 나오는 '경우의 수'를 계산하는 법을 일반적인 방법으로 체계화한 것이다. 아주 재미있는 내용이었다. 이것도 읽는 데 자신이 생겼다. 그런데 미분적분학 책은 낯선 기호가 우선 많다. 그리고 금방 본 해석기하학 책에서 나오는 그래프가 많다. 그래서 이놈은 해석기하학을 다 보고 난 다음에 공부해야겠다는 생각이 들었다.

이렇게 수학 책을 읽다가 날이 새는 줄도 모르고 지냈다. 창문이 희끄무레해지자 얼마 안 되어 댕댕 시계 소리가 났다. 5시였다. 책상 위에 종이와 책을 펴놓은 채 이부자리에 들었다.

영아가 계단을 쿵쾅거리며 올라오는 소리에 잠을 깼다. 7시가 좀 넘었다. 잠을 설치기는 했지만 형님 책을 보고 새로운 지식을 접하게 된 기쁨으로 고단함을 몰랐다. 나는 벌떡 일어나 방으로 뛰어 들어오는 영아를 활짝 웃으며 맞았다.

"아이구, 우리 영아 벌써 일어났네."

영아는 내가 일어난 잠자리 속으로 폭 들어온다.


## 한민당 도당 위원장 외가 큰집 할배

대구에는 나의 외가 친척들이 많이 와서 산다. 특히 나의 외가 큰집 할배는 한민당 도당 감찰위원장이면서 도당 위원장이다. 그야말로 대구에서 우익 정치인으로는 가장 으뜸인 셈이다. 그래서 당시 군정 아래에서 도 행정에 막강한 영향을 끼치고 있었다. 그 통에 나의 외갓집 사람들 중에 관리로 된 사람도 더러 있다. 학교 공부를 많이 한 사람이 없어서 높은 관직은 아니지만 경찰 간부로 들어간 사람도 몇 사람이나 되었다.

그 이튿날은 마침 일요일이라서 형님의 안내를 받아 그 할아버지께 인사를 하러 갔다. 그 집은 일제 시절 일본인 도지사 관사가 있는 바로 뒷집이었다. 현재는 도청 국장의 관사라고 했다. 대문도 으리으리하고 마당에는 히마라야시다(雪松-개이깔나무)의 축 늘어진 가지가 들어차 있는 것이 어린 나에게 일종의 위압감을 주었다. 현관에 서서 초인종을 눌렀더니 가정부가 나왔다. 가정부는 나와 형님을 보더니 들어오라면서 응접실의 문을 열어준다. 응접실에는 한시를 쓴 쪽자도 몇 개 걸려 있고 화분도 몇 개 있다. 나는 난생처음 보는 방 모습이었다. 그래서 주눅이 잔뜩 들었다. 그냥 응접의자에 엉덩이를 엉거주춤 걸치고 사방을 호기심 어린 눈으로 둘러보고 있었다.

얼마 동안 종형제가 서로 얼굴을 멀뚱히 쳐다보고 있는데 문이 열리더니 통통한 얼굴을 한 여자가 들어왔다. 형님이 일어나 인사를 올렸다.

"우산 아지매, 잘 있었능교. 재구하고 같이 왔습니더. 할배한테 인사하러 왔습니다."

"응 그래, 병우가 왔구나, 이 총각이 누군데?"

"와, 밀양 사는 우리 이모 아들 아닝교. 재야라고."

"아, 밀양 안 서방댁 형님 아들이란 말이지?"

"그렇구마."

"아이구, 그 형님에게 이렇게 큰 아들이 있구나. 초면이라서. 그래 어머니는 편하시고?"

"예."

나는 대답은 하면서도 누군지 몰라서 어리둥절했다. 형님은 내게 소개를 했다.

"재야, 우산 아지매다. 큰집 할배 며느리다, 인사해라."

"안녕하십니까? 재구라고 합니다."

나는 공손하게 인사를 했다. 나의 공손한 인사가 마음에 들었는지 우산 아지매는 얼굴에 흡족한 미소를 지었다.

"그래 안으로 들어가자. 도 위원장님은 좀 전에 손님을 보내고 혼자 계신다."

우리는 앞서 가는 우산 아지매의 뒤를 따라 좁은 복도를 지나 넓적한 미닫이를 열고 들어갔다. 깨끗한 다다미가 깔린 넓은 방이다. 우산 아지매가 안으로 들어가서 할아버지에게 고하는 소리가 났다.

"아버님, 병우가 밀양 안 서방댁 아들이라는 재구를 데리고 인사시키려 왔습니다."

"응 그래, 몽이 아들이란 말이지?"

"예."

"들어오라 해라."

몽이는 어머니의 어릴 때 아명이다. 나는 그때 처음으로 어머니의 아명을 알고 신기했다. 안으로 들어가 우선 문 쪽에 서서 할아버지가 좌정하기를 기다렸다. 잠깐 틈을 두고 큰절을 하고 앉았다. 그리고 우선 얼굴을 찬찬히 보았다. 얼굴이 부성하게 살이 올랐지만 누리팅팅해서 우리 집안 할아버지들의 농사꾼 얼굴하고는 생판 달랐다. 좀 이질감이 들었다.

할아버지도 나를 이리저리 훑어보더니 말씀하셨다.

"허어, 그놈 재주 있게 생겼네. 지금 학교는 다니나? 몇 학년인고?"

"예, 1학년이올시다."

"그래, 네 애비 에미는 잘 있고?"

"예."

"요새도 사진관 하나?"

"아닙니다. 지금 밀양 수산에서 동명중학 영어 선생을 하고 있습니다."

"어째, 영어 선생이라니?"

그리고 한참 고개를 이리저리 돌리며 생각하다가 말씀하셨다.

"아 그래 참, 신가파(新嘉坡, 싱가포르)에 갔다 왔다지. 그래 영어는 잘하겠구나."

그러더니 다시 아쉬운 듯이 말씀하셨다.

"영어를 잘하면서 그래 어째 선생질이고? 군정청에 들어갈 수 있을 텐데."

"……."

그리고 고개를 아래위로 주억거리다가 알겠다는 듯 인상을 짓더니 심통스런 목소리로 물으셨다.

"너그 할배는 요새 무엇 하노? 아직도 좌익 하나?"

나는 그 말에 좀 발끈해졌다. 그래도 참고 목소리에 조심을 하면서 말했다.

"예, 새 나라 인민정부를 세우기 위해 열심히 일하고 계십니다."

그러자 내 대답이 뜻밖인지 나를 지긋이 바라보셨다.

"허어 그놈, 그 할배 손자 아니라카까 봐."

언제 들어왔는지 서할머니인 의성댁이 들어오셨다.

"좀 대강하소. 커 가는 아이한테 어른이 자기 할배 안 좋은 소리 하는 거 아니지요."

"허, 어디 내가 안 좋은 소리했나. 그냥 저그 할배 안부 물었지."

처음에 들어올 때 느낀 어떤 종류의 위압감은 이 통에 말끔히 벗었다. 나는 그 할머니 쪽을 보면서 웃으며 말했다.

"할아버지가 틀린 말씀은 안 하셨습니다."

그러자 그 할머니는 내게 웃어 보이고는 미닫이를 열고 나를 재촉한다.

"할아버지가 농담했지. 재야라캤나? 그만 저쪽 방으로 가자."

그 방으로 갔더니 일제 때 왜놈 제과점에서 '나마가시(生果子)'라고 부르며 만들던 찹쌀빵과 과자 등을 차려놓은 상이 펼쳐져 있었다. 할머니는 밀면서 내게 권하셨다.

"자 먹어라, 미리 온다고 기별했더라면 처음 온 외손 대접을 단단히 할 텐데."

조금 있었더니 어디에 다녀오셨는지 이 집 작은 주인인 우산 아재가 들어왔다. 형님이 나를 소개하자 나를 덥석 끌어안고 반가워했다.

"아, 네가 밀양 누님 아들이가! 네가 외갓집에서 나서 돌도 안 되어 갔는데 이처럼 컸구나."

반식경(한 시간) 지나서 우리들은 나왔다. 할아버지는 이미 출타하셔서 안 계셨다. 인사도 못 하고 나왔다. 밖에 나오자마자 형님은 나를 보고 놀랐다는 얼굴을 하더니 엄지손가락을 내밀었다.

"야, 너 참 대단하구나. 그 할배가 경상북도 우익 이거 아니가. 쬐그만 놈이 간도배기가 바윗덩어리구나."

"형아, 어디 바위만 할까 봐, 산보다도 더 큰데."

"야 임마야, 그래서 유치장에 갔구나. 왓하하."

"하하하."

나는 이 외가 큰집 할배를 그 후로 한 번도 못 뵈었다. 그 할아버지는 그래도 나를 마음에 담아두었는지 외할아버지나 외할머니, 큰집 아재들이 만날 때 종종 안부를 물었다고 한다.

그 할아버지의 함자는 김우식(金禹埴)인데 호는 석당(石堂)으로 글씨가 명필이었다. 하지만 남에게 주기 위한 글은 쓰지 않았다. '대한민국'이라는 단독정권이 들어설 때 제헌국회의 달성군 국회의원을 했다. 그리고 전쟁이 일어나자 이승만의 서울을 결사 수호한다는 나팔을 철통같이 믿었던지 그대로 서울에 남아 있었다. 인민군이 서울에서 후퇴할 때 북으로 넘어갔다. 넘어갔다는 것은 확실한데 그 후 소식이 전혀 없다. 처음 만났을 때 내가 말대답을 해도 그냥 '허허' 소리만 하셨지 어른 말대답한다고 화를 내시지 않은 것을 지금 생각하니 핏줄의 정이란 모든 차이를 넘을 수 있음을 알겠다.

만석꾼 지주의 큰집에 양자로 들어온 그 할아버지는 신동이라 할 만큼 재주가 뛰어났다고 한다. 그리고 한학은 모르는 것이 없을 만큼 지식이 대단했다. 그러나 아무리 재산이 있고 재주가 있어도 사회적 진출의 길이 막힌 식민지 상황인지라 술과 풍류로 일생을 보냈고, 그 재주를 허비하고 말았다. 일제 식민지 시절에 왜놈에게 빌붙어 벼슬을 구걸하거나 배족행위는 안 했다. 해방된 뒤에 허교하는 친구들이 거의 지주인지라 그에 휩싸여 한민당에 가담했고, 이승만의 분단정책에 동조했던 것이다.

외가 큰집 할배는 국회의원으로 있으면서 한 번도 발언한 일이 없다. 2년 후 5·30 선거에 다시 출마했는데 상대방 후보들이 정견발표 때 그 사실을 들고 비난했다고 한다. 그저 풍류를 즐기는 봉건양반, 그것도 첩이나 두는 관습에 젖은 양반이라 할까.

우산 아재, 아지매도 나에게는 살가웠다. 외갓집의 큰일 때나 명절 세배가 있을 때 더러 만났다. 우산 아지매는 나만 보면 언제나 엄지손가락을 내밀고 웃는다. 그 의미는 할아버지를 만났을 때 당돌했던 것을 말하고, 그

후 그때의 소년이 성장되어 가는 것을 보고 칭찬으로 말하는 것이다. 아재는 서자로 태어난 것이 말은 안 해도 한으로 남아 있었다. 양반 가정에서 서자로 태어났기 때문에 소외감도 있었을 것이다. 더구나 외동아들로서 아버지를 모시고 있는데도 후사로 양자를 두었으니.

큰집에 양자로 들어온 진잠 아재도 그 많던 큰집 재산은 양부의 풍류로 다 결딴났고, 평생을 소박받고 살고 있는 양모인 양동 할매를 모시고 제사 등 맏집의 소임을 말없이 정성으로 받들며 그 엄청난 가난 속에서 살았다. 그러나 항상 웃음을 잃지 않고 누구에게 궂은일이 생기면 정성을 다하여 도왔다. 하늘도 그러한 정성을 아는지 그 후손들은 이제 넉넉하게 잘산다.


# 복란이 아지매와
# 시청 새아재

외가 큰집 할배 집을 나와 우리 둘은 '자유극장'이라는 데에 가서 영화를 보았다. 도시에 나와서 처음 본 영화인지라 제목이 〈자유만세〉로 독립운동의 내용이라는 것은 기억이 난다. 그러나 구체적인 줄거리는 생각나지 않는다. 영화를 보고 둘이 돌아오니 복란이 아지매라고 부르는 이모 내외가 와 있다. 나는 잘 모르는데 아지매는 나를 알고 있다. 나를 보자 눈에 눈물을 글썽이면서 반가워한다. 나는 좀 어리둥절해서 이모를 쳐다보았다. 이모는 내게 말했다.

"이모다. 그리고 이모부다. 절해라."

나는 이모부라고 하는 분에게 공손히 절을 했다. 절이 끝나자 이모가 이렇게 소개를 했다.

"네가 어릴 때 이 이모 등에 많이 업혀 자랐다. 외할아버지 딸이니 이

모다. 이 새아재는 얼마 전까지는 시청에 계셨는데 '10월 폭동' 후에 그만 두었다. 한동안 잡으려고 해서 고생이 심했다. 이제 수습이 되어 시청은 아니지만 수의사이기 때문에 도축장에 가실 것이다. 어제 네가 먹었던 곰국거리는 새아재가 갖다주신 것이다."

나는 새아재와 이모에게 꾸벅 고개를 숙이며 인사를 했다.

"이모, 이모부 고맙습니다. 자알 먹었습니다."

그랬더니 형님까지 배를 잡고 웃는다. 내가 인사하는 모양이 익살스러웠던 것 같다.

두 내외분은 모두 키가 아주 작다. 160센티미터도 안 될 듯했다. 이모는 얼굴이 보얗고 동글하면서 아주 귀여운 소녀 같다. 이모부는 나이가 상당히 들어 나의 아버지뻘이나 되어 보였다. 눈빛은 총명하고 예사롭지 않을 만큼 위엄이 있다. 말도 신중하고 믿음이 간다. 그 후에 나는 이 이모부와 아주 친해졌다. 이모부도 나를 아주 가까운 조카를 대하듯 허물없이 대했다.

이들에게는 식민지 봉건조선의 비애가 서려 있다. 이모인 복란이 아지매는 아버지가 머슴을 살거나 텃밭이나 빌려서 살다 보니 입에 풀칠도 안 되는 삶이었다. 어머니는 남의 집에 종과 같은 더부살이로 살았다. 일거리가 있으면 죽이라도 끓였지만 없으면 굶을 수밖에 없었다. 이런데 살림을 살다 아이가 생겨났다. 그것이 복란이 아지매다.

그 모진 가난 속에서 아이가 옳게 자랄 수 있겠는가. 복란이 아지매가 예닐곱 살쯤 되었을까, 나의 어머니 결혼 때였다고 한다. 일손이 모자라서 사람을 구하던 중 마침 들어온 사람이 복란이 아지매의 부모였다. 그들은 아이를 데리고 왔다. 아이는 옳게 먹지 못 하고 자라 아주 작았다고 한다.

복란이 아지매의 부모는 열심히 일을 했다. 잔치가 끝나고 일이 없게 되자 그들은 나가야 할 판이었다. 나의 외할머니는 부지런한 그들 내외의 딱한 처지를 돕고 싶은 생각이 들어 그들에게 말했다.

"보아하니 형편도 어려운데 아이 때문에 고생이 많다. 우리 형편이 넉넉지 못해 식구 모두를 계속 데리고 있을 수는 없고 아이는 내게 맡겨두고 나가서 먹고살 일을 찾도록 해라. 나중에 형편이 좋아지면 데려가도 되고 그것도 안 되면 내 딸로 해서 키우고 시집도 보내줄 수 있다. 나도 딸을 데리고 있다가 남의 집에 보내야 할 형편이라 딸 하나쯤 더 있는 것도 좋고."

외할머니는 마음씨가 후덕해서 일손이 모자라 남의 손을 빌리면 아주 후하게 대접했다. 그래서 인근에 '후덕한 중매 마님'이라고 소문이 나 있다. 그들은 외할머니의 제안을 반갑게 받아들였다. 그래서 복란이 아지매는 나의 외갓집에서 자랐다. 내가 외갓집에서 나서 백일이 지나 어머니의 신행 때 우리 집 밀양으로 올 때까지 한 두어 달 나를 업어주었던 것이다. 복란이 아지매는 그때 나를 보내고 처음 만났던 것이다. 그러니 얼마나 반가웠겠는가. 나는 이런 얘기를 그 후에 듣고 정말로 정이 더 갔고, 이모로 깍듯이 대했다.

복란이 아지매가 혼기가 되자 나의 외할머니는 백방으로 혼처를 알아보았다. 그렇게 해서 복란이 아지매의 신랑감으로 얻은 사람이 시청 이모부 이다. 시청 축정계에 근무했기 때문에 장가든 후 외갓집에서는 '시청 새 아재'로 통했다. 시청 새아재도 기구한 출생이었다. 아버지는 충청도 어느 곳에서 조그만 땅뙈기를 부치고 살던 가난한 소작인이었다. 아버지는 일제 때 늘상 있는 부역에 나갔다가 거기에서 부상을 입고 돌아가셨다. 남편이 없게 되자 여인 혼자 손으로 키울 수 없어 어머니는 아재를 읍내의 조그만 가게에 잔심부름이나 하도록 맡겼다. 그런데 어머니마저 어느 한 여름에 퍼진 돌림병으로 죽고 말았다.

새아재는 이제 천애의 고아가 된 것이다. 어린 소년인 새아재는 주인에게 고향에는 의지할 곳도 없고 이왕 남에게 의지해서 살 바에야 대처에 나가서 고학을 하겠다고 하고 도와달라고 했다. 주인은 그동안 성실하게 일한 대가로 얼마 안 되는 돈이지만 내어주고 학비에 보태어 쓰라면서 더 주었다. 그래서 무작정 부산으로 가서 아무 일이나 닥치는 대로 하면서 일본으로 갈 기회를 엿보았다. 부산에서 일하던 중 배에서 심부름을 하는 소년을 만났다. 이 소년의 소개로 배를 타게 되었다. 물론 밀항이다. 뱃삯을 주고 나니 돈이 얼마 없었다. 일본에서 안 해본 일이 없을 만큼 고생을 숱하게 했다고 한다. 이 일 저 일 하다가 정착한 곳이 도축장이었다.

그러한 고생 중에 강의록을 받아 독학을 했다. 도축장의 기사가 새아재가 똑똑하고 성실한 것을 보고 도축 기술을 가르쳤고 이론 공부도 도왔다. 몇 년 동안 공부한 끝에 면허시험을 보았다. 합격이 되어 정식 도축기사가 되었다. 그야말로 입지전적인 근면함이다. 해방이 되어 귀국했고 대구시청 도축기사로 발령을 받아 축정계장으로 근무했다. 가족이 아무도 없는지라 당시의 관습으로는 혼처를 구하기가 여간 어렵지 않았다. 그래서 장가를 아주 늦게 들었다. 그런데 그 혼처로 나온 곳이 우리 복란이 아지매다.

중신애비는 거짓말을 예사로 한다. 중신애비는 복란이 아지매를 면장의 친딸이라고 했다. 당시 나의 외할아버지는 나의 외가 동네가 있는 달성군 구지면장을 하고 있었다. 그래서 면장 딸이고 서출 소생이라고 했다는 것이다. 영판 거짓말은 아니다. 새아재는 자기도 키가 작지만 키 작은 복란이 아지매를 보자 예쁘장한 데다가 순진하고 티 없이 맑은 눈빛에 그만 마음에 들었다. 나중에 장가들고서 복란이 아지매의 부모가 따로 있다는 것을 알았지만 나의 외할머니나 외할아버지가 진짜 부모처럼 복란이 아지매에게 자정을 두고 있어서 전혀 차별이 없다는 사실을 알았다. 부모 없이 자란 한을 장인 장모인 나의 외조부모에게 효도로 풀었다. 이것은 나의 외갓집의 미담이다. 당시 우리 사회에서는 도축을 직업으로 하는 사람은 백정이라고 천시하고 있었다. 그러나 새아재는 그냥 백정이 아니라 정식 도축기사이다. 백정이 도축을 해놓으면 검사만 하는 관리이다. 그래서 백정이라는 사회적 대접은 안 받았다.

새아재는 늘 백정들과 어울려 지낸다. 그래서 그들의 애환을 잘 알고 있다. 그리고 그들의 어려움을 낱낱이 잘 들어주고 과장이나 상부에게 말해 해결해 주었다. 나이가 많거나 적거나 대구의 백정들은 새아재를 모두 형님이라고 불렀다. 새아재는 일본에서 독학을 할 때 그 지방의 사회주의자들과 사귀었다. 그래서 사회주의 사상을 이미 가지고 있었다. 우리 사회의 하층계급인 백정과 사귀게 되자 더욱더 그 사상이 깊어졌다. 마침내 남조선노동당에 입당을 하게 되었고, 대구시청 세포위원장까지 맡게 된 것이다. 새아재 이름은 이진(李鎭)이다.

결국 대구 10월 인민항쟁으로 노출되어 체포령을 받게 되었다. 한 두어 달 피해 다니면서 고생은 했지만 처종백부가 누군가. 한민당 도당 위원장이 아닌가. 그 덕으로 수배에서 해제되고 시청 산하의 도축장장으로 발령을 받고 복직되었다. 그러나 한편 시청이라는 곳의 세포위원장을 한 경력을 정보경찰은 결코 그대로 보아 넘기지 않았다. 무슨 일이 있으면 오라가라 애를 먹였다. 부패경찰이 쇠고기 생각이 나서 그렇기도 했지만.

그 다음날 나는 복란이 아지매의 초청을 받고 신암동에 사는 시청 새아재 집에 가서 하룻밤을 잤다. 새아재와 밤늦도록 당시 사회정세를 토론했고 전망도 이야기했다. 주로 미·소 공동위원회 재개와 임시정부 수립 그리고 이승만이 남조선 단독정권을 주장한 '정읍 발언'에 관한 것이었다. 새아재는 그때부터 나를 신의로 대해 주었다. 내가 어려울 때는 도움도 많이 주었다.

새아재는 내가 첫 징역살이를 하는 사이에 돌아가셨다. 그리고 복란이 아지매도 남편이 죽은 다음해에 남편을 따라 저세상으로 갔다. 두 내외는 자식이 없이 살았다. 복란이 아지매가 근근이 아기를 한 번 뱄지만 워낙 작은 몸이고 게다가 어릴 때 못 먹고 자라서 그런지 아기가 태중에서 자라지 못했다. 언제나 가면 두 내외가 오도카니 마주 보고 의좋게 있는 모습을 보았다. 그처럼 금슬이 좋으니 신랑이 죽자 그 다음해로 따라갔겠지.

## 구지면장 외할아버지

복란이 아지매 집에서 자고 그 이튿날 이모에게 갔다. 이모는 내가 오기를 기다렸다는 듯 반갑게 맞으면서 외할아버지가 대구에 오셨다고 했다. 어제 면장 회의가 있어서 오셨다는 것이다. 전화로 내가 와 있다고 했더니 오는 대로 성주여관으로 보내라는 말씀이었다고 하신다. 그리고 성주여관으로 찾아가는 길을 가르쳐주었다.

당시는 시내버스가 있기는 했지만 반월당이라는 곳(지금 동아백화점 건너편)에서 중앙로로 해서 신암동까지만 운행했다. 운영은 시청 직영이었다. 그래서 거의 모든 볼일은 걸어 다녀야만 했다. 포장도 중앙로나 포정동에서 서문시장까지, 시내버스가 다니는 길 정도만 되어 있었다. 다만 도지사 관사까지 가는 동인로 길은 포장되어 있었다. 나는 타박타박 먼지 길을 걸어서 달성군청(지금의 대구백화점 자리)을 찾았다. 거기에서 서쪽으로 난 길을 바라보니 저 멀리 성주여관의 간판이 보였다. 여관 문을 들어서서 안내실 창문을 열고 안내원 총각에게 구지면장의 방을 물었다. 안내원 총각은 사전에 무슨 말을 들었던지 대뜸 면장님 외손자냐고 물었다. 그렇다고 대답하자 문을 열고 나와 자기를 따라오라고 했다. 어느 방 앞으로 나를 데리고 가더니 총각이 문에다 대고 큰 소리로 말했다.

"면장님, 외손자가 왔습니다."

방 안에서 '오냐' 하는 반가워하는 목소리와 함께 미닫이문이 드르륵 하면서 열렸다. 수염이 길게 난 얼굴에 반가운 웃음을 가득 담고 초로의 노인이 나오신다. 외할아버지다. 어릴 때 밀양에 오셔서 뵌 적이 있었는데 너무 오래되어 얼굴을 잊고 있었다. 하지만 뵈오니 당장 알아보겠다.

"오냐, 네가 왔구나. 그동안 많이 컸구나. 들어오너라."

우선 툇마루에 걸터앉아 편상화 끈을 풀고 방 안으로 들어갔다. 외할아버지는 이미 윗목에서 정좌를 하고 내가 들어와서 절하기를 기다리고 계셨다. 나는 절을 공손히 하고 바로 앉아 할아버지를 보고 인사말을 여쭈었다.

"할아버지, 기체 안녕하십니까?"

"오냐, 너그 집도 별일 없제? 니 할아버지도 안녕하시고?"

"예. 어머니 아버지도 잘 계십니다."

"그래, 내가 너그들 본 지도 오래되었구나."

그리고 집안 안부를 대강 물었다. 할아버지는 시종일관 반가운 표정이었다. 다 큰 나를 보니 더욱 반가운 모양이다.

아까 나를 데리고 왔던 총각이 과자 상을 가지고 들어왔다. 다과를 들며 한참이나 이런저런 이야기를 하다가 내가 말했다.

"할아버지, 이번에 대구에 온 김에 외가에 다녀올랍니다."

"그래, 학교는 어쩌고?"

나는 조심스럽게 말했다.

"할아버지, 저는 학교에 안 다닙니다."

할아버지는 깜짝 놀란 얼굴로 물으셨다.

"그건 무슨 말이고? 아니, 중학교에 다닌다는 소문을 들었는데?"

"지난 5월 1일 세계노동절 날에 동무들과 기념대회에 갔다고 학교에서 퇴학을 시켰습니다. 학교에 못 다니기에 시간도 있고 해서 외가에 다니러 왔습니다."

"응, 그런 일이 있었구나. 원, 공부하는 학생을 퇴학시키다니. 그놈의 학교 다니지 말거라. 어디 학교가 그놈이 교장 하는 중학교밖에 없나."

할아버지는 너무나 뜻밖이었고 분한 것 같았다. 그래서 나는 위로할 겸 할아버지께 여쭈었다.

"할아버지, 꼭 학교라는 데에 가야 공부하는 것은 아니지요, 독학을 해도 되고, 나중에 세상이 안정되고 새 나라가 서면 그때 학교에 다녀도 안 되겠습니까? 할아버지, 걱정을 끼쳐드려 죄송합니다."

"오야, 어린 네가 벌써 그런 결심을 할 줄 아는 걸 보니 이제 다 컸구나. 그러나 세상이 이래서야, 좌우 싸움은 저그들끼리 박이 터지든지 말든지 하지, 와 어린 학생들을 싸잡아 퇴학을 시키고 난리고."

할아버지는 한숨을 쉬면서 말했다.

"이놈의 세상 어찌 될는지 모르겠다. 좌익은 폭동을 일으켜 순사 놈들도 때려죽이고 그 통에 저그들도 숱하게 당하고, 우익은 그 분풀이로 아무나 잡아 패고. 일제 때 몸서리나는 공출을 지금도 받으라 하니 어디 농민들이 말을 듣나. 아이구, 이놈의 면장 노릇도 못 해먹겠다. 군청에서는 공출 독촉하라고 생난리더구나."

나는 아무 말도 안했다. 더구나 유치장에 가서 죽도록 맞은 일은 말할 수가 없었다. 아마 그 말을 했더라면 외할아버지는 다시는 밀양에 가지 말라고 하셨을 것이다.

저녁때가 되자 이모로부터 전화가 왔다고, 아까의 총각이 전했다. 내가 전화를 받자, 이모는 할아버지는 여관에서 진지를 잡수시겠다고 하셨으니 너는 빨리 돌아오라고 말했다. 방에 돌아와 할아버지에게 그 말씀을 전해 드렸다.

"오야, 그렇게 해라. 여기 여관 밥은 그렇고 그러니 너는 네 이모가 정성 들여 잘 해줄 끼다."

"예, 어제도 복란이 아지매가 곰국거리를 가져와서 잘 먹었습니다."

"그래, 그 복란이 이실이 말이제? 이 서방도 사람이 그럴 수 없이 좋은 거야. 그래, 너는 언제 외할매 보러 갈래?"

"모레는 외가로 갈 작정입니다."

"그래, 자동차 차부로 가서 구지로 바로 가는 차를 타면 주재소 앞에 세운다. 거기에서 좀 내려오면 면소다. 면소로 오너라. 그 바로 곁에 면장 사택이 있다."

그리고 차 시간을 가르쳐주셨다. 차표가 없으면 회사의 아무개를 찾으라고 하셨다. 나는 정좌를 한 뒤 다시 하직 절을 했다.

"할아버지, 그럼 모레 뵙겠습니다."

할아버지는 따라 나오며 나를 보내는 것을 아쉬워했다.

이모 집으로 오니 이모는 벌써부터 기다리고 있었다. 누나와 누이, 아우 그리고 이모부도 형님도 다 와 있었다. 이모부는 저녁 진지를 반주로 시작하셨다. 방에서 기고 있는 숙이 누이는 이틀 만에 나와 안면이 통해 내 곁으로 와 안긴다. 젓가락으로 밥풀을 몇 알 집어 입에 넣어주었더니 좋아라고 엉덩이를 들썩거리며 풀쩍풀쩍 뛰었다. 모두들 보고 웃는다.

우리 집 분위기와는 전혀 다른, 정말 평화로운 저녁 시간이었다. 안온한 느낌이 내 가슴에 파고들었다. 그리고 이틀 동안 어디 나갈 일도 없고 해서 이층 형아 공부방에 처박혀 거기에 있는 책을 보며 지냈다. 이모가 해

주시는 맛난 먹거리를 먹으며 푹 쉬었다. 투쟁의 피곤을 풀며 지냈다.

이틀 뒤에 아침 일찍 대신동 차부에 갔다. 이모는 나에게 노자를 하라면서 당시 돈으로 나로서는 좀체 쥘 수 없는 큰돈을 주셨다.

차부에서 경북여객 자동차 회사를 찾았다. 대형 버스라는데 요즘 버스로는 마을버스만 했다. 매표소에 갔더니 이미 차표는 없단다. 하는 수 없이 사무실에 들어가서 할아버지가 가르쳐주신 아무개를 찾았다. 나이가 사십 정도 된 우락부락하게 생긴 아저씨가 책상에서 일어서서 눈을 굴리면서 나를 본다. 그리고 불퉁스럽게 말했다.

"총각, 와 찾노?"

"저는 구지면장의 외손잔데 차표가 없어서, 할배가 아저씨에게 부탁하라캐서 왔습니다."

"응 그래, 구지면장님 외손자라고? 그래 이리 와서 의자에 앉거라. 차표 끊어 올 테이."

당장 불퉁거리던 목소리가 순한 아저씨 소리로 되었다. 울퉁불퉁한 얼굴도 환한 얼굴로 바뀌었다. 그리고 매표소 문을 열고 들어가서 표를 한 장 들고 나와 내게 준다. 그 표를 받고 준비한 차삯을 주려니 손사래를 치면서 그냥 두란다. 그래도 받으라고 돈을 내밀었더니 금방 정색한 얼굴로 말했다.

"이 사람, 그냥 두라니까. 나도 면장님 손자 차 좀 태워주 보자."

그러면서 돈 쥔 손을 기어이 내 호주머니에 넣는다.

"이 사람, 밖에서 기다리지 말고 여기 앉아 있거라. 차가 차부에 들어오면 내가 태워줄 테이."

차 시간은 이미 지나고 있었다. 당시는 교통에 질서가 없는 사회인지라 차 시간도 정확하지 않았다. 오래된 차라서 고장도 잦았다. 그것을 정비하느라고 시간이 지체될 수밖에 없는 것이다. 차가 도착하자 그 아저씨는 나를 데리고 나갔다. 차 출입문에는 힘꼴이나 있는 청년이 버티고 서서 검표를 하고 사람을 태웠다. 입구에는 서로 타려고 아우성이다. 그 아저씨는 나를 그쪽으로 데리고 가지 않고 차 앞으로 해서 운전사가 타는 쪽문으로 데리고 갔다. 주머니에서 열쇠를 꺼내 그 쪽문을 열고서 나를 태웠다. 내가 몸을 구부리고 들어갔더니 그 아저씨는 바로 운전사 뒷자리를 정해 주었다. 그러면서 잘 가라고 손짓을 하며 차 탈 일이 있을 때는 언제든지 자기를 찾으라고 했다. 그 뒤 여러 번 대구에서 외갓집 가는 길마다 그 아저씨를 찾았다. 때로는 시장 목로집에서 국밥도 얻어먹었다.

전쟁 후에 소식을 물었더니 고향으로 갔다고 했다. 그 후의 소식은 차부의 사람들도 모른다고 했다. 외갓집 가는 이야기를 쓰는 대목에서 유달리 그 순박한 얼굴이 떠오른다.


# 구지행 버스길 풍경

대구에서 구지까지는 40킬로미터도 못 된다. 지금의 도로나 차 사정으로 본다면 30분도 못 되는 거리다. 요즘은 대구를 오가는 시내버스가 다닌다. 그러나 당시는 비포장도로인 데다 자갈이 잔뜩 깔려 있었다. 차가 지나가면 그 뒤는 보얗게 먼지 꼬리를 물고 다닌다. 차는 털털거리다 못해 마구 상하 좌우로 뛴다. 차 안에 있는 사람들은 이리저리 마구 흔들리다 못해 연약한 노약자는 비명을 지른다. 시골에서 잘 못 먹고 사는 아주머니들은 차 창문을 열고 밖에다 토한다. 어쩌다가 차 창문을 열기까지 못 참을 때는 가운데 통로나 좌석 앞바닥에 토해 낸다. 이런 형편이라 구지까지는 한 두어 시간 걸린다. 그래도 좌석을 차지했을 때는 낫다. 통로에까지 사람들을 마구잡이로 실었기 때문에

서로 이리 부딪히고 저리 부딪혔다. 그래서 승강이질도 일어난다.

그때는 차장이라는 아가씨[7]가 차 입구에 서서 승객들을 안내했다. 말이 안내지 차가 출발해도 좋다는 신호를 보내는 일이 차장의 몫이다. 운전사가 차 안에 사람이 꽉 들어차서 입구의 형편을 볼 수 없기 때문이다. 차장이 손님을 밖에서 밀어 올려놓고 차 몸통을 탕탕 두드리며 '오라잇' 소리로 신호를 보내고는 잽싸게 발을 입구 쪽에 얹어놓고 문설주를 잡고 매달린다. 매달려서는 몸으로 입구에 있는 승객을 밀어붙인다. 차가 정류소에 설 때마다 또는 길가에서 차를 기다리는 사람이 손을 들어 타겠다는 신호를 운전사가 보고 차를 세울 때마다 차장 아가씨는 이 소동을 되풀이하는 것이다.

나는 아저씨 덕으로 미리 운전사가 타는 문으로 들어와 자리를 잡았다. 차는 곧 손님으로 가득 찼다. 입구에서는 계속 차를 타기 위해서 아우성이다. 통로에까지 손님으로 그야말로 입추의 여지가 없다. 엄청나게 많이 태운 차는 곧 출발을 했다.

처음 한동안은 도심지여서 차가 느릿느릿하게 가서 덜 흔들렸다. 도심지대를 빠져나가 휑하니 뚫린 도로에 나서자 차는 속력을 냈다. 그러자 와당탕 쿵탕 마구 흔들렸다. 통로에 아기를 업고 서 있는 젊은 아주머니가 감당하기 어려워했다. 등에 업힌 아이가 놀라서 울음을 터뜨렸다. 또 한 할머니는 큼지막한 보따리를 손에 들고 어쩔 줄 모른다. 이런 지경을 어찌 젊은 내가 그냥 보아 넘기겠는가. 아기 업은 아주머니도 도우고 할머니의 보따리도 들어주어야 했다. 그래서 일어났다.

"아주머니 이리 오소. 아이를 내려 여기에 앉아서 안고 가소."

---

7) 그때 말로는 버스걸이라 했다. 차장이라는 말의 장은 어른 장(長)이 아니라 손바닥 장(掌)이다.

아주머니는 차가 흔들리는 데다가 아이는 울어서 황당해 하고 있다가 나의 이 제안을 듣고 반갑기는 하지만 미안한 생각이 들던지 괜찮다고 한다. 곁의 승객이 체면 차리지 말고 앉으라고 권하자 통로를 메운 사람들을 비집고 겨우 내 곁으로 왔다. 나는 아주머니의 등에 업힌 아이를 내려 안고 아주머니가 앉기를 기다렸다. 아이는 나를 한 번 보더니 낯설다고 입을 몇 번 삐죽이더니 그만 '와앙' 하고 운다. 그 통에 아주머니는 급히 자리에 앉고 아이를 받아 안았다.

나는 통로를 비집고 할머니 곁으로 겨우 다가가서 할머니의 보따리를 잡았다. 할머니는 보따리를 잡은 내 손을 떨치고 이상하다는 듯이 나를 올려다보았다. 나는 웃으면서 말했다.

"할머니, 무거운데 내가 들어드리겠소."

그래도 못 미더운 눈으로 나를 한 번 훑어보았다. 그러다가 애기 업은 아주머니에게 자리를 양보한 총각이라는 것을 알아차리자 그제야 웃으면서 말했다.

"좀 무거울 텐데……."

나도 어처구니없다는 듯이 웃었다.

"할머니 팔심보다 내 팔심이 더 세요."

할머니는 그제야 마음을 놓고 친손자를 보는 듯한 미소 띤 얼굴로 나를 보고 말했다.

"누구 집 자손인지 몰라도 참 고맙구만."

보따리를 내게 맡기며 묻는다.

"총각, 어디까지 가요?"

"구지까지 갑니다."

"말씨를 보니 구지 사람은 아닌 것 같은데 어느 동네에 가요?"

"면소 있는 동네에 갑니다."

"아, 창동이네. 나도 거기꺼정 가는데 누구 집에 가요?"

나는 참으로 할머니다운 호기심이로구나라고 생각하면서 좀 뜸을 두고 대답했다.

"면장 댁에 갑니다."

"그럼, 중매 어른에게 가는가베?"

외할매와 외가 큰할매(외증조모)는 모두 친정이 칠곡 고을의 매원이라는 동네이다. 그래서 외갓집 가근방 사람들은 우리 외가를 매원댁이라고 부른다. 외할매의 친정집이 동네 한가운데 있어서 중매댁, 큰할매의 친정집은 동네의 위쪽에 있어서 상매댁이라고 구별해서 호칭했다. 할머니는 반가운 얼굴을 하고서 나를 빤히 보았다. 아마 누굴까 하고 생각하는 것 같다. 그래서 나는 할머니의 궁금증을 풀어주려는 마음이 생겼다.

"할머니, 면장이 저의 외할아버집니다."

그러자 할머니는 반가워 어쩔 줄 모르는 목소리로 말했다.

"아니, 그럼 말씨를 보이 고령 개실은 아니고, 그럼 밀양이가?"

"예, 그렇습니다."

"아이고, 내가 오늘 반갑은 사람을 만났네."

마치 먼 데 나간 일가 아이를 만난 듯이 반가워한다. 나는 의아한 얼굴로 물었다.

"할머니, 우리 외갓집을 잘 아능교?"

"잘 알기만 해. 나도 서흥 김간데, 못골 안 사나."

"못골은 우리 외가 종갓집이 있는 동네 아닌교?"

"그렇고말고. 나도 오랜만에 친정 간다고 나왔다. 너그 어메는 잘 안다. 몽이가 이렇게 큰 아들을 두었구나."

어머니의 아명까지 나오는 것을 보니 좀 수다스럽기는 하지만 반가웠다. 그 할머니가 마구 떠드는 통에 어머니의 아명까지 나오자 나는 주변을 부끄러운 눈으로 둘러보았다.

"그래, 아까부터 좀 행실이 있다고 보았는데 양반집 자손이라 다르기는 다르구나."

마구 칭찬을 늘어놓는다. 나는 영영 면구스러워 어쩔 줄을 몰랐다. 우리들이 하는 이야기를 듣고 있는 주변 사람들은 모두 빙그레 웃으면서 재미있어 했다. 할머니와 나는 서로 집안 이야기를 하면서, 그리고 서로 아는 사람들의 소식을 묻고 전하는 이야기로 털털거리면서 가는 자동차의 지겨움을 면할 수 있었다.

나는 이 할머니의 이야기를 통해 나의 외갓집의 일을 사전에 알 수 있었다. 면장 사택에는 외할머니가 안 계시고 외할머니는 외가 동네 도동에서 아들인 내 외삼촌 내외와 함께 시어른인 나의 외증조부, 외증조모를 뫼시고 산다는 것을 미리 알게 되었다. 면장 사택에는 거창댁이라는 여인이 서조모로 와서 그가 데리고 온 아들과 함께 나의 외할아버지의 수발을 들고 있다는 사실도 알았다.

이런저런 이야기를 하다가 차는 구지 주재소 앞에 섰다. 차중의 이야기로 그 할머니가 나에게 항렬로 따져 아지매뻘이 되는 것을 알았다. 차에서 내릴 때는 자연스레 아지매라고 부르게 되었다. 아지매는 외할아버지를 중매 아재라고 호칭했고, 구지에 갈 때는 면장 집에도 들른다고 했다. 서외조모인 거창댁과도 친하다고 했다.

나는 차에서 내려 새롭게 만난 아지매의 보따리를 들고 거기에서 한 60~70미터쯤 떨어진 거리에 있는 면장 사택 대문 앞까지 아지매와 함께 갖다놓았다. 먼저 들어가라고 하고서 나는 되짚어 면사무소로 갔다. 면사무소는 그 집 바로 길 건너에 있다.

나는 면사무소 현관을 열고 안으로 들어갔다. 민원인이 기다리는 공간이 있고 그 앞쪽에는 가슴 높이로 칸을 지어 그 위에 청구용지를 놓고 민원인이 민원청구를 하고 있었다. 민원인이 기다리는 공간에 책상이 하나 놓여 있다. 거기에는 민원인을 안내하는 40대 후반쯤 되는 고원이 책상에 앉아 있다. 내가 들어갔더니 일어나서 의아한 듯한 눈으로 쳐다본다. 나는 그 아저씨에게 말을 걸었다.

"아저씨, 면장실이 어디에 있습니까?"

"저 안에 계시네만, 총각은 누군가?"

"예, 저는 면장 어른의 외손잡니다."

"아, 그래. 그라이라도 면장님이 오늘 외손자가 올 것이라고 하시면서 오는 대로 면장실로 안내하라는 말씀을 하셨네. 면장님은 안에서 기다리고 계시네. 안으로 들어가세. 나를 따라오게."

나는 그 아저씨를 따라 칸막이의 낮은 문을 그냥 밀고 면직원이 사무를 보는 널따란 사무실 공간을 거쳐서 좀 육중한 문 앞에 섰다. 아저씨가 먼저 문을 열고 말했다.

"면장님, 온다던 외손자가 왔습니다."

나는 안으로 들어갔다. 할아버지는 사무용 책상에서 서류에 결재를 하고 있었는지 도장을 그 책상 위에 얹어놓고 일어나 앞에 있는 안락의자로 오시면서 말씀하셨다.

"야야, 이제 오나. 거기 앉거라."

나는 머리를 숙여 절을 하면서 인사를 여쭈었다.

"할아버지, 이제 왔습니다."

"여기에 좀 앉아 있거라. 하던 일 마자 해놓고 나와 집으로 가자. 점심

때도 거의 다 되었구나."

커다란 기둥시계가 있는데 시간은 12시 15분 전을 가리키고 있었다.

좀 앉았다가 열어놓은 창 곁으로 갔다. 그 밖에는 좀 오래된 등나무가 싱싱한 잎으로 그늘을 지은 곳에 깨끗한 대나무 평상이 놓여 있다. 창가에 서서 등나무와 그늘을 무심히 바라보고 있는데 뒤에서 문기척이 났다. 돌아보자 말끔한 중년 직원인데 나를 보고 빙그레 웃는다. 나는 누군지 몰라 그냥 쳐다보고 있었다. 할아버지는 나를 불러 인사를 하라고 했다. 면의 부면장인데 내 외가의 일가라고 했다.

부면장은 내게 아버지와 어머니의 안부를 물었다. 나의 아버지와는 아버지가 장가를 들어 처가, 곧 나의 외가에 한동안 계실 때 특별히 가까이 지냈고 친구로서 사귀었다고 말했다. 어머니와는 촌수는 좀 멀어도 친누이처럼 가깝게 지냈고 특히 자기는 도동에 있는 서원에서 하는 서당 공부를 하면서 우리 외갓집에 허물없이 드나들었다고 했다. 외할아버지와 그때 일을 재미있게 이야기하면서 더러 크게 웃으셨다. 이분의 이름은 김진식(金璡埴)이고 이분과 그의 아우인 김봉식(金琫埴) 선생은 나중에 내게 참 잘 대해 주었다.

부면장은 내가 온다는 말을 듣고 나의 어머니와 어릴 때 서로 잘 아는 일가인지라 그 아들이라니 보고 싶었던 것 같다. 이처럼 혈육의 정으로 대하니 내가 철나고 처음 외갓집 있는 데를 와도 조금도 낯선 곳으로 느껴지지 않았다.

## 서외할매와
## 정업이 아재

할아버지가 결재 서류를 검토하고 있는 동

안 시간은 어느덧 정오를 훨씬 넘어가고 있었다. 그때 얼굴이 넓죽한, 나보다 나이가 서너 살 더 되어 보이는 소년이 들어왔다. 그는 나를 흘깃 한 번 보고 할아버지에게 말했다.

"아버지, 점심 준비가 다 되었는데 오시지 않아서 어머니가 가보라 해서 왔습니다."

"오냐 알았다. 부면장, 딴 일 없으면 점심 하러 함께 가지."

"예, 오늘 반가운 사람이 왔으니 저도 함께 갈까요."

부면장이 할아버지와 함께 나섰다. 나와 그 소년은 뒤따라 나와 아까 그 집으로 갔다.

사택은 대문 안쪽 오른편에 안채가 있고 그 앞마당 건너편에 사랑채가 있다. 우리는 안채로 들어갔다. 가운데 마루가 있고 안방과 건넌방이 마주 보고 있다. 안채 옆에는 부엌과 부엌방이 붙어 있다. 이미 점심상이 차려져 있다. 우리가 들어오자 별식을 쟁반에 담아 들고 중년 부인이 들어오는데 서외할매다. 나를 보자 반가운 웃음을 띠었다.

"이 사람이 밀양 외손잔가뵈."

내가 일어서서 인사를 하려고 하자 인사 받기를 사양한다.

"아이고. 일어나기는. 그냥 앉지."

할아버지도 나 보기가 좀 멋쩍은 듯이 그냥 앉으라고 하신다. 나도 그냥 일어서는 시늉으로 인사는 되었다고 보고 도로 앉았다. 그 할머니는 방문을 열고 아까 그 소년을 불렀다.

"정업아, 정업아. 네게 좋은 동무가 생겼다. 이리 오너라."

"예, 들어가겠습니다."

좀 있자 정업이라는 소년이 들어왔다. 그때 들어오는 그의 얼굴을 똑바로 보게 되었다. 이목구비가 반듯하고 입술이 좀 두터운 듯한 미소년으로 그리 허무한 아이 같지는 않았다. 인상이 좋아서 친근한 마음이 들었다. 그와 함께 아까 버스에서 함께 내렸던 아지매가 따라 들어오면서 외할아버지에게 반갑게 인사를 했다.

"면장 어른 아재, 그사이 편안하셨능교."

"아이구. 니가 웬일고?"

"나 오늘 아재 외손자하고 함께 안 왔능교. 오늘 이 사람이 그 만원 버스에서 무거운 보따리를 들어주어서 얼마나 생광스럽던지."

그러고는 버스에서 일어난 이야기를 면구스럽게 털어놓는다. 모두 기분이 좋아서 크게 웃으면서 나를 칭찬했다. 이러한 부산한 한 소동이 진정되자, 할머니는 내게 말했다.

"이 애는 내 아들인데 서로 나이도 비슷한 또래이구나. 서로 허물없이 친하게 지내주게나."

나는 두 모자가 어쩐 일인지 측은한 생각이 들어 진심으로 말했다.

"예, 그러지요. 이름이 정업이라고 하던데, 그래도 내게는 아재 아닙니까. 나는 아재라고 부르고 정업이 아재는 나를 조카로 생각하고 그냥 재구라고 부르면 되겠네."

할머니는 뜻밖에 내가 스스럼없이 말을 하자 매우 반가운 것 같았다. 할아버지도 기분이 좋으신 듯 그저 '허허' 웃으셨다. 나는 곁에 앉은 정업이 아재의 손을 꼭 잡아주었다. 정업이 아재는 정다운 눈으로 웃으면서 나를 바라보았다. 그 후 우리는 참으로 사이좋게 지냈다. 정업이 아재는 어머니를 따라 낯선 곳에 온 지도 얼마 안 된 데다가 남의 작은댁의 데려온 자식이었다. 당시에는 봉건관습이 많이 남은 시대라 마음고생이 얼마나 되랴 싶었다. 그래서 나는 선뜻 한 가족으로 대하는 마음을 내다보였다. 그래서 그 후부터는 내가 외갓집에 가 있을 때는 둘이 단짝으로 다녔다. 서로 낄낄

거리면서 장난질도 재미나게 했다. 1948년 여름에 외할아버지가 돌아가시자 이들 모자는 초상이 지난 후 얼마 안 되어 그들의 고향 거창으로 간다면서 떠났다는데 그 후 소식이 없다.

점심을 먹고 나서 나는 외할아버지에게 외할머니가 계신 외가 동네 도동으로 간다고 여쭈었다. 그리고 버스에서 만난 아지매에게도 인사를 하면서 대구에 가면 꼭 찾아뵙겠다고 말했다. 할아버지와 거창 할머니는 처음 길이니 정업이와 함께 가라고 했다. 그래서 나는 정업이 아재와 함께 집을 나섰다.

구지면 소재지에서 도동까지는 보통 시오리 길이라곤 하지만 약 7킬로미터가 넘는다. 그리고 트럭이 한 대 지날 수 있는 길 폭이다. 정업이 아재와 나는 처음은 좀 서먹했지만 내가 아재라고 부르며 잘 대해 주자 길을 가는 가운데 곧 친해졌다. 길을 가다가 마을이 나타나면 마을 이름을 가르쳐 주고 고개가 나오면 고개 이름도 가르쳐주었다.

면소재지가 있는 동네 이름이 행정구역으로 창동(倉洞)이었지만, 창동이라는 본이름을 가진 포산(苞山) 곽씨들이 사는 마을이 곧 나왔다. 마을로 들어가지 않고 오른편으로 길이 굽어지고 내리막이다. 곧 한 동네 앞에서 마을로 드는 길이 나 있는데 이름이 아름다운 '나부실'이라는 마을이다. 아까 부면장이 사는 마을로 서흥 김씨, 즉 나의 외갓집하고는 일가 동네다. 행정 동명은 화산동(花山洞)이다.

길은 평지로 나 있다. 오른편은 나지막한 산 능선이 제법 높은 산인 대니산(大尼山) 줄기에서 흘러나온다. 왼편은 저 멀리 아득하게 논이 펼쳐져 있다. 논에는 농군들이 논매기에 바쁘다. 구성진 논매기 노래가 흘러나온다. 정말 평화롭다. 도시에는 한참 미·소 공동위원회 속개로 사람이 모인 곳마다 정치 이야기로 분주한데.

길을 걸으면서 정업이 아재는 외갓집 식구들 이야기로 지겨운 걸음을 달래주었다. 나는 정업이 아재의 이야기를 통해 외갓집 사정을 많이 알 수 있게 되었다.

외가 큰할아버지는 귀가 절벽이어서 목소리를 돋워 이야기를 해야 한다는 것, 큰할머니는 노망이 들어서 사람을 잘 알아보지 못해 가끔 손부를 며느리로 알고 실수를 한다는 것, 그리고 밭두렁이나 산비탈에서 나물을 뜯어 치마폭에 담아 오는데 먹을 수 있는 것은 별로 없지만 못 먹는 것이라고 아무 데나 버렸다가는 야단이 난다는 것, 외아재는 새벽에 동네에서 제일 먼저 일어나서 식전에 망태기를 들고 나가 길에 있는 개똥, 소똥 등 짐승 똥을 한 망태나 그득히 주워 담아 두엄간에 쏟아놓을 만치 지독히 부지런하다는 것, 그래서 아침에 늦잠이나 자면 혼이 난다고 했다. 그래서 내게 외갓집에서 늦잠이나 자는 게으름을 부리다간 혼날 줄 알라고 주의를 주었다.

길은 오른편 산비탈 밑에 있는 수리 마을(修理洞)이라는 동네를 지나 이윽고 고개 밑에 이르렀다. 제법 경사가 진 길이 산비탈을 휘감아 도로가 나 있다. 곧장 바로 질러 올라가는 산길이 있어서 우리들은 그 지름길을 올라갔다. 산은 벌거숭이 산이지만 산길은 제법 다복솔이 있고 떡갈나무가 군데군데 나 있다. 길은 제법 가파르다. 고갯마루에 올라서니 에돌아 온 도로와 만나고 시야가 확 트인다. 산 아래는 강변 밭이 널찍하게 펼쳐져 있다. 그 너머 모래밭이 하얀데 파란 강물이 눈을 시원하게 해준다. 낙동강이다.

우리는 거기에서 가파르게 오르면서 흘린 땀을 닦았다. 강 쪽에서 불어오는 시원한 바람을 맞으며 다리쉼을 했다. 정업이 아재는 담배를 한 가치 뽑아서 내게 권한다. 내가 못 피운다고 고개를 두르자 아재는 웃으면서 그것을 입에 물었다. 성냥을 긋고 불을 붙여 긴 내쉼과 함께 제법 기분이 좋은 표정이다. 이렇게 한 담배 쉼을 하고 나서 이번에는 도로를 따라 내려갔다. 내려가는 길은 완만해서 걷기가 수월했다.

산 아래 내려가니 동네가 나온다. 징동(澄洞)이라 했다. 평지를 가다가 오른편으로 굽어드는데 창고 같은 집이 있다. 기계 벨트 돌아가는 소리가 난다. 정미소다. 여기에는 가게도 있고 술집도 있다. 살림집은 한두 채밖에 없지만 동네 왼편에 좀 떨어져 학교 같은 교실 두 칸쯤 되는 건물이 있다. 앞에 좀 널찍한 공터가 있는데 철봉대가 높낮이가 다르게 세 칸이 있다. 나는 저게 뭐냐고 정업이 아재에게 물었다. 오설분교(烏舌分校)라 했다.

이때까지 걸은 거리는 10리 길이 좋이 된다. 아이들의 학교 등교 길로서는 좀 멀다. 그래서 구지국민학교는 여기에다 분교장을 두고 교사 한 사람을 배치해서 인근 동네 아이들을 모아 가르치고 있다. 4학년이 되면 본교로 다닌다고 한다. 선생님 한 분이 1, 2, 3학년을 모두 한 교실에 모아 복식수업을 한다고 한다.

길은 오설동에서 오른편으로 굽어 북으로 죽 나 있다. 양옆은 모두 밭이다. 잎사귀가 동골납작한 것을 보니 땅콩 밭이다. 군데군데 원두막이 보인다. 외수박 밭이 거기에 있는 것 같다. 외수박이 나오려면 아직도 멀었다. 그래서 그런지 원두막에는 아무도 보이지 않는다. 주변은 온통 조용하기만 하다. 도로 가에는 그 흔한 포플러 한 그루도 없다. 초여름이지만 제법 뙤약진 볕을 그대로 받으며 걸어야 했다. 땀이 흘러 목까지 흥건해졌다. 길을 한참 걸어 나가자 왼편에 과수원이 있고 탱자나무 울타리가 길을 따라 이어진다. 울타리가 끝나자 길은 오른쪽으로 비스듬히 굽는다. 길은 아주 가는 모래흙이다. 메말라서 발자국을 놓을 때마다 먼지가 폭삭폭삭 인다.

아직도 매미 철이 안 된지라 사방이 고요하기만 하다. 한참 나가자 산줄기가 나지막하게 강으로 뻗어 나온다. 길은 그 줄기를 걸타고 넘는다. 그러자 앞에 또 한 줄기가 제법 앞을 가리면서 낭떠러지가 되어 강으로 빠져 있다. 그 앞에서 도로는 끊긴다. 그 줄기 등마루까지 올라가니 바로 왼편에는 낭떠러지다. 그 아래 시푸른 강물이 흐르고 있다. 동쪽으로 아득히 상류의 강줄기가 시원하게 뻗어져 내려오고 있다. 거기에서 한두 낮은 산줄기를 타넘자 바로 눈 아래에 아름다운 풍경이 활짝 펼쳐진다. 이쪽과 저쪽 산줄기가 모두 강 쪽으로 뛰어드는데 그 가운데 두 산줄기에 폭 감싸여 있는 마을이 있다. 마을 한가운데 커다란 기와집이 여러 채 산의 경사에 따라 사방으로 정연하게 늘어 있다. 이곳이 도동 마을이다. 그 기와집들이 바로 도동서원(道洞書院)이다.

앞서 말한 바와 같이 도동서원은 해동오현의 한 분인 한훤당 김굉필 선생의 위패를 모신 서원이다. 김굉필은 조선왕조 연산군 시절 무오사화 때 점필재 김종직의 문인이라 해서 평안도 희천으로 유배되었다가 다시 순천으로 이배되었다. 갑자사화에 다시 연루되어 순천에서 사약을 받고 돌아가셨다. 그뒤 광해군이 유생들의 상소에 의해 문묘에 배향했고, 도동서원에 사액(賜額)을 내렸다. 서원 앞에는 아주 오래된 은행나무 두 그루가 이제는 두 그루로 볼 수 없이 하나로 합쳐져 서 있다. 이는 한훤당이 손수 심은 것으로 수령이 500년을 넘는다.


# 그림 같은
# 외갓집

낭떠러지 위에서 밑으로 가파르게 내려가는 꼬불길을 따라 내려서니 바로 낙동강의 나루터가 있다. 강 건너편에 납작한 초가가 몇 집 보인다. 그중 강 앞에 있는 그림 같은 초가집이 나의 외갓집이란다. 우리 둘은 나룻가에 매어놓은 나룻배를 탔다. 조금 있자 기다란 삿대를 들고 사공 노인이 내려온다. 정업이 아재는 노인을 보더니 공손히 인사를 한다.

"말미 할배요. 그동안 안녕하신교."

"오냐, 면에서 오나? 면장은 별고 없고?"

"예."

"그런데 우짠 낯선 총각이고?"

물으며 나를 본다.

"예, 아버지 외손잡니다. 밀양에 계신 누님 아들입니다. 재구 이 사람, 이 어른께 인사 드려라."

나는 갑작스런 일이라 머무적거리다가 고개를 숙여 인사를 드리고 의아한 듯이 정업이 아재의 얼굴을 보았다. 정업이 아재가 말했다.

"너그 외갓집 일가 할아버지다."

그러자 그 사공 할아버지는 한숨을 쉬면서 말했다.

"후유, 먹고살기 위해서 이 짓을 안 하나. 그라고 요새 아랫것들이 있나. 도동 사람 중에 누가 하든지 하기는 해야겠고. 그래서 내가 사공질을 한다. 그래 알아라. 건너가자. 너그 외할머니 중매 아지미가 꽤나 반갑겠구먼. 네가 도동은 처음이제?"

이렇게 말하니 나는 그 할배에게 정이 갔다. 그래서 정다운 목소리로 말했다.

"할배요, 저는 외갓집에 처음 옵니다. 그래서 할배도 못 알아보고."

할배는 또 한숨을 쉬면서 옛날 양반 시절이 그리웠던지 먼 곳을 바라보면서 말했다.

"이 사람아, 대동아전쟁 전만 하더라도 반상이 엄격했고, 만석꾼이 망해도 삼대를 간다고, 그렇게 우리 동네가 못살지는 안 했는데. 지금은 세상이 영 달라져서 아랫것들을 챙길 힘도 없고 다 뿔뿔이 제 갈 데로 갔지. 이 없으면 잇몸으로 산다고. 그래저래 이렇게 산다네."

이 도동이라는 동네 사람들은 태평양전쟁을 왜놈들이 부르던 대로 아직도 '대동아전쟁'이라고 입에 밴 것으로 보나, 아랫것들 이야기를 내어놓는 것을 보나 봉건이 체질에 많이 남아 있음을 알았다.

이야기를 하는 동안 배는 기슭에서 강심으로 들어섰다. 정업이 아재는 익숙한 솜씨로 노를 저어 배를 몰고 간다. 나는 배를 가로질러 놓인 널판에 앉아 말미 할배와 이야기를 했다. 할배는 곰방대에 엽초를 비벼 담고 물뿌리를 물고 어디서 구했던지 조끼 주머니에서 라이터를 꺼냈다. 껍질을 밀어 올리면 심지가 자동으로 나오는, 당시 모두 희한하게 바라보던 라이터다. 할배는 옆에 붙은 톱니를 노동으로 투박하게 굵어진 엄지로 몇 번 굴려불을 일으켰다. 그 다음 담배통에 갖다 대고 몇 번 뻑뻑 소리가 나게 빨아불을 붙였다. 그리고 휘발유 냄새가 역한지 오만상을 찌푸리면서 담배 연기를 내어 뿜는다. 그 냄새가 가시자 담배를 길게 빨아 입과 코로 내면서 기분이 좋은 얼굴로 바꾸어진다.

할배의 담배 한 참이 다 타는 동안에 배는 다 건너왔다. 배가 강가 나루에 가까워지자 정업이 아재는 노를 올려놓고 삿대로 강바닥을 짚으면서 배를 나루에 댄다. 나는 배에서 내려 말미 할배에게 인사를 했다.

"할배요. 나중에 뵙겠습니다."

"오냐. 올라가자."

그사이 정업이 아재는 그냥 말없이 꾸벅 인사를 하고 외갓집을 향해 달린다. 아마 내가 집에 들어서기 전에 알리고 싶은 모양이다. 내가 강기슭에서 집까지 반도 못 가서 사립에 안노인 한 분과 아주머니 한 분, 그리고 눈이 크고 이글이글하며 입이 앞으로 나오고 머리카락이 제멋대로 부숭한 남자가 대여섯 살 난 계집아이의 손을 잡고 나온다. 이분이 나의 외숙부인 것 같았다.

　나는 걸음을 빨리하여 그 앞으로 갔다. 그리고 고개를 꾸벅 숙였다.

　"외아잽니까?"

　"오냐, 재구 오나. 어릴 때 보고 하도 오래되어 몰라보게 컸구나."

　그러자 안노인이 울음 반으로 내 두 손을 덥석 잡았다.

　"아이고, 내 새끼야. 니가 이렇게 컸구나."

　그러더니 나를 부둥켜안고 얼굴을 나의 얼굴에 대고 비벼댄다.

　나도 단방 외할머니임을 알았다. 그러자 나도 모르는 사이에 그만 울음
이 나왔다. 그저 한마디뿐이었다.

　"예, 외할매……."

　뒤에 서 있는 아주머니가 말했다.

　"어머님, 여기에서 붙들고 있지만 말고 안으로 들어갑시다."

　"오냐, 그러자. 재구야 안으로 들어가자. 큰할버지가 기다리고 계신다."

　"예, 할매. 큰할배는 어디에 계십니까?"

　"사랑에 계신다."

　외갓집은 강냉잇대로 울타리를 둘러싸 있고, 남쪽으로 굵은 싸릿대 나
무로 엮어 만든 사립이 커다랗게 나 있다. 그 사립은 문을 닫은 흔적이 전
혀 보이지 않는 걸 보니 밤낮으로 열어두는 것 같았다. 안으로 들어서자 넓
은 마당이 있다. 마당 건너편에 삼간 두 줄 초가가 있는데 그것은 안채다.
강 쪽으로 향한 남향이고 볕이 잘 드는 집이다. 왼편에 큰방이 있고 그 앞
에는 청이 넓다. 오른편에도 앞은 청으로 이어져 있는데 좀 안쪽으로 든 작
은방이 있다. 큰방 왼편에는 부엌이 있는데 안쪽에는 조그만 방이 하나 있
다. 거기에는 부엌살림이나 찬거리를 넣어두는 곳이다.

　마당 왼편에 동향으로 난 초가 한 채가 있는데 남쪽으로 쪽마루가 있고

방문이 크게 나 있다. 그 방이 사랑방이다. 그 뒤 북쪽에는 디딜방아가 있고 가운데 칸은 묵직한 자물통이 열린 채 걸려 있는 것을 보니 고방이다. 또 오른편에 서향으로 선 초가가 있는데 한가운데 칸에는 암소가 한 마리 매여 있다. 작고 귀여운 송아지가 엄마 소 곁에 서 있다. 엄마 소는 새끼가 귀여운지 혀로 목덜미 털을 핥아주고 있어서 집안의 평화로움을 한층 더해준다. 남쪽 칸에는 쟁기 등 농기구가 차지하고 북쪽 칸에는 가마니가 쌓여 있다. 탈곡을 하면 나오는 등겨 등이다.

집 안에 들어서자 마당 축담에 걸터앉아 백발을 날리며 나를 초점 없는 눈으로 응시하고 있는 나이가 아주 많은 할머니가 계신다. 나는 먼저 그 할머니 곁으로 다가섰다. 뒤따라온 외할머니가 말했다.

"어머님, 밀양 안실이 아들 재구가 왔습니다. 재구야, 큰할매다. 노령해서 사람을 몰라본다."

큰할머니는 나를 한참 보더니 그저 의미 없는 웃음을 띠고 말씀하신다.

"총각은 누군교?"

나는 다가가서 할머니의 늙고 거친 손을 잡으면서 대답했다.

"큰할매, 밀양 외손자 재굽니다. 할매, 제가 왔습니다."

그래도 나를 어리둥절한 눈으로 쳐다본다. 할머니 손은 시퍼렇게 풀물이 들어 있다. 곁에서 외아지매가 말했다.

"큰할매는 이 여름날에도 먹지도 못하는 나물을 하도 뜯어서 늘 손에 풀물이 들어 있다. 마당을 하도 쓸어서 땅이 파일 지경이다."

외아재도 허허 웃으면서 말을 거들었다.

"할매는 모든 건 다 잊어도 칼커른(깔끔한) 것은 안 잊었다."

나는 외아재의 인도로 사랑으로 향했다. 사랑에서는 먼저 들어온 정업이 아재가 큰 소리로 큰할배게 내가 온 것을 알리는데 땀을 흘리고 있다.

그 큰 소리 사이에 큰할배의 되묻는 소리도 나온다.

"응, 응, 누구라고?"

방 앞에 나 있는 쪽마루에 걸터앉아 구두끈을 풀고 나서 방 안으로 들어갔다. 큰할배는 들어오는 나를 빤히 본다. 나는 할아버지 앞에 서서 손을 모아 잡고 엎드려 큰절을 올렸다. 외아재가 정업이 아재보다 훨씬 큰 우렁우렁한 목소리로 아뢰는 소리를 손으로 귀를 모아 듣고 나를 보자 단방 알아보았다.

"이놈이 밀양 안실이 새끼가?"

"예, 할배. 근력은 어떠신지?"

"오냐, 괜않다. 안 죽어서 탈이다."

그러시면서 내 손을 잡고 만지며 연방 웃으신다. 반가운 표정이다.

"이놈아, 잘 왔다. 너그 에미는 안 오나? 죽기 전에 한 번 봐야겠는데."

늙으면 멀리 떨어진 자손들이 더 보고 싶은 것 같다. 큰할배는 그때 연세가 여든 노인이었다. 당시로는 아주 장수하신 것이다.

"개실 아이들은 방학 때 더러 외가에 오는데 네는 어찌 그리 못 보노? 네가 우리 매방(매바위)에서 나가지고 네 에미 신행 때 밀양 데리고 간 후 처음이구나. 이렇게 장성해서 왔으니 길에서 만나도 네가 우리 외손자라고 어디 알아볼 수나 있겠나."

정업이 아재는 아무 소리도 안 하고 그저 빙그레 웃으면서 큰할아버지와 외숙 그리고 나, 우리 3대들의 대화를 부러운 듯이 바라보고 있다. 좀 있으니 외숙모가 묵 화채를 시원하게 만들어 상에 차려 가지고 왔다. 그리고 외숙모는 나와 정업이 아재에게 말했다.

"너그들은 안으로 들어오너라. 청에다가 차려놓았으니 그리로 오너라."

그리고 목청을 돋우어 큰할아버지에게 말했다.

"할아버님, 재구가 안에 가서 외할매와 외아재에게 절을 하겠다고 합니다."

"오냐, 너그들은 아직 절도 안 했제. 안으로 들어가거라."

그러고 보니 만남의 반가움으로 그만 인사가 늦었다. 큰할아버지만 남겨두고 모두 안으로 들어갔다. 대청에 올라갔더니 묵 화채를 차린 상이 마루에 있다. 외숙은 바로 안방에 좌정하고 외숙모와 외할매를 불러 방으로 들어오라고 했다. 나는 세 분이 방 안에서 좌정하기를 밖에서 잠시 기다렸다가 방 안으로 들어가 먼저 외할매에게 큰절을 하고, 외숙 내외가 나란히 앉은 곳을 향해 절을 했다. 외숙은 그냥 앉았지만 외숙모는 머리를 숙이면서 절을 받았다.

외숙모는 나의 고향 밀양이 친정이다. 삽개라는 동네인데 우리 일가인 안씨와 밀양 박씨 그리고 평산 신씨, 세 성바지가 서로 이웃해 커다란 한 동네를 이루고 산다. 외숙모의 아버지는 고향 밀양에서 알아주는 한학자이시다. 외숙모는 글도 잘하고 솜씨도 있고 일도 칠칠하게 잘하신다. 특히 한글 붓글씨는 가히 명필이다. 인물은 처음 만나면 좀 그렇지만 자주 보고 나면 인품에서 나오는 아름다움이 있고 위엄도 있어 정이 가는 여성이다. 나의 외아재는 장가가서 인물이 곱지 않다고 실망하고 소박을 놓아 한때 민망할 정도였다. 그래서 오래도록 아이가 없다가 외아지매의 인품과 거기에서 나오는 여성다움을 새로이 발견하고 정이 생겨났다.

마침내 딸을 낳았는데 나를 마중할 때 외아재가 손잡고 있는 계집아이가 그 아이였다. 외할머니는 이 딸이 두 분의 금슬을 이어주어서 '쾌한' 일을 보았다 해서 아명을 '쾌야'라고 지었다.

쾌야가 나기 전에 나의 외갓집은 정말 적적했다. 외할배는 첩살림으로 딴 데서 살고 외아재는 내외 금슬이 좋지 않아 딴 곳으로 돌아만 다녔다.

집에는 큰할아버지를 3대의 고부들이 수발하고 살았다. 문을 한번 발라놓아도 그것을 찢을 아이가 없어 몇 년이 지나도 그대로였다. 창호지가 검어 찌들어져야 새로 문을 발랐다. 우리 외가의 3대 여성은 그 시절이 얼마나 외로웠을까. 그러다가 외숙 내외가 새로 금슬이 좋아져 딸을 낳았으니 나의 외할매의 기쁨은 말할 수 없을 만큼 컸던 것이다. 그래서 아기 이름을 그렇게 지은 것이다. 그 후부터 줄줄이 태기가 있어 딸 셋에 아들 셋 육남매를 낳았다. 딸 하나는 전쟁 때 피난 중에 앓다가 죽었다. 5남매는 성취되어 모두 제 구실을 잘하고 있다. 쾌야는 그야말로 나의 외가에 '쾌' 함을 가져온 것이다. 이 쾌야도 몇 년 전에 죽었다.

인사의 절이 끝나고 모두 마루에 나와 묵 화채를 들었다. 화채는 묵을 가늘게 썰어 정갈한 냉수에 촛국을 만들어 넣고 미역, 찐 계란, 석이버섯 등을 보기 좋게 썰어 넣은 냉국이다. 촛국으로 그 맛이 새큼하면서 미역, 석이로 향기도 좋고 영양도 좋은 우리 민족 고유의 여름 음식이다.

이렇게 해서 나는 한 달 넘게 외가에서 지냈다. 그동안 나는 외할매와 외아지매의 알뜰한 보살핌으로 못 먹고 얻어맞은 허약한 몸에 살이 오르고 튼튼해졌다. 아침마다 일찍 일어나 운동 삼아 물지게를 지고 강으로 내려가 물을 긷기도 하고 바로 동쪽에 있는 동산에 올라가 멀리 물안개 피어오르는 낙동강 줄기를 바라보았다. 그러면 가슴이 탁 트이고 저 멀리 하늘을 향해 고함을 친다.

"야아!"

소리는 마음 안에 맺혀 있는 미국 놈에 대한 울분을 토하는 소리였다.

"미국 놈은 물러가라."

나는 큰할아버지와 함께 사랑방에서 잤다. 큰할아버지는 초저녁부터 잠이 든다. 나는 잠자는 시간이 짧은지라 늦도록 호롱불 밑에서 책을 읽었다. 그동안 자치회 운동과 삐라투쟁 그리고 유치장살이로 못 읽었던 책도 대구의 이종형으로부터 빌려 온 것을 읽었다. 수학 공부도 차근차근 체계에 따라 했고 문제도 풀었다. 그리고 한문 공부도 했다. 내 딴에는 꽤나 오붓한 시간을 가졌다. 외가에 와서 그동안 못했던 공부를 평화로운 분위기 속에서 실컷 할 수 있어서 마음이 몹시 흐뭇했다.

귀여운 외사촌 누이 쾌야하고는 장난도 하고 강변에 산책 나갈 때는 손 잡고 데리고 다녔다. 할매 곁에서 떨어지지 않아 할매 혹이라고 불리고 있는 아이가 이제는 할매보다 나와 지내는 시간이 더 많아졌다. 아이가 명랑하고 나이와 다르게 말이 하도 야무져서 어른들을 놀라게 했다. 나에게 장난을 걸어 나를 놀리기도 했다. 나는 짐짓 속아주는 체해서 어리둥절한 표정을 하면 쾌야는 손뼉을 치면서 좋아라고 까르르 웃는다.


# 다시 투쟁의 길로
# 가야 한다

외가 동네는 신문도 라디오도 없는, 외부 소식과는 완전히 단절된 곳이다. 처음에는 아주 평화로워 좋았으나 한 달쯤 지나자 지금이 어느 때인데 이렇게 세상과, 특히 투쟁과 등지고 살다니 하고 나 자신을 되돌아보게 되었다. 그래도 참고 지냈지만 날이 갈수록 소식이 궁금해서 못 견디겠다. 그래서 신문이라도 봐야겠다는 생각이 나서 구지면 소재지로 나왔다.

하루는 외숙 내외분에게 바람도 쏘일 겸 면소 외할배에게 다녀오겠다고 하고 창동에 있는 거창댁 할매 집으로 갔다. 마침 정업이 아재가 있기에 아재더러 그동안의 신문을 보려면 어떻게 해야 하는가라고 물었다. 면사무소 외할배에게 가면 여러 일간 신문이 철해진 것이 있다기에 면장실로 갔다. 외할배는 어디 출타 중이셨다. 부면장이 반갑게 마중한다. 나에게 할아버지 항렬이라서 나이로는 할배라고 부르기는 민망하지만 그래도 할배라고 불렀다.

"할배, 그동안 들어박혀 있어서 세상 소문을 못 들어서 왔습니다. 신문 좀 읽으려고 왔습니다."

"오냐, 면장님이 출타 중이라 면장실이 비어 있다. 그리고 신문은 거기에 철해 놓고 있다. 들어가서 실컷 보거라. 허허."

한 달이 훨씬 넘도록 신문을 못 보았다. 신문은 미·소 공동위원회 재개 후 회담 내용이 정치면의 중요한 기사로 되어 있었다. 5월 21일에 정식으로 회담이 재개되었는데 미·소 양측은 모두 임시정부 수립에 국한하기로 합의하는 등 처음은 제법 순조롭게 진행되었다. 그러나 한 일주일이 지나자 양측의 차이가 드러나기 시작했다. 소련 측은 일정한 회원 수를 가진 정당·사회단체를, 미국 측은 현재의 모든 정당·사회단체를 망라해서 협의 대상으로 해야 한다고 주장했다. 이로써 재개된 공동위원회의 앞길은 처음부터 어둡기 시작하고 있었다.

그러나 양측은 조선 인민이 공동위원회에 거는 기대가 크다는 사실을 아는지라 그냥 무책임하게 끝낼 수는 없었다. 그래서 6월 11일 공동위원회 공동성명 제11호를 발표했다. 제11호의 내용은 남북조선의 정당·사회단체는 공동위원회와의 협의에 참가하기 위해 모스크바 3상회의를 지지 또는 협력한다는 선언서에 서명 날인하는 것, 협의 참가의 청원서를 서울은 23일까지, 평양은 30일까지 제출하는 것, 이 수속을 완료한 정당·사회단체는 7월 1일까지 임시정부 헌장 강령에 관한 자문안을 제출하는 것, 공동위원회는 청원서를 낸 정당·사회단체의 대표자를 초청하여 공동위원회를 개최하는 것, 특히 그중에서 공동성명 6항에서는 공동위원회에 참가를 청원한 민주 제 정당·사회단체의 명부와 정당·사회단체 대표의 명부가 공동위원회에서 승인되면 남조선에 있는 이 정당·사회단체의 대표를 초청하여 공동위원회는 6월 25일 서울에서 합동회의를 개최하는 것, 이와 동일하게 북조선에 있는 정당·사회단체 대표와의 합동회의는 6월 30일 평양에서 개최하는 것, 이 회의는 서울에서는 소련 측 수석대표가, 평양에서는 미국 측 수석대표가 사회하는 것으로 되었다.

이러한 성명서가 나오자 임시정부 수립의 길이 열렸다고 보고 우익, 이른바 반탁진영에서도 이 성명서의 내용대로 참가하기로 의견이 모이고 있었다. 특히 한민당의 함상훈은 공동위원회에 참가하여 반탁투쟁을 하겠다고까지 했다. 이리하여 임시정부 수립이 길을 잡아가고 있었다.

그러나 그 전날까지만 해도 별일 없던 것이 6월 23일 청원 마감 날에 공동위원회 참가 신청을 한 정당·사회단체의 수가 남북조선 모두 463개에 달했다. 특히 이북이 38개인 데 반해 이남은 425개나 됐다. 남조선의 분열주의자들은 공동위원회의 사업을 방해하기 위해 하룻밤 사이에 3인 정당, 4인 단체로 엄청난 정당·사회단체를 급조해 청원서를 제출했던 것이다. 그들이 제출한 명부의 회원 수를 합하면 남조선 인구의 2배가 되는 5,600만이나 되었다. 공동위원회의 앞길이 낙관적이었던 것이 하룻밤 사이에 수습하기 어려운 엄중한 사태를 맞고 말았다.

한편 미·소 공동위원회가 재개되고 6월 11일 공동위원회의 협의 대상 선정 방안이 결정되어 민주주의 통일임시정부 수립이 가시화되자 이른바 반탁을 내걸고 임시정부 수립을 극력 방해해 오던 극우반동 세력들은 군정 경찰과 짜고 민주진영에서 개최한 임시정부 수립 촉구와 공동위원회 재개를 축하하는 집회에 폭력적으로 싸움을 걸어왔다. 백색테러가 백주에 난무했다. 민주진영의 지도자가 곳곳에서 테러를 당했다. 군정 경찰은 격투가 벌어지면 달려와서 폭력을 도발한 극우 폭력집단은 달아나게 두고 폭력을 당한 민주진영 청년들을 잡아가는 어처구니없는 짓을 예사로 했다.

6월 21일 임시정부 수립 촉구 민중대회가 서울 남산공원에서 6만 명의 민중이 참가한 가운데 열렸다. 대회가 시작된 지 얼마 안 되어 갑작스런 폭우가 쏟아졌다. 그래서 대회가 중지되고 해산을 선언했다. 비를 피하기 위해 모두 뿔뿔이 흩어져 같은 동네 사람끼리 모여 갈라져 나가고 있는 군중을 극우 폭력단체들이 쇠몽둥이와 자전거 체인을 휘두르면서 습격했다. 이 때문에 숱한 부상자가 발생했다. 하지만 대회를 경비하고 있던 경찰은 폭력을 진정시키거나 진압은 하지 않고 걸어오는 폭력을 피하기 위해 대항하는 청년들을 잡아갔다.

이처럼 군정 경찰의 비도덕적이고 불법적인 극우 폭력집단에 대한 비호는 노골적이었다. 이것은 지방으로 내려가면 더욱 심했다. 이러한 극우 폭력테러의 중심에는 '서북청년회'가 있었다. 또 '전국반탁학생연맹', 보통 '학련'이라고 부르는 폭력집단이 가세했다. 세상은 임시정부 수립을 둘러싸고 지지하는 쪽과 반대하는 쪽이 결사전을 펴고 있는 상황이었다.

신문을 다 읽은 나는 심각해졌다. 그리고 생각에 잠겼다. 나의 양심에서 우러나오는 소리가 들려 왔다.

'너는 지금 조국이 엄청난 혼란에 빠져 있는데 멀리 떨어져 책이나 뒤적이고 일신의 안락만 챙기고 있는가! 유치장에 좀 들어갔다고 그리고 몇 차례 맞았다고 몸이나 챙기고 있는 나약한 자였던가! 동지들은 백색테러가 난무하는 곳에서 피를 흘려가며 새 나라 건설에 목숨 바쳐 싸우고 있는데 너는 무엇을 하고 있는가! 또 할아버지는 병든 몸으로 온 시대를 맞서 버티고 계시는데 가까이 있어서 수발이라도 챙겨드리지 않고 할아버지와 떨어져 있는 너는 그것이 인륜에 맞는다고 생각하는가!'

이런 자책의 소리가 마음속 깊은 곳에서 들려 온다.

'가자! 동지 곁으로. 가자! 할아버지가 계시는 고향 밀양 땅으로. 그래서 민주주의 민중의 새 나라, 노동자와 농민이 주인이 되는 새 나라 건설에 돌멩이 하나라도 얹어두고 흙 한 삽이라도 보태어주자.'

이런 생각이 들자 나는 바빠졌다. 외할아버지가 오실 때까지 기다릴 수가 없었다. 그래서 면사무소에서 나오자 도동 외갓집으로 빠른 걸음을 몰고 되돌아갔다.

사립을 지나자 외아지매가 들어오는 나를 바라보면서 말했다.

"재구야, 우째 이리 빨리 오노? 외할배는 계시더나? 점심은 먹었나?"

외아지매의 말소리를 듣자 갑자기 배가 고팠다.

"아이고 외아지매, 배고파 죽겠다. 밥 도고."

"하하, 점심도 못 먹은갑제."

"구지 가서 정업이 아재 만나고 곧 면소에 갔더라. 외할배는 안 계시고. 면장실에서 신문만 실컷 보고 안 왔나."

"그만 자고 오지, 무어 그리 급하게 곱쳐 왔노?"

"신문 보니 우리 할배가 되게 바쁘지 싶다. 외아지매, 내일 밀양에 갈란다."

갑자기 안방 문이 열리더니 외할매가 고개를 내민다.

"야가 뭐라카노? 벌써 가다니."

"할매, 내가 온 지 한 달이 훨씬 더 안 넘었나. 이제 우리 집에 가야지."

"야 이눔아, 외가도 너그 집이다. 안 된다. 지금 좀 있으면 너그들 줄라고 외수박 밭에 농사짓고 있다. 한 열흘 지나면 첫물이 나올 때다. 그때는 개실 아이들도 방학이 되어 모두 올 끼고 창녕의 열이도 올 끼다. 그래서 수박 밭을 일부러 맨들었다. 그런데 네가 와서 그냥 가면 어쩌란 말이고.

작년에도 너그 때문에 외수박을 심었는데 그 망할 놈의 호열자 때문에 아무도 못 오고 사람만 하나 궂혔다 아이가. 외수박이 다 익어가는데 그냥 가면 우짤 끼고. 조금만 더 있다가 가라, 이눔아."

나의 외할아버지는 언제나 작은댁을 두고 있었다. 봉건유풍에 젖은 양반은 작은댁을 두어야 행세를 한다고 생각하는 것 같았다. 당시 면장 사택에 둔 거창댁이라는 작은댁 이외에 그 앞서 서울댁이라는 작은댁이 이미 있었다. 1946년 엄청난 콜레라 전염병으로 난리가 났는데 그 작은댁은 그 병으로 죽었다. 내게는 이 작은댁의 소생인 이모가 한 분 더 있다. 그 이모는 창녕으로 시집을 갔는데 새아재는 아주 멋쟁이 운전수였다. 일제 때 운전수는 처녀들의 가슴을 설레게 하는 멋쟁이 신랑감이었다. 실제로 이 새아재는 멋쟁이였다.

열이란 그 이모의 아들 송승열을 말하고, 거기에 금자라는 누이도 하나 있었다. 나의 외할매는 이런 아이들까지 자기 직계 손자 못잖게 챙기고 인정을 베풀었다. 봉건시대의 여성은 남편의 축첩은 어쩌면 당연시한 것처럼 보인다. 하기야 여성의 투기를 칠거지악의 하나로 했던 시절인데야.

나는 아무 말도 할 수 없었다. 지금은 아무 말도 안 하고 저녁에 외숙내외에게 잘 이해를 구할 작정으로 그냥 웃고만 있었다. 할매는 자기 말이 다 먹어든 줄 알고 외아지매에게 고함을 쳤다.

"야야, 뭐하고 있노? 점심 안 차리고!"

아지매는 놀란 듯이 대답했다.

"아이고, 예."

그러면서 부엌으로 들어간다. 나는 마루에 올라앉았다. 옆 사립에서 쾌야가 쪼르르 들어오더니 날쌔게 올라와 내 무릎에 팍 주저앉는다.

"오빠, 할배한테 갔다가 언제 왔노?"

"지금 막. 니가 보고파서 분나게(부리나케) 왔잖나."

그만 쾌야는 기분이 좋아 까르르 웃는다.

점심을 먹고 쾌야를 데리고 강가로 갔다. 거기에는 통배라고 하는 상자 같은 조그만 배가 있다. 둘은 그것을 타고 강심으로 저어 갔다. 쾌야는 무엇인가 종알거렸지만 나는 내일 밀양으로 가는 것만 생각했다.

그날 저녁에 외아재가 들어오자 외숙 내외에게 오늘 면에서 신문을 보고 할아버지 생각이 나서 못 견디겠으니 내일은 밀양으로 가겠다고 했다. 외아재는 좀 더 있으라고 만류했다. 그 이유는 여름이 지나면 약을 지어 먹일 작정이란다. 나는 외숙 내외의 인정에 그만 눈물이 났다. 나는 이제 길도 익혔으니 자주 올 수 있다고 하면서 할아버지의 병환을 말씀하고 양해를 구해 냈다.

외할매가 마을에 가셨다가 돌아오자 외아재는 말했다.

"어메, 야가 저그 할배 생각이 나서 저그 집으로 가겠다고 하는데 그만 보내줍시다. 야가 저그 할배 생각하는 데는 끔찍하지요. 그리고 어릴 때부터 워낙 고집이 센 아이라 한번 가겠다고 마음먹으면 먹어도 살로 가지 않을 놈이오. 이젠 자주 올 수 있다고 하니 또 볼 요량하고 보내줍시다."

할매는 나를 한참 보더니 이윽고 말했다.

"네가 몇 해 만에 왔노. 네 에미가 안고 가고 나서 처음 아이가. 또 가면 언제 올라꼬."

할매는 치마 끝으로 눈을 찍는다. 눈물이 나서다.

"할매, 인자 자주 올 끼요. 이제까지는 외할매 모르고 지냈지만 돌아가면 외할매 보고파질 게고 그러면 안 오고 배기겠능교. 외할매, 적어도 일 년에 한 번은 꼭 올 게고 요새는 학교도 안 다니는데 오고 싶은 생각이 나면 언제든지 올 수 안 있능교."

"오냐. 그러면 갔다가 또 와야 한다. 늙은 할에미 살면 얼마나 사나. 살았을 때 자주 봐야지. 죽은 다음에 오면 뭐하노. 그리고 아직 꿈직일(움직일) 수 있을 때 와야지 병들어 누워 있을 때 오면 뭐하노, 아무것도 챙겨 먹이지도 못 하고."

아! 이것이 자손을 둔 조상의 마음이구나.

# 밀양으로
# 돌아오는 길

나는 그 이튿날 책을 넣은 큼직한 손가방을 들고 외갓집을 나왔다. 이종형으로부터 빌린 책에다가 외할매가 딸을 생각하는 마음이 들어 있는 여러 가지 선물이 가방에 담겼다. 그것은 외할매가 밤잠을 안 자고 길쌈을 해서 짠 무명베, 삼베 등이다. 그리고 정성들여 손수 만든 낙동강에서 잡은 물고기 어포, 장어포, 메기포 등과 가죽자반 등 먹거리도 있다. 참깨도 있고, 검은콩, 녹두, 들깨, 팥, 콩나물콩 모두 할매가 밭두렁에 심어 손수 걷고 닦은 윤기가 나는 곡식이다.

친정 나들이를 가면 친정어머니가 딸의 보따리에 끼워주는 어미 사랑이다. 나는 가지고 가기에는 엄청나게 무겁지만 할매가 나의 엄마, 자기의 딸을 생각하는 마음을 받는 기분이 들어 아무 말도 안 하고 든든한 새끼로 멜빵을 만들어 가방을 등에 짊어졌다. 나루를 떠나 내가 강을 건널 때까지 모두 나루에서 나를 바라보면서 전송하다가 들어갔지만, 외할매는 내가 짐을 지고 고갯마루에 올라 넘어갈 때까지 나를 지켜보고 계셨다. 내 마음 깊은 곳에서 그동안 정이 든 외할매의 사랑에 찡한 무엇이 온몸에 퍼져 올랐다.

짐이 무거워 자주 쉬어 가야 했다. 넉넉잡아 시간 반쯤이면 갈 수 있는 거리인데 무려 두 시간 반이나 걸렸다. 날씨는 초여름이라지만 한여름 못지않은 더위였다. 오랜만에 땀을 흠뻑 흘렸다. 아침 10시 전에 나왔는데 12시가 넘어서야 면장 사택에 도착했다. 대문을 열고 외쳤다.

"할매, 내 왔소."

그 소리에 거창 할매가 마루에서 현관으로 급히 나왔다.

"어제는 집에 들르지도 않고 바로 간 사람이 오늘 아침부터 우짠 일이고?"

"예, 그렇게 되었네요. 어제 면장실에서 신문을 보다가 갑자기 밀양에 가고파서 바쁜 마음에 그만……."

"아이구, 이 땀 좀 봐라. 이 무거운 것을 네가 지고 왔나?"

"예, 외할매가 이것저것 챙겨 주시길래 짊어지고 오느라고 혼이 났어요."

"뒤안 샘에 가서 활딱 벗고 씻어라. 내 수건 가져다줄게."

할매는 방에 들어가서 수건을 가지고 나왔다. 그리고 땀이 흠뻑 밴 내 뒷모습을 보고 따라 나오면서 덧붙였다.

"안 되겠다. 그 옷 빨아야겠다. 오늘 가는 건 아니지? 외할배는 대구에 가셨는데 저녁이 되어야 오신다. 할배 뵙고 가야지."

나는 걸음을 잠시 멈추어 생각했다. 마음은 한시가 급하지만 잡아놓은 날짜는 아닌지라 외할배는 뵙고 가야 한다는 생각을 굳혔다. 할매는 멈추어 선 내게서 그 느낌을 받았는지 재촉하셨다.

"요즘 날씨가 더워서 지금 빨아다 말리면 저녁에 다림질할 수 있다. 얼른 벗어다고."

"예, 그럴게요. 정업이 아재는 어디 갔능교?"

할매는 자기 아들을 두고 말할 때 꼭 아재 대접을 해주는 것이 그럴 수 없이 고마운 것 같다. 그래서 나를 두고 말할 때 꼭 '우리'라는 관사를 붙여서 '우리 재구'라고 말했다.

내가 목욕을 하고 속옷을 찾으려고 두리번거렸더니 부엌 쪽에서 할매의 말소리가 들렸다.

"거기에 속옷을 내놓았다. 갈아입어라. 그리고 우선 입을 옷도 건넌방에 있다."

"예."

그날 저녁 늦어서 외할배가 오셨다. 내가 밀양에 가겠다고 하자 깜짝 놀라셨다.

"아니, 벌써 갈라고?"

"예, 몸이 허약하신 할배가 요즘 무척 바쁘실 것이고 그래서 집안 심부름도 해야겠고……."

외할배는 한참 동안 생각하시더니 말씀하셨다.

"그래, 가도록 해라. 네 할배가 걱정된다. 네 할배가 기다리고 있을는지도 모르지. 나는 여름이 지나고 찬 기운이 들면 약을 좀 먹여서 보내려고 했지만. 가서 가을이 되거든 한 번 다시 오너라."

"예."

그 이튿날 일찌감치 외할배에게 하직 인사를 하고 첫차를 타고 대구로 향했다. 할배는 나에게 노자를 하라면서 돈을 좀 주셨다.

"할배, 뭐 이렇게 많이 주십니까?"

"아니다. 책도 사보고 그래라."

나는 짐이 무거웠다. 만원 버스에 겨우 올라타고 짐을 내리려고 해도 내려둘 곳이 없다. 이리저리 두리번거렸더니 어떤 아저씨가 등에 멘 내 짐을 받아 내리게 하고서 자기 무릎에 얹었다.

"아재, 고맙구마."

만원 버스는 탈 때는 비좁아도 타고 나면 넓어지는 묘한 특성이 있다. 좀 비좁지만 그 아저씨 옆에 짐을 내릴 공간이 생겨 거기에 내려둘 수 있었다. 차는 두어 시간 걸려서 대구 대신동 정류소에 도착했다. 차가 도착하자마자 짐꾼들이 우르르 몰려왔다. 모두 지게를 하나씩 지고 내리는 사람에게 그냥 달려들어 짐을 빼앗다시피 받아 자기 지게에 올려놓는다. 모두 못 먹어서인지 눈이 퀭하니 힘이 없어 보인다. 옷은 거의 누더기라 할 만큼 남루하다. 한 아저씨가 달려들어 내 짐을 받아든다. 나는 말리면서 말했다.

"아저씨 그 짐 이리 주소. 내가 짊어지고 갈 거요."

"총각, 삯은 조금 받을 테니 그냥 메고 가게 해주소."

나는 한참 그를 바라보다가 이 사람이 이 일도 못 하면 식구들이 어떻게 살까 하는 생각이 들었다. 그냥 맡겨둘 수밖에 없었다. 그 아저씨는 내가 허락하는 눈치를 채고는 바로 물었다.

"총각, 어디까지 갈 거요?"

"역까지 갑니다. 그 중간에 상업은행에 잠시 들렀다 가요. 삯은 얼마나 드려야 합니까?"

"예, 알아서 주십시오."

알아서 달라는 것만큼 황당한 말이 없다. 그래서 나는 말했다.

"너무 비싸지 않으면 그대로 드릴 테니 지금 말하십시오."

"5원 받으면 됩니다."

"예, 그렇게 하십시오."

이렇게 해서 짐꾼에게 짐을 지워 나란히 걸어갔다.

대신동에서 상업은행까지는 쉬엄쉬엄 한 30분 정도 걸렸다. 우리들은 걸어가면서 이야기를 했다. 그 사람은 일제 때 일본에서 살다가 조선이 해방되어 독립된다고 해서 고향으로 돌아왔다. 일본에 있는 살림살이를 헐값으로 팔아 돈으로 가져오기보단 여러 가지 잡화를 좀 사서 왔다. 부산에 내리는 길로 '도때기시장'(부산의 대신동 국제시장을 당시는 그렇게 불렀다)에 가서 팔았다. 그러나 일본에서 오래 살았고 조선의 물정이 낯설었다. 더구나 '도때기시장'이란 장사꾼이 이악하기로 유명한 곳이다. 그래서 속아 팔아 이문도 얼마 남기지 못했다. 그런데 일본에서보다 물가가 엄청나게 비싸 결과는 큰 손해를 보았다.

당시 물가는 천정부지로 치솟았다. 왜놈들은 전쟁이 끝날 무렵 조선은행권을 엄청나게 많이 찍었다. 이것을 총독부 권력자들이 나누어 그들이 귀환할 때 금붙이나 귀금속 또는 골동품이나 사서 숨겨 가져갈 생각이었던 것이다. 그놈들이 마구 찍어낸 은행권을 군정이 시중에 마구 내돌려 이로 말미암아 조선의 경제는 큰 혼란에 빠졌다. 물가도 갑자기 엄청나게 올랐다. 이악한 장사꾼은 조선의 이러한 실정을 모르는 귀환동포들을 속여 도적이나 다름없이 이문을 챙겼던 것이다. 이 짐꾼 아저씨는 이 바람에 큰 낭패를 보았다. 한 해 겨울이 지나자 돈이 떨어져 셋집마저 내놓게 되었다. 하는 수 없이 신천 뚝방에서 판잣집을 얽어 살게 되었다고 했다.

건준 때는 후생부에서 귀환동포들을 맞아 그들을 수용해서 원호사업을 했다. 하지만 군정청이 들어와서 인민위원회를 강제해산해 버리는 통에 귀환동포들을 원호하는 기관은 전혀 없고 그대로 팽개쳐 그들의 고통은 이만저만이 아니었다. 이들은 살길을 찾아 식구가 모두 길거리에 나가야 했다. 남자들은 지게를 지고 짐꾼으로 나섰고, 여자들은 인근 농촌에서 김매기나 드난살이로 가고, 아이들은 구두닦이나 껌팔이로 나섰다. 이도저도 안 되면 거지로 나서는 수밖에 없었다. 그래서 기차역이나 버스정류소에는 남루한 옷을 입고 못 먹어서 부숭부숭한 얼굴을 한 지게꾼이 넘쳐났다. 또

한 구두닦이 머슴애와 껌팔이 계집아이들이 거리를 메우고 있다.

해방이 되어 일본이나 만주에서 망국민으로 천대를 받다가 이제 해방된 조국으로 돌아와 인간답게 살려니 했더니 실업과 허무만 안겨주었던 것이다. 이처럼 세상은 가난과 주림, 그리고 비탄과 한숨으로 가득 찼다.

나는 이런 생각에 잠겨 묵묵히 지게를 진 아저씨와 나란히 걸었다. 지게에 지고 가기에는 짐이 그렇게 무거운 것이 아닌데도 아저씨의 얼굴에는 비지땀이 흐르고 허름한 등받이 옷은 땀으로 흠뻑 젖었다.

"아저씨, 힘들지요?"

"아니, 괜않소."

상업은행에 이르러 아저씨더러 문 그늘에 잠시 쉬면서 기다리라고 하고 안으로 들어가 이모부를 만났다.

"재구 오나. 아침 일찍 나섰구나. 외할배, 외할매는 편안하시더냐?"

"예, 그런데 외할매가 무엇을 잔뜩 챙겨주셔서 이모도 못 뵙고 바로 역으로 가야겠습니다. 그래서 새아재에게 인사 여쭈고 가려고 왔습니다. 이모에게 그렇게 여쭈어주십시오."

"오냐, 알았다. 점심이나 먹고 가지."

"아닙니다. 짐꾼이 밖에서 기다리고 있습니다."

"그래? 요즘 짐꾼들 중에는 주인이 한눈파는 사이에 그대로 도망가 버려 도둑을 맞았다는 말이 있는데……. 그럼 빨리 가봐라."

"예, 그럼 안녕히 계십시오."

"오냐, 이제 자주 좀 오너라. 그리고 세상이 하도 험하니 조심하거라. 정치에 너무 관심 가지지 말고 하루속히 학교에 들도록 해라. 한창 공부할 나이 아이가."

"예, 새아재 말씀 명심하겠습니다."

그리고 밖에 나가려고 하니 새아재가 다시 불렀다.

"재구야, 잠시 기다려라. 노자를 좀 주어야지."

"아닙니다. 제가 무슨 돈 쓸 일이 있습니까? 외갓집에 갈 때 새아재가 주신 용돈이 그대로 있는데요."

"허허. 그래, 알았다."

나는 허리를 굽혀 정성스레 인사를 하고 나왔다.

밖에 나왔더니 짐꾼 아저씨가 엽초를 종이에 말아 담배를 피우면서 지게에 기대어 쉬고 있었다. 우리는 역으로 향했다. 역에 도착한 나는 주머니에서 십 원짜리 지폐를 꺼내어 짐꾼에게 주었다. 짐꾼은 난처한 얼굴로 나를 보고 말했다.

"총각, 잔돈이 없어서……. 이리 주소, 내가 바꾸어 올 테니."

"아저씨, 지고 오느라 고생했습니다. 남는 돈으로 집에 가실 때 아이들 과자나 좀 사주소."

짐꾼 아저씨는 나를 한참 쳐다보더니 주름살 난 얼굴에 더욱 주름을 짓고 웃으면서 말했다.

"총각, 고맙소."

역으로 들어서니 매표소 입구는 장사진을 이루고 왁자지껄했다. 줄이 엄청나게 길었다. 그 줄 옆에 붙어 서서 암표 파는 사람들이 또한 아우성이다. 나는 한 시간이나 훨씬 지나서 차표를 겨우 샀다. 당시는 지정된 좌석표가 없었다. 그래서 기차를 탈 때는 또한 아우성이었다.

정오가 훨씬 지나서 기차를 탔다. 이번에는 빈 몸이 아니라 짐을 어깨에 메고 승강대에 겨우 올랐는데 짐을 내려놓을 곳이 없다. 우선 그냥 어깨에 메고 있을 수밖에 없었다. 기차가 출발하자 차가 흔들리기 시작했다. 그 바람에 빈틈이 좀 생기자 나는 짐을 내려놓았다. 짐을 깔고 좀 앉으려고 했더니 힘들게 서 있는 할머니가 보였다. 그대로 앉을 수가 없었다.

"할머니, 여기라도 좀 앉아요."

"아이구, 참 생광스럽구만."

그만 얼굴이 환해졌다.

이렇게 해서 굼벵이 같은 속도이지만 기차는 밀양역에 닿았다. 역에서 집까지는 3킬로쯤 되는 거리이다. 역 광장에 빠져나온 나는 이리저리 둘러 보았다. 맞춤한 새끼를 찾았으나 눈에 띄지 않아 낭패스러웠다. 그러다 가게에서 새끼를 파는 것을 발견하고 새끼를 서너 발쯤 샀다. 그것으로 멜빵을 엮어 어깨에 짊어졌다. 이제는 한여름이다. 그냥 걸어도 땀이 후줄근한데 짐까지 짊어졌으니 곧 웃옷은 땀으로 흠뻑 젖었다. 중간에 한 번 쉬고 연계소 우리 집에 도착했다.

"할매, 내 왔다."

할매는 대청에서 일하시다가 툇마루로 나오셨다.

"네가 우째 일찍 오노? 아침 일찍 나섰던가베."

"응, 외할매가 가져가라고 잔뜩 챙겨주셔서 좀 고생을 했지. 고놈의 차가 어찌나 비좁던지. 아이구 더워라."

"오냐, 얼른 수돗가에 가서 땀이나 씻어라."

"응, 그런데 할배는?"

"엊저녁에 집에 오셨다가 아침 일찍이 나가셨다. 아침도 안 자시고."

"요즘 많이 바쁘신가 보지."

나는 수돗가에서 모두 벗어젖히고 땀을 씻었다. 그동안 할머니는 보리밥에 오이냉국, 그리고 풋고추, 고춧가루로 흠뻑 버무린 된장과 물김치를 놓은 상을 차렸다.

점심도 거른 채 3시가 훨씬 지난지라 시장했다. 밥을 냉국에 말아 풋풋

한 냄새가 나는 찬으로 후딱 먹어치웠다. 이처럼 맛있게 먹는 것을 보던 할매가 물었다.

"배가 많이 고팠던갑제? 밥 더 갖다주까?"

나는 어리광스레 웃으면서 말했다.

"식충이처럼 밥만 처먹으면 되나. 보고 싶은 할매를 봐야지. 그리고 좀 있으면 저녁인데 저녁 들어갈 배도 좀 남겨두어야지."

그러면서 나는 할매 무르팍에 얼굴을 갖다 댄다.

"아이고 이놈의 새끼야, 덥어라. 야 이놈아, 무겁다. 저리 비켜라. 하하."

점심을 먹고 나자 나는 그동안 좀 말라서 끄덕한 옷을 후딱 입고 대문을 나섰다. 뒤에서 할매의 말소리가 쫓아왔다.

"재구야, 일찍 들어오너라이. 나가거든 민전 회관에 들러서 할배도 보고."

"응, 알았다." ●

여섯 — 소년선전대 활동

66

우리는 이승만의 이러한 의도를 짓밟아버리기 위해서도
이번에 기어이 '남북통일 민주주의 임시정부'를 이루어내야 합니다.
여러분, 한 사람도 빠짐없이 남녀노소를 불문하고,
모두 동네를 비우는 한이 있더라도 읍내로 모입시다.
엄청난 기세로 군중대회를 성사시킵시다.
그래서 이승만의 망국 음모를 반드시 저지시킵시다.

99

# 다시 만난
# 밀양의 동무들

나는 집 밖으로 나가자 지금의 국민은행 바로 앞에 있었던 민애청 회관으로 들어갔다. 민애청 회관에는 마침 민애청 위원장이신 조우재 선생님이 계셨고, 소년부와 조직부장을 맡고 있는 구정식 선생님이 여러 소년들 앞에서 말씀을 하고 계셨다. 미닫이 창문을 드르륵 소리 나게 열고 내가 들어서자 일제히 시선이 나에게로 왔다. 얼굴에는 반가운 웃음이 가득했다.

밀양중학교에서 함께 퇴학을 당한 소년들이 여러 사람 있었다. 특히 이재우와 강성호도 있다. 거기에는 수환이 아지매도 있다. 수환이 아지매는 나의 끝에 할배의 딸, 그러니 나의 종고모이다. 나보다 한 살이 많은데 밀양중학교에서 같은 학년으로 다녔다. 내가 퇴학당할 때 함께 퇴학당했다. 수환이 아지매는 노동절 대회에 가지도 않았고 아무 일도 하지 않았다. 그런데도 끝에 할배가 좌익이라고 교장이 싸잡아 퇴학을 먹였던 것이다. 그 곁에는 참으로 희한하게 우리 연계소 객사(客舍) 채에 살고 있고, 우리를 퇴학시킨 이주형 교장의 질녀도 나란히 있어 나를 보고 방그레 웃는다. 이 소녀는 이주형의 중형(仲兄)의 소실에서 난 딸이다. 유달리 심한 오그랑 머리에다 성격도 걸걸해서 남자같이 활달했다.

모두가 나를 보더니 반가워했다. 강성호가 말을 먼저 걸었다.

"재구가 양반은 못 되는 모양이지. 호랑이도 제 말 하면 온다더니, 지금 바로 네가 어디에 있는가, 올 때가 됐는데, 하면서 말하고 있었지. 그런데 네가 들어오니 이처럼 모두가 반가워 안 하나."

수환이 아지매는 내 곁에 쪼르르 오더니 내 손을 잡고 말했다.

"네 외갓집에 갔다더니 언제 왔노?"

"응, 지금 막. 집에 갔다가 점심 먹고 막바로 이리로 왔다. 아지매는 우짠 일이고?"

수환이 아지매는 나를 보고 눈을 곱게 흘기면서 뾰로통한 목소리로 말했다.

"와(왜), 나는 이런 데 오면 안 되는강?"

"아니, 그런 게 아니라 모임에 잘 안 나와서 안 그러나. 그리고 반가워서, 허허."

우리 숙질이 반가운 승강이를 하자 강성호가 웃으면서 말했다.

"우리 이야기를 빨리 끝내고 일 준비를 해야지. 재구, 너는 이제 와서 무슨 일인지 잘 모를 테니 우선 간단히 우리 일을 알려줄게. 단단히 들어둬."

"응, 얘기해 봐."

강성호가 주로 설명을 하고 구정식 선생이 간간이 설명을 보충했다.

지금 미·소 공동위원회가 속개되어 일이 제법 진척이 되고 있다. 그런데 반동들이 '반탁'한다면서 갖은 훼방을 놓고 있다. 이들은 서북청년회를 주동으로 해서 대동청년단(大同靑年團), 그리고 거리의 어깨(깡패)들을 동원해서 민주인사들에게 폭행을 하고 있다. 또 이승만이 미국에서 독립 보따리를 가지고 왔다면서 떠들고 다닌다. 이승만은 신탁통치를 안 받고 즉시독립한다면서 3상회의 결정으로 민주주의 임시정부를 수립하는 데 반대하고 있다. 이는 친일파들을 끌어안고 미국 놈들의 후원을 받아 자신을 중심으로 해서 남조선에 단독정부를 만들려는 속셈이다. 그러면 일제 식민지와 하나도 다를 것 없다. 겉보기론 독립국의 허울만 입고 속내는 미제 식민지로 만들어 친일파와 거기에다 친미파들의 세상이 되는 것이다.

민주진영에서는 이를 폭로하고 인민을 동원해서 미·소 공동위원회가 순조롭게 사업을 하고 남북이 통일된 임시정부 수립을 기어이 이루어내야 한다는 것을 알리고, 이를 지지하는 대대적인 군중대회를 조직하자는 것이다. 이 군중대회의 지침은 민전의 중앙으로부터 하달되었다고 한다.

민전의 밀양지부에서도 밀양군 군중대회를 7월 27일에 열기로 만장일치로 결의했다. 이 결의를 실천하기 위하여 민전에 가입되어 있는 정당·사회단체가 각각 분공을 정하고, 각 정당·사회단체의 밀양지부는 각기 맡은 과업을 위해 토의하고 있는 중이라고 했다. 민애청에서도 분공을 받아 토의에 부쳐 실천에 들어가기로 결정했다는 것이다. 그 결정 중 민애청 소년학생부에서는 군중 동원에서 '소년선전대'를 조직하려고 모였다는 것이다.

강성호는 나를 향해 계속 말했다.

"소년선전대를 각 면에다 파견할 작정인데 하남면과 초동면에 연고가 있는 사람이 없어 네가 있었으면 하고 말하고 있는 중이었지. 네가 마침 들어와서 아까 그 야단이었다."

나는 흔쾌히 나섰다.

"어째 외갓집에서 외할매가 잘 먹여주어도 소화가 잘 안 되더라이. 이제 보니 동무들이 내 말을 자꾸 해서 그랬구나. 거기 외할배가 면장이라서 그저께 일부러 면장실에 가서 신문을 봤지. 신문을 보니 내가 이러고 있을 때가 아니더라고. 그래 당장 왔다 아이가."

그리고 구 선생을 향해 말했다.

"선생님, 무슨 일이든 할 테니 맡겨만 주십시오."

구 선생은 허허 웃으면서 말했다.

"안 동무는 말이 시원시원해서 좋네. 그래, 동무는 하남면과 초동면을 맡아주오. 초동면은 하남면에서 함께 처리할 것이고. 나중에 할 일을 따로 문건으로 만들어줄 게고. 신임장을 민전 면 지도부에 가지고 가면 거기에서 할 일을 지시해 줄 것이오."

그리고 하남면, 초동면 소년선전대 조를 정했다. 내가 책임자로 정해졌다. 이재우 동무와 수환이 아지매, 그리고 수환이 아지매와 단짝인 밀양중학교 교장의 질녀 이일성 학생과 합쳐 네 사람으로 편성되었다.

강성호는 나를 보고 웃으면서 말했다.

"아까 그쪽이 문제였는데 네가 와서 단박에 해결됐네. 우리 재구는 있을 재, 구할 구, 역시 구할 때는 언제나 있다는 바로 그 '재구'야."

강성호의 재치 있는 말로 자리는 웃음바다가 되었다.

나의 입장으로 일단 선전대 일꾼 편성이 완료되고 웃음소리도 숙어들자 민애청 지도원 동지인 구정식 선생의 자세한 지도해설이 있었다.

그 내용은 첫째로, 모스크바 3상회의에서 결정된 '민주주의 임시정부'의 의의를 농민에게 정확하게 알려주는 것이다. 모스크바 3상회의 결정은 미ㆍ소 양군이 조선에 민주주의 임시정부를 수립하고 조선의 시정을 조선 사람에게 맡기고 철수하는 데에 있다. 이를 신탁통치라고 반대하는 것은 남조선을 분단해 미제의 지원으로 친일파와 친미파의 반동정권을 만들어 38선을 영구히 두고 이남을 미제의 식민지로 하려는 것임을 알린다.

둘째로, 민주주의 임시정부가 해야 할 일은 일제 식민지 잔재를 청산하고 불평등한 봉건제도를 타파하는 데에 있음을 알려주는 것이다. 일제로부터의 해방은 일제 식민지 통치의 모든 법령을 타파하고 인민의 정치적 권리를 쟁취하는 일이다. 그중 가장 중요한 것은 조선 농민으로부터 탈취한 토지와 친일지주의 토지를 몰수하여 직접 밭갈이하는 농민에게 분배함으로써 봉건적 지배의 경제적 토대인 지주제도를 청산하는 것이다. 이는 친일파·민족반역자의 경제적 토대를 허물어뜨리고 일제의 식민지 잔재를 완전히 없애는 일이다. 또 봉건적 유제를 그 뿌리마저 청산하고 만민이 평등한 사회로 만드는 데 가장 기본적이고도 기초적인 과업이다. 이러한 토대 위에서 비로소 빈부와 귀천이 없는 참다운 민주주의 사회를 건설할 수 있다는 것을 우리나라 근로민중의 절대다수인 농민들에게 선전하는 일이다.

그리고 셋째는, 민주주의 임시정부는 온갖 반민주적인 우리 사회의 제도를 청산하고 진정한 민주주의 제도를 위한 여러 법률과 제도를 새로이 내와서 사람마다 각기 재능을 꽃피우고 나라를 부강하게 하여 다시는 식민지 망국의 서러움을 당하지 않도록 하는 민주주의 자주독립 국가를 건설하는 과정임을 선전하는 일이다. 이를 위하여 언론·출판·결사의 자유와 각계각층마다의 민중이 그들의 이익을 옹호하는 표현과 투쟁의 자유를 보장하는 법률을 제정할 것이다. 이러한 민주주의 법률을 만들기 위해 각계각층의 이해관계를 표현하는 대표자를 선출하는 권리와 대표자가 되는 권리, 즉 선거권과 피선거권을 보장하는 선거제도를 만들 것이다. 그리고 인민의 대표자가 맡은 임무를 충실히 이행하지 않거나 반대되는 일을 할 때는 인민의 총의를 모아 언제든지 소환할 수 있는 제도도 마련할 것이다.

넷째는, 우리나라의 해방과 자주독립을 위해 노력한 연합군의 국가들과 그리고 민주주의를 애호하는 세계의 모든 인민들과 친선할 것이며 그들과 문화와 경제를 교류하여 인류문화 발전에 공헌할 것임을 알린다.

이러한 선전 목적과 내용을 지도받고 이번 밀양군 군중대회가 임시정부 수립을 촉구하는 투쟁에 전체 농민들이 떨쳐나서게 하고 인민들의 단결된 힘을 과시하기 위한 대회임을 강조했다. 따라서 이번 군중대회는 밀양군의 모든 농민이 남녀노소를 막론하고 전체가 나서서 참가하도록 해야 한다는 것이다.

구정식 선생은 이러한 군중 동원에서 소년선전대의 역할이 크기 때문에 적극적으로 선전투쟁에 이바지해야 함을 강조하면서 다음과 같이 간곡히 당부하셨다.

"특히 농촌은 전통과 관습이 존중되고 있으므로 여러분들이 마을의 노인들에게 행신을 더욱 조신해야 할 것이오. 아침에 일찍 일어나 동네 길을 청소하고, 여성 동무들은 부엌에 나가 밥상 차리는 것을 거들고, 모든 행동이 동네 청소년들에게 모범이 되도록 해야 합니다. 말로써 선전활동을 하는 것보다 행동으로 실천하는 것이 더욱 효과적입니다. 선전활동이라고 생각하지 말고 농민들과 며칠 동안만이라도 함께 산다는 생각을 가지고 그들로부터 인민생활을 배우도록 합시다."

이때가 오후 5시쯤이었다. 여름 해라서 아직 해가 많이 남았다. 그런데 한 민애청 형이 회관 미닫이문을 드르륵 열고 긴장된 얼굴을 하고 들어오더니 다급하게 말했다.

"여러분, 좀 전에 방송이 나왔는데 여운형 선생이 돌아가셨답니다. 서울 자택 근처 혜화동 로터리에서 괴한이 쏜 권총으로 암살되었답니다."

이 소리에 그 자리에 있던 모든 사람들은 입만 벌리고 들어오는 청년을 바라보기만 할 뿐이었다.

한참이나 있다가 누가 입을 뗐다.

"그게 무슨 말입니까? 선생님이 정말 돌아가셨단 말입니까?"

"아이고. 이런 마른하늘에 날벼락이 있나. 이게 어찌 된 영문입니까?"

그제야 앉은 사람은 벌떡 일어났고, 선 사람은 그 자리에 털썩 주저앉았다.

# 몽양 여운형 선생의
## 서거

몽양 여운형 선생은 1947년 7월 19일, 극우 폭력테러 단체인 '백의사(白衣社)'[8]의 성원인 19세 청년 한지근(韓智根)에 의해 암살되었다.

그 무렵 몽양 여운형 선생은 명륜동 정무묵(鄭武默)의 집에 머물고 계셨다. 여운형 선생은 그날 아침 9시에 도착한 고경흠(高景欽)을 대동하고 성북 4동 김호(金乎)의 집을 향해 차를 달렸다. 미국으로 돌아가는 재미 조선사정협의회 회장 김용중(金龍中)과 작별인사를 나누기 위해서였다. 김용중과 환담을 마치고 그곳을 나온 몽양은 명륜동 정무묵의 집에 잠깐 들렀다. 그런 후 계동 집으로 가서 옷을 갈아입고 운동장으로 갈 생각으로 명륜동을 향해 차를 몰았다.

몽양이 탄 차가 혜화동 로터리에 이르렀을 때, 그곳 경찰관 파출소 앞에 서 있던 트럭 한 대가 갑자기 달려 나와 선생이 탄 차를 가로막았다. 7월의 강력한 태양이 불눈을 가지고 내려다보고 있어서 차 밖의 사정을 잘 볼 수 없었다. 선생의 달리던 차는 섰고, 선생과 함께 타고 있던 사람들은 어리둥절했다. 이러한 찰나 두 발의 총성이 울림과 동시에 여운형 선생의 거

---

8) 백색테러단 '백의사'는 1945년 11월 서울 종로구 궁정동에 있는 일본식 집(이 집은 박정희가 김재규에게 사살된, 개축한 집이지만 바로 그 집이다)에서 당시 월남한 청년과 학생들을 중심으로 조직되었다. 중국 국민당 장개석(蔣介石) 정부의 반공특무기관인 '남의사(藍衣社)'를 모방해 백의민족을 상징한다는 뜻으로 백의사라는 이름을 붙였다. 김두한이 바로 이 백의사의 고문이다. 백의사의 이른바 총사령인 염응택(廉應澤, 월남해서는 염동진)은 장개석의 국부군 군사위원회 조사통계국(약칭 군통국)에서 활동하다가 연안의 모택동 팔로군에 잡혀 그 와중에 척추뼈가 부러지고 실명한 자로서, 자칭 국부군 중장이라 하면서 1944년 서울의 여운형 선생의 건국동맹을 모방하여 평양에서 대동단(大同團)을 조직했다. 8·15 해방 이후 염응택의 대동단은 백색테러 단체로 이북에서 활동했다. 암살, 테러를 시도하는 한편, 반탁운동을 선동하고 이북의 인민정권에 반대하여 활동하다가 1945년 9월 조선공산당 평남지구당 위원장인 현준혁(玄俊赫)을 암살한 뒤 도망, 월남하여 백의사를 조직했다. 염응택은 월남한 후 여운형 암살사건과 1946년 9월 철도노조 파업투쟁 파괴, 대구 10월 인민항쟁 파괴에도 깊이 관여했다고 한다. 백의사는 이북에 잠입하여 1946년 3·1절 평양 기념행사에 지도부 암살을 위해 수류탄을 투척했으나 호위하고 있던 소련군 장교가 땅에 떨어진 수류탄을 딴 곳으로 던져 지도부를 지켰다고 한다. 3월 3일에는 최용건(崔庸健)의 집을 습격했으나 실패했고, 3월 5일 최용건의 집을 재차 습격했으나 역시 실패했다. 3월 9일 김책(金策)의 집을 습격했고, 3월 11일에는 강량욱(康良煜)의 집을 습격해 그의 아들딸과 가정부, 경비보초 등 많은 사람들이 죽었다.

구가 풀썩 앞으로 숙여졌다.

흉한 한 놈이 자동차 뒤에 매달려서 선생을 향해 권총을 두 발 쏘았던 것이다. 신변보호인 박성복은 권총을 빼들고 범인을 추적했고, 함께 타고 있던 고경흠은 피를 흘리는 몽양 선생을 안았다. 차는 원남동 서울대학병원으로 달렸다. 그러나 흉탄을 맞은 지 채 2분도 못 되어 차가 병원에 닿기도 전에 선생의 맥박 고동은 멈추고 말았다. 흉한의 총탄은 한평생 조국 광복을 위해 피가 끓어 뛰고 있던 심장의 박동을 멈춰버리게 했다. 바로 심장을 관통했기 때문이다.

흉한이 쏜 탄환 하나가 몽양의 등에서 복부를, 다른 하나가 어깨 뒤쪽에서 심장을 정통으로 관통했다. 그때 시각이 바로 오후 1시였다. 혹독한 일제 식민지 시대에서도 지조를 지키고 끝까지 조국의 광복을 위해 투쟁한 민족해방의 위대한 지도자가 동족의 손에 의해 무참하게 죽음을 당했다. 단독정부를 수립하려 했던 세력들에게는 좌우합작과 남북통일을 위해 노력하고 있는 몽양 여운형 선생은 없어져야 할 존재였던 것이다.

한평생을 통하여 부르짖어 왔고 그렇게도 염원하고 노력했던 남북통일과 자주독립 통일정부의 수립을 보지 못 하고, 유언 한 마디 남기지 못한 채 여운형 선생은 영영 떠나버리고 말았던 것이다. 그날 밤 몽양의 시신은 병원 시체실에 안치되었다가 이튿날 오후 인민당 당사로 옮겨졌다. 흉한 한지근이 소속했던 백의사는 김두한이 고문으로 있던 비밀결사로 이승만의 분단정권을 창출하려는 정책을 폭력적으로 옹호하는 극우 테러단체이다. 김두한은 백의사에서 여운형 선생을 암살하기 위한 결사대를 뽑을 때 자기가 한지근을 뽑았다고 자랑했다고 한다. 김두한은 암살 전날 밤 일본군 장교용 권총 1정을 내주었고 수첩에다 그 총기번호를 적어두었다고 했다.

재판 과정에서 자기는 애국투사라고 떠벌렸던 한지근은 사형을 선고

받았으나 며칠 후 무기징역으로 감형되었다. 그리고 그가 미성년자라 하여 소년원으로 송치되었다. 전쟁이 일어나자 그들 일당들은 이들을 일본으로 빼돌려 숨겼다고 한다.

백의사의 고문이며 암살의 배후로 지목된 김두한은 당시 수사지휘자인 사상검사 조재천(曺在千)에게 불려갔다. 하지만 불려간 자리에서 김두한은 자신의 수첩에 적어둔 총기번호를 보여주고 "이만하면 잘 알 것 아니오"라고 하고, "한지근 선에서 수사를 마무리해라. 그 윗선으로 수사를 확대하면 조 검사는 물론 그 아들까지 살해하겠다"고 협박하여 그 이상의 수사 진전을 저지시켰음을 뽐냈다고 한다.

몽양 여운형 선생은 1886년 경기도 양평의 양반 가문에서 출생했다. 우무학당(郵務學堂) 등에서 한학(漢學)을 공부한 후 1907년 고향집에 광동학교(光東學校)를 세우고, 1908년 그리스도교에 입교했다. 강릉에 초당의숙(草堂義塾)을 세워 민족의식을 고취하던 중 국권이 피탈되고 학교가 폐쇄되자 평양신학교에 입학했다. 선교사 클라크를 따라 서간도의 신흥무관학교(新興武官學校)를 견학하며 국외에서 독립운동의 필요성을 절감한 선생은 학교를 중퇴하고 1913년 중국으로 건너갔다.

중국 남경(南京) 금릉대학(金陵大學)에서 영문학을 공부하다가 상해로 간 선생은 1918년 신한청년당(新韓靑年黨)을 발기하여 김규식(金奎植)을 파리평화회의에 그 대표로 파견했다. 1919년 4월 상해에서 임시정부가 조직되자 임시의정원(臨時議政院) 의원으로 되었다. 일본 정부는 이를 자치운동(自治運動)의 하나로 해서 선생을 회유하려고 그해 11월 일본 동경으로 초청했다. 선생은 오히려 선수를 치고 장덕수(張德秀)를 통역관으로 삼아 데리고 가서 일본의 조야(朝野) 인사들에게 조선 독립의 정당성을 역설함으로써 상해 임정의 독립운동을 자치운동으로 바꿔치기하려는 얄팍한 일제의 공작을 짓

부숴버렸다.

1920년 고려공산당(高麗共産黨)에 가입하고, 1921년 모스크바에서 열린 원동(遠東)피압박민족대회에 참석했으며, 거기에서 조선 혁명과 민족해방운동의 사정을 세계에 호소했다. 일제는 이를 걸어 1929년 제령(制令) 위반죄로 3년간 징역을 살렸다. 1933년 출옥하여 조선중앙일보사(朝鮮中央日報社) 사장에 취임했다. 1936년 신문이 일제에 의하여 정간되자 사임하고 귀향하여 조국 광복의 운동 방법을 고민하던 중 1944년 비밀결사인 조선건국동맹을 조직했음은 앞서 자세히 설명한 바 있다.

8·15 해방을 맞아 1944년부터 이미 조직된 국내의 해방운동 조직으로서의 조선건국동맹을 기반으로 하여 안재홍(安在鴻) 등과 건국준비위원회를 조직했으며, 9월에는 전국인민대표자회의를 열고 중앙인민위원회를 조직하여 조선인민공화국을 선포했다. 그러나 총대 없는 인민정권이 미 군정의 총대로 파괴되고 말았음도 앞서 자세히 말한 바 있다. 12월에 조선건국동맹을 발전적으로 해체하고 여러 민주정당과 아울러서 조선인민당으로 재조직 창당했으며, 이를 기반으로 하여 1946년 29개의 좌익단체를 규합하여 조선민주주의민족전선(朝鮮民主主義民族戰線)을 결성했다. 조선공산당과 조선인민당 그리고 조선신민당의 3당 합당 국면을 맞이해 조선공산당의 종파 싸움으로 순조로운 합당이 이루어지지 못하자 그로부터 이탈된 민주인사들을 운동전선으로 재규합해 근로인민당으로 묶어세웠다.

이러한 여운형 선생의 폭넓은 정치운동은 미제와 그 주구 친미·친일·극우보수 정치세력이 조국을 분단하려는 남조선 단독정권 수립에서 가장 걸림돌로 되고 있었다. 그리하여 이들 주구들은 여운형 선생을 제거하려고 8번이나 테러를 가했다. 강장한 체력을 가진 여운형 선생은 그때마다 이겨내었으나 결국 이처럼 암살당하고 말았던 것이다.

이 크나큰 불행의 소식이 전해지자 친척과 동지들뿐만 아니라 나라의 모든 인민들이 놀랐고, 또한 슬퍼하였음은 물론이다. 몽양의 시신이 안치된 인민당사에는 조문객이 줄을 이었고, 수없이 많은 조문과 조전이 잇달아 날아들었다. 각계각층의 인사들로 장례위원회가 조직되었다. 장례위원회는 몽양의 장례를 조선 최초의 '인민장'으로 거행할 것을 결정했다. 그리고 장지는 처음에는 남산으로 정했지만 당국이 허가하지 않아서 마포에 있는 와우산으로 결정했다. 그러나 그곳도 또한 당국에 의해 거부되었고 마지막으로 지금의 묘지인 우이동 태봉이 선정되었다. 이때도 여러 가지로 방해를 받았다.

장례를 준비할 때부터 장례가 끝날 때까지 경찰의 간섭과 감시가 심했다. 심지어 치산(治山)하는 산역 일꾼을 성북경찰서에 연행하는 일도 있었다. 조문객 중에서도 경찰의 신문을 받은 사람들이 있었다. 군정 경찰의 탄압은 거기서만 그치지 않았다. 장례식 전날인 8월 2일 조병옥 경무부장은 장례를 거행할 때 교통도덕을 준수하라는 담화까지 발표했는가 하면, 장례식 당일에는 장의행렬의 전차선로 통과도 금지하는 등 일부러 혼잡과 불편을 부채질했다.

그러나 몽양의 서거를 슬퍼하는 인민들은 자진해서 상가(商街)의 문을 닫았다. 영구가 지나가는 거리 거리는 수만 군중들로 꽉 차 있었다. 그들은 통곡을 하고 혹은 흐느껴 울고 혹은 소리 없이 눈물만 흘리면서 몽양의 영구를 바라보거나 혹은 뒤따르는 진정한 조객들이었다. 특히 영구가 을지로 5가 경성버스 앞에 다다르자 거기에 일하고 있던 수십 명의 노동자들이 달려 나와 소리치며 통곡하는 바람에 가족과 조객들이 통곡을 터뜨리게 되었다. 영구의 행렬은 또 한 번 울음과 눈물의 바다로 변했다. 노동자들을 향해 늘 말씀하시던 "나는 부자의 향수 냄새보다는 노동자의 땀 냄새를 더 좋아한다" 는 몽양의 목소리가 들리는 듯했다.

몽양의 장례는 임시로 가장(假葬)을 했다고 한다. 남북통일이 이루어지고 양쪽에 흩어져 있는 가족과 동지들이 함께 모여 또 한 번 장사를 지내기 위해서였다. 관을 철제로 만들고 관 속에 방부제를 많이 넣어서 30년간은 썩지 않도록 해두었다고 한다. 하지만 몽양이 그토록 염원했던 남북통일은 아직도 이루어지지 않았고, 세월은 벌써 그 갑절인 60년을 훨씬 넘고 말았다.

나는 바쁘게 민전 회관으로 갔으나 할아버지는 안 계셨다. 그날 저녁에도 안 오셔서 못 뵙고 외갓집에서 돌아와서 22일 수산으로 갈 때까지도 못 뵈었다. 할아버지는 밀양 군중대회 일로 많이 바쁘셨다. 게다가 우익반동들의 테러 때문에 계시는 곳이 일정치 않으셨기 때문이다.

# 여위띠고개를 넘으며

우리들 '하남 · 초동 소년선전대' 는 수산 장날을 맞춰 장날 전날에 하남면 수산으로 가야 했다. 수산 장날은 3일, 8일 장이다. 나는 그사이 이틀 동안 낮에는 밀양 읍내를 싸돌아다니기도 하고, 민전 회관에 여운형 선생 영정을 모시고 빈소를 차려놓은 빈청에 조문하러 오신 밀양 고을 어른들의 빈청 안내를 맡기도 하고, 거기에서 잔심부름도 하며 지냈다. 저녁에는 대구 이종형으로부터 빌려 온 책을 보며 지냈다.

22일 아침 일찍 민애청 회관으로 갔다. 거기에서 우리들 하남 · 초동 소년선전대 대원 4명이 모였다. 회관에는 이미 구정식 지도원 동지가 기다리고 있었다. 지도원 동지가 일어섰고 하남 · 초동 소년선전대 대원 4명은 그 앞에 나란히 섰다. 지도원 동지는 나에게 신임장을 주었다. 그리고 말했다.

"안 동무, 그리고 하남·초동 소년선전대 대원들 잘 다녀오시오. 이것은 신임장이오. 수산에 가서 수산의원 원장 선생이신 강봉질 선생님을 만나 이 신임장을 드리시오. 강 선생님은 하남면 민전 위원장이시오. 이번 인민대회 때 초동면과 합해서 그 지역 책임자요. 여러분 소년선전대는 강 선생님의 지도를 받아 일하도록 하시오."

"예, 잘 알겠습니다. 지도원 동지께 아룁니다. 지금부터 우리 하남·초동 소년선전대 대원 4명은 민애청에서 지시하신 하남·초동 소년선전대의 과업을 실천하기 위하여 출발하겠습니다. 열심히 일하고, 열심히 배우고 오겠습니다."

지도원 동지는 대원들의 손을 일일이 잡아주면서 잘 다녀오라고 거듭 말했다. 우리들은 출발했다. 먼저 수산으로 가야 했기에 삼문동으로 해서 가곡동으로 가는 남천강의 마른 내를 건너 제방을 따라 예림 다리를 건넜다. 다리를 건너면 상남평야라는 푸른 들판이 아득히 펼쳐진다. 들판으로부터 불어오는 바람이 시원하다. 나는 외가에서 할머니가 어머니에게 갖다 주라면서 알뜰하게 싸준 봇짐을 짊어지고 걸었다.

이 상남평야는 수전이다. 일제 때는 동척(동양척식주식회사)이 차지해 조선 농민에게 소작을 주어 경작했는데, 수확의 거의 전부를 착취했다. 농사를 지은 농민들은 거저 북데기나 털어서 겨우 연명했다. 아니, 연명하기조차 어려웠다. 해방이 되어 이 땅이 농민들에게 돌아갈 줄 알았는데 미국 놈이 들어와 동척이 차지한 땅을 적산이라면서 군정청에서 신한공사라는 수탈기구를 만들어 농민으로부터 빼앗았다. 미국 놈은 신한공사와 일제가 차지한 공장, 기업소와 개인재산을 모두 적산관리청이라는 기구를 만들어 노동자와 도시 민중으로부터 수탈했다. 그놈들은 여기에서 수탈한 자금을 이남을 미제의 식민지로 만들기 위한 군정 통치자금으로 썼다.

길은 이 들판 서녘에 난 도로로 에돌아 들어간다. 오른편에 산을 끼고 남쪽으로 죽 내려 10리쯤 가면 금동이라는 동네가 나온다. 얼마 안 가서 도로는 계속 남으로 뻗었지만 도로로 가지 않고 산으로 난 고갯길로 들어간다. 도로를 따라가면 한 10리쯤 에돌아 간다. 고갯길은 그리 경사가 급하지 않고 밋밋하지만 그래도 오르막이라 모두 땀이 목줄기로 흐른다. 이 고개를 '여위띠재'라고 부른다. 우리는 고갯마루에서 쉬고 땀을 닦았다.

고갯마루에는 성황당나무가 한 그루 서 있고 그 곁에는 돌무지가 있다. 고개를 오르내리는 사람마다 고갯길에서 돌멩이를 주워다가 성황나무를 향해 '내 다릿병, 네 다 가져가거라'라고 소리치면서 돌무지에 던져놓는다. 그러면 그해는 다릿병을 앓지 않는다고 한다. 옛날 우리 민중들은 일을 해도 수확을 모두 지주나 벼슬아치들에게 수탈당하기 때문에 영양이 부실해서 각기병을 많이 앓았다. 그 병이 어째서 생기는 줄도 모르고 아픈 다리로 절룩이면서 고갯마루에 올라 성황님께 다릿병을 가져가기를 빌었던 것이다. 우리도 그 풍속을 따라 돌멩이 몇 개를 주워다가 돌무지에 보태면서 다리가 돌처럼 여물기를 빌었다. 큰 소리로 목청을 합쳐 '내 다릿병, 네 다 가져가거라'고 외쳤다. 그러고는 '하하' 하고 아픈 다리가 다 없어진 것처럼 웃었다.

오는 동안 두 소녀는 무슨 이야기가 그리도 많은지 쉬지 않고 재잘거렸다. 이재우 동무와 나는 이야기를 좀 하다가 얘깃거리가 떨어져 그저 앞만 보고 걸었다. 당시에 우리들이 잘 부르던 여러 가지 민중의 노래를 흥얼거리다가 마침내 둘은 합창이 되기도 했다. 〈민청의 노래〉, 〈농민의 노래〉, 〈조선의 노래〉, 〈적기가〉, 〈혁명가〉, 〈학도가〉 등등.

고갯마루에서 땀이 잦아들자 다시 출발했다. 고갯마루부터 길은 산허리를 감돌아 거의 평지길이다. 담배 두어 참 걸어가자 길은 내리막길로 된다. 얼마 안 가서 조음(棗邑)이라는 동네에 다다른다.

조음 동네에는 할아버지의 누이동생, 곧 나의 존고모가 살고 계신다. 읍내에서 살고 있는 우리들이 고향 마을인 성만이나 두암에 갈 때는 이 길로 지나가기 때문에 그때마다 이 할매 집에 들렀다. 할매는 자그만 몸집에 몸이 허약하다. 그래도 내가 가면 더운 점심을 차려 내온다. 새할배는 어린 우리들에게 곧잘 장난을 걸었다. 우리들은 그런 새할배를 만만하게 여기고 온갖 버릇없는 말도 하고 장난을 쳤다.

우리 넷은 불문곡절하고 대문이 미어지게 들어갔다. 옛날에는 전화도 없는 시대인지라 간다는 소식을 미리 알릴 수도 없었다. 그리고 요즘처럼 슈퍼나 구멍가게도 없어 손으로 찾아가는 사람도 무엇을 사가지도 못했다. 그래도 그 시절에는 일가친지들의 방문을 유념하는 것이 풍속이라서 그런대로 찬거리를 준비하고 있었다.

할매는 갑자기 들이닥친 우리들을 반겨주었다. 여름철이라 채마밭에서 오이, 가지, 풋고추를 따고 파를 뽑고 우거지 된장국에, 벽장에 아껴둔 간고등어나 자반 등을 내와서 상을 차렸다. 밥은 쌀알이 보일락 말락 하는 뜨끈뜨끈한 보리밥을 고봉으로 담아 내왔다.

우리들 넷은 아침참에 일찍이 나와 내내 걸은지라 배가 고팠다. 더구나 나와 이재우 동무는 식성이 좋았다. 둘 다 게눈 감추듯이 후딱 먹었다. 할매는 우리 둘이 겸상해서 맛있게 먹는 것을 보고는 밥을 또 한 그릇 수북이 고봉으로 담아 내왔다. 둘은 서로 마주 보고 빙그레 한 번 웃고 그것도 먹어치웠다. 그리고서는 숭늉을 훌훌 불면서 한 사발씩 마시고는 배를 쓰다듬으면서 트림을 한 번 '꺽' 하고 물러나 앉는다.

할매는 이렇게 방자하게 먹어치우는 우리 둘을 보고 웃으면서 말했다.

"너희 둘이 먹는 것을 보니 자갈을 주어도 먹어치우겠다. 많이 먹고 어서 장골이 되어 좋은 일 많이 해라."

그러고는 내 등을 어루만진다. 우리들은 다시 길을 나섰다. 조음은 수산까지 반 거리다. 동네를 벗어나자 곧 도로가 나왔다. 도로는 우리들이 '여위띠재'로 들어올 때의 도로가 멀리 산 밑을 에돌아 온 길이다. 그 도로를 따라 나오자 좀 큰 동네가 나왔다. 파서막이라는 마을이다. 파서막을 벗어나자 도로는 넓은 들판을 가로지른다. 도로 양쪽은 한창 벼가 자라고 있는 논이다. 논에서는 첫물 논매기하는 농민들이 구성진 가락으로 부르는 논매기소리가 들린다.

밀양은 상남·하남 들판이 풍요롭다. 그러나 농민은 가난했다. 죽도록 일을 해봤자 겨우 조반석죽(아침엔 밥, 저녁엔 죽)이면 감지덕지하는 신세다. 이만도 못 하는 농민이 반을 훨씬 넘는다. 그것은 논밭이 모두 지주의 것이고 일제 때는 왜놈의 것, 미국 놈이 들어와서는 왜놈 것을 적산이라면서 다시 미국 놈이 차지하고 있기 때문이다.

왜놈이 쫓겨 가고 왜놈 땅을 부치고 있던 농민은 소작료를 면했다. 조선 지주들의 논을 부치고 있는 농민은 3·7제 소작료로 좀 견딜 만했다. 곧 새 나라가 들어서면 토지개혁이 있을 것이고 농민은 이제 자기 땅을 가지고 농사를 지을 것이라는 기대에 부풀었다. 그런데 그해를 넘기자 신한공사가 생겨가지고 왜놈 땅을 부친 농민에게 '지세 고지서'가 날아왔다. 보리 수확을 하자마자 왜놈들이 알뜰히 빼앗아 가느라고 만든 공출령까지 나왔다. 군정 경찰을 데리고 미국 놈이 지프차를 타고 나타났다. 면서기가 설쳤고, 그래서 농민들은 말했다.

"해방이라니 뭐 말라죽은 해방이고?"

"왜놈한테서 해방은 1차 해방이고 미국 놈한테서 해방은 진짜 해방, 2차 해방 아이가."

"진짜 해방이 와야 제 땅 가지고 농사를 짓제."

이재우 동무와 나는 이런 이야기들을 하면서 길을 다잡았다. 이윽고 수산에 도착했다. 먼저 수산 마을 들머리에 있는 동명중학 교사로 쓰고 있는 미곡 창고에 들어갔다. 나는 달리는 걸음으로 창고 곁에 있는 조그만 집으로 들어가면서 소리쳤다.

"엄마!"

어머니는 치마에 바느질밥을 잔뜩 묻힌 채 나왔다.

"아이고, 재구가 오네. 외가에서 언제 왔더노?"

이어서 향이가 나오고 용아가 나왔다. 재두는 오후반이라서 아직 학교에 있단다. 두 동생이 내 다리를 잡고 좋아라고 한다. 용아를 번쩍 안고 높이 들어올렸다. 나는 지고 온 보따리를 내려놓고 어머니에게 말했다.

"외할매가 엄마에게 갖다주라고 하더라. 풀어봐라, 온갖 게 다 있다. 할마시가 무게는 생각도 않고 마구 싸 넣어서 가지고 오는데 얼마나 욕봤다고."

어머니는 반색을 하면서 보따리를 끌어안고 좋아했다. 그러자 수환이 아지매가 들어왔다. 일성이와 재우가 좀 떨어져 우리 모자의 반가운 만남을 지켜보고 있다. 어머니는 수환이 아지매를 보고 반가운 얼굴로 반색을 한다.

"아이구, 애기도 왔구나."

"형아!"(영남 사투리로 언니를 '형아'라고 부른다.)

수환이 아지매는 어머니를 끌어안고 반가워 어쩔 줄을 모른다.

"이 처자는 누구고?"

수환이 아지매는 말했다.

"퇴로 사람인데, 우리 학교 한 반에 다닌다. 이번에 우리 함께 일하기로 하고 왔다 아이가."

어머니는 웃으면서 말했다.

"아이고, 이리 좀 올라오지. 처자야."

우리들의 반가움이 좀 진정이 되자 나는 좀 떨어져 구경을 하고 있는 이재우를 불러 어머니에게 소개했다. 나는 우선 어머니에게 이번에 온 일을 간단히 말했다. 27일 읍내 장날에 군 인민대회가 있어서 그 볼일로 왔다고 말했다. 그리고 외갓집 안부를 서로 이야기했다. 우리들은 바깥에 놓아둔 평상에 앉아서 어머니가 물에 타온 미숫가루 화채를 마시고 다리쉼을 했다.

어느새 향아와 용아는 교무실로 달려가서 아버지를 불러왔다. 아버지는 두 남매의 손을 잡고 오셨다. 나는 일어나 서서 큰절을 올렸다. 아버지는 수환이 아지매가 온 것을 보고 반가워했다.

"수환이도 왔구나. 아버지도 편안하시냐?"

수환이 아지매는 어리광스런 목소리로 대답했다.

"응, 오빠 보고 싶어 재구 따라 왔제."

아버지는 수환이 아지매의 손을 잡고 웃으면서 묻는다.

"그런데 이 학생들은 누고?"

"내 동무고 재구 동무 아이가, 오빠."

그러자 두 사람은 아버지에게 인사를 했다.

나는 아버지께 이번에 오게 된 일을 간단히 아뢰었다. 그리고 일성이는 이주형 교장의 질녀라고 하자 아버지는 뜻밖이라는 듯이 말했다.

"그래, 허허. 처자가 이렇게 다니다가 처자 숙부에게 퇴학 맞으면 우짜노? 허허."

일성이는 고개를 폭 숙이면서 입을 가리고 웃는다. 내가 수산의원 강봉질 선생님을 말하자 아버지는 반가워하면서 말했다.

"그래, 그 선생은 이 동명중학의 설립자이다. 교사로 미곡 창고를 빌려 쓰고 있지만 책걸상이라든가 흑판이나 그 밖에 학교에 쓰이는 모든 것은 그 선생의 기부금으로 다 산 것이다. 이 수산에서는 그분이 아니고서 누가 그런 일을 할 사람이 있겠노. 나하고는 아주 친한 사이다. 네가 가면 아주 반가워할 게다."

## 수산의원의 강봉길 선생

다리쉼이 어지간히 끝나자 우리들은 수산의원을 찾아 나섰다. 수산의원은 수산 마을 한복판에 있었다. 한길 가에서 40~50미터 안쪽에 들어가 있었는데 좀 넓은 보통 기와집으로 앞쪽에 현관이 나 있었다. 현관문을 열고 들어서니 자그만 소녀 간호원이 나왔다.

"원장 선생님을 뵈러 왔습니다."

"읍에서 오셨능교?"

"예."

소녀는 대답을 듣자마자 되돌아 들어갔다. 그리고 안에서 소녀가 반가운 목소리로 원장에게 알렸다.

"선생님이 기다리시는 학생들이 왔습니다. 지금 현관에 있어요."

"얘가, 안으로 들어오라고 하지 와 그냥 거기에 세워두노?"

소녀가 급히 뛰어나오더니 말했다.

"올라오이소. 슬리퍼를 신고요."

우리들은 소녀의 인도로 원장실에 들어갔다. 원장인 강봉길 선생님을 뵈옵고 정중히 인사를 했다. 선생님은 손을 내밀어 악수를 청했다.

"학생들 반갑네. 그저께 민전 군지부에 갔는데 자네들이 온다는 소식을 들었네. 그래서 기다리고 있는 중이라네."

나는 들고 다니는 책의 갈피에서 신임장을 꺼내어 정중하게 드렸다.

"신임장입니다. 그리고 저는 안재구라고 합니다. 이 학생은 이름이 이재우이고, 여기 두 여학생은 안수환과 이일성입니다."

"잘 알겠네. 자네는 우정 선생의 장손이라고?"

"예, 그렇습니다."

"그리고 동명중학의 안의환 선생이 엄친이라지?"

"예, 좀 전에 동명중학에 가서 아버지를 뵙고 왔습니다. 아버지께서 선생님 말씀을 하십디다."

이렇게 서로 소개하면서 인사를 마치자 강 선생님은 우리를 데리고 안으로 들어가 사랑채로 건너갔다. 사랑채는 선생님이 서재를 겸해서 쓰고 있는 듯했다. 한쪽 벽면은 서가로 채워져 있었다. 반쪽은 의학 서적이고 다른 반쪽은 사회과학 책으로 거의 천장까지 닿을 만큼 많았다. 선생님이 내어주신 골 방석에 앉았다.

선생님은 오후 5시까지 환자 진료를 해야 하기에 일에 관한 논의는 그후로 미루기로 하고, 더위에 오느라고 수고했다면서 그때까지 쉬도록 했다. 선생님은 일에 대해 자기가 구상한 것도 있다면서 하남면 · 초동면의 민애청 조직, 농민위원회 조직과 더불어 꾸려놓은 선전대에 합류해 일하면 될 것이라고 했다. 사실 우리들은 선전대라 하지만 서너 사람이 무엇을 하겠는가라고 속으로 걱정만 했다. 그런데 이미 이곳 조직에서 선전대를 꾸려두었고, 우리들을 거기에 합류시켜 실천적으로 학습할 기회를 만들어준 본심을 비로소 알게 되었다. 그래서 나와 이재우 동무는 길을 오면서 서로 말없이 걱정하던 일이 이처럼 풀리자 안도의 눈웃음을 주고받았다.

선생님이 진료하는 동안 재우와 나는 사랑채 선생님 방에서 책장의 책을 꺼내 보면서 시간을 보냈다. 수환이 아지매와 일성이는 앞마당 꽃밭으로 나가 곁에 있는 벤치에 앉아 속살거리고 무슨 재미있는 이야기인지 간간이깔깔 웃음소리를 풍기고 있었다. 우리 둘은 서로 밖으로 나가자는 눈짓을 보내고 밖으로 나갔다.

응접실 앞 남쪽은 그냥 미닫이 유리창 문이고 그 밖은 널찍한 마룻방이다. 거기에는 응접 안락의자, 탁자가 놓여 있다. 그 앞은 차일이 쳐져 남쪽 햇빛을 가리고 있는데 또 그 앞은 널찍한 마당이다. 마당은 측백나무 울타리로 집 안을 가리고 있다. 남쪽 울타리 너머는 남새밭이 있고 그 너머 낙동강 제방이 가려 있다. 그 너머 강이 있는 것 같다.

우리들은 자연히 동편에 열려진 안마당 대문으로 나가 남쪽으로 나 있는 밭두렁길로 해서 제방 밑에 이르렀다. 제방으로 오르는 경사진 길을 따라 제방 위에 올라섰다. 서에서 동으로 흐르고 있는 낙동강이다. 그 서편에는 낙동강 수산도선장이 있다. 큼직한 나룻배와 작은 나룻배 몇 척이 나루터의 말뚝에 매달려 있다. 강 한가운데에 이편으로 건너오는 커다란 나룻배가 보였다. 버스 승객인 듯 많은 사람들이 탔다. 강 이쪽저쪽 도선장에는 차일을 친 주막인 듯한 가게가 두셋 보인다. 서편으로는 아득하게 퍼져 있는 물길이 서쪽으로 훨씬 기울어져 있는 태양 볕을 받고 있다. 물안개인지 강이 하늘로 올라간 양 물과 하늘이 하나로 어울린 듯하다. 서남풍의 시원한 바람이 우리들의 가슴을 채운다.

우리는 제방을 넘어 모래사장을 질러 물가에 다다랐다. 신을 벗고 강물에 발을 넣었다. 제법 안으로 들어갔는데도 발목물을 약간 넘을락 말락 하다. 물은 맑고 발은 시원했다. 수산 사람들은 이 강물을 물지게에다 양철 물통을 막대 끝에 매달아 지고 물더무(아가리 지름이 석 자쯤 되고 높이가 두 자 반쯤 되는 커다랗고 둥근 질그릇 물동이)에 퍼 담아 물속에 있는 가는 모래를 가라앉혀 식수로도 사용하고 기명물로도 썼다. 강둑으로 시선을 돌리자 두 소녀가 서 있다. 우리 둘은 팔을 흔들며 손짓을 했다. 그러자 그들도 내려와서 신을 벗고 강물에 들어섰다.

오랜만에 물가에서 모래 골도 파고 둑도 쌓으며 두꺼비집도 만들었다. 그동안 질벅하게 설쳤던 심신을 풀었다. 시간도 한 시진(두 시간)이 된 듯해 우리들은 왔던 걸음을 되돌아왔다. 마당가에 박아놓은 펌프에 가서 발에 묻은 모래흙을 씻어내고 있는데 나의 어머니보다 나이가 약간 더 많은 듯한 부인이 수건을 들고 마룻방에서 우리들이 올라오기를 기다리고 있었다. 우리는 강봉질 선생의 부인임을 알았다. 곧 동작이 빨라졌고 급히 마루로 올라섰더니 수건을 주시면서 말을 건넸다.

"읍에서 학생들이 온다더니 그 학생들인가뵈."

"예, 선생님 사모님이시지요?"

우리들의 이 호칭이 좀 이상한 듯 입을 가리고 웃는다.

"아무튼 반갑네요. 얼른 들오이소."

우리는 마룻방에 올라서자 곧 인사를 올렸다.

"자, 여기에 앉아요. 외하고 수박이 아직 첫물이라서 단맛이나 옳게 들었는가 모르겠네. 촌구석이라서 어디 대접할 것이나 있어야지. 어서 많이 잡수시오."

말씨가 활달하고 인정이 있다. 우리는 상에 차려진 외와 썰어놓은 수박을 먹기 시작했다. 사모님은 우리끼리 잘 놀라고 하면서 나갔다. 아마 우리를 챙겨 먹이려고 반감방에 가는 듯했다. 외와 수박을 그들먹하게 먹고 나자 식곤이 났다. 안락의자에 앉아 서가의 책을 빼다가 보는 듯 조는 듯했다. 여자아이들은 안으로 들어갔다. 아마 사모님의 반감을 거드는 것 같았다.

좀 시간이 지나자 아까 우리가 강으로 나갔던 마당 가 대문으로 20대의 청년 서너 사람이 들어왔다. 아마 선생님이 말씀하시던 하남면·초동면의 민애청 조직, 농민위원회 조직과 더불어 꾸려놓은 선전대의 핵심 성원인 듯했다. 그들은 우리를 보자 참으로 반가운 듯 반색을 했다. 그중 나이가 좀 많은 한 분이 말했다.

"읍에서 학생 몇 사람이 온다더니 여러분입니꺼?"

내가 반갑게 손을 내밀면서 악수를 청했다.

"그렇습니다. 형님들, 반갑습니다."

그리고 이쪽 한 사람씩 소개를 했고 마지막으로 나도 자기소개를 했다.

그러자 그중 한 사람이 나를 보고 외쳤다.

"이 사람, 너 재구 아이가. 나 모르겠나?"

나는 어리둥절했다.

"누군지?"

"와, 성만 동네에서 갑환이하고 당상나무 아래에서……. 그 잔칫날 내가 우리 고모 집에 갔을 때 너를 만났제."

그러자 기억이 났다. 지난해 해방되고 9월 초에 우리 동네에서 열린 해방잔치에 갑환이 아재하고 함께 일본군에 끌려갔다가 해방이 되어 그날로 집으로 돌아와 고모 만나러 왔다는 그 총각 아재.

"아, 그때 오방동 할매 그 조카……. 아이구 아재, 반갑다."

이 아재는 이때부터 민애청 활동을 열심히 했는데, 나중에 경찰이 잡으려고 해서 도망 다니다가 할 수 없이 국방경비대에 들어갔다. 그리고 휴가 나와서 술 범벅이 되어 초동면 경찰지서에 쳐들어가 난장판을 냈다는 소문을 들었다. 이 아재는 전쟁이 나자 강원도 화천지구에서 전사했다는 말이 돌았는데 지금은 그 이름도 기억나지 않는다. 그 고모인 오방동 할매도 돌아가시고 가족들은 어디 있는지 알아볼 방도가 없다. 그러니 이제는 그 기억마저 되살릴 도리도 없다. 하지만 그 호남아다운 모습과 말씨는 아직도 내 눈과 귀에 남아 생생하다.

우리들이 한참 반가운 인사를 하고 있는 중 시간이 5시를 넘겼는지 강봉질 선생이 진료를 끝내고 마룻방으로 들어오셨다. 제일 상석에 강봉질 선생을 모시고 우리들은 자연 마룻방 한가운데 놓인 큰상 둘레에 앉았다. 그리고 일단 자유토론으로 모임이 시작되었다.

먼저 토론된 내용은 그때 정치적 쟁점으로 되고 있었던 두 가지 문제에 관한 올바른 이해를 가져야 한다는 것이다. 그 하나는, 이승만이 미국에 가서 가져왔다는 독립 보따리, 즉 남조선 단독정부 수립의 음모이고, 다른 하나는, 3상회의 결정으로 미·소 공동위원회에서 남북 정당·사회단체의 협의 대상을 구성하고 이와 협의하여 남북통일적 조선 민주주의 임시정부 수립을 하는 안인데, 이에 대한 인민대중의 올바른 이해가 있어야 한다는 것이다.

여기에서 이승만의 남조선 단독정부 수립 음모의 본질은 전후 변형된 새로운 미제(美製) 식민주의에서 나온 것이다. 미제(美帝)의 직접통치 대신 이승만을 꼭두각시로 내세워 그 식민지성을 은폐하고, 통치에 드는 군사비와 치안유지비 등 통치비용을 식민지 민중에게 세금으로 들씌우려는 간악한 형태의 새로운 식민주의이다. 이는 나중에 프랑스의 어떤 정치경제학자가 하나의 학술적 범주로 내와서 전후의 식민지 해방이 미제에 의해 재식민지화하는 상황을 분석한 논문을 써서 '신식민주의'라는 학술적 용어로 자리 잡게 되었다.

또 이승만과 그 상전 미제의 남조선 단독정부 수립 음모는 남조선을 미제의 영구적인 식민지로 하고 이를 발판으로 해서 북조선까지 그 식민지 판도에 넣어 동북아시아의 패권을 쥐려는 음모의 시작이었다. 이는 장차 민족을 남과 북으로 영구히 갈라놓으려는 민족분단의 배족적 음모임을 인민대중에게 폭로해야 한다는 것이다.

또한 미·소 양군의 주둔으로 나라의 허리가 잘려 있는 현실을 타개하고 하나의 민족국가로서 자주독립하기 위해서는 모스크바 3상회의 결정을 지지하고 하루빨리 남북 민중이 하나의 통일정부를 수립해 자주독립의 민주주의 국가를 이루어야 한다고 인민대중에게 호소해야 한다는 것이다. 친일 매국노의 잔재인 반동세력은 인민대중의 이해관계를 반영하는 정책을 모두 공산주의라고 몰아갔다. 인민들의 자주권 투쟁, 민주주의 투쟁을 모조리 사상투쟁으로만 몰아붙여, 특히 농촌에서 부농, 중농을 반봉건 민주주의 운동 대열에서 벗어나도록 하고 있다.

통일적 민주주의 임시정부가 들어서면 반봉건 민주주의 혁명이 시작되어야 하는데 그 첫머리가 토지개혁이다.

친미·친일반동들은 농촌에서 친일지주들뿐만 아니라 지주의 모든 토지를 무조건 몰수하여 이를 소작농민에게 똑같이 나누어 경작하도록 하고 수확도 나라에서 빼앗아 나누어주는 공산주의 식으로 한다며, 이것이 좌익에서 말하고 있는 토지개혁이라고 모략적으로 거짓 선전을 하고 있다. 우리들의 선전선동은 이를 타파하는 데 있다는 것이다. 올바른 토지개혁을 해설 해 주기 위하여 우리들은 농민에게 먼저 몰수 대상을 바르게 알려주어야 한다는 것이다.

그것은, 첫째 일본이 조선 사람으로부터 강탈한 땅, 특히 일본 천황이 최대 주주인 동양척식주식회사 소유의 땅과 일본인을 우리 농촌에 이주시켜 강도적으로 강탈했거나 사취한 땅, 둘째 일제 식민지 통치에 부합해 동족을 못살게 굴거나 일본의 침략전쟁에 동조하고 협조한 친일지주의 땅, 셋째 소작만 주고 자기가 전혀 경작하지 않거나 경작 능력을 초과하는 지주의 땅만 무상몰수한다는 것이다. 그리고 일제에 반대하여 조국 광복에 공이 있는 애국자의 땅이나, 교육과 과학기술 그리고 문화예술의 발전에 기여한 분들이 소유하고 있는 땅, 종교단체 또는 학교나 교육기관이 가지고 있는 땅 중에 일정한 부분의 땅은 몰수하지 않는다는 것이다.

또한 토지개혁은 농사를 짓는 농민들이 선출하는 토지개혁위원회를 조직해 실행된다는 것을 알리고, 그 운영과 결정은 농민의 의사에 따라 정해지고 이에 따라 법률적으로 이루어진다는 사실을 알려주어서, 반동들이 주입한 토지개혁에 대한 잘못된 인식에서 벗어나도록 해야 한다는 것이다.

이로써 하남·초동의 인민대중에게 호소하고 이번 '조선 민주주의 임시정부 수립 촉진 밀양군 인민대회' 참가를 선전선동하는 원칙이 결정되었다.


## 선전선동의 원칙과 방안

다음 토론은 선전선동 운동의 방법이었다. 이에 대해서도 처음 난상토론으로 시작되었다. 종래의 구호를 외치는 선전선동은 구호 내용에 농민들이 이해하기 어려운 문자들이 많다는 지적이 나왔다. 그래서 이에 대한 토론을 한참 하다가 이재우 동무가 좋은 방법을 제안했다.

"강연이나 연설은 아무리 쉽게 하려 해도 말이 길어져 듣기가 지겨워집니다. 그러면 우리들이 이르고자 할 바를 잘 받아들이지 못하게 되고 그것이 사상적으로 정착되지 못해서 신념으로 확립시킬 수가 없습니다. 그 결과 열렬한 실천을 이끌어낼 수 없게 됩니다. 내일 수산 장터에서의 우리들의 선전선동 활동은 연설이나 구호 제창으로만 할 것이 아니라 문제제기를 하고 그것을 받아 답을 주는 대화의 방법으로 해보는 것이 좋겠습니다.

그래야 방금 우리들이 제기한 선전선동을 효과적으로 할 수 있고, 이로써 많은 군중을 우리 편으로 끌어와 인민대회를 성대하게 이룰 수 있도록 한다고 생각합니다."

이에 대해 모두 찬동하고 구체적인 집행을 조직하기로 했다.

일이 이쯤 진행되었을 때 안에서 저녁 밥상이 다 되었다는 전갈이 왔다. 수환이 아지매와 일성이는 안으로 들어갔고, 나와 재우는 밥상을 들고 오기 위해서 부엌방으로 갔다. 부엌방에는 집안 살림살이가 정갈하게 정리가 잘 되어 있었다. 밥과 찬 그리고 국을 얹은 상들 중 하나를 둘이 마주 들고 마룻방에 들어오자 동네 청년들도 거들고 해서 우리가 둘러앉은 길쭉한 네모 상에 얹어 놓으니 상이 가득 찼다. 집 안에 분주한 소리도 없이 어느새 많은 찬과 국, 그리고 쌀과 보리쌀이 상반되는 고봉의 밥그릇, 널찍한 대접에 그득히 담은 국그릇을 보니 나도 모르게 빈 배에 오른손이 가고 말았다.

모두 상 가에 둘러앉고 상석에 원장이신 민전 의장이 앉았다.

"동무들, 차린 것은 없지만 많이들 드시오."

그러자 모두 인사를 하면서 수저를 들었다.

"선생님, 잘 먹겠습니다."

햇보리밥이 푹 퍼진 게 맨쌀밥보다 훨씬 먹기 좋고 맛이 좋다. 그리고 굵은 대파와 무를 숭덩숭덩 썰어 넣고 고춧가루를 듬뿍 넣은 경상도식 벌건 쇠고깃국(요즘 이를 따로국밥이라 한다)이 맛이 좋았다. 찬도 여러 가지이지만 그중에도 갖은 양념을 넣고 조린 민물생선찜은 그야말로 일품이었다.

원장 선생 부인이 들어와서 우리를 챙겼다.

"차린 것은 변변찮습니다만 많이 잡수이소. 밥과 국은 안에 많이 있으니 체면 하실 것 없이 많이 잡수이소."

"어무이요. 나는 먹기 전에 벌써 배가 그득해서 배를 한참 쓰다듬었는데요."

내가 말하자 모두 웃음판이 벌어졌다.

이 말에 오방동 할매의 조카가 기분 좋은 면박을 준다.

"재구 너는 미리 배까지 쓰다듬어 달래놓고 먹나? 그래 얼마나 먹을라꼬 그라냐?"

이번에는 수환이 아지매가 거든다.

"재구야, 괘않다. 나중에 탈이 나도 이 집이 병원 아이가. 원장 선생님이 비민이(으레) 잘 고쳐줄랄꼬. 걱정 말거라."

이 소리에 그만 모두가 폭소를 터뜨렸다.

나는, 사람은 마음 주고받는 사람끼리 푸짐한 음식을 앞에 놓고 먹을 때가 가장 행복함을 이때 알았다. 일제 때의 가난이, 그리고 아직도 탄압을 받아 가난을 달고 사는 우리 집을 생각하니, 더더욱 세상 사람 모두가 잘 먹고 먹거리가 푸짐한 세상, 옛날 성인들이 말하는 백성들이 모두 '배 두드리고 땅을 치며(鼓腹擊壤)' 노래하는 세상이 바로 우리 인류가 바라는 이상 사회임을 알았다.

저녁식사에 한 소동을 벌인 뒤 하남·초동의 20대 청년들은 다 앞마당에 나갔다. 모두 담배 피우려고 그랬다. 읍에서 온 우리 소년 소녀들은 선생님을 둘러싸고 이야기와 안부를 물었다. 주로 할아버지의 안부이고, 앓고 계신 췌장염의 걱정이었다. 그리고 극우반동들의 테러를 걱정했다. 더구나 여운형 선생의 암살이 정세를 더욱 엄중하게 하고 있었다. 강 선생님은 민주진영이 당하고만 있을 수 없는 지경으로 몰리면 자위 수단을 생각하지 않을 수 없게 될 것이라면서, 그렇게 되면 숱한 사람들이 상한다며 걱정하셨다.

"이번 미·소 공위 재개 축하, 3상회의 결정에 따른 남북통일 민주주의 임시정부 촉구 인민대회에 군중을 대대적으로 동원해 압도적인 세력을 과시해야 한다네. 이승만이 미국 가서 미 국무성과 무슨 수작을 했는지 마치 큰일을 한 듯이 저렇게 독립 보따리를 가지고 왔다며 떠들고 있는데, 그자의 '정읍 발언'으로 보아 남조선 단독정부를 만들겠다는 것임이 틀림없어. 이게 다 미국 놈들 수작인데, 자칫하면 나라가 갈라지겠는데……."

이는 당시 정세를 좀 보는 사람들의 공통된 걱정이었다. 시간이 7시가 넘어 제법 어둠이 깔려 온다. 누가 말한 바가 없어도 모두 회의장이었던 마룻방으로 올라왔다. 사이다 몇 병과 유리컵이 상 위에 놓여 있었다.

이윽고 20대 청년 중에서 나이가 많은 듯한 청년이 상석에 계신 선생님 자리 맞은편에 앉아서 사회를 했다. 사회를 보던 청년의 이름과 그가 일하던 단체 이름을 지금은 알 도리가 없다. 그동안 엄청난 격동의 세월이 흘렀고, 그 혹독한 살인적 탄압의 소용돌이에서 살아남는다는 것 자체가 기적이기 때문이다.

"모두 자리에 앉으시기 바랍니다."

모두 각각 적당한 자리에 앉자 그 청년은 적어놓은 노트를 보면서 말을 이었다.

"일단 먼저 앞서 논의해 모은 의견을 간추려서 이야기하겠습니다.

1. 민족분단을 획책하는 '이승만의 독립 보따리'를 폭로하고 모스크바 3상회의 결정에 따른 민주주의 임시정부 수립 촉구, 2. 임시정부는 일제 잔재를 청산하고 반봉건 민주주의 혁명을 수행한다는 것, 3. 반봉건 민주주의 혁명에서 그중 핵심은 무상몰수 무상분배의 토지개혁, 4. 무상몰수 대상 토지의 범위는 일본 동척 땅, 친일지주의 땅, 토지를 소작 주거나 또는 지대만 받는 지주의 땅, 경작 능력을 초과하는 땅, 5. 토지개혁은 농민이 토지개혁위원회를 조직해서 농민의 총의를 모아서 한다. 그리고 선전선동의 방법은 질문을 받아 문제제기를 하고 거기에 대답하는 토론으로 한다는 것으

로 의견을 모았다고 생각됩니다. 여러분도 이렇게 정리한 것으로 해도 되는지 묻겠습니다."

모두 잘되었다고 의견을 모았다. 이의가 없었다. 이어 선전선동의 방법에 대해서 토론했다. 이재우 동무가 이야기를 시작했다.

"질문하고 제기된 문제를 대답하고 하는 토론은 아무 준비 없이 아무렇게나 하면 중구난방이 되고 맙니다. 그래서 세밀히 계획을 세워서 해야 합니다. 먼저 누가 군중에게 밀양군 인민대회 개최의 뜻을 알리고 인사를 한 다음, 사회자가 제시한 다섯 가지 선전선동의 원칙 내용을 간단히 해설하고 질문을 기다립니다. 농민들이 사전의 준비 없이 달려들지는 못합니다. 오래 끌면 반동 놈들이 방해하려고 달려들 수도 있습니다. 그 틈을 주지 않고 청중 속에 있는 우리들 중에서 한 사람이 질문을 합니다. 그러면 사회자가 해설을 합니다. 그 해설을 박수로써 지지합니다. 다음 질문자가 문제제기를 합니다. 그러면 또 사회자가 대답을 해도 좋고 우리들 중 다른 사람이 나서서 대답을 해도 좋습니다. 이런 방식으로 진행하면 농민들이 정세 판단을 올바르게 할 수 있고 아는 것도 많아집니다. 그래서 반봉건 민주주의 의식을 가질 수 있게 되도록 할 수 있습니다."

모두 참 좋은 방법으로 받아들였다. 그런데 한쪽 구석에서 좀 작은 소리로 중얼거리는 소리가 들렸다.

"어째 모두 미리 짜고 하는 것 같아서……."

이재우 동무는 이 소리가 나올 것을 미리 알고나 있었다는 듯 막힘없이 설명했다.

"예, 그렇기도 하지요. 그런데 우리가 미리 짜고 사기를 쳐 뭐를 빼앗아먹자는 것이 아니지 않습니까. 반봉건 민주주의 혁명을 이룩하고 이승만의 민족분단 음모를 파탄시켜 민족통일 국가를 세우자는 정의로운 목적을 가지고 있습니다. 아직 인식이 부족한 사람들의 인식을 넓혀주려는 간절한 뜻을 위하여 하나의 기술적인 방법으로 생각한 것입니다. 그러니 사기 치는 것이라고 할 수는 없지요. 이 방법은 정말로 민족을 위해, 인식이 모자란 인민들을 위해 우리가 하는 일이라고 생각합니다. 아무 일 없다고 저는 판단합니다. 저도 이 생각을 하다가 지금 중얼거리는 형님처럼 '이래서야?' 하는 생각도 들었습니다. 하지만 달리 생각하니 이것이 참으로 옳고 좋은 방법이라 생각되어 제기했습니다."

이 말을 듣자 모두 박수를 치고 찬성을 했다. 중얼거리던 그 형도 더욱더 열렬히 박수를 치면서 찬성했다. 제기된 이재우 동무의 방법이 만장일치로 채택되었다. 이로써 회의는 마쳤다. 수산의 청년들은 모두 집으로 돌아가고 우리들은 수산병원에서 잤다. 이재우 동무와 나는 그 마룻방에 모기장을 치고 잤고, 두 소녀들은 사모님께서 데리고 가셨다.

# 수산 장날의 '아지프로'

이튿날인 7월 23일 수산 장날, 나는 아침에 일찍 일어나 곁에 함께 자던 재우 동무에게 집에 잠깐 갔다 온다며 나갔다. 6시가 좀 넘은 듯 날은 환히 밝았다. 둑 너머 불어오는 강바람이 시원하다. 더러 솜구름이 떠 있는 맑은 날씨다. 동서로 길게 난 도로를 따라 동쪽으로 마을 끝까지 가면 미곡 창고인 동명중학교가 나온다. 아직 정식 중학교 인가를 받지 못해 '교'자를 못 붙이고 그냥 '동명중학'으로만 간판을 달고 있는, 중학교 과정을 교육하는 사립학교다.

8·15 해방 전에는 일제의 우민정책으로 각 도에 관립 중학교를 하나씩만 두었다. 사립 중학교도 지극히 제한해 도청 소재지나 큰 고을에만 한

두 개 두었을 뿐이다, 그것도 농업, 공업, 상업의 실업학교로 해서 적어도 부농 이상의 자식이나 되어야 중학교에 다닐 수 있었다. 일제로부터 해방이 되고 농민들이 3·7 소작제로 생활에 조금 여유가 생기자 일제에게 억눌려 막혔던 자녀 교육열이 봇물처럼 터졌다. 면소재지마다 유지들이 일제가 농민들의 수탈 기구로 만들었던 식량 창고, 목면 창고, 누에고치 창고 등에 칸막이를 세워 교실을 만들어 임시 교사로 하고, 창고 앞 공터를 운동장으로 해서 중학교를 세웠다.

인근 하남면과 초동면이 더불어 수산에다 중학교를 세운 것이 동명중학교였다. 창고를 교실로 만들고, 책걸상을 들이고, 칠판을 달고, 교단을 만들고, 교탁을 두었다. 또 교무실을 만들어 교사가 교무를 보도록 했다. 그래서 잡다한 비용이 많이 들었다. 이는 고을의 유지들이 비용을 내고 학부형들이 품을 냈다. 수산의 동명중학교는 이렇게 해서 주로 하남면과 초동면 농민들의 교육열로 세워졌다. 거기에 드는 비용은 거의 대부분 수산의원 원장이신 강봉길 선생이 사재를 내어 충당했다.

당시 나의 아버지는 일제 군속으로 남양에 있다가 귀국해 고향 성만 동네에서 병 치료를 하고 있던 중이었다. 수산의원에서 강 선생으로부터 진료를 받고 있었다. 어느 날 진료를 받고 있던 중 지나가던 미군 병사가 날카로운 쇠붙이에 다쳐 치료를 받으러 들어왔다. 그런데 의사와 말이 통하지 않아 낭패를 보고 있었다. 그래서 아버지가 통역을 해주었다. 이를 보자 강 선생은 아버지에게 동명중학교에 영어 선생이 없어서 낭패라면서 말했다.

"이 사람 어떤가, 우리 학교 영어 선생을 맡아줄 수 없겠는가?"

"어디 내가 중학교 영어 선생 자격이 있어야지."

"요즘 세상에 자격 따지다가는 선생 못 구하네. 말할 줄 알고 그것을 가르치면 되는 거 아닌가. 부탁하네."

이렇게 해서 아버지는 갑자기 중학교 영어 선생이 되었던 것이다.

집에 들어가니 어머니는 단칸방 부뚜막에 잇댄 부엌에서 아침상을 보고 있었다. "엄마!" 하고 부르며 들어가자 재두, 향이, 용아 삼남매가 방문을 열고 내다보고는 반가운 얼굴로 소리치며 방문이 미어지게 나온다.

"오빠! 형아!"

아버지는 일찍 일어나 학교 교무실에 가셨단다. 그래서 모두 데리고 조금 떨어진 학교 교무실로 갔다. 아버지는 책상에 앉아서 영어 발음을 가르치려고 궤도를 그리고 계셨다. 혀의 위치, 입 모양, 이와 잇몸, 입천장 그리고 목구멍과 코 안의 모습을 그린 것이다. 아버지는 원래 그림을 잘 그리셨다. 아버지는 선생이 되신 것이다. 나는 이런 아버지가 정말 자랑스러웠다.

한참 아이들을 데리고 놀고 있는데 수환이 아지매와 일성이가 왔다. 수산 청년들이 와서 장날 '아지프로'에 대한 이야기를 잠시 하고, 시작은 11시쯤이나 되어야 한다고 했다. 그리고 아침은 이야기도 할 겸 수산의원에서 하잔다고 전했다.

이리하여 집으로 돌아와 어머니와 아버지께 이런 사정을 여쭈어 수산의원에서 아침을 먹어야 한다고 말씀을 드리고 허락을 받았다.

"그럼 일 마치고 바로 읍으로 가나?"

어머니가 물으셨다.

"아이다. 하남면과 초동면에 한 이틀 더 있다가 간다."

내가 대답하자 곁에서 수환이 아지매가 말했다.

"우리는 여자아이라서 아무 곳에나 잠자리를 할 수도 없어. 오늘 일만 마치고 읍으로 갈란다. 저녁때 버스를 타고 갈란다."

그러자 어머니는 몹시 아쉬워하며 말했다.

"집이 너무 협소해서 붙잡지도 못 하고……."

그러면서 어머니는 나를 보고 잠시 방으로 들어가잔다. 무슨 일일까 하고 들어갔더니 어머니는 내가 짊어지고 온, 외할머니가 챙겨 넣은 짐에서 쑥떡베[9]를 꺼내어 마름질을 그려놓고, 나를 세워두고 기장과 어깨와 가슴, 허리를 쟀다.

"네가 돌아갈 때 지어 입히려고."

나는 어머니의 등을 두드리면서 어리광처럼 말했다.

"아이구, 우리 엄마 부지런도 하셔라. 어느새 마름질해 놓고 기다렸네."

어머니는 아이들 옷은 모두 손수 지으셨다. 정말 솜씨가 좋았다. 남의 옷도 잘 지으셔서 어려울 때는 삯바느질로 우리 남매를 먹이고 입히셨다. 여자가 솜씨가 좋으면 고생이 많다는데 나의 어머니는 그래서 일복이 많으셨나 보다. 평생 일을 달고 사셨다. 옷감이 생겼으니 나에게 기어이 옷을 해 입혀야 직성이 풀리는 것 같았다.

수산의원에 갔더니 곧 아침상이 나왔다. 어제 저녁에 모인 청년들이 모두 어제 저녁 때 둘러앉았던 그 식탁에 둘러앉았다. 어제처럼 상좌에는 원장 강봉질 선생이 좌정하셨다.

"안 동무, 자네는 어머니가 해주시는 아침상이 더 좋을 텐데 구태여 여기까지 아침을 함께하려고 왔구만. 자, 그럼 모두 아침을 들지그래."

모두 "잘 먹겠습니다" 하고 수저를 들었다. 강 선생님은 청년들을 둘러보시면서 다짐을 했다.

"모두 준비를 잘했겠지. 아직 시간이 충분히 있으니까 잘 살펴보도록 하지."

수산 장터는 지금은 동서로 난 도로의 남쪽 편으로 좀 들어가서 강둑

---

9) 흰 씨실과 감색 실과 흰색 실을 합사한 실을 날실로 해서 짠 무명베인데, 그 빛깔이 쑥떡 빛깔이라 해서 쑥떡베라 했다. 이 베로 8·15 직후 한동안 학생들의 여름 교복을 지어 입었다.

아래로 재래시장 터가 있지만, 그때는 북편에 양철 지붕으로 기다란 가게가 죽 여러 채 있었다. 그 너머에 지금도 있는 폭이 꽤나 넓은 관개수로까지가 장터였다. 폭이 50~60미터, 길이가 약 300미터쯤 되었다. 지금은 모두 큰 상점과 음식점으로 구성된 상가가 들어서 옛 장터가 없어졌다.

그 장터의 서쪽 편 수로를 복개하여 지상에는 상당히 넓은 공터가 있었다. 땅바닥에는 양손아귀 굵기의 말뚝이 군데군데 박혀 있다. 바로 수산 소전거리(우시장)다. 여기가 바로 집회 장소다. 더운 여름에 소는 역축으로 쓰이기에 장날에 흥정이 별로 없다. 그래서 우시장은 대개 아이들의 놀이터로 되고 있었다.

여기는 장터에서 좀 한적한 곳이다. 장꾼들을 여기에 모으려면 어느 정도의 군중 동원을 일부러 조직해야만 했다. 그래서 하남·초동 두 면의 농민위원회와 민애청 등 민전 산하의 조직을 동원했다. 어제와 오늘 아침에 모인 청년들이 군중 동원을 맡은 것이다. 수산은 낙동강을 건너 창원, 김해, 마산, 진주로 이어주고, 이 고을들을 밀양과 창녕, 현풍과 고령, 대구로 이어주는 교통의 요충지다. 그래서 물산이 잘 모이고 따라서 장은 상당히 규모가 컸다.

장은 오전 10시쯤 되어야 열리는데 11시쯤 되어야 장날다워진다. 10시쯤 되자 두 면의 농민위원회 농악대가 매구(꽹과리)와 징 그리고 대북만 가지고 장터거리를 돌면서 농악 소리를 울렸다. 그러면 민애청 청년들이 함께 종이 메가폰을 들고 장터에 나온 조직군중을 달고 다니면서 때때로 가두선전을 했다.

"오늘 좀 있다가 소전거리에서 이번 7월 27일 밀양읍 공설운동장에서 열리는 '미·소 공동위원회 재개 축하와 남북통일 민주주의 임시정부 수립을 촉구하는 밀양군 인민대회'의 취지를 설명하는 선전대의 선전 행사가 있습니다. 우리는 하루빨리 미·소 공동위원회가 성공적으로 일을 성사시켜 모스크바 3상회의에서 결정한 민주주의 임시정부가 수립되도록 해야 합니다. 38선을 철폐하고 갈라진 남북을 하나로 통일한 민주주의 임시정부를 수립해 미·소 양군이 철수하고 우리 민족이 대동단결하여 자주독립하도록 해야 합니다. 우리 조선 인민들의 이러한 의지를 보이기 위해 지금 전국적으로 군중대회를 열고 있습니다. 우리 밀양 고을에서는 앞서 말한 7월 27일 오전 11시에 공설운동장에서 밀양 인민의 군중대회를 개최합니다.

장날에 오신 하남·초동 두 면의 여러분! 소전거리에서 열리는 선전 행사에 오셔서 밀양 인민대회의 취지를 잘 들으시고 동네에 돌아가시어 말씀을 잘 전해 주십시오. 이번 군중대회를 한바탕 크게 성사시켜 우리 밀양 고을의 의기를 크게 떨치도록 합시다."

우리는 조직군중과 호응하는 군중을 달고 장터거리와 신작로로 들락날락하면서 이런 취지의 '아지프로'를 했다. 마침내 소전거리에 이르렀다. 거기에는 이미 민애청 조직에서 탁자를 두 개 내오고 튼튼한 종이 메가폰 몇 개를 얹어두고 있다. 그 앞에 농민위원회와 민애청 등 산하 대중조직에서 동원된 약 200명 가까운 군중이 자리를 깔고 앉아 있었다. 우리들이 '아지프로'를 하면서 달고 온 100명 남짓한 군중까지 합쳐 약 300명쯤 되는 군중이 모여들었다. 자리가 제법 그들먹하게 어울렸다.

거기에는 초동면 성만 동네와 두암 동네의 일가 아재들과 할배들의 얼굴도 보였다. 성만 동네의 갑환이 아재도 보였고, 덕실 할배 댁의 재훈이 아재 형제, 두암에 사는 나의 재종조부인 월산 할배, 계엄 아재도 보였다. 그냥 고개만 꾸벅 숙여 인사를 했다. 지난밤에 예정한 대로 먼저 내가 탁자 앞에 서서 인사말을 했다. 그 내용은 대개 다음과 같았다.

"저는 이번 미·소 공동위원회 재개 축하, 남북통일 민주주의 임시정부 수립 촉구 밀양군 인민의 군중대회를 맞아 민전 산하의 애국청년 단체인 민애청 밀양지부 소년학생부의 선전일꾼으로, 여기 수산 장날에 하남·초동 두 면에 계시는 아재, 할아버지께 군중대회의 의의를 선전하러 나온 학생입니다.

지금 미군이 주둔한 38선 이남 땅에서는 친일역적과 친일지주 그리고 친미사대 무리들이 모스크바 3상회의에서 결정한 남북통일 민주주의 임시정부 수립을 한사코 반대하고 있습니다. 그들은 새로운 상전으로 미 제국주의를 모시고 남조선 단독정부를 만들어, 일제 때 그들이 누렸던 인민을 부리는 상전으로서의 권리를 다시 누리려고 온갖 모략과 폭력적 테러를 일삼고 있습니다. 그들의 우두머리인 이승만은 미·소 공동위원회가 무기 휴회로 들어가자 지난해 1946년 6월부터 남조선 단독정부 수립을 주장하더니, 12월에는 이른바 '독립 보따리'를 가져온다며 미국에 들어갔다 왔습니다. 이 노인이 돌아오더니 미·소 공동위원회에 의한 남북통일 민주주의 임시정부 수립을 결사 방해하고 있습니다.

오늘 이곳으로 모인 여러 아재, 할아버지들, 여러 어르신들, 이번에 속개된 미·소 공동위원회에서 기어이 민주주의 임시정부를 수립하도록 합시다. 친일파·민족반역자들이 이승만을 내세워 그들만의 남조선 단독정부를 만들어보려는 음모를 깨부숩시다. 우리 농민이 제 땅 가지고 농사짓는 세상을 만드는 반봉건 민주주의 혁명을 이루어내도록 합시다. 그러기 위해서는 제일 먼저 전체 인구의 8할이 넘는 우리 농민들이 그 의지를 떨쳐 보여야 합니다. 그것은 7월 27일 읍내 삼문동에 있는 공설운동장에서 열리는 집회에 모두 참가하는 것입니다.

그래서 이참에 여러 어른들과 함께 절박하게 돌아가고 있는 세상 이야기도 하고 함께 토론도 해보려고 합니다. 여기 제 곁에 있는 이재우 동무는 저보다 몇 살 더 많은 학생입니다만 이런 문제에 대해 말동무가 잘 될 것입니다. 그럼 궁금한 일이 계신 어른들께서 손을 드시면 발언권을 드리고 이 앞으로 뫼시겠습니다."

대강 이런 취지로 시작하는 인사말을 했다. 모두 박수를 치면서 환영했다. 박수 소리가 좀 잦아들자 보릿대 모자를 쓴 한 청년이 손을 들고 일어섰다. 나는 그 청년을 내가 서 있는 탁자로 안내했다. 그 청년은 내가 건네준 메가폰을 입에다 대고 말하기 시작했다.

"우선 먼저 이승만이 지난 연말에 미국에 가서 가지고 왔다는 그 '독립 보따리'에 도대체 뭐가 들어 있는지, 독촉(대한독립촉성회의 약칭) 아이들이 '신탁통치 없이 당장 독립된다' 면서 난린데, 뭐가 들어 있는지 아시면 좀 알려주소."

이재우 동무가 메가폰을 들고 대답하기 시작했다.

"예, 지난 연말에 이승만은 '미국으로부터 독립 보따리를 챙겨 온다' 고 하면서 미국으로 갔지요. 미국하고 연때가 잘 맞았는지 이승만이 들어가자 신년에 트루먼이 미국 국회에 '연두교서' 란 것을 발표했습니다. 거기에는 반공반소 정책이 명시되어 있고, 또 공산주의 확장을 막기 위해 거대한 포위망을 구축해야 한다는 주장이 있었습니다. 1947년 3월에 이를 미국의 대외정책으로 선언한 것이 이른바 '트루먼 반공반소 외교선언' 이라는 것입니다. 이 결과 미국은 그리스의 인민해방전쟁을 간섭해 누르고, 터키의 내정에 간섭해 반공 정권을 세웠습니다. 또 서쪽으로는 '북대서양조약기구' 를, 동쪽으로는 중국 혁명을 간섭하고 미·일을 중심으로 해서 이른바 공산주의 진영을 포위하는 포위망을 구축하려 들고 있습니다.

이승만은 남조선에 단독정부를 만들어 미국의 '반공반소 포위정책' 의 한 고리 역할을 담당함으로써 제가 그 정권을 차지하려는 의도를 이룰 수 있다고 생각하는 것 같습니다. 만일 이승만의 의도대로 미국과 결탁해 38선 이남으로만 단독정부를 만든다면 이는 자주독립 국가를 건설하려는 조선 인민의 소망을 짓밟아버리는 일이 될 것입니다. 이승만이 만들려는 '단독정부의 나라'는 이번에는 미국의 식민지로 되자는 것이고, 우리 조선 사람들이 바라는 완전한 자주독립 국가가 아니라 허울뿐인 나라로 되는 것입니다. 게다가 38선으로 나라의 허리를 영구히 자르는 아픔까지 지니고 살아야 하는 처지가 되고 맙니다. 이승만의 '독립 보따리'는 바로 단독정부라는 망국의 보따리입니다. 그 보따리를 가져온 이승만은 나라를 일본에게 팔아먹은 이완용보다 더한 매국노라 할 것입니다.

우리는 이승만의 이러한 의도를 짓밟아버리기 위해서도 이번에 기어이 '남북통일 민주주의 임시정부'를 이루어내야 합니다. 그래서 이번에 전국적으로 일어나고 있는 군중대회가 정말 중요한 의의를 가지고 있는 것입니다. 여러분, 한 사람도 빠짐없이 남녀노소를 불문하고, 모두 동네를 비우는 한이 있더라도 읍내로 모입시다. 엄청난 기세로 군중대회를 성사시킵시다. 그래서 이승만의 망국 음모를 반드시 저지시킵시다."

우레와 같은 박수 소리가 진동했다. 군중은 자꾸 모여들어 500명 가까이 불어났다. 이번에는 뜻밖에 나이가 좀 지긋한 장년 한 분이 일어나 발언권을 요청했다. 장년은 탁자 앞으로 나와 발언했다.

"민주주의 임시정부가 수립되면 민주개혁이 이루어진다고 하는데, 우리 농민들이 가장 관심을 가지는 것은 토지개혁입니다. 물론 무상몰수 무상분배의 개혁이고, 분배 대상도 농민, 실제로 농사를 짓는 농민이겠지요. 그러면 몰수 대상은 어떤 사람이고, 몰수 토지의 양이 분배 대상인 농민의 요구를 채울 만큼 되겠는지, 좀 의문이 갑니다. 적은 땅을 많은 사람에게 나누어준다면 모두 다 가난한 농민이 되고 마는 것은 아닌가요?"

이번에는 내가 대답을 했다.

"좋으신 말씀을 했습니다. 우선 토지개혁의 의의를 말씀드리겠습니다. 지난 일제시대는 물론이고 그 전 시대의 모든 불평등의 물질적 근원은 농토가 농사짓는 농민의 것이 아니라 농사하곤 담을 쌓은 지주인 양반에게 있었다는 것입니다. 이들은 관리인을 시켜 소작료를 받아 갔습니다. 농민들은 그런 땅임자들로부터 농토를 빌려 농사를 지어왔지만 가을에 엄청난 소작료를 내면 남는 게 없었습니다. 뿐만 아니라 그 땅이나마 소작을 떼일까 봐 온갖 불평등한 대접을 받으며 살아왔습니다. 이러한 불평등의 근원은 이처럼 지주와 소작인이라는 관계를 지어주는 토지제도로부터 나온 것입니다. 이러한 불평등한 관계를 봉건제도라고 하지요. 또 봉건제도를 청산하고 평등한 사람 사이의 관계를 이루는 것을 민주제도라고 하지요. 그래서 우리는 봉건에 반대하고 민주주의를 세우자는 의미로 반봉건 민주주의를 하자는 겁니다. 반봉건 민주주의의 시작은 그 근원인 지주와 소작인 사이의 불평등한 관계를 청산하는 데서 출발합니다. 불평등의 근원이 되는 토지제도를 평등한 토지제도로 바꾸는 것, 말하자면 농토를 농사짓는 농민의 것으로 한다는 것이지요. 곡식은 농민이 흘리는 땀으로 영글지, 여름에 정자에 누워 곁에서 하인이 부쳐주는 바람으로 영그는 것이 아닙니다. 그렇지 않습니까!"

그러자 사람들은 '와' 하고 웃는다. 나는 계속해서 말을 이어 갔다.

"그러니 지주는 땅의 임자가 될 수 없다는 게 이치입니다. 과거 봉건 조선시대에는 땅이 농사와는 아무런 인연이 없는, 궁장토라 해서 궁궐의 것이고 권세 있는 양반의 것이었습니다. 일제시대에는 일본 천황의 소유인

---

10) 동양척식주식회사, 최대주주가 일본 천황

'동척'[10]과 친일지주들의 소유였습니다. 이들은 수확물의 8할, 9할을 소작료로 가져갔지요. 이런 땅이 모두 몰수 대상의 땅이 되어야 할 것입니다. 안 그렇습니까! 조그마한 동네, 농토가 아주 좁은 농촌에 살다 보니 모두 합쳐 봐야 얼마 되지 않는 땅입니다. 나누면 한 마지기라도 돌아갈까 말까 합니다. 하지만 '농토는 농민의 것이다'라고 제도를 세우면 농민들은 앞장서서 땅을 개간할 것입니다. 나라에서 큰 간척사업을 일으킬 때, 그 땅이 농민의 것으로 된다면 그곳으로 농민들이 모여들지 않겠습니까!

이렇게 세상을 전체적으로 넓게 보면 아직도 개간할 땅이 많습니다. 또 농촌에서 태어났다고 모두 다 농민이 되라는 법은 없지 않습니까. 노동자도 되고 학자도 되고 정치가도 되고 큰 공장을 경영하는 기업가도 되고. 그러니 땅이 모자라서 농사를 못 짓는다는 말은 나올 수 없을 것입니다.

아까 몰수 대상을 말씀하셨는데, 물론 일본 동척의 땅, 친일지주의 땅, 토지를 소작 주거나 또는 소작료만 받는 지주의 땅, 경작 능력을 초과하는 땅은 몰수 대상으로 해야 할 것입니다. 하지만 일제에 반대하고 조국 광복에 공이 있는 애국자의 땅이나, 교육과 과학기술, 문화예술의 발전에 공이 있는 분들이 소유하고 있는 땅, 종교단체 또는 학교나 교육기관이 가지고 있는 땅 중에 일정한 부분의 땅은 몰수하지 않는다는 것입니다. 그리고 이러한 토지개혁은 농민이 '토지개혁위원회'를 조직해서 농민의 총의를 모아 농민 스스로의 힘과 뜻대로 한다는 것입니다. 이만하면 이해가 될 듯한데 어떻습니까!"

모두가 박수를 치며 환영했다. 질문하신 장년의 어르신도 나를 기특한 눈매로 보고 웃음을 보냈다. 그 밖에도 공산주의 토지개혁과는 어떤 점이 다르냐는 등 간단한 질문이 들어왔으나 더러 군중들끼리 수군대면서 "무슨 그런 질문을 하느냐"고 윽박지르는 바람에 묻혀버리는 것도 있었다.

12시 조금 넘어 오전 집회를 마쳤다. 오후 집회도 오전처럼 훌륭하게 마쳤다. 모두 만족스런 기분이었다. 집회를 모두 마친 뒤 두암과 성만에서 오신 여러 일가 어른들과 만나 인사를 했다. 모두 나를 정말 기특하다고 하면서 등을 두드리고 어루만졌다. 특히 이 지역의 지도자이신 계엄 아재는 나를 대견해 하셨다.

"아직 어린애로 알고 있었는데 벌써 네가 이처럼 자랐구나!"

계엄 아재는 이름이 안경환(安景煥)인데 나의 삼종숙(三從叔)이다. 조선 말 고종에게 시사책(時事策)이란 책문을 내놓은 성호학파의 학통을 이은 학자이면서 그 시대에 청렴한 관리로 훌륭한 일생을 사셨던 석하(石荷) 안종덕(安鍾悳) 선생의 증장손(曾長孫)이다. 나중에 다시 따로 이야기할 기회가 있을 것이다.

그날 좀 의외인 점은 집회의 방해꾼이 안 보였고, 경찰이 나와서 간섭을 할 법도 한데 아무 탈이 없었다는 점이다. 나중에 알고 보니 강봉질 선생이 이미 지서장을 만나 서로 조용히 넘어가는 것이 좋겠다는 의사를 주고받았다는 것이다. 당시 말단의 경찰도 무사안일을 좋아하는 데다가 강 선생님이 그 지방의 유지이고 경찰도 평소 강 선생님으로부터 많은 도움을 받고 있는 처지였기 때문이기도 했다.

## 귀명동 마을에서의 현지학습

수산 장날의 선전대 활동은 오후 3시 좀 지나서 마쳤다. 우리들은 농민위원회와 민애청 조직에서 나온 청년들과 함께 수산의원으로 들어갔다. 점심은 이미 장터에서 기역자 판을 두고 장꾼들에게 국수와 국밥, 막걸리를 파는 가게에서 시원한 콩물에 만 콩국수를 한 대접씩 뱃속에 넣었는지라 다음 일정을 위해 바로 회의를 했다. 아침에는 오후에 일성이와 함께 간다던 수환이 아지매가, 두암에서 나온 아재와 할배들을 보자 그만 마음이 달라져 두암으로 가려는 마음이 생겼다. 그러나 함께 온 일성이만 보내기가 마음이 쓰이는지 결정을 하지 못해 망설이고 있었다.

"아지매는 아침에 읍으로 간다고 했지만 지금 아재와 할배들을 보니 그만 생각이 달라지는가뵈."

내가 말머리를 떼자 아지매는 그래도 결연히 대답했다.

"아니다. 어제 올 때 일성이 엄마에게 하룻밤만 자고 온다고 했는데 가야지."

그러자 일성이가 만류했다.

"수환아, 괜않다. 너는 더 있고 싶거든 그래라. 엄마가 처음에는 안 된다고 했는데 내가 하룻밤이라고 사정했다 아이가. 안 가면 난리를 칠 텐데. 나도 솔직히 더 있고 싶지만 가야 한다. 버스만 타면 한 시간쯤이면 곧 간다 아이가. 니는 너그 일가네 집이라서 니 집과 다름없고 하니 재구하고 함께 일 마치고 오너라."

그러자 함께 따라오신 월산 할배와 또 장에 일보러 오신 나의 재종조부인 죽서 할배가 다시 말했다.

"두암에 할배, 할매가 니들 왔다고 얼마나 기다리시는데. 그냥 갔다고 하면 큰할배한테 절도 안 하고 그냥 간다꼬 화내실는지도 모른다."

그래서 수환이 아지매는 일성이와 함께 차부(정류소)에 가서 일성이만 보내고 돌아왔고, 두 할배를 따라 두암으로 먼저 갔다. 나와 재우 동무는 수산에서 약 3킬로미터 거리에 있는 귀명동이라는 동네로 현지학습을 하러 가기로 했다. 이는 이곳 조직에서 미리 정해둔 일이었다. 그 동네로 데리고 가는 사람은 민애청 조직원인데 이씨 성을 가진 형이다. 그때 나이가 스물 서너 살쯤 되는 곱상한 청년이었다. 죽서 할배와 월산 할배에게는 이튿날 오후에 두암으로 가겠다고 말씀드렸다.

물론 그때는 이씨 성을 가진 민애청 청년의 이름을 알았지만 지금은 그 이름이 아득히 멀리 잊음의 장막 너머에 있다. 나의 재종제 중 한 아우가 귀명동이 그의 외가라서 혹여 알 수 있을까 해서 물었다. 그 집의 위치와 모양, 그리고 널찍한 바깥마당까지 이야기했더니 바로 자기 외갓집의 큰집인 것 같다고 했지만, 그 청년의 존재와 이름은 역시 두터운 시간에 가려 그 잊음의 장막 안으로 숨어버렸다. 그 집에 들어가서 그 집안의 가장 큰 어른께 나의 신원을 밝히고 절을 할 때 그 어른의 함자도 들었지만 이 역시 기억할 도리가 없다.

반세기나 너머 지난 세월을 보내고, 근래 어느 날 고향에 가던 길에 일부러 귀명동에 들어가서 그 집을 찾아보았다. 동네는 거의 폐동이 되다시피 빈집들뿐이었다. 더러 몇 집에 사람이 살고 있으나 그 집은 모양이 우리 고유의 집 모습과는 전혀 달랐다. 국적 불명의 이상한 집이었다.

단지 하룻밤뿐인 잠자리라서 기억의 실마리를 찾지 못했다. 이리저리 살펴보기만 할 뿐이었다. 그러다가 마침내 한 집을 발견했다. 그래도 퇴락한 모습이지만 남아 있었다. 비록 스레트로 바뀐 지붕이지만 정침과 사랑채, 그리고 바깥마당은 그대로 있어서 바로 그 집임을 알아볼 수 있었다. 짚 이엉으로 지붕을 덮었던 대문이 슬레이트 지붕으로 되었지만 그 자리와 모습으로 그 집 대문임을 알았다. 집은 빈집이 된 지 오래되어 다시 사람이 살기 어렵도록 퇴락했다. 게다가 모양마저 바뀌어 알아보기 어려웠다. 그래도 사랑채의 왼편 방이 내가 하룻밤을 잤던 방임을 알 수 있었다.

이야기를 그 옛날 60여 년 전으로 다시 돌이키자. 나를 데려온 이씨 성의 형, 우리 집안에서는 이 정도 나이만 되어도 내게는 아재 아니면 할배뻘이지만 그때 나는 그를 형이라고 불렀다. 그리고 재우도 나를 따라 형이라고 불렀다.

동서로 난 수산 거리의 신작로를 동쪽으로 400~500미터쯤 가니 소달구지길이 직각으로 굽어 북으로 뻗어 있다. 환히 곧게 난 길, 그 양옆은 아득히 무논으로 들판이 펼쳐져 있다. 이제 겨우 땅에 뿌리를 내린 듯한 볏잎이 저녁바람에 가늘게 하늘거리고 있다. 서쪽으로는 아득히 국농포(國農圃)들이 펼쳐져 있다. 동남쪽으로도 아득히 펼쳐져 낙동강을 건너 김해 들판과 잇닿아 있다. 우리가 가는 길 오른편에 좀 거리를 두고 나지막한 산줄기가 길게 뻗어 내려오는데 수로언재가 막아 그 줄기가 들판에 묻혀버린 듯하다. 바람은 시원하지만 석양볕은 초여름의 새 기운이 뻗어선지 그대로 쨍쨍하다.

형은 보릿대 모자를 써서 모자 그늘에 얼굴이 가려 더위를 좀 가려주고 있었다. 하지만 나와 재우는 검은 학생모자로는 솟아나오는 땀을 주체할 수 없었다. 흰 무명베 수건으로 머리를 덮고 목 언저리를 가리게 했다. 수건은 땀으로 흠뻑 젖어 목덜미에 그냥 척 달라붙기만 했다.

수산에서 귀명동까지는 보통 5리라고 하지만 걸어보니 10리는 좋이 더 될 것 같다. 그 길은 동네 가까이 가자 오른쪽으로 비스듬히 굽어 똑바로 뻗어 동네로 들어간다. 오른편은 초가집이 옹기종기 흙돌담으로 싸인 골목으로 이웃집과 경계 지어 있다. 왼편은 산비탈에서 내려온 경사진 솔밭의 느린 물매로 흘러내려 남새밭과 목화밭, 그리고 콩밭으로 되고 있다. 그 밭두렁에는 청청한 잎사귀로 짙푸른 빛을 내고 있는 뽕나무가 늘어서 있다.

동네의 아래 각단을 지나 위 각단을 바라보니 제법 번듯한 기와집이 한두어 채씩 서너 집이 있다. 그중 하나는 이 동네 재실이고, 다른 집들은 상당히 규모가 있는 집이었다.

형은 위 각단으로 들어서자 걸음이 빨라졌다. 그리고 그 동네에서 가장 큰 집으로 들어갔다. 그러곤 곧 나왔는데 30대 후반의 장년이 따라 나왔다. 이 형의 맏형이었다.  나는 정중히 고개를 숙인 뒤 성만 동네의 사청고개 쪽으로 눈길을 돌리면서 말했다.

"처음 뵙습니다. 저는 저 사청고개 너머에 있는 성만 동네가 고향인 안재구라고 합니다."

옛날 조선시대의 선비는 무예도 함께 숭상해서 활쏘기와 말타기도 함께 익혔다. 우리 성만 동네의 활터에 있었던 정자를 사청(射廳)이라 했다. 사청고개는 바로 사청이 있던 고개를 말한다.

재우도 이름을 말하면서 정중히 인사를 했다. 그러자 그가 말했다.

"초면이지만 나이가 많이 차이가 나는 듯하니 자네들에게 말을 놓겠네."

그러고는 자신의 이름을 말했는데, 그 이름도 지금은 애석하게 기억에 없다. 그는 이미 나의 근본을 알고 있는 듯 친근하게 말을 건넸다.

"두암의 참위 어른 종손이라면서? 아무튼 귀한 걸음을 하셨네. 어서 들어오게나."

"예, 그 할아버지께서 저의 종중조부가 되십니다."

대문에 들어서자 바로 정면에는 마당이 있다. 그 너머에 한 길 됨직한 높이로 흙돌담이 있어 안채 기와집을 가리고 있다. 이 바깥마당은 봄가을에 타작마당으로 쓰고 있는 것이다.  그 왼편에는 초가지붕을 인 사랑채가 있다. 축담이 석 자 높이인데 섬돌 계단으로 오르도록 쌓았다. 축담으로 올라 다시 대청 아래 섬돌에서 신을 벗고 마루에 올라섰다.

먼저 올라선 어른이 오른쪽 방문을 열고 고했다.

"아버지, 손이 왔습니다."

"그래, 온다던 학생들이 말이지. 얼른 이 방으로 들어오게 해라."

나와 재우는 옷매무새를 정리하고 방 안으로 들어갔다. 나이가 나의 할아버지쯤 되어 보이는 중노인이 방 윗목에 정자관으로 의관을 갖추고 앉아 계셨다. 나와 재우는 그 앞에 놓인 자리에 서서 큰절을 올리고 일어섰다. 노인은 웃으면서 말했다.

"거기에 편히 앉게."

둘은 그 앞에서 꿇어앉았다.

"다리 펴고 편히 앉게."

노인은 웃으면서 말하고는 작은아들인 형을 가리키며 말했다.

"자네들 이름은 이미 저 아이에게 들었네. 그리고 자네는 우정 선생의 장손이라고?"

"예, 그렇습니다."

그러면서 꿇은 다리를 풀고 평좌를 했다.

"재우 학생은 성씨가 이씨라는데 관향이 어딘고?"

"고성 이가입니다."

"그런가. 우리는 벽진 이가라네."

이렇게 인사를 마쳤다. 옛날 우리들의 인사는 이처럼 격식을 가지고 있었다. 인사가 끝나자 노인은 아들에게 말했다.

"이 손들 저녁 잠자리는 건넌방에서 하도록 하지."

"예, 그렇게 할랍니다."

"그럼 건넌방으로 가서 좀 쉬도록 하게."

이리하여 이들 가족들과의 인사는 대강 이루어졌다. 우리를 데리고 온 형의 맏형은 건넌방으로 우리를 데리고 갔다. 우리는 거기에서 이 어른과 다시 정식으로 절을 하고 인사를 했다. 그 다음 우리를 데리고 온 형이 비누와 수건을 가지고 와서 나오란다. 위쪽 각단 위로 올라가면 개울이 있는데 물이 차고 땀 씻기가 아주 좋단다. 그리로 가서 저녁식사 전에 땀을 씻자고 했다. 우리 둘은 좋아라고 하면서 그 형을 따라 나섰다.

귀명동은 1947년 당시, 동네에 타성바지가 거의 없는 벽진(碧珍) 이씨 집성촌이었다. 한 동네가 촌수가 그리 멀지 않는 친족으로 구성된 당시 전형적인 양반 동네의 친족공동체였다. 여기에 타성이 더러 섞여 있어도 대개 외척 관계에 있는 구성원으로 그 공동체에 쉽게 흡수될 수 있었다. 이 친족들은 토지 소유를 둘러싸고 그 안에서 대립이 있기는 했지만 모두 일가인 관계로 적대적 관계는 될 수 없었다. 그 시대의 우리 사회에서 본질적 착취·수탈 관계는 일제 식민지 체제의 민족적 착취·수탈 관계였다. 이로부터 모든 착취·수탈 관계가 이루어지고 있었던 것이다.

# 고된 논매기 경험

귀명동에는 부농이 두어 집 있었다. 또 몇 집의 중농이 있었으나 모두 합해도 다섯 손가락에 꼽을까 말까 했다. 나머지는 모두 소농이거나 전업소작농과 고용농으로 이루어져 있었다. 부농이라 해도 당시 두어 섬지기[11] 의 자작 논농사에다 목화 재배와 양잠으로 어느 정도 수익을 올리고 있는 독농가적 부농이라 할 수 있는 정도였다. 이들도 일제가 목면과 고치 값을 일방적으로 결정하는 바람에 수탈당하고 있었던 것이다.

---

11) 한 섬지기는 열 마지기로 벼 한 섬의 씨앗을 뿌릴 만큼의 넓이를 말한다. 논으로는 2,000평 정도이고 밭으로는 3,000평 정도다.

몇 집의 중농들도 두어 섬지기의 논농사였다. 이들도 수리조합 물세에다 나중 일제 말기에는 공출이라는 것으로 가히 약탈적이라 할 만치 수탈을 당하고 있었다. 나머지는 자기 땅으로 밭을 조금 가지곤 있지만 논농사는 대부분 국농포의 동척 땅을 소작하거나 왜놈 지주의 땅을 소작해서 약 7할이 넘는, 심하게는 9할이 넘는 약탈적인 소작료를 물고 있었다. 그 밖에 고용농은 부농, 중농의 집에 머슴으로 부림을 당하거나 이도 저도 아니면 왜놈의 집에서 머슴으로 종살이를 하고 있었다.

이리하여 귀명동의 농민은 부농이건, 중농이건, 소작농이건, 고용농이건 모두 일제의 가혹한 수탈에 삶이 짓밟히고 있었다. 그래서 귀명동의 농민은 모두가 일제 식민지로부터의 해방이 바로 자기 삶의 기본적 요구가 되고 있었다. 이리하여 그날 내가 따라간 부농의 할아버지와 아들들은 농민해방운동과 독농가로서의 건실성이 있었던 것이다. 그 노인은 일제 때 농민운동과 독농운동으로 그 지방 농민들로부터 존경을 받고 있었다.

8 · 15 일제 식민지 해방은 바로 농민해방이었다. 그때 그 전취물로 나타난 것이 우선은 3 · 7제 소작제도였다. 아주 작은 전취물이지만 이 덕분에 1945년, 1946년 두 해에는 농민들이 우선은 굶주림으로부터 벗어날 수 있었던 것이다.

그날 저녁식사 후에 농민들이 많이 찾아와서 자연스레 토론이 이루어졌다. 이 자리에서 우리들은 많은 것을 배웠고, 그들도 우리들로부터 그때 우리 민족 앞에 놓인 절박한 정세, 38선 이남이 또다시 식민지로, 이번에는 일제 대신 미제에 의한 새로운 형태의 식민지로 될 수도 있다는 이야기를 들었다. 우리는 이승만이 미국에서 가지고 왔다는 '독립 보따리'라는 것이 바로 그것을 말해 주는 것이라고 했다. 그래서 귀명동 농민들은 우리들과 함께 한 사람도 빠짐없이 7월 27일 밀양 읍내 장날에 열리는 밀양군 인민의 군중대회에 참가하기를 굳게 다짐했다.

그 이튿날 우리 둘은 5시 좀 넘어 일어나 조용히 밖으로 나왔다. 축담에 내려 신을 신고 두리번거렸더니 바깥마당 반대편에 쓰레기 삼태기와 마당쓸이 대빗자루가 보였다. 그것을 들고 바깥마당에 나와 이 집 식구들의 동정을 살폈다. 온 집안이 조용했다. 그래서 소리 나지 않게 마당을 쓸어놓고 조용히 대문 밖으로 나왔다. 동네 뒤와 양쪽은 낮은 능선으로 둘러싸인 지극히 고요한 마을이었다. 아래 각단 쪽으로 멀어질수록 마을은 아침 안개 속으로 희부옇게 잠겨들고 있다. 정말 평화로운 마을이었다. 위아래 합해서 50~60호쯤 되는 마을이다.

어제 들어온 달구지 길을 따라 내려오다가 오른편으로 난 산등성이로 밋밋하게 올라가는 길이 보였다. 그 길을 따라 그리 높지 않은 소나무 숲속으로 들어갔다. 숲속으로부터 솔향기가 묻어나는 청신한 공기를 폐부 속으로 한껏 들이마셨다. 동네 안에서 몇 번째 우는 소린지 몰라도 청신한 공기를 가르며 기운찬 장닭(수탉)의 '꼬꼬오' 소리가 들려온다. 둘 다 아무 생각도, 말도 없이 아침 경치에 취한 대로 그냥 능선 마루를 향해 올라갔다.

능선 마루 못 미쳐 그리 크지 않은 두 봉분이 나란히 있고, 그 앞에는 그리 크지 않은 상석이 놓여 있다. 아마 이 집안의 한 내외분의 쌍분인 것 같다. 우리는 거기에서 멈추었다. 월연(越涓)으로 둘러싸인 잔디밭은 흠뻑 내린 새벽이슬 때문에 앉지도 못하도록 젖어 있었다. 그곳에 서서 허리운동을 좀 하다가 내려가려는데 형이 부르는 소리가 바로 아래에서 들려왔다.

"재구, 재우 이 사람들, 거기에 있는가!"

"예에, 형님 우리들 여기에 있구마."

"내려가자. 모두 햇살이 퍼지기 전에 논매기한다면서 동네 앞에 모였네. 우리 논매기도 하고, 거기서 이야기도 하고 노래도 뽑고 놀아보세."

"예에, 그러지요!"

우리 둘은 빠른 걸음으로 내려갔다.

이윽고 형이 있는 곳으로 당도했다. 형은 앞서 내려가면서 말했다.

"아버지가 자네들 마당 비질까지 했다고 칭찬을 하드만. '글을 배워도 저리 배워야 한다' 면서."

"실은 집에서는 안 그런데, 그래도 여기에 와서 부지런한 농민을 보니깐 없던 부지런도 절로 나오네요."

재우가 웃으면서 말했다.

반 마장[12]도 못 가서 논매기꾼들이 모인 곳에 다다랐다. 모두 삼베 중의에 등받이 차림이다. 우리는 이미 웃통은 벗었고 그래서 러닝 차림이었다. 아랫도리는 둥둥 걷어 올릴 참이다. 그러자 어제 사랑방 토론 때 만난 얼굴이 좀 우락부락한 모습의 형이 옷 뭉치를 우리에게 던져주면서 말했다.

"학생 바지가 논매기하다 더러워지면 우짜노. 그래서 삼베 중의와 등받이를 가져왔다 아이가."

그 소리에 형이 한마디 했다.

"그 사람, 뚝배기보단 장맛이라더니 그냥 볼 사람은 아니네, 허허."

형은 몹시 기분이 좋은 것 같았다. 아마 형의 일가 동생인 것 같았다.

논매기는 동네에서 품앗이를 조직해서 공동으로 했다. 그것은 동네 농민위원회 조직이 지도하고 있었다. 논매기란 농군이 모두 논에 들어가 허리를 숙이고 손가락과 손톱으로 논바닥을 긁고 잡초를 뽑다가 뭉쳐 논바닥 깊이 묻어버리는 작업이다. 농민은 이런 논매기를 음력 7월 보름 백중때까지(양력으로는 8월 20일 전까지) 세 벌을 매야 했다. 한여름 그 뙤약볕에

---

12) 한 마장은 10리의 10분의 1이다. 반 마장은 약 200미터.

서 살갗이 새까맣게 타면서 말이다. 모두 준비가 끝나고 논으로 들어갔다. 오뉴 월 햇볕에 데워진 물이 밤을 지냈건만 아직도 미지근하다. 한쪽에선 논매기 기계를 논에 밀어 넣었다. 논매기 기계로 밀어서 논을 매도 잡초 뿌리는 따로 손을 보아야 했다. 그날 우리 둘은 한 시간도 못되어 허리가 아프고 손톱이 아파서 견디기 어려워졌다. 그래도 형들이 허리를 펼 때까지 죽었다 하고 이를 앙다물고 참았다.

한 시간쯤 되자 작업대장쯤 되는 나이 좀 든 아재가 소리쳤다.

"담배 참이다! 좀 쉬자."

그리고 10분쯤 쉬고 그 아재가 또 소리쳤다.

"시작이다!"

그러고는 선참으로 논으로 들어간다. 그러자 모두 따라 들어가며 소리쳤다.

"자, 시작이다."

어느 한 사람이 목청을 돋우어 가락을 붙였다. 그러곤 사설을 풀어놓는다. 그 사설은 모르지만 대강 주워 모으면 농사일의 고달픔과 가난에 찌든 살림살이를 풀어놓은 하나의 노랫가락이었다. 이 사설이 한 구절씩 나오면 모두 후렴을 붙였다. 그 가락이 또한 기가 차도록 애환을 담고 있다. 나는 이 소리에서 가난한 농민의 마음속으로 내 마음의 한 자락이 깊숙이 끌려들어가는 느낌을 받았다.

두 번째 담배 참이 되자 동네에서 일꾼이 바지게를 지고 나오고, 서너 사람의 아낙네들이 머리에 넓은 함지를 이고 나왔다. 어린 처녀아이 몇이도 됫병과 주전자를 양손에 들고 따라 나왔다. 시간은 9시쯤 되어가는 것 같았다. 모두 논둑을 걸어 달구지 길섶, 낮은 잡초가 깔린 널찍한 곳에 이리저리 둘러앉았다. 아침때다.

밥은 쌀알이 약간 희끗희끗하게 보이는 푹 퍼진 보리밥이다. 국은 무청 비슷한 남새와 돼지비계가 둥둥 떠 있는 벌건 장국이다. 찬은 늪에서 퍼 올린 붕어와 메기를 간장과 된장으로 간을 내고 고춧가루로 벌겋게 빛깔을 내어 대파를 썰어 넣은 물고기자반찌개이다. 거기에다 풋고추와 상추, 들깨 잎사귀 그리고 된장과 각종 양념으로 맛깔스럽게 만든 쌈장도 있다. 그만 나도 모르게 입안에 침이 고인다. 또 됫병에는 보리막걸리가 있고, 주전자에는 구수한 보리밥 숭늉도 있다.

한참 일하고 난 뒤라 다들 배가 고팠다. 푸짐한 먹거리에 모두 아무 소리도 내지 않고 숟가락 소리만 난다. 일하고 난 다음 비록 조촐하지만 이만큼의 먹거리로 허기진 배를 채워본 일이 8·15 전에 우리 농민들에게 있었던가. 아직도 토지가 농민의 것으로 되지 못 하고 있는 세상이지만 우선 3·7제 소작만 되어도 이처럼 농민이 허기 속에서 그 힘든 일을 하는 상황에서 벗어날 수 있는 것이다. 모든 인민의 먹거리를 책임지고 있는 농민이 전체 인구의 80퍼센트를 넘게 차지하고 있는 사회에서 농민을 위하는 일만큼 더 중요한 일이 또 어디에 있단 말인가.

이런 생각에 잠기자 나도 모르게 〈농민의 노래〉가 절로 나왔다.


불러라 노래 불러라
농민의 깃발을 휘날려라
논밭을 **빼앗겼던** 36년간
우리들 얼마나 서러웠던가
우리들 얼마나 괴로웠던가


그러자 모두의 합창으로 되었다. 노랫소리가 울려 퍼지자 동네에서 아이들과 어른들이 나왔다. 징과 매구 소리도 어느새 들리기 시작했다. 하지만 논매기는 바빴다. 신명풀이는 논매기가 끝나고 하자면서 그 신명을 누르고 모두 다시 논으로 들어갔다.

아침때로 한 시간쯤 쉬었지만 다리와 허리는 더 아프다. 손가락과 손톱에는 불이 활활 이는 듯했다. 그래도 일단 논에 들어가고 보았다. 일을 시작한 지 한 10분쯤 지니자 다만 그들먹하기만 하고 통증도 마비가 되었는지 둔해졌다. 나는 고단함과 허리 아픔을 그냥 참고 1시간 후의 담배 참과 그 다음의 새참 올 때까지 견뎌 배겼다. 저쪽 편에서 수그리고 일하고 있는 재우 동무도 그냥 악물고 참고 있는 듯했다.

새참 때는 국수였다. 게다가 막걸리와 아침때에 나왔던 물고기자반과 된장 풋고추가 안주였다. 국수는 발이 좀 굵고 빛깔도 좀 거칠었다. 농민들은 그게 고운 것보다 구수한 맛도 있고 영양도 더 풍부하다는 것을 아는 것 같았다. 정구지(부추)를 데쳐 넣은 멸치 국물에 고명으로 닭고기를 다지고 마늘을 썰어 간장에 볶은 육장과 지단을 얹었다. 또 알싸하게 매운 풋고추와 가는 파를 다져 고운 고춧가루에 간장을 넣고 좀 빡빡하게 버무려 참기름을 살짝 띄워 맛을 돋운 양념장을 좀 커다란 사기 주발에 담아 왔다. 이처럼 갖은 고명과 양념을 넣고 커다란 사발에 담아놓고 보니 그 먹거리는 하나의 예술작품인 양했다. 이처럼 우리들 농촌의 식문화는 우리 민족이 역사적으로 창조하여 형성된 커다란 자랑인 것이다.

이때 형의 아버지인 노인께서도 나오셨다. 곰방대를 빨면서 국수 마는 것을 기다리고 있던 논매기 일꾼은 곰방대를 뒤로 감추고 모두 일어나 인사를 했다.

"큰집 아재(또는 형님, 그리고 택호인 선미 어른 등) 나오십니까."

"모두들 앉게. 그런데 그 학생들은 어디 갔노?"

우리 둘은 벌떡 일어났다.

"저희들 여기 있습니다."

"아니, 이게 어쩐 일고! 삼베 중의에 등지게라니. 허허허. 그러니 알아볼 수 있겠나. 아까 들에 올 때부터 찾았는데. 그만 막실하고(집어치우고) 갔나 했는데 등지게까지 걸치고. 허허허."

그러곤 우리 쪽으로 오면서 말씀하셨다.

"그리고 보니, 옥골선비라더니 자네들 둘은 옥골농군일세. 어때, 논매기할 만한가?"

우리 둘은 면구스러워 얼굴이 벌겋게 되었다. 재우 동무가 말했다.

"어르신, 저는 논매기를 처음 해보았습니다. 참으로 고된 일이올시다. 넋두리하는 것은 아니만 지금 허리가 부러지도록 아프고 손가락과 손톱 밑에 불이 활활 나는 것 같습니다. 우리가 먹는 음식이 이처럼 농민의 고된 농사로 된다는 것을 정말 뼈저리게 알게 되었습니다."

나도 말했다.

"이번 우리가 현지학습으로 귀명동에 와서 참다운 학습을 받도록 해주셔서 고맙습니다. 어르신, 참으로 고맙습니다. 귀명동 형님들, 아재들, 정말 고맙습니다."

어르신은 우리를 한 번 둘러보고서 말씀하셨다.

"내가 시방 여기에 온 것은 자네들에게 인사 받으려고 온 것이 아니네. 이제 오후에 자네들은 가야 하지 않은가. 들에서 일만 시키고 그냥 보내기가 섭섭해서 나와 내 집에서 점심 한 끼 하려고 데부러(데리러) 왔네. 일도 그만큼 했으면 학습도 되었겠다, 자 그만 가세."

나는 속으로는 '아, 이제 살았다' 고 하면서 일부러 뺐다.

"아니 어르신, 이제 일 맛이 생길라카는데……."

그러자 모두 어처구니없는 얼굴을 지으며 왈칵 웃음을 터뜨린다.

"왓하하하!"

형이 우리 옷을 챙기고 신발을 모으더니 우리들에게 눈짓을 하며 말했다.

"올라가다가 개울에서 발을 씻고 옷을 갈아입자."

우리는 뒤돌아서 손을 들고 그리고 허리를 깊이 숙여 절을 하면서 하직을 했다.

"여러 아재들, 그리고 형들, 또다시 뵙겠습니다. 모레 읍내 장날에 운동장에서 만납시다."

모두 일어나며 하직인사를 했다.

"그날 만나세."

정말 아쉬운 하직이었다. 그리고 어르신을 따라 위 각단으로 올라갔다. 대강 옷을 추스르고 사랑 대청으로 올랐다. 벌써 둥그런 식탁에 상이 차려져 있었다. 어르신이 윗자리에 좌정하자 형은 그 아랫자리에 서서 우리들을 좌우로 앉게 했다. 그리고는 안으로 들어갔다.

좀 있으니 곧 밥통과 국통 그리고 자반찌개를 담은 커다란 대접 등 더운 찬을 가지고 한 청년과 마주 들고 왔다. 50대 초로인(그때는 50만 되어도 노인이었다) 안어른이 따라 나오셨다. 안어른은 우리 둘을 유심히 보면서 밥통에서 밥그릇에 밥을 담고 국그릇에 국을 담아 각 자리에 차려주셨다. 또 우리 둘을 다시 번갈아 보면서 말씀하셨다.

"가만있자, 누가 성만에 있는 도동댁 아들인지 모르겠다."

나는 천만뜻밖에 어머니 택호가 나오자 얼굴을 들고 놀란 눈을 하고 물었다.

"할머니, 저의 어머니를 아십니까?"

"이 총각이 도동댁 큰아들인갑네."

안어른은 반가운 얼굴로 나를 보셨다.

"오늘, 정말로 반가운 손을 보는가베."

내가 벌떡 일어나 한 발 물러나며 절할 태세를 갖추자, 안어른은 손사래를 치셨다.

"아니 아니, 그냥 앉아요."

어르신도 손사래를 크게 치셨다.

"그만 그냥 앉게. 밥 먹을라다가 절은 무슨."

나 또한 얼떨떨하다가 그냥 앉았다.

어머니는 일제가 마지막 모질음을 칠 때 우리 사남매를 데리고 고향 마을 성만 동네에 피난하고 있었다. 그때 그리 멀지 않은 귀명동의 이 집 할머니가 성만 동네와 내왕할 때 서로 인사가 있었던 것 같다. 아무튼 서로 무척 반가웠다. 나의 어머니를 아신다니까.

당시 우리 사회는 한 혈통으로 모인 마을의 친족공동체가 가까운 이웃끼리 아들딸을 서로 주고받아 혈연을 이루었다. 그렇게 지역, 더 넓혀져 지방으로, 나아가 말과 핏줄을 중심으로 고유한 문화를 창조 · 전승해 나감으로써 우리 조선민족의 민족공동체가 이루어지고 발전되고 있었던 것이다.

점심을 마치고 우리들은 어르신 내외와 두 아들의 따뜻한 전송을 받으며 귀명동의 현지학습을 뜻있게 마쳤다. 하지만 이 만남과 헤어짐은 다가오는 무서운 세월로 우리들에게 다시 만남을 주지 않았다.

# 고향 마을에서의
# 현지학습

귀명동에서 아래 각단으로 좀 내려오자 성만 사청고개로 가는 큰 달구지 길이 나왔다. 서편에는 금포 동네가 보인다. 금포 동네는 나의 18대조 할아버지께서 함안에 강상패륜(綱常悖倫)의 시변(弑變)이 나자 가족을 이끌고 밀양 고을로 옮기실 때 자리를 잡은 동네이다. 우리 집안이 밀양으로 이거한 때는 15세기 중엽이었다. 지금도 그 종손이 그 집에서 20대의 종통을 잇고 있다.

그 아래 손자 대에 밀양에서 세 분 손자를 두셔서 집안이 번창했으나, 16세기 말 임진년 왜란을 당해 세 분 집안이 따로 흩어져 피난을 했다. 전란이 끝나 환고향은 했으나 강산이 황폐하여 새로이 삶의 터를 이룰 제, 맏집은 선영이 있는 금포 동네에 좌정했다. 셋째 집인 우리 집안은 등 너머 성만 동네로 새 터를 마련했는데, 둘째 집은 멀리 영천의 도동에서 집안을 새로이 이루었다. 이렇게 동네를 따로 이루고 지역이 떨어져 있어도 가문의 일에서는 언제나 하나로 뜻을 모으면서 대대로 살아왔다.

24일부터 우리 둘의 활동은 고향 면인 초동면에서 몇 동네를 돌면서 현지학습을 하고 군중대회 참가의 선전선동을 할 작정이다. 우선 그날은 금포에 들러 종갓집에 종손 아재를 뵙고 인사하고, 27일에 있을 읍내 군중대회 참가운동을 부탁할 작정이었다.

큰 달구지 길에서 금포 동네를 바라보았다. 금포 동네에서 수산으로 가는 널찍한 달구지 길이 나 있고 논두렁길로 이어져 있다. 우리가 서 있는 달구지 길에서 그 논두렁길로 내려가 금포 동네로 가는 달구지 길에 올라섰다. 오른편으로 그 달구지 길을 따라 올라가면 사창고개를 넘어 우리 고향 성만 동네로 가는 낯익은 길이 나온다. 그 길을 따라 반 마장 길에서 동네로 들어가는 길이 나오고, 한 마장쯤에서 종갓집으로 들어가는 동네 길이 나온다.

우리는 종갓집의 열린 대문을 열고 들어갔다. 대청에서 문서 정리를 하고 있던 종손 함안 아재가 나를 보자 반가운 미소를 띠고 내려오셨다.

"재구, 니가 수산 장날에 와서 읍내 군중대회 참가하라는 연설을 했다는 말을 들었다. 모두 칭찬이더라. 이 학생이 너와 함께 연설했던 그 학생이냐? 어서 이리 올라오게."

우리는 함안 아재를 따라 대청에 올라가서 아재가 좌정하기를 기다렸다. 아재가 좌정을 하자 나는 절을 했다.

"함안 아재, 인사 올립니다."

재우 동무도 따라 인사를 했다.

"처음 뵙습니다. 읍에 사는 이재우라고 합니다."

아재는 인사를 받으시면서 답례를 했다.

"참으로 반갑네."

인사가 끝나자 아재는 대청에서 안으로 난 문을 열고 소리를 쳤다.

"여보, 읍내 연계소 석산 아재 손자 재구가 왔소."

나는 벌떡 일어나 축담에 내려 신을 끌고 돌아서 안마당으로 들며 큰소리를 쳤다.

"할매, 함안 아지매, 성만의 잠실에 살던 재구가 왔습니다. 그사이 별고 없었는교?"

두 고부가 대청에서 길쌈을 하고 있다가 축담으로 내려오시면서 반가운 목소리로 나의 손을 붙잡는다.

"아이고, 재구가 이 여름에 우짠 일고?"

그러자 이 방 저 방에서 "오빠!"라고 부르면서 나온다.

이 집은 딸부잣집이다. 그때 아들은 나보다 한 살 많은 형 하나가 있고, 나보다 한 살 적은 열네 살부터 다섯 살까지 딸이 넷이다. 이 뒤에 아들 하나와 딸 하나를 더 낳아 합해서 2남 5녀, 7남매를 두었다. 금포 성만의 일가들은 17대 할아버지를 함께하고 16대조에서 세계(世系)가 갈라진 32촌이나 되는 면촌이다. 하지만 8·15 해방의 시대에만 해도 이처럼 모두가 사촌과 같은 형제의 정의를 가지고 대대로 내왕하면서 살아왔다.

이리저리 인사를 마치고 재우 동무와 나는 사랑 대청에서 종가 아재와 27일 읍내에서 열릴 군중대회의 의의와 이에 대한 농민들의 관심을 이야기했다. 또 앞으로 다가올 시국에 관한 이야기를 하면서 걱정도 가졌고 함께 밝은 전망을 내어오기도 했다. 그러는 동안 안에서 아지매가 시원한 콩물에 오이와 파, 풋고추를 썰어 넣은 우무냉채를 가지고 왔다. 우리들은 이를 마시면서 한낮의 더위를 식혔다.

5시쯤 되어 여름 햇살이 숙어들 때 우리는 그 집을 나서 두암 동네로 향했다. 할매와 함안 아재 내외 그리고 귀여운 네 딸들의 전송을 받으며 하직 인사를 했다. 동네 앞길을 따라 내려오다가 오른편에 송전탑이 서 있는 고갯마루로 올라가는 산길이 나왔다. 그 고갯마루를 넘으면 바로 두암 동네다. 반 시간도 못 되는 거리다. 두암은 금포와 같은 행정구역으로 금포리에 속한다.

동네에 들어서면 첫 집이 나의 많은 재종조부 중 한 분이신 이덤 할배 집이다. 그 다음 집이 고을에서는 '참위 어른'으로 존경을 받고 계신 나의 종증조부 집이다. 그 아랫대가 명례 할배라고도 부르는, 많은 재종조부 중에서 가장 연세가 위인 할배다.

내가 두암 동네에 들어가면 종증조부 댁에 가서 가장 먼저 절을 드려야 한다. 그 다음은 항렬과 촌수, 그리고 나이를 따라 차례로 집집이 찾아다니면서 인사를 하고 절을 해야 한다. 나의 종증조부에게는 문외배(門外拜)[13]를 해야 한다. 종증조부 댁, 네 분의 재종조부 댁, 그리고 수산에서 만난 삼종숙 아재, 그리고 나의 8대조 5형제 집에서 맏집인 양대 할아버지, 이렇게

---

13) 방문 밖에서 하는 절로서, 우리 집안 가례로는 아버지와 그 형제, 할아버지와 그 형제, 증조할아버지와 그 형제에게만 하는 절이다.

여덟 집을 돌아다니면서 절을 하고 말씀도 나누어야 했다.

일단 재우를 그중 나와 가장 친근한 재종조부 중 한 분이신 월산 할배 집의 건넌방에 앉혀놓고 돌아다녔다. 제일 먼저 우리들이 '윗집 할배'라고 부르는 가장 큰 할배인 종중조부 댁부터 들렀다. 문외배를 하고 방 안에 들어가 앞에 공수를 하고 꿇어앉았다.

"그냥 편하게 앉거라."

"예, 괜찮습니다."

대답은 그렇게 했지만 이미 다리는 풀고 앉았다.

"그놈, 말이야 능청스럽기는."

할아버지는 웃으시며 안부를 물으셨다.

"네 할애비는 아프단 말은 없고?"

"예."

내가 할아버지의 근황에 대해 말씀드렸다.

"요즘 곳곳에서 우익청년들이 폭행을 하고 남의 집 살림살이를 부수고 난리를 쳐서 할아버지는 이를 피해 일정한 곳도 없이 여러 어른들 사랑방으로 다니면서 일을 보신다고 합니다."

"그래, 나라 꼴이 어찌 되는지. 왜놈이 들어올 때 이용구란 놈이 '일진회'를 만들어 애국자들을 백주 거리에서 패고 집에 들어가 불문곡절 살림살이를 부수고 난리를 치더니 요즘이 꼭 그 꼴이야. 왜놈에게 나라가 망할 때처럼 되는가, 어쩔란가 모르겠다."

할아버지가 빠시던 담뱃대 물부리를 홧김에 드세게 빨자 담뱃진이 빨려나오는지 그 호랑이 얼굴을 잔뜩 찌푸리신다. 그런 할아버지가 너무나 익살스러워 나는 그만 '푸푸' 하고 웃음을 터뜨렸다. 할아버지는 나의 웃음으로 담뱃진에 대한 화를 푸시고, 웃는 낯으로 말씀하신다.

"이놈이, 어른이 화를 내는데 웃기만 해!"

그리고 말씀을 이으신다.

"미국 군대가 일본에게는 많은 희생을 당하면서 점령을 했지만 우리나라에 대해서는 한 놈의 목숨도 버린 일도 없지. 생으로 먹게 됐으니 얼마나 좋겠어. 그러니 그 맛있는 고깃덩어리를 어찌 그냥 놓아버리려 하겠나. 원래 군대란 것은 서로 명을 걸고 싸운 상대에게는 대접을 하지만, 절로 굴러 들어온 상대에게는 그냥 호주머니에 넣어버리고 상대조차 안 하지. 그래서 38선 이남 땅은 그냥 아무 소리 없이 삼키려 하겠지. 특히 오래도록 길러온 이승만이란 자를 시켜 나라를 만들어주겠다고 하고, 그자를 꼭두각시로 해서 보기에는 근사한 독립국 모습을 가지게 하겠지만 삶은 게처럼 속은 다 파먹고 껍데기만 근사하게 모양을 갖추도록 할 게야. 네 할애비가 일제 36년을 그 고난 속에서 살아왔는데 그 고난이 아직 멈출 수 없으니 정말 앞이 캄캄하구나."

나는 아무 말도 할 수 없어 그저 방바닥만 내려다보고 있었다. 한참 있다가 나는 말했다.

"그럼 우리는 우째야 되겠습니까?"

"아무리 그래도 제 나라가 망해 가고 있는데 어찌 그냥 보고만 있을 수 있겠나. 옛날에 효자가 있어 아버지가 편찮으신데 인육이 약이라 하기에 제 허벅지 살을 베어 삶아 먹였다는 이야기가 있다. 나라가 망하는데 백성의 목숨이 약이라면 그 목숨을 내놓아야지, 어쩌겠나. 이게 백성의 도리인 게야."

나는 할 말을 잊고 또한 방바닥만 보고 있었다. 할아버지는 말씀을 이으셨다.

"옛 성현의 말씀에 하늘은 스스로 돕는 자를 돕는다고 했다. 나라를 위해 목숨을 내어놓는 사람이 많으면 그 나라에는 반드시 살아날 도리가 생기는 법이다. 나라를 참으로 살리는 도리가 무엇인지 잘 생각해 보아야 하고, 나라 사람으로서 어떤 처신을 해야 하는지 잘 살펴보아야 한다는 말이다. 나는 이제 살 만큼 살았다. 앞날의 조선은 너희들 것이다. 나라가 잘되어도 너희들 덕이고, 못되어도 너희들 탓이다."

할아버지는 구 대한제국의 신식군대 장교였다. 광무 연간에 근대적 군대를 만들기 위해 그 근간장교를 양성할 목적으로 대한제국 무관학교를 설립할 때, 그 첫해의 학생으로 입학했다. 1902년에 졸업해 참위로 임관했고, 1906년 부위로 승진하여 박승환(朴昇煥) 참령의 부관으로 근무했다.

1907년 8월 1일, 일제의 흉계에 의해 군대 해산의 칙서가 내리자 박승환 참령은 권총으로 자결을 했다. 그 곁에 계시던 할아버지가 그 시신을 안고 나오자 군대 해산의 칙서 발표를 듣기 위해 집합한 장병들이 이를 보고 바로 봉기했다. 무기고를 점령하고 무장해 일제의 토벌군과 격돌했다.

할아버지는 그 봉기전투로 대퇴부 관통상을 입어 광제원에 입원 치료하고 고향 마을에 돌아오셨다. 환향한 이후 다시 머리를 길러 상투를 틀고 출타하실 때는 삼베옷을 입고 삿갓을 쓰고 다니셨다.

"나라 잃은 군인이 하늘을 볼 수 없고 부모보다 더 받들어야 하는 나라를 잃고 어찌 삼베 아닌 옷을 입겠는가."

그리고 아들들에게는 글을 가르치지 않으셨다.

"나라를 팔아먹는 데는 글을 아는 놈이 더 잘 팔아먹더라. 글을 모르면 적어도 나라를 팔아먹지는 못할 것이다."

그것이 이유였다.

할아버지와 이야기를 하는 중에 저녁상이 들어왔다. 할아버지와 겸상이었다. 나는 얼른 일어나 안으로 들어가서 이 집의 맏이인 명례 할배 내외에게 인사를 올렸다. 그리고 사랑으로 다시 들어와 할아버지와 겸상으로 저녁을 들었다. 이때 재우는 월산 할배 집에서 월산 할배와 겸상으로 저녁 상을 받았다고 전해 들었다.

저녁을 들고 나니 명례 할배가 이덤 할배와 죽서 할배를 데리고 할아버 지께 저녁 인사를 하러 오셨다. 그때 두 할배께 인사를 드렸다. 당시 우리 들의 시골 고향 방문은 인사로 시작되고 인사로 마치는 것이 일이었다. 저 녁에는 우리 둘이 월산 할배 집에서 계엄 아재와 함께 내일의 일정을 위해 모임을 가지기로 했다. 그사이 먼저 내가 해야 할 일이 있었다. 그것은 8대 조 5형제의 맏집으로 윗대 큰할배와 아랫대 기호 할배에게 인사하러 가는 일이다. 나의 재종숙인 건이 아재를 따라 그 집으로 들어갔다. 마침 거기에 서도 막 저녁상을 물리고 있었다.


## 고향 할배와
## 아재들의 환대

사랑에 들어가 윗대 큰할배 방에서 아랫대 기호 할배를 만났다. 각각 절을 올리고 인 사 말씀을 드렸다. 안에서는 첫물이라면서 외를 깎아 접시에 담고 정과 몇 조각과 아름다운 꽃 모양으로 곱게 오린 마른 문어를 담은 다담상을 내왔 다. 가난한 우리 집에 비해 두암의 일가들은 그 어렵던 일제 식민지의 주림 에서 벗어난 듯했다. 모두 우리 할배의 안부를 물으며 걱정을 하고 있었다. 반 시간쯤 지나자 기호 할배가 웃으면서 말씀하셨다.

"아마 그냥 인사하러만 두암에 온 것은 아닐 테고 기다리는 사람들이 있는 모양인데, 그만 일 보러 가거라. 오자부터 엉덩이를 좀 들썩이는 것 같은데……."

나는 할아버지께서 이미 알고 계신 듯하여 윗대 할아버지께 다시 정좌

하고 절을 올렸다.

"그럼 저는 기다리시는 아재, 할배께 가보겠습니다."

그 다음 안으로 들어가서 할머니에게 그만 가겠다고 인사를 올렸다.

"벌써 가려고? 좀 더 있다가 우리 식환이 오거든 더 놀다 자고 가지."

식환이 아재는 기호 할배의 아들이고 나보다 한 살 더 많다. 내가 일제가 마지막 모질음을 할 당시 이를 피해 성만 동네에 와서 이곳 초동국민학교에 몇 달 다녔을 때, 한 반에서 공부했다. 기호 할배는 할매가 잡고 있어서 내가 못 간다고 생각하신지 대청에서 안으로 보고 말씀하셨다.

"그 사람 일이 있어서 그만 보내야 하니 붙잡지 말거라."

나는 할매께 하직하고 나왔다.

"다음에 또 오지요."

그러곤 바로 월산 할배 집으로 갔다. 방에는 월산 할배와 계음 아재, 그리고 성만에서 갑환이 아재가 와 계셨다. 아마 이 세 분이 이곳 지역의 핵심인 것 같았다. 나는 재우 동무에게 물었다.

"저녁때는 잘 챙겼나?"

"응, 시라국이 별미더라. 시라국에 말아서 후딱 퍼 넣었지."

재우 동무는 밝은 표정으로 답했다. 시라국은 지금 우리들이 말하는 우거지된장국을 말한다. 계음 아재가 이야기의 운을 뗐다.

"수산 장날에 선전선동을 하도 잘해서 더 무엇 할 것도 없다. 월산 아재, 안 그런교?"

그러자 월산 할배가 말을 받았다.

"그래. 이승만의 '독립 보따리'를 다 뒤집어놓았지, 토지개혁을 누가 해주는 것이 아니라 농민들 스스로가 한다고 했지, 몰수 대상, 몰수 안 하는 대상, 그리고 앞으로 개간해서 생기는 농토는 농민의 것이지, 누가 더 이상 무슨 말을 할라꼬. 민주주의 임시정부가 이 일을 맡아 한다는데 그 위에 무슨 말을 더 보태겠노."

그러자 재우 동무가 말했다.

"그러면 됐고요. 그럼 내일 일정은 어떻게 할랍니까? 그것만 정하면 되겠네요."

갑환이 아재가 말을 이어 대답했다.

"문제는 27일 군중대회에 우리 초동면에서 얼마나 가느냐가 문제지. 내가 성만 동네에 가서 듣고 보니 거반 다 갈라카던데요. 아마 그날 읍내가 터져나갈 것 같은데."

그래서 민심이 이미 민주주의 임시정부 수립에 가 있고 그 후에 일어나는 토지개혁에 모든 귀추가 모여 있음을 알았다. 이게 바로 당시 농민들의 진정한 민심이었다. 계음 아재가 그 다음 문제를 제기했다.

"내일 할 일은 우리들이 각 마을을 다니면서 농민들에게 그들의 결심을 격려하는 일이겠네. 이제 그 일만 남은 것이제. 재구 너그들은 내일 아무튼 좀 걸어야겠다. 먼저 성만 동네에 들어가서 동네 몇 어른을 만나고, 그 다음은 새터(新湖里)로 해서 오방동으로 가서, 뒤돌아 새월(新月里)로, 그리고 봉황으로 가서 사람들을 만나게. 그 다음 점심을 먹고 방동고개를 넘어 예림재(禮林齊, 점필재 김종직 선생의 사당) 길로 잡아 감내 다리를 건너 읍으로 들어가면 될 걸세. 길이 조선 이수로 30리쯤 되지만 왜놈 이수로는 40리는 좋이 될걸. 그 길 마을마다 이미 연락해 두었으니 그 동네 어른들께 인사나 하면 되겠네. 수산 장날에 똑똑한 학생들이 왔다는 소문을 듣고 동네 영감들이 보고 싶은가 본데 인사나 잘 하거라."

이로써 회의는 쉽게 결속되었다. 그러자 나는 건너 큰방에 계신 월산 할매를 뵈러 건너갔다. 월산 할매는 좀 정신이 혼미할 때가 있다. 좀 전에 나를 보고도 다잡아 새로 묻는다.

"야야(애야), 너 언제 왔더노?"

"응, 할매 보고파서 지금 막 왔지."

"그래그래, 아이구 재구 니가 왔구나."

그러고는 내 손을 잡는다. 할매는 누가 오든 반가워한다. 그냥 아무 걱정 없이 산다. 나중에 남편이 전쟁 중의 '보도연맹 학살' 때 학살당해 시신조차 못 찾아도, 그 반가워하는 마음은 늘 여전했다. 전쟁의 불길이 좀 시들었을 때 찾아간 나를 보고 반가워하는 할매를 붙잡고 나는 울었다.

나와 재우는 건넌방에 갔다. 둘 모두 아침에 귀명동에서 안 하던 논매기를 해선지 눕자마자 그냥 녹아떨어졌다.

그 이튿날 새벽에 잠이 깼다. 온몸이 결리고 쑤셨다. 둘 다 거저 '아이고' 소리였다. 안 하던 노동을 하고 나서 생긴 아픔인데, 그 아픔은 좀 유달랐다. 기지개를 쓰면 입이 짝 벌어지도록 아팠다. 그래서 일찍 일어나 동구 밖 당상나무 곁에 있는 저수지 둑에서 허리운동을 시작했다. 서서히 풀리는 품이 견딜 만했다.

아침때를 알리는 꼬맹이 아재들이 몰려왔다. 올 때는 좀 뻐근하긴 해도 거의 다 풀렸다. 9시 넘어 농민들이 논매기를 하러 논으로 나가고 나니 동네가 조용해진 것 같다. 둘은 하는 일 없이 마당에 놓인 평상에 앉아 있는데 월산 할배가 계음 아재를 데리고 오셨다.

"이 사람들, 인자 가자."

우리 둘은 따라 나섰다. 성만 동네로 가는 것이다.

문밖 골목으로 나가자 오른쪽으로 갔다. 달구지 길이 나오자 또 오른쪽으로 굽어 나의 5대 조모 민씨 할머니의 산소 앞에서 왼쪽으로 돌아 등성이에 올라섰다. 다시 오른쪽으로 틀어 산비탈 길로 해서 죽 올라가니 전망이

확 트였다. 그 아래 논둑길로 해서 둥그렇게 왼편으로 가다가 달구지 길로 올라섰다. 길의 내리막 쪽으로 좀 나가자 개천이 나오는데 돌다리가 있었다. 그것을 건너 둑으로 된 길에 올라서니 오른쪽으로 뻗은 달구지 길이 저 멀리 우리 고향 마을 성만 동네로 이어져 있다. 1킬로미터쯤 올라가니 당산나무 아래에 이른다. 당산나무 아래에 여러 할배, 아재들이 계셨다. 동네에서 제일 어른이신 진촌 할배와 가미실 할배, 덕실 할배, 서호 아재, 그리고 갑환이 아재가 계셨다.

"할배, 아재. 저 재구 인사드립니다."

나는 깊이 허리를 숙이고 절을 했다. 그리고 곁의 재우 동무를 보고 어른들에게 인사를 시키고 소개했다.

"이번에 저와 한 조가 되어 우리 동네에 왔습니다."

그러자 갑환이 아재가 말했다.

"지난 수산 장날에 이승만의 '독립 보따리'에 관해 얼마나 잘 설명하던지 모두 칭찬이 대단했습니다. 이번 읍내 장날에 우리 모두 동네를 비우는 일이 되더라도 군중대회에 참가하시도록 당부하러 왔습니다."

가미실 할배가 그에 대답해서 말씀하셨다.

"염려들 말게. 그게 다 우리 일인데 아무렴 모두 다 가야지. 우리 농민의 힘을 보여주어야지."

서호 아지매가 커다란 주전자를 들고 나오셨다. 오이와 미역, 석이 그리고 묵을 가늘게 썰고 가는 파를 다져 결이 고운 고춧가루를 넣어 칼칼한 매운맛이 나도록 한 냉국이다. 여름 더위를 한순간에 식혀주는 깊은 샘의 두레박 끈에 매달아 샘물에 앉혀두었다가 막 건져 올린 것이다.

할배들과 아재들은 우리 둘을 대견한 듯이 바라보며 손을 잡고 반가워하셨다.

"우리들 몽땅 읍내 군중대회에 참가하도록 하겠다."

그러자 갑환이 아재가 나서며 말했다.

"이 사람들 오늘 행정이 많아서 곧 보내야 하겠습니다."

진촌 할배는 아쉬운 듯 작별인사를 건네셨다.

"일 마치고 언제 한번 오너라."

"예, 꼭 다시 와 뵙겠습니다."

그러나 그 다짐은 그 후의 미쳐버린 세월 때문에 이루어지지 못했다. 우리는 출발해 새터라고 하는 100호가 훨씬 넘는 큰 마을로 갔다. 초동면에서는 가장 큰 동네이면서 밀성 박씨의 집성촌이다. 큰 마을답게 많은 어른들이 동구 밖에까지 나오셨다. 그중 50대 어른들 서너 분께서 나를 보고 반가워하셨다.

"자네가 우정 선생님의 손자라면서? 우리들은 자네 조부의 제자라네."

나의 할아버지는 서울에 사실 때, 한때 서양 종교의 힘으로 독립할 수 있다고 생각하셨는지 예수를 믿고 예배당에 열심히 다니면서 독립운동을 하셨다고 한다. 그러나 어느 날 선교사가 예배당은 '독립쟁이'들이 들어올 곳이 아니라고 하면서 '독립쟁이'들은 모두 예배당에서 나가라고 했다. 그러자 할아버지는 그 선교사에게 소리쳤다.

"우리가 독립운동을 하려고 예배당에 왔지, 네 같은 놈 상판때기나 보려고 온 것이 아니다. 요즘 네놈들과 총독부가 한통속이 되어 우리 독립운동가들을 구박한다더니, 이제 네놈들이 가라고 안 해도 우리들이 스스로 이 예배당을 떠날 것이다."

그러고는 장로라는 감투도 버리고 예수 믿기를 종쳤다고 한다. 그리고 고향으로 내려오셔서 사재를 몽땅 털어 사립학교인 초동학교(初同學校)를 설립해서 고향 청년들에게 애국사상을 가르치셨다고 했다. 물론 이 학교는 얼마 안 가서 폐교되었고, 왜놈들은 그 터전을 빼앗아 초동공립보통학교를 만들었다고 한다.

우리는 이런저런 이야기들이 오고 가면서 여러 동네를 다녔다. 면사무소와 경찰지서가 있고 창녕 조씨들의 집성촌인 오방동(五方洞), 다시 되돌아 내려와서 새월이라는 동네를 다녔다. 이 동네에서도 나의 할아버지 제자를 만났다. 반가워하시면서 다시 만나기를 기약했건만……. 새월 삼거리에서 북진해 공씨 집성촌인 종남산 아래 동네 봉황리(鳳凰里)를 마지막으로 하고 일정을 모두 마쳤다.

성만 고향 마을의 어느 할매 또는 아지매가 싸주셨는지는 몰라도 대나무로 엮은 도시락을 열었다. 그 안에는 쌀과 보리쌀 반반으로 된 밥과 풋고추, 들깻잎, 생마늘에다 이를 간해 먹도록 맛깔스럽게 갖은 양념을 다져 넣은 쌈장과 구운 자반고등어가 담겨 있었다. 지금 생각하면 아무 꾸밈없는 소박한 찬이지만 따뜻한 인정이 푹 담긴 도시락이었다.

우리는 점심을 모두 맛있게 먹고 월산 할배, 계음 아재, 그리고 우리 일가 세 동네에서 일이 있는 곳에는 약방에 감초처럼 늘 반드시 끼어 있는 갑환이 아재(일가 모두가 갑환이라고 부르기에 그 택호조차 모르는 아재), 이 세 분들과 헤어졌다. 이분들과는 이승만의 탄압과 테러에 대한 저항으로, 전쟁으로, 그리고 오랜 세월이라는 아주 짙은 잊음의 장막으로 인해 영별하고 말았다.

하직하고 길손으로만 남은 우리 둘은 종남산 남쪽 골짜기로 파고들었다. 방동고개 만댕이(고갯길의 가장 높은 곳)에 이르러 밀양 읍내를 한눈에 조망할 수 있게 되었다. 초여름 더위를 받으며 고갯길을 올라서 땀범벅이 된 옷을 벗고 고개 넘어오는 시원한 바람을 맞으며 땀을 식혔다. 그리고 고개 만댕이에 서서 두 사람은 고함을 질렀다.

"미국 놈은 물러가라!"

"이승만은 미국으로 돌아가라!"

그러고는 고갯길 가에 부드러운 갈댓잎을 쓸어 눕혀 누울 자리를 만들고 벌러덩 드러누웠다. 10~20분쯤 지나 시원한 산바람에 땀이 마르고 땀에 젖은 옷도 거덕거덕 마르기 시작하자 우리는 일어나 고갯길을 내려갔다. 오를 때는 밋밋한 느린 물매였지만 고개를 넘은 내림길은 아주 급경사였다. 너럭바위가 죽 깔려 있어 발 디디기가 어렵다.

더러 서기조차 어려워 앉은뱅이걸음을 하면서 조심조심 비탈길을 내려와 물이 흐르기 시작하고 있는 골짜기에 다다랐다. 여기서부터는 길도 훤히 나 있다. 멀리 예림재 용마루가 보였다. 이젠 다 왔다. 약 20분 걸어서 예림재에 도착했다. 거기부터 평길이다. 한 40분 걸어서 감내 다리에 이르러 바로 민애청 회관에 도착했다. 5시가 조금 넘었다.

회관에는 구정식 선생님이 계셨다.

"안 동무와 이 동무, 참으로 수고했습니다. 수산 장날에 동무들이 활동을 참으로 잘했다고 들었소."

"그래도 미진한 점이 많습니다. 나중에 이번 운동을 결속짓는 날에 이야기를 하겠습니다."

그리고 재우 동무가 말했다.

"이번 현지학습으로 우리 사회에서 모르는 것을 많이 알게 되었습니다. 양반 동네 사람들을 그냥 단순히 봉건유습에 젖어 있는 분으로만 보아서는 안 되겠다는 것을 우선 깨달았습니다."

구 선생님이 대답했다.

"그렇지요. 양반도 양반 나름이지요. 양반에게는 우리 조선 문화의 진수가 많이 있습니다. 그런 것은 계승해 나가야 하겠지요. 자, 그러면 일단 이쯤 이야기하고 나중에 이번 운동의 결속 때 여러 가지로 토론해 봅시다. 우선 두 일꾼들, 집으로 가야지요. 모두 기다리시니 빨리 가보도록 하시오."

우리 둘은 나와서 나는 내이동으로, 재우 동무는 삼문동으로 향해 갈라졌다.


## 윤수선 선생 댁에 계신 할아버지

연계소 집으로 돌아오니 집에는 아무도 없었다. 중문이 아재와 목이 아재는 방학이 되어 고향 마을 성만으로 간 것 같고, 할매는 안 계셨다.

'어쩐 일일까?'

방문을 열고 들어가니 방은 깨끗이 청소되어 있었다. 마침 저녁때가 되어 시장기가 있어 부엌으로 갔다. 부뚜막에 밥상이 차려져 있고 선반에는 뚜껑이 덮여 있는 밥그릇이 있었다. 열어보았더니 아직 온기가 있는 밥이 담겨져 있다. 할매가 저녁때 내가 올 줄 아시고 밥상을 차려두신 것이다. 그런데, 할매는 어디 가셨을까. 아무튼 먹고나 보자 하고 밥그릇을 차려둔 밥상에 얹어 대청으로 가져와서 후딱 먹어치웠다.

그리고는 큰방 윗목에 나의 앉은뱅이책상 위에 이리저리 놓여 있는 책 중에 지금 한창 공부하고 있는 기하학 책을 방바닥에 펼쳐두었다. 베개를 가슴에다 받치고 엎드려 수산으로 가기 전에 보던 곳을 펼쳤다. '직선이 평면과 수직으로 만난다'의 정의를 보다가 덮어두었던 곳이다. 그 정의로부터 공간기하학의 가장 중심적인 정리 중 하나인 '삼수선의 정리'의 증명을 생각하고 있는데, 밖에서 할머니의 목소리가 들렸다.

"재구야, 니 언제 왔더노?"

"할매, 어디 갔더노? 할배는?"

"안 그래도 니 할배한테 갔다 오는 길이다. 윤수선 씨 댁으로 오라는 전갈을 받고 갔다 왔다."

윤수선 선생은 당시 밀양극장 주인인데 나의 할아버지의 일에 적극 후원을 하시는 분이다. 나는 이분만 보면 초등학교 5학년 땐가, 동무 몇 놈과 작당을 하고 극장 뒤 개구멍으로 몰래 도둑 구경 들어갔다가 경비 아저씨에게 들켜 극장 주인인 윤 선생 앞으로 끌려가 톡톡히 개망신을 당한 일이 생각난다. 그래서 만날 때마다 벌건 얼굴로 인사를 하는 처지였다. 그래도 우리 가족에게는 참으로 고마운 분이셨다. 윤 선생은 의열단의 항일혁명가 석정(石正) 윤세주(尹世胄) 선생의 집안 분이시다.

"할배 건강은 어떠시고? 편찮으시지는 않고?"

"오냐, 괜찮더라. 모레 27일, 밀양 인민대회 때 입으실 옷 때문에 불렀다더라. 그래, 니는 간 일은 잘했고?"

"일도 일이지만, 그 논매기로 혼났지. 아이구 말도 말아라."

"아이구, 니가 논매기를 하다니. 정말 사람 돼가는구나. 그래 윗집 할배는 괜찮으시고?"

"윗집 할배를 만나면 말씀이 참으로 공부가 되더라. 좀 조용해지면 할배 곁에서 많이 배우도록 할란다."

"아이구, 이제 점점 어른이 돼가는구나, 우리 손자가."

할매는 곁에 누운 나의 엉덩이를 두드린다.

이튿날 할아버지의 옷을 챙긴 보자기를 들고 할머니를 따라 윤수선 선생 집을 방문했다. 윤 선생의 집은 밀양극장 바로 뒤에 있는 기와집으로, 극장 때문에 도로에서는 잘 보이지 않는다. 극장의 오른편에 나 있는 골목으로 들어갔다. 10미터쯤 들어가면 대문이 나오고 바로 사랑채다. 사랑채와 안채 사이에 좀 좁은 마당이 있는데 한가운데 놓인 장독간이 대부분을 차지하고 있다.

사랑에 들었더니 대청마루 건넌방에 할아버지가 계셨다. 나는 열린 방문 밖에서 절을 드렸다.

"할아버지, 저 수산으로, 두암으로, 성만으로 해서 잘 다녀왔습니다."

"오냐, 윗집 할배도 편하시더냐? 그리고 금포, 성만에도 가보고?"

"예. 성만에서 여러 할배들께서 할아버지 편찮으신 일을 많이 걱정하십디다."

윤 선생은 문밖에 내가 꿇어앉아 할아버지께 여쭈는 모습을 보다가 말씀하셨다.

"이 사람, 방에 들어오너라. 들어와서 말씀드려라."

나는 방 안으로 들어갔다.

"너 이 어른께 절하고 인사해라."

"예. 선생님, 저의 할아버지를 살펴주셔서 고맙습니다."

할머니는 내 인사가 끝날 때까지 기다리셨다가 말씀하셨다.

"재구야, 이리 좀 나오너라."

나는 평소에 할머니께 안 하던 경어가 그냥 용하게도 술술 잘도 나왔다.

"예. 할머니, 곧 나가겠습니다."

할아버지가 좀 의외였던지 나를 힐끗 한 번 보시고는 픽 웃으셨다. 나는 이때다 하곤 얼른 대청으로 나왔다. 할매도 이때껏 한 번도 듣지 못했던 그 경어에 그만 웃음이 나와 소리를 참느라고 입을 가리고 있었다. 나는 입을 좀 삐쭉하면서 작은 소리로 말했다.

"그 옷 보따리 이리 다고!"

그러자 할매는 종주먹을 치켜든다.

"그 어리광 어디 갔을까 봐!"

내가 할아버지의 옷 보따리를 가지고 방으로 들어가자 할아버지가 말씀하셨다.

"너는 그만 할머니 모시고 나가거라."

그러자 윤 선생은 펄쩍 뛰었다.

"무슨 말씀입니까! 안 군은 내게 귀한 손인데 그냥 가다니요. 곧 점심때인데, 그리고 조손간에 오래도록 떨어져 있었는데 오늘 여기에서 조손이 겸상으로 점심을 잡숫도록 하셔야지요."

그러더니 대청으로 나와 안채를 향해 큰 소리로 말씀하였다.

"여보, 여보. 여기 안 선생님 사모님이 손자를 데리고 오셨소. 빨리 나와서 사모님을 안으로 모시고 가시오. 그리고 오늘 점심은 조손이 겸상하시도록 준비하소."

안에서 "예" 하는 소리가 들리고 곧 곱상한 40대 아주머니가 할머니를 모시러 나왔다. 내가 대청으로 나와 고개 숙여 절하자 아주머니는 나를 보면서 말했다.

"이 총각이 우정 선생님의 손자인가뵈. 참 옥골이네."

"할아버지가 여기 계셔서 폐가 많습니다. 참으로 고맙습니다."

"총각이 무슨 그런 말씀을. 오히려 불편하신 데가 많을 겁니다."

그러자 할머니도 감사의 인사를 했다.

"불편하시다니요! 얼마나 고마우신지 정말로 생광스럽고 고맙습니다."

아주머니가 나를 보고 말씀하셨다.

"총각은 나중에 할아버지와 겸상을 차려드릴 테니 찬은 없어도 많이 자시도록 하소."

할머니는 손사래를 치신다.

"아직 어린 아이를 보고 무슨 말씀을……. 그만 자식같이 보시고 말을 놓으소."

나도 하대를 청했다.

"예. 앞으로 할아버지 심부름으로 종종 올는지도 모릅니다. 이제부터 말씀 놓으시도록 하이소."

아주머니는 그냥 웃으시면서 그렇게 수긍을 하신다.

할아버지는 주로 낮에는 이곳에서 윤 선생님과 말동무가 되어 소일하시지만 밤이 되면 일을 보러 밖으로 나가신다. 대문간에는 곁달린 좀 넓은 방이 있는데 거기에는 민애청 청년과 극장 기도로 있는 몸집이 큰 억센 청년들이 기거한다. 낮에는 이들의 호위를 받고 있고, 밤이 되면 힘꼴이 센 대여섯 명 청년의 호위를 받으면서 이곳저곳 회합으로 바쁘게 다니시는 것 같았다. 할아버지는 평소에 이 집에서 서류를 보고 결재를 하시거나 문장을 지으시기도 하고, 밤에 못 주무신 벌충으로 낮잠을 주무시기도 했다.

건넌방 할아버지 방에 들어가자 윤수선 선생은 극장에 가서 볼일을 좀 보고 온다면서 나가셨다. 사랑채에는 오붓하게 조손만 남았다. 근래에 이처럼 오붓하게 할아버지를 대한 적이 별로 없었다. 그러나 별로 여쭐 말도 없는지라 자연 귀명동 이야기, 금포 종갓집 이야기, 두암 할아버지 이야기, 성만의 여러 일가 할배 이야기들을 했다. 특히 새터, 오방동, 새월에서 할아버지 제자들을 만났다는 이야기도 했다. 또 이재우 동무가 수산 장날 소전거리에서 이승만이 미국에서 가져왔다는 '독립 보따리'를 까뒤집어 보인 이야기를 하자 할아버지는 정말 유쾌하신지 껄껄 웃으셨다.

그리고 생전 해보지도 못한 논매기를 한나절 했고 그 이튿날 아침에 온통 곁쑤셔서 혼났다는 이야기를 하자 할아버지는 힘주어 말씀하셨다.

"그래, 네 입에 들어가는 밥이 어떻게 만들어지는지 인자 잘 알겠지? 그런 농민이 있어서, 그런 노동자가 있어서 입에 밥이 들어가고 옷도 입게 되고 비바람에 떨지 않고 잠자리에 들 수 있다는 사실을 결코 잊어서는 안 된다. 이번에 그걸 몸으로 배운 셈이구나. 그리고 우리나라에는 그런 농민과 노동자가 인구의 9할이 된다는 것도 알아야 하고, 나라의 정치는 그런 인민을 중심에 놓고 이루어져야 한다는 사실도 알아야 할 게야. 이러한 인민을 제쳐두고 민주주의를 한다는 것은 바로 개소리라고밖에 할 수 없는 것이제."

이렇게 조손이 이야기를 나누는 가운데 시간은 지나가 정오를 알리는 사이렌 소리가 울려 나왔다. 좀 지나자 윤 선생님이 볼일을 마치고 들어오시며 부러운 듯한 얼굴로 말씀하셨다.

"조손이 오랜만에 이야기를 많이 나누었습니까? 참으로 보기가 좋습니다. 바로사랑이 건너사랑[14] 보다 못하다는 말이 우정 선생님 조손을 두고 하는 말인 듯합니다."

나는 어릴 때 고향 밀양 남천강 너머 수박밭에서 수박서리[15]하다가 남의 총각의 머리를 깨놓아 할아버지로부터 종아리 열 대를 맞은 일 말고는 꾸중 한 번 들은 일이 없었다. 아무튼 나는 윤수선 선생 덕분에, 테러가 판치는 세월에 그 테러를 피해 있는 곳에서 할아버지를 만나 조손이 겸상으로 서로 찬을 밥숟가락에 얹어 주면서 오붓한 시간을 보냈다. 이를 정겹게 보는 윤 선생의 따뜻한 미소도 바로 어제인 양한데 그날 이후 너무나 격동의 세월로 해서 한 번도 뵌 일이 없다.

---

14) 바로사랑은 부자간의 사랑을, 건너사랑은 조손간의 사랑을 가리키는 말이다. 즉, '한 대 건너 사랑' 이라는 뜻이다.
15) 수박서리는 엄밀히 말하면 도둑질하는 것이다. 그러나 주인이나 주인 보는 데서 가져가는 사람이나 하나의 장난으로 보았다. 엄청 가난한 시절이었지만 이런 넉넉한 인심의 세월이 우리에게는 있었다. 《할배 왜놈 소는 조선 소랑 우는 것도 다른강》(돌베개)에 이야기가 나와 있다.

점심 대접을 잘 받고 할머니와 나는 윤 선생과 그 사모님께 하직 인사를 하고 나왔다. 나는 밖에 나오자 할머니께 집으로 앞서 가시라고 하곤 먼저 민전 회관으로 가서 거기에 차려놓은 여운형 선생 빈소에 갔다. 시국이 너무나 절박하게 돌아가고 있는지라 아직도 장례일이 많이 남아 있는데도 빈소는 한산했다. 22일 수산으로 가기 전에 빈소에 들러 분향을 할 때는 그래도 빈소를 지키는 사람이 여러 명 있어서 추모의 염이 두터웠건만, 이제 돌아가신 지 6일이 되자 문상 오실 분도 다 오셨겠고 절박한 세월 탓도 있으리라. 8월 3일 '인민장'의 날이 아직도 6일이나 남았는데…….

나는 분향을 하고 머리를 숙여 명복을 빌었다. 여운형 선생이 바라시는 뜻대로 민주주의 임시정부가 좌우 합작으로 이루어지기를 축원했다. 하지만 이승만의 '독립 보따리' 때문에 분열의 골짜기는 날이 갈수록 깊어지고만 있었다.

민애청 회관에 들어가 거기에 계신 선배 청년에게 인사를 하고 구정식 선생님의 책상 앞에 섰다. 말은 하지 않아도 무슨 일이라도 시켜달라는 태도였다. 선생님도 나의 의도를 잘 알아주시는지 책상 서랍을 뒤져 조그마한 종이 한 장을 내주셨다.

"마침 잘 왔소. 전단을 만들 일이 있는데, 동무가 필경을 제법 한다니 좀 부탁할까? 이 원고로 시험지 4분의 1 크기의 전단을 필경해 주시오. 원지 한 장에 똑같이 4면을 필경해야 하오. 원지 한 장에 300장 찍는다고 생각하고 전단 약 만 장을 만들려면 보자, 원지를 8장 필경해야겠네. 등사판을 잘 미는 사람이 있으니깐 동무는 필경만 해주시오."

이 일을 오후 7시 가까이까지 되어서 끝내고 27일 당일 일을 분공받고 집으로 돌아왔다. 내 분공은 장내 정리인데 그중 시위대열 행진의 출발이다. 그 순번을 아침에 받아 그대로 출발시키도록 하라는 것이다.

# 7 · 27 밀양군
# 인민대회

드디어 7월 27일 밀양읍 장날이 왔다. 이 날은 밀양군민이 삼문동 모직공장 곁의 솔밭 가에 둑을 모아 스탠드(좌석은 없고 흙바닥에 종이 등으로 그냥 깔고 앉는 좌석)로 둘러친 공설운동장에서, 정식 명칭 '미·소 공동위원회 속개 축하와 민주주의 임시정부 수립 촉구를 위한 밀양군 인민대회'가 낮 정오를 기해 열리는 날이다.

나는 아침 일찍 일어나 할머니가 차려다 주는 아침상을 후딱 배 안에다 비우고는 바로 민애청 회관으로 나갔다. 현관 미닫이를 열고 들어가니 회관 벽에 걸린 기둥시계는 7시를 좀 지나고 있다. 회관에는 몇 분의 아재들이 막 일어나 잠자리를 정리하고, 또 잠자리를 만드느라 이리저리 흩어진 책걸상을 정리하고 있었다. 어제 등사판 인쇄를 했던 아재가 나를 보고 반가운 얼굴로 인사를 했다.

"어제 재구 동무가 원지를 잘 긁어 한 장에 400장도 거뜬히 밀 수 있었네. 덕분에 일을 아주 수월케 했구만. 그래서 일찍 일을 끝내고 저렇게 재단까지 잘 마쳤네. 만반의 준비가 다 되었지."

그러면서 전단 뭉치를 가리켰다.

"안 그래도 원지가 너무 얇아서 걱정을 했는데 다행이네요. 아재가 워낙 잘 밀어서겠지요."

"그래서 일은 손때가 맞아야 한다지 않는가뵈."

아침부터 기분이 좋다. '하남과 초동에서 많이 올란가?' 하고 기대하는 마음이 생긴다. 좀 지나자 자전거 짐칸에 리어카를 매단 기호 아재가 들어왔다. 기호 아재는 밀양중학교 화학 선생이신, 교장 배척투쟁 때 정해돈에게 잡혀갔던 손기용 선생의 바로 아래 동생이다. 밀양경찰서로 올라가는 길 오른편에서 '라디오방'(요즘의 전파사)을 하고 있었다. 매단 리어카에는 전선과 여러 가지 기재가 실려 있었다.

손기용 선생은 이 동생 밑에 기윤이라는 남동생이 있고, 끝에 기옥이라는 여동생이 한 분 더 있다. 이들은 인민대회 직후인 8월부터 대탄압이 있을 때 모두 나의 외갓집 곁으로 피해 와 있어서 잘 알게 되었다. 이들에 관해서는 나중에 말하기로 하겠다. 기호 아재는 밀양에 좌우익을 가리지 않고 집회가 있을 때는 마이크와 스피커를 설치해 준다. 하기야 밀양읍에는 기호 아재의 '라디오방'이 유일한 전파사이기 때문이다.

좀 있자 일의 총책임자인 구정식 선생님이 오셨다.

"어제 운동장에 연단과 차일을 다 쳐놓았고 스피커는 군데군데 모두 스무 개를 매달아 놓았는데 될란가 모르겠다. 아무튼 기호 동무가 알아서 하시겠소만, 기호 동무를 거들어줄 청년들 다섯 명이 좀 있으면 바로 현장 운동장으로 갈 것이오. 이들을 데리고 스피커를 잘 매달아 주시오. 그럼 확성기 문제는 그리 알겠소. 그리고 행사 준비에 필요한 물건을 빠짐없이 준비해 9시까지는 이 회관 문을 닫도록 하겠소. 주석단 옆과 행사장 입구에 쳐놓은 차일을 '용도소'로 할 것이니 지금부터 모두 시간에 맞춰 각기 분공에 따라 행사장으로 가도록 하시오."

이렇게 하여 나는 어제 만든 전단지 뭉치를 챙겨 넣은 자루 하나를 등에 짊어지고 운동장으로 향했다. 분공에 따라 운동장 입구에 쳐놓은 차일을 찾아갔다. 차일 밑에 책상 하나가 있었다. 나는 전단 자루를 책상 밑에 놓고 거기에서 몇 뭉치를 꺼내어 책상 위에 얹어두었다.

운동장 입구에 들어올 때 어떤 아재는 바지게에 오지그릇과 양푼을 잔뜩 담아 지고 오고, 그 아낙네는 솥단지를 이고 오고, 한 소년은 장작을 지게에 지고 오는 등 사람들이 큰길에서 입구까지 길가로 적당한 자리를 차지하고 또 차지하려고 하고 있었다. 장내 정리하는 청년들이 이들에게 구역을 정해 주어 자리를 잡도록 했다. 사람이 모인 장소에서는 먹는 곳과 내는 곳을 일매지게 정해 주는 것이 중요하다. 아마 내는 곳은 남천강 제방 너머에다 가리개를 쳐놓았을 것이다.

그럭저럭 시간은 10시 가까이 되었다. 그러자 곁에서 한 친구가 눈을 가늘게 뜨고 종남산을 가리키면서 속삭이듯이 말한다.

"저기 저 하얀 줄이 뭐꼬?"

거기에는 하얀 줄이 생기는데 그것이 점점 아래로 내려오고 있었다. 사람들이었다. 산 너머 사람들이 산을 넘어 내려오고 있는 것이다. 그제 내가 넘어온 그 방동고개를 넘어오는 것이다. 바로 초동면의 사람들이다. 금포, 성만, 검암, 신호(새터), 오방동, 범평, 새월, 덕산, 봉황의 사람들이다. 그저께 만났던 사람들이 그들 이웃을 데리고 고개를 넘어오고 있는 것이다. 고향의 우리 동네 사람들이 넘어오고 있는 것이다. 그 흰 줄은 얼마 안 있어 산 밑으로까지 뻗쳐 왔다.

성미 급한 나는 기다리다 못해 큰길로 뛰어나갔다. 큰길에는 아직 조용했다. 시골 읍내의 고요한 일상이다. 좀 있으면 많은 군중으로 와글거릴 것이다. 아직은 그냥 조용하기만 했다. 그래도 나는 남북으로 죽 뻗은 길을 아래위로 고개를 돌려가며 보고 있었다. 그러다가 일이 걱정이 되어 분공받은 나의 자리로 돌아왔다. 큰길에서는 종남산이 잘 보이지 않지만 운동장 안에서는 종남산 전경이 한눈에 들어온다. 사람들의 흐름은 점점 여러 갈래로 퍼져 내려오고 있었다.

이젠 나만 쳐다보고 있는 것이 아니다. 모두 다 운동장 가운데에 나와 산을 넘어오는 군중의 흐름을 보고 있다. 마침 한여름이 되어 백의민족 특색의 흰옷으로 해서 진록색의 산비탈 바탕에 그 군중으로 된 하얀 실이 더욱 선명한 줄로 되어 흐른다. 나의 고향 사람들이여! 아, 백의민족이여! 하나의 실로 한 올 한 올 엮어 오는구나.

11시가 넘자 거리에는 밀물처럼 군중이 차오르기 시작한다. 처음은 몇 사람씩 떼 지어 모여들다가 한 무더기씩 활기 있는 걸음걸이로 대오를 지었다. 앞장에는 농기를 들고, 매구 치고 징소리 울리고 장구와 북소리로 장단을 맞추며, 큰길에서 운동장으로 들어오는 길로 굽어든다.

운동장 입구에서 접수를 맡은 동무가 참가자 단체와 그 인원수를 묻고 기록했다. 한 동무는 그 수를 합산해 나간다. 그러자 안내 분담조는 운동장 안으로 이들 단체의 대기 장소를 안내하여 바닥에 앉아 기다리게 했다. 운동장은 앞자리에서부터 차오르다가 얼마 안 있어 다 차고 말았다. 나중에는 스탠드까지 다 차고 말았다. 이제 단체로 오는 군중은 거의 다 온 것 같다.

안내 분담조는 단체 소속원에게는 안내판에 그려둔 장소를 가르쳐주고, 개별 인원들은 스탠드 밖 솔밭 나무에 높이 매단 스피커 밑에 앉도록 안내했다. 초동면 고향 사람들도 도착했다. 나는 맡은 일에 바빠 다만 고개만 끄덕 하고 인사 시늉만 했다. 그래도 마을 사람들은 웃으며 지나갔다.

시작 시간인 12시가 가까워 오자 군중은 운동장 스탠드까지 넘쳐났다. 운동장 밖 솔밭까지 군중으로 다 차고 말았다. 군중이 모이면 소속 없이 돌아다니는 군중도 자연히 많이 생겨서 그 인원으로 군중대회 장소 가까이뿐만 아니라 온 읍내가 군중으로 다 덮인 듯했다. 영남루까지 흰옷 입은 군중들로 덮어버린 듯했다. 그야말로 밀양 읍내는 사람들로 넘쳐났다. 모두 한 7~8만은 모였다고 했다. 당시 밀양군의 인구를 10만으로 치고 있었는데 어린아이들을 빼면 몽땅 다 나왔다고 해도 거짓말이라 할 수 없을 것 같았다. 정말 엄청난 군중이었다.

한편 운동장에서는 행사 중에서 입장이 바로 시위 행사가 되기 때문에 그 통로를 보장해야 했다. 이 분공이 내가 소속된 조의 일이다. 이 일은 우리 조의 인원으로는 턱도 없이 모자랐다. 그래서 하는 수 없이 분공조원이 운동장 둘레로 흩어져 거기에 있는 단체의 회원들과 서로 손을 잡고 띠를 만들어 시위 입장 통로를 확보했다.

엄청난 인파로 정오 사이렌 소리가 나고 약 10분쯤 지체되어서야 행사의 첫 순서인 입장이 시작되었다. 입장 순서는 인쇄되어 이미 각 단체에게 배포되어 있고, 내가 그 한 장을 가지고 있었다. 본부에서 입장 시작을 알리고 이쪽을 향해 입장 순서에 따라 안내하라는 소리가 들렸다. 이미 앞서 순서대로 기다리고 있는 터라 나는 마이크에 대고 소리쳤다.

"이제 '미·소 공동위원회 속개 축하와 민주주의 임시정부 수립 촉구를 위한 밀양군 인민대회'에 참가하는 군중들의 입장을 시작합니다. 참가자는 보무도 당당히, 노랫소리 높여, 구호도 우렁차게 외치면서 입장하시기 바랍니다. 운동장을 한 바퀴 도시면서 우리의 기개를 시위하고 정해진 장소로 가서 앉으시기 바랍니다."

이어서 나는 격정 어린 목소리로 말했다.

"제일 먼저 우리 인민의 혁명대열에서 계급적 전위로 앞길을 열어젖히는 노동계급의 조직인 조선노동조합전국평의회 밀양지부 성원이 입장하겠습니다. 제일 선두에는 붉은 바탕 가운데에 톱니바퀴가 그려져 있고 두 망치가 서로 엇걸려 있는 깃발을 들고 행진합니다. 모두 박수를 치면서 환영해 주시기 바랍니다."

우레와 같은 박수가 운동장을 덮는다.

"다음은 우리들의 밥을 맡으신 농민대중의 조직인 전국농민조합총연맹 밀양지부와 그 산하 각 면지부가 정해진 순서대로 입장하겠습니다. 선두에서부터 '농자천하지대본'이라 쓴 농기를 들고 농악을 울리며 구호를

외치면서 당당히 입장하겠습니다. 모두 밀양 상남들판에까지 울려 퍼지도
록 우렁차게 박수와 환호를 부탁드리겠습니다."

대열을 지어 주석단 앞에 이르자 환호성이 농악과 어울려 소리가 하늘
땅을 울렸다. 행진 중에 '무상몰수·무상분배·토지개혁'의 구호를 힘차
게 외쳤다. 〈농민의 노래〉가 운동장에 모인 군중과 더불어 땅을 뒤덮었다.
농민조합은 각 읍면 지부별로 열하나 지부가 차례대로 입장했다. 그 다음
으로 민애청, 여성동맹, 상공인조합, 그 밖에 유림 단체, 체육인 단체, 친목
단체가 나왔다. 이 입장식만 해도 한 시간 가까이 걸렸다.

'모스크바 3상회의 결정 절대 지지한다.'
'조선 민주주의 임시정부 수립을 촉구한다.'
'토지는 농민에게로, 공장은 노동자에게로, 정권은 인민에게로!'
'토지는 밭갈이하는 농민에게!'
'지주가 없는 세상, 빈부귀천 없는 세상!'
'의무교육, 무상치료, 사회보험 확보하자.'
'학원 민주화하고 친일교육자 추방하라.'
'남녀평등은 정치적 평등, 사회적 평등, 경제적 평등으로!'

이런 구호들에 이어 노동자들은 〈국제가〉(인터내셔널가), 청년들은 〈민
청의 노래〉와 〈혁명가〉를 불렀다. 여성단체는 행진 중에는 구호만 외쳤지
만 모여 앉아서는 〈여성해방가〉도 불렀다. 〈여성해방가〉의 가사는 이렇다.

권리를 박탈한 자본사회에
청춘의 붉은 꽃 못 피운 원한

아느냐 그대여 여성 동무들

남몰래 조용히 우는 눈물로
청춘의 고운 낯에 주름 생기고
매 맞아 얻은 병 살기 싫어요

골방 안 감옥살이 언제 끝나나
꿈에도 싫어요 나는 싫어요
멸시와 천대는 더욱 싫어요

여성들 우리 동무들 다 일어나라
부르주아 제도를 없애버리고
동등한 권리 위해 총들을 들자

얽매여 하는 결혼 멍에를 벗고
구속에서 용감히 뛰쳐들 나와
동등한 권리를 다 같이 찾자


이 노래는 백두산 항일 여성 빨치산이 만들어 불렀다고 한다. 그때만
해도 이북 평양방송도 자유롭게 들을 수 있어서 이런 노래를 부르는 사람
이 많이 있었다.

입장식이 처음은 활기가 찼고 군중들의 호응도 대단했지만 모든 단체
가 입장하는 터라 나중에는 좀 지루했다. 그래도 입장자의 진지한 모습으
로 군중들의 호응은 때때로 물결처럼 울렁거렸다. 좀 지루했던 입장 순서

를 마치자 기념식을 시작했다. 처음 애국선열을 추도하는 묵념이 있었다. 묵념 중에 김병환 선생님의 장례식 때 추도가를 불렀던 그 여성이 고음으로 추도가를 불렀다. 나는 이 노래를 들으면 일제의 탄압으로 심신이 병들어 병 중에서도 가장 아픈 병이라는 췌장염으로 부산 부립병원(지금의 부산대학교 대학병원)의 병상에 누워 계시던 할아버지의 모습이 떠오른다.

맨 먼저 나의 할아버지가 사회자의 소개를 받아 연단에 나오셔서 대회사를 하셨다. 당시 나의 할아버지는 남조선노동당 밀양군당 위원장이셨고, 조선민주주의민족전선 밀양지부 의장단의 수석의장이셨다. 그 대회사는 어떤 내용의 것인지 잘 들리지 않았고 들은 부분도 세월이 지나는 동안 그 그늘에 가려 기억으로 남은 것이 없다. 다만 그 힘찬 목소리는 나의 귓속에 그 넋으로 남아 언제나 나를 부르시는 소리가 되고 있다.

대회는 성대히 마쳤다. 그러나 이 대회로 해서 이남에서는 민족민주운동에서 공개적이고 합법적인 운동이 끝나고 말았다.●

일곱 — 대탄압의 서곡

> 미제 군정과 그 앞잡이 이승만 분열주의자 일당은
> 조국의 남부를 분열해서 미제의 새로운 식민지로 하려는 목적으로
> 폭력적인 대탄압을 벌여 민주역량은 심대한 타격을 받게 되었다.
> 이에 대해 남로당은 기왕에 조직된 역량을 총집결해서 적절한 투쟁으로
> 문제를 풀려 하지 않았다. 오히려 그 조직대중을 포기하고
> 일단 도망치고 보자는 식으로 지리멸렬 흩어지고 있었다.

## 아버지의
## 퇴출

남북이 하나의 통일정부로서 민주주의 임시정부 수립을 촉구하고 일제 식민지 지배에 의해 가로막힌 자주적 근대사회 창조라는 숙망을 이루려는 조선 인민의 거대한 물결은 10만 민중이 모여든 밀양은 물론 남조선 전역에서 타올랐다. 이에 놀란 미제와 식민지 주구들은 거대한 민중의 역량을 파탄해 내려고 엄청난 탄압을 획책했다.

그 첫 시도가 여름방학을 맞이해 민주역량의 강력한 한 부분인 청년학생들과 자주독립의 미래 조국을 그림으로 그려주고 있는 새 시대의 교사와 지식인 세력의 역량을 짓밟는 것이었다. 그것이 바로 '사립학교 설치기준령'과 '교사 자격 규정령'이라는 군정의 정령이었다.

우리 민족만큼 후대 교육에 관심이 많은 민족은 세상에 없을 것이다. 우리 민족은 국가적으로는 단군조선시대로부터 자주적인 민족으로서 과학지식을 개발하고 문명의 이기를 발명하여 일찍이 청동기문화를 꽃피웠다. 이어 고구려의 철기문화는 고구려를 강성한 나라로 만들었다. 경당(扃堂)제도로 국민개병과 교육의 의무를 세웠고, 문화와 국방을 함께 전수했으며, 국민이 모두 기본적인 무예를 습득해 도적들이 감히 나라를 넘보지 못하게 했다. 백제의 태학제도는 과학기술 문명을 열어 삼국 여러 나라와 중국, 일본으로까지 문화를 전수하게 되었다. 이는 모두 신분에 관계없이 교육이 국가적으로 고루 보급되었음을 말해 준다.

하지만 일제는 우민정책으로 중등 교육기관조차 좁혀놓아 부유층만 교육을 받을 수 있도록 했다. 고등 교육기관은 식민지 정책에 필요한 부문만 두었다. 식민지 통치를 위한 고급 관료를 양성하고 친일 부유층의 지위를 담보하기 위한 것으로 제한해 두고 있었다. 일제는 최고의 고등 교육기관인 경성제국대학에는 법문학부만 두고, 사립 교육기관인 전문학교는 연희전문학교와 보성전문학교를 두었다. 이를 통해 그들의 식민지 통치의 하수인이 되는 법관, 문인 등을 양성했다. 연희전문학교에는 자연과학 교육을 위한 수물학과, 화학과, 생물학과, 천문기상학과를 두었으나 자연과학 연구를 위한 학자를 양성하는 것은 아니었다. 그들의 식민지 통치를 위한 기술자 양성의 목적만 있었을 뿐이다.

이러한 교육정책으로 조금이라도 재산이 있는 사람들은 자식을 일본에 보내 고등교육을 받도록 했다. 특히 조선 여성의 자녀교육에 대한 노력은 어느 민족보다 강했다. 밤잠을 자지 않고 길쌈을 해 자녀의 학자를 마련하는 일에 헌신적이었다.

이처럼 일제의 혹독한 우민정책으로 교육시설의 부족은 이루 말할 수 없었다. 하지만 마을마다 교육에 관심을 둔 선비나 일찍 개명한 인사들이 야학을 열어 자라나는 가난한 후대들이 글을 익히고 셈을 할 수 있도록 이끌어주었다. 그러다가 8·15 해방을 맞게 되자 곳곳에서 중등 교육기관인 중학교가 우후죽순처럼 설립되었다. 일제가 우리 민족을 수탈하기 위해 만들어놓은 식량 창고, 고치 창고, 무명 창고 등을 임시로 학교시설로 고쳐서 향학열에 불타는 학생들을 모집해 학교를 열었다. 그래서 해방되자마자 면마다 적어도 중학교(3년제) 하나씩은 생겨나게 되었던 것이다.

가르치는 교사도 초등학교 교사 중에서 실력이 있는 교사들이 나섰다. 강의록으로 독학한 야학교 선생들도 나섰다. 이들은 모두 민족교육의 본질을 몸으로 받아 안고 있는 교사들이었다. 다시는 식민지 노예로 살지 말자는 사상으로 무장되어 있는 사람들이었다. 거의 모두가 일제 식민지를 반대하여 투쟁한 경력이 있거나 그 해방투쟁에 협력했던 사람들이었다. 이들은 8·15 해방을 맞이하자 '조선교육자협회'라는 단체를 조직해 다시는 망국민이 되지 말자는 뜻을 가지고 민족자주 정신을 고취하는 교육을 주창했다.

그런데 미제는 군정을 실시하면서 교육을 일제 식민지 교육에서 저들 미제의 식민지 교육으로 전환하려고 했다. 이에 우리 학생들은 일제 식민지를 반대해 일어선 광주학생운동을 비롯해 반제투쟁에서 단련된 선대 청년학생들의 빛나는 운동을 이어받아 미제의 식민지 교육정책에 정면으로 맞받아 나섰다. 그것이 최초로 나타난 것이 이른바 '국립대학교 설치안'(약칭 국대안) 반대투쟁이다. 미 군정의 교육정책은 일제 식민지 시대 당시 일제에 붙어 친일교육을 하고 일제의 침략정책을 고취하던 배족적인 친일교육자들을 등용해 미제의 식민지 교육정책을 펼쳐나가는 것이 목적이었다. 이에 애국적인 교육자들과 청년학생들이 이런 친일교육자들을 배척하는 등 미 군정의 교육정책을 반대해 나섰던 것이다.

민족교육자들이 민족자주 교육을 주창하자 학생들도 이 뜻을 받아들였다. 그러자 미제는 일제를 청산하지 않고 친일반역의 교육자들을 공립·관립 학교 교단에 내세웠다. 하지만 친일교사들이 학생들과 지역민중으로부터 배척당하자 미제는 자신의 식민지 정책에 위기를 느꼈다. 결국 미제는 식민지 주구 교육자의 양성과 제국주의 문화 전파를 위한 하수인을 양성하기 위해 고등교육을 틀어쥐려고 했다. 이른바 '국대안'을 내놓고 고등교육기관으로서의 대학을 완전히 장악하려 든 것이다.

미제의 식민지 교육정책으로 '국대안'이 나오자 대부분의 교육자들과 학생들이 반대해 나섰다. 이 투쟁은 처음은 대학과 전문학교에서 일어나더니 전국적으로 퍼졌다. 마침내 모든 중등학교가 투쟁에 참가했고, 나중에는 초등학교 학생들까지 동맹휴학에 합세했다.

미 군정은 사태가 걷잡을 수 없게 되자 일단 이를 보류하고 수습하기는 했다. 하지만 애국적인 학생들과 교사들을 그대로 두고서는 식민지 교육정책을 밀고 나갈 수 없다는 사실을 인식했다. 그래서 고등 교육기관에서 그들의 정책을 반대하는 교사들과 학생들을 폭력배를 동원해서 추방했다. 그리고 지방에 일어나고 있는 민족교육 운동을 탄압하기 위하여 이른바 '사립학교 설치기준령'이라는 법령을 만들어 중등학교와 대학 등 교육기관의 인가 조건을 어렵게 만들었다. 또 '교사 자격 규정령'을 정해 교사가 되는 길을 어렵게 했다. 그래서 많은 교사들, 특히 일제 식민지 시대에도 지방에서 청소년에게 등대와 같은 역할을 했던 애국적 교사들이 일제 황민화 교육을 위한 관제 교사 자격에 걸려 추방당했다.

이리하여 일제 식민지 시대에서 황국신민 교육에 앞장서며 민족반역의 교육을 하던 자들이 미제의 식민지 교육을 위해 다시 교단을 차지하고는 군·도·군정청 문교부의 장학사, 장학관, 편수관이 되었다. 이들은 우리 청년들을 친미, 숭미, 공미의 줏대 없는 인간으로 만드는 데 앞장섰다. 이로써 공립학교는 문교부와 도 교육당국자들에 의해 장악된 셈이었다.

사립학교의 경우 '사립학교 설치기준령'에 의해 재단을 구성해야 했다. 사립학교의 다수는 종교단체와 경주의 최준을 제외하고는 거의 친일지주가 설립한지라 재단 구성이 그리 어렵지 않았다. 문제는 지방에 산재해 있는 사립 중등 교육기관으로서의 중학교들이다. 이들 중 어떤 학교는 아예 탄압을 받고 폐교되기도 했고, 고등공민학교로(성인 교육기관의 명분을 가지고) 수

준을 낮춘 뒤 당국이 지목한 교사들을 추방하고 그대로 유지되기도 했다. 하지만 대부분의 학교는 재단을 구성해 정식 중학교 인가를 받게 되었다.

그런데 그 재단의 구성이라는 것이 아주 묘했다. 당시 지주들은 정식으로 독립정부가 구성되면 토지개혁이 있을 것으로 알고 있었다. 그래서 지주들은 토지를 그대로 소유할 방도로 명목상 육영기관의 재단에 속한 토지로 만들려고 했다. 결국 토지를 사실상 소유하려는 지주들의 욕망과, 사립학교를 운영하던 교사들이 '설치기준령'에 따른 재단 인가 문제를 해결하려는 욕망이 묘하게 일치되었다.

그래서 학교 운영을 맡았던 교사들은 친일지주에게 몰려갔다. 재단 이사장이 되어 달라는 것이다. 그리고 지주의 토지가 학교재단에 속해 있어도 그 지대(소작료)는 지주가 여전히 받아 챙기고 학교는 학부형들이 내는 학생들의 수업료 등 납부금으로 운영한다는 조건을 내놓았다. 지주들은 토지개혁이 된다면 없어질지도 모르는 토지에 대해 지대를 그냥 받을 수 있는 데다가 육영사업가라는 명예도 생기게 되는 일이라 흔쾌히 받아들였다. 이로부터 학교 운영은 당초의 민족교육과 멀어질 수밖에 없게 되었다. 학교 당국으로서는 학교를 운영하기 위해 기부금도 받고, 정원 초과의 보결 입학도 시키고 해서 막대한 돈을 벌 수 있었다. 이때부터 학교는 과시 모리의 수단으로 전락하고 말았다.

한편 학교에 자기 토지를 명색만으로 기증한 재단 이사장 지주는 학교 운영에서 상당한 수입이 생길 수 있다는 사실을 알게 되자 명색만의 이사장이 아니라 실권자로서의 이사장으로 나서게 되었다. 그러자 교사 측 운영자와 갈등이 빚어졌고 학교 분규가 발생하기 시작했다. 이 분규는 결국 돈의 논리에 따라 대개 재단 이사장이 이겼고, 교사 측 운영자들은 추방되고 말았다.

교육과는 아무 상관이 없고 남을 수탈하는 데 이골이 난 친일지주의 학교 운영을 통한 치부는 이루 말할 수 없었다. 이로 인한 피해는 교사들과 학생들, 그리고 학자를 대는 학부모들이 그대로 뒤집어쓸 수밖에 없었다. 이들은 교육자나 육영사업가들이 가져야 할 도덕적 덕목이라고는 전혀 없는, 수탈자의 본성을 충분히 발휘했다. 학생 모집정원의 몇 배나 되는 학생들을 모집해 입학금, 기부금을 챙겼다. 생계비도 안 되는 봉급으로 교사들을 수탈해서 엄청난 치부를 했다. 친일지주로서의 학교 운영자가 수탈 치부한 재부는 당시 자금 염출의 원천이 거의 없는 사회경제적 정황으로 사기협잡 정치판의 유일한 정치자금이 되었다. 이는 다시 친일지주 자신들이나 그들 자식들의 정치적 출세의 담보가 되었다.

그 뒤 전쟁 중의 대학생 징집보류 제도로 대학생들이 전선에 나가지 않게 되자 농민들은 땅 팔고 소 팔고 해서 자식들을 대학에 보내게 되었다. 이때부터 아무런 시설도 없는 대학이 우후죽순처럼 생겨났다. 대학은 모리배들의 소굴이 되었다. 그래서 사람들은 대학 건물을 일러 '우골탑', '피골탑'이라는 새로운 말을 만들어 불렀다. 이런 것이 전쟁 후 이승만 자유당 정권의 물질적 기초가 되었고, 지금까지도 이 사회의 사학교육의 보편적 형태가 되고 있다.

오늘날 이들은 거대한 콘체른을 형성해서 막강한 정치력을 가지고 있다. 자신들에게 유리한 법을 만들기도 하고 교육개혁 입법을 막기도 한다. 이들의 이해관계를 보장하는 물질적 기초는 이미 1947년 여름방학을 기해서 시초가 만들어진 것이다.

나의 아버지도 바로 군정의 식민지 교육정책으로 나온 '교사 자격 규정령'에 걸려 수산에 있는 동명중학교의 영어 선생을 그만두게 되었다. 아버지가 내세울 간판이라고는 나의 할아버지와 할머니가 서울에 사실 때 중앙고등보통학교에 다니다가 3학년으로 중퇴한 것뿐이다.

당시 할아버지는 동지들과 일으킨 '적박단 사건'으로 감옥에 들어가셨다. 할아버지가 징역을 살고 나오자 일제의 보안법인 '치안유지법'으로 고향 밀양에 '주거 제한'이 되는 바람에 아버지는 다니던 그 학교를 3학년에서 그만두어야 했다. 아버지는 열심히 가르치고 보람으로 여기고 있던 몇 달 동안의 교사 생활을 그만두게 되어 몹시 아쉬워하셨다.

8월 3일 여운형 선생의 인민장이 끝나고 며칠이 안 되어 오전 11시쯤 되자 보따리와 동자그릇 따위를 가득 실은 조그만 삼륜차가 밀양의 연계소 집으로 들이닥쳤다. 내가 급히 뛰어나가자 짐칸에는 아버지가 삼남매를 데리고 있고, 운전석 옆에는 어머니가 있었다. 어머니가 내리고 모터 소리가 그치자 예림 할배의 큰아들인 병태 아재가 운전석에서 내려왔다. 아버지가 안고 있는 용아를 내가 안아 내리자 재두와 향아가 짐칸을 넘어 내렸다.

예림 할배는 나의 고조부 삼형제 중에서 제일 끝에 할배의 아들이고, 병태 아재는 그 맏아들이다. 병태 아재는 항렬로는 내게 할배뻘이지만 나이가 나보다 4살 많아서 그냥 아재라고만 부른다. 일단 짐을 대청 툇마루에 올려두고 모두 대청으로 올라왔다. 마침 할매는 터실에 있는 뒷집 할배 집으로 가 계셨다. 내가 급히 거기로 가려고 나가자, 용아가 나를 부르며 따라나섰다.

"형아, 나도 따라갈래."

"그래, 함께 가자. 엄마, 나 용아 데리고 뒷집 할배 집에 할매 데리려 갔다 올게."

"오냐, 갔다 오너라."

용아의 손을 잡고 대문을 나섰다. 용아가 나를 쳐다보며 말했다.

"형아, 우리 여기서 함께 살게 되나?"

"응, 그래. 나도 너그들이 늘 보고 싶었는데, 잘되었지. 작은형도 누나도, 엄마하고 아버지하고 모두 우리 식구 함께 살게 되었네."

용아는 팔짝팔짝 뛰면서 좋아한다. 뒷집 할배 집 대문을 열고 뛰어들며 나는 소리쳤다.

"할매, 용아가 왔다. 수산에서 모두 다 왔다 아이가."

용아는 어느새 할매 무릎에 올라앉는다.

"이게 웬일이고? 모두 다 왔는가베. 갑자기 어쩐 일이고?"

할매는 놀란 표정을 지으며 뒷집 할매들에게 말했다.

"무슨 일인지 모르겠다. 작은어멈, 나 이만 가봐야겠네요."

할매는 집 안에 들어오자 퇴청에 나와 있는 병태 아재를 보고 물었다.

"병태 대렴이 웬일인교?"

"내 차에 이삿짐을 싣고 안 왔는교."

아버지는 할매를 보자 물었다.

"어메, 아버지는?"

"그래, 요즘은 바쁘시기도 하지만 집에 안 계시는 날이 좀 많나."

"편찮으시지는 않은가 모르겠네."

"괜찮으신가 보더라. 그런데 너그 식구가 갑자기 웬일이고?"

그 대답으로 아버지는 학교를 그만두게 된 사실을 말했다. 나는 비로소 아버지의 사정을 잘 알게 되었다.


# 검거와 테러,
# 그리고 도망

수산의 우리 식구가 연계소 집으로 모인 날로부터 3일 후, 밀양 읍내에서는 대대적인 검거가 있었다. 형사 한 명이 4, 5명의 청년들을 데리고 다니면서 집뒤짐을 하고 민주인사들을 체포해 갔다. 김희지 선생과 박고지 선생, 이석희 선생, 그리고 정웅 선생을 비롯해서 8, 9명을 체포해 갔다. 이들은 우리 집에도 왔다. 인상이 고약한 청년이 이상한 서북 사투리를 쓰면서 식구들에게 괜히 눈알을 뒤룩거렸다. 형사는 할아버지의 거소를 물었는데 할머니가 모른다고 했다.

형사가 청년들에게 눈치를 주자 놈들 중 한 놈이, 그래도 신발을 벗고 대청에 올라가 큰방과 그 골방, 건넌방과 그 골방 문을 열어보고 나와 형사에게 고개를 저었다. 그러자 형사는 알았다는 듯이 나가자는 고갯짓으로 데리고 나갔다.

할머니는 나가는 형사를 붙잡고 소리쳤다.

"와(왜) 남의 집에 와서 집뒤짐을 하고 난리야!"

그러자 형사가 대꾸했다.

"요즘 좌익들이 8월 15일에 폭동을 일으킨다는 말이 있어서요."

그 말에 할매는 눈을 매섭게 흘겼다.

"폭동을 할라치면 너그들 알게 할까 봐!"

이들은 읍내에서는 보는 사람들이 많아서 이처럼 조용하게 지나갔지만 농촌에서는 권총 찬 형사가 대창이나 쇠 날창을 가진 10여 명의 '서북청년'들을 데리고 와서 집뒤짐을 한다면서 부엌살림과 방안살림을 부수고 난동을 부렸다. 단장면의 면소재지 동네에서는 농민위원회 위원장의 집에 들어가서 위원장을 잡아 흠씬 두들겨 패고, 사랑채의 기둥에다 밧줄을 감아 여러 놈이 당겨 집을 엎어버리는 행패도 부렸다고 한다. 밀양 고을은 가히 무법천지였다.

이런 소동을 겪고 우리 가족들은 긴급히 모임을 가졌다. 할배와 끝에 할배는 놈들이 찾는 당사자여서 피하고 안 계셨다. 나의 끝에 종중조부인 뒷집 할배를 좌장으로 하고, 우리 식구와 뒷집 할배의 아들로 치과의사이자 나의 재종조부인 도동 할배만 참가했다. 도동 할배는 정세에 밝았다. 도동 할배는 다가올 군정과 우익의 행동에 대해 예측하는 바를 이야기하셨다.

"이놈들이 미·소 공동위원회로 남북통일 임시정부를 만들 생각은 전연 없는 것 같다. 이승만이 주장하는 남조선 단독정부를 만들 모양이다. 그런데 7·27 군중대회를 보고, 특히 서울에선 50만 군중이 모였다고 하는데, 이것을 보고 미국 놈과 이승만 패거리가 이 세력을 두고선 어쩔 수 없다는 것을 알게 되었겠지. 그래서 지금 그 세력을 깔아뭉개야겠다고 난리를 치는 거다. 미·소 공동위원회는 협의대상 문제를 가지고 안 되게 만들어버려 곧 갈라지고 말 거야. 그 다음은 바로 남조선 단독정권을 만들어 남쪽을 미국 놈 밑에 두려 할 거야. 거기에 방해가 되는 세력을 먼저 치자는 것이지. 이번 탄압은 아주 조직적인 것이야. 그래서 세상을 온통 공포로 몰아넣고 그 세력의 핵심을 도려내려 들 게야."

실제로 기록에 의하면 이때 서울에만 해도 허헌 선생을 비롯해서 1,000여 명을 검거하고 8월 24일에 군정재판을 열어 500명을 포고령 위반으로 처벌했다고 한다.[16] 가족 모임의 결론은, 일단 오늘은 그들이 별탈 없이 갔지만 다음에 올 때는 어떤 행패를 부릴지 알 수 없고, 특히 아버지가 테러의 대상이 될지도 모르니 일단 여기를 피해야겠다는 것이었다. 그래서 아버지는 식구를 데리고 일단 나의 외갓집으로 피난 가기로 했다. 그 이튿날 아침을 일찍 먹고 밀양역으로 가서 대구까지는 기차로, 대구에서는 대신동 버스 차부에서 버스를 타고 구지로 가기로 했다.

아버지는 싱가포르에서 귀국하고선 그동안 몹시 편찮으셔서 병 조리

---

16) 「한국사 26 연표 2」 한길사(1995년)

를 하느라 아직 처가 방문을 못하셨다. 그렇잖아도 이번 여름방학에는 어머니와 함께 가시려고 했는데, 이 일로 급히 외갓집으로 피난 겸해서 딸린 식구를 모두 데리고 가기로 한 것이다.

어머니는 아침에 쑥떡베로 지은 아래위 옷 한 벌을 내놓고 다림질을 하고 있었다. 내 옷이란다. 먼저 외갓집에 갔을 때 내가 외할머니로부터 가지고 온 베로 옷을 만든 것이란다. 내가 수산에 갔을때 어머니는 돌아갈 때 새로 지은 옷으로 갈아입고 가라고 했지만 수산으로 들르지 않고 곧장 봉황 방동고개를 넘어갔기에 그 옷을 갈아입지 못 하고 그냥 가고 말았다. 바로 그 옷이다. 나는 그 옷을 입고 외할머니를 뵙게 된 것이다. 옷은 내 몸에 넉넉하게 잘 맞았다.

마침 그때 밀양 성내 버스 차부에서 밀양역까지는 한 번 걸음에 어른 여섯 사람씩 타는 마차가 다녔다. 그것을 타고 가기로 했다. 용아는 나에게 안겨 마차를 타고 호기심 어린 눈을 굴리면서 좋아했다. 마차가 달리자 기분이 좋아서 벌써 칙칙폭폭 기차 소리를 지른다. 마차는 우리 식구 여섯, 아니 어머니 뱃속에 있는 동생 하나까지 일곱이 타자 가득했다. 마차는 곧 출발했다. 마차를 끌고 가는 똑깍거리는 말발굽 소리의 박자가 피난 가는 우리 식구들의 마음을 달랬다.

기차는 석 달 전과 여전하지만 그래도 좀 나은 것 같다. 기차 속도도 좀 빨라졌고 상현터널에서도 숨이 막힐 것 같던 연기가 덜해서 동생들도 어렵지 않게 잘 견뎌냈다. 9시 좀 지나서 탄 기차가 10시쯤 대구역에 도착했다. 대신동까지 차편도 없어서 그냥 걸어서 10시 반쯤에 차부에 도착했다.

차부의 아저씨를 찾아 우리 식구가 모두 온 이야기를 하고 차표를 부탁했다. 차비를 내놓았더니 차비 받기는 또 거절이다. 차표를 가지고 어머니에게 가서 외할배가 잘 아시는 아저씨에게 차표를 부탁해서 샀는데 값을 안 받는다고, 이를 어쩌면 되느냐고 물었다. 어머니를 그 돈으로 가게에 가서 외와 수박을 사가지고 나를 앞세워 아저씨에게 갔다. 어머니는 말했다.

"아저씨, 차표를 그냥 주면 미안해서 다음엔 부탁도 못 하겠네요. 아무튼 고마운 마음으로 이걸 좀 샀으니 받아주시고 아저씨 아는 분들과 갈라 잡수이소."

아저씨는 어머니에게 어색하도록 허리를 깊이 꺾으며 인사를 했다.

"아이구 아주머니, 안 이래도 되는데…… 고맙구마. 모두 잘 먹겠습니다. 구지면장 어른 따님이시라면서요."

버스가 차부에 들어오자 아저씨는 기다리는 우리 식구 쪽을 보고 나에게 손짓을 하며 오라고 했다.

"자네 운전수 자리로 들어가서 짐 몇 개를 놓고 자리를 먼저 잡아라."

아저씨는 나를 차에 올려 보냈다. 그리고 짐을 창으로 올려줘 자리를 차지하도록 했다. 그러나 나는 2인석 두 자리만 차지했다. 식구들이 올라오자 아버지와 어머니를 한 자리에, 재두 용아 향이 셋이 한 자리에, 그리고 나는 그 곁에 섰다. 차는 역시 만원이었다. 또 지독하게 들까불었다. 12시에 차는 출발했고, 오후 1시 못 되어 우리는 구지면장 사택으로 들어갔다.

나는 대문을 밀고 들어가면서 소리쳤다.

"할매, 나 재구 왔다. 정업이 아재 있나?"

둘이 한꺼번에 얼굴을 내밀었다. 반가운 얼굴이었다.

"할매, 이번에는 우리 식구 몽땅 다 왔다 아이가. 아버지, 엄마 그리고 동생 셋, 재두, 향아, 용아……"

"아이구, 이런 반가울 데가. 정업아, 너 빨리 면에 가서 아버지 오시라 해라."

할매의 이 말 한마디에 엄마는 서모와 서동생임을 알게 되었다.

어머니의 눈길이 자기에게 쏠리고 있음을 알자, 할매는 머무적거렸다.

"초면이라서……."

어색한 말씨다. 어머니 역시 서모를 만난 경험이 없었다. 그래도 어머니는 미소를 띠면서 인사를 건넸다.

"거창 엄마인가뵈."

이 '엄마'라는 말 한마디가 모든 어색함을 녹여버렸다. 그리고 정업이 아재를 보고 다정한 목소리로 말했다.

"이 총각이 정업이 동생이고."

할매 얼굴에는 엄마의 이 말 한마디로 이 집의 주인다운 면모가 번졌다.

"어서 이리 올라와요. 아이구, 면장 어른 사위신가 보네요."

이런 번잡한 속에 대문에서 외할배의 그 시원스런 목소리가 들렸다.

"그래, 안 서방 식구가 다 왔다면서. 아이구 자네, 그 먼 곳에서, 그 험한 곳에서, 어디 보자. 아이구 이 사람아!"

할배는 아버지를 와락 끌어안으신다.

"어서 올라가자."

모두 다 올라가서 큰방에 좌정했고, 인사의 절을 서로 주고받았다.

반가운 인사가 끝나자 할아버지는 아버지의 근황을 물으셨다.

"요새 안 서방 자네는 밀양에서 중학교 영어 선생을 한다면서. 그래 할 만한가?"

아버지는 시답잖은 얼굴을 하고서 할아버지에게 말했다.

"가르치는 건 문제가 아닌데, 자격에 문제가 있다나요."

"잘 가르치면 됐지, 자격이 뭐란 말고! 별 희한한 일을 가지고 지랄이네."

"왜놈 밑에서 자격 받은 것이 있어야 된답니다."

"안 그래도 안 서방 자네를 만나려고 했는데 마침 잘됐네. 내가 지금

구지면장을 하는 동안 할 일이 두 가지가 있네. 그 하나가 중학교를 설립하는 일이고. 가능하면 공립학교였으면 하는데…… . 또 하나는 구지면사무소 소재지인 이 창동에 전기를 끌어들이는 일일세. 전기는 자네 처종백부의 힘을 빌리면 될 것 같고. 그런데 중학교 설립은 내가 통 아는 데가 없어서…… . 그래서 자네가 중학교 선생을 한다고 해서 이 문제를 의논하려고 한번 볼까 했는데 때맞추어 잘 왔네."

할아버지의 말씀이 이어졌다.

"지금 당장 이야기하자는 건 아니고 일단 알아보는 일부터 하려고 하는데 영 바빠서. 자네가 그 일을 맡아 했으면 하는데, 어떤가 모르겠네."

"제야 사진 찍고 만드는 거야 잘하지만 학교 만드는 것은 도무지…… . "

"허 이 사람, 누구는 제 에미 뱃속에서부터 학교 만드는 것 배워서 나왔는강. 그래도 자네는 내보다야 안 났겠나, 이 사람아."

"그럼, 요즘 할 일도 없는데 한번 해볼까요, 장인어른."

이래서 아버지는 여기에서 할 일이 생겼다.

"헛허허, 얘기가 이렇게 수월하게 되는 걸 보니 되기는 될 모양이야."

할아버지의 원래 통쾌한 성품에서 통쾌한 웃음이 나왔다. 곧 그 웃음은 구부 간에 합창이 되었다. 할매는 방으로 들어와 상을 펴면서 덩달아 웃었다.

"무슨 좋은 일이 있는가뵈. 두 구부 사이의 웃음이 마당까지 나가는 걸 보니."

할매와 한 아주머니가 찬과 밥그릇, 국그릇 그리고 수저를 가지고 들어와 상을 차렸다. 또 밥통과 국통을 들여와서 면면이 담아 차렸다. 할아버지와 아버지, 그리고 나와 정업이 아재가 겸상을 했다. 어머니와 동생들, 그리고 할머니와 아주머니는 대청에서 두레상에 둘러앉아 점심을 먹는데, 용아가 밥그릇과 수저를 들고 내게로 왔다.

"나는 큰형과 같이 먹을래."

용아는 밀양읍에 오고부터 며칠 사이에 언제나 내 곁에 붙어산다.

점심을 마친 다음 할아버지는 정업이 아재에게 심부름을 보냈다.

"면사무소에 가서, 집에 손이 와서 오후에 집에 있다고 하고, 급하지 않은 결재는 내일로 미루고 급한 결재만 가지고 오라고 일러라."

할머니가 후식으로 외를 깎아 담아 왔다. 모두 둘러앉아 외를 먹는데, 외할아버지는 나와 아버지만 남고 모두 건넌방에 가라고 했다. 그 다음 아버지와 내게 작은 소리로 말씀하신다.

"요즘 야들이 좌익을 잡아 가두고 '서북청년단'이라는 불한당을 시켜 테러를 해서 온 나라가 야단이라는데 사돈은 어떠신지 모르겠다. 만약에 사돈이 밀양에 계시기 어려우면 이쪽으로라도 오시도록 하는 게 어떤고? 내가 내 사돈을 내 집에 모시고 있는데 여기서는 어느 놈이 어쩔 끼고. 지금 사돈께서 참으로 어려운 지경은 아닌가 모르겠네."

나는 눈물이 날 만치 외할아버지가 고마웠다. 아버지는 말씀하셨다.

"지금 저희들이 그 일로 해서 장인 곁으로 왔습니다. 그렇지만 아버지 걱정으로 편할 수가 없습니다. (나를 가리키면서) 저놈도 그 걱정은 저보다 더할 겁니다. 지금 어디 계신지는 모릅니다. 빙부님의 말씀을 밀양으로 전하겠습니다. 그러면 아마 여기로 오실 겁니다."

"이미 자네 처고종이 이곳 도동에 와 있네."

어머니의 고종은 이름이 이성학(李成鶴)인데 전평 밀양지부 위원장이다. 참으로 답답한 노릇이다. 전국적으로 역량을 과시했던 7·27 군중대회의 역량이 이른바 8·15 예비검속이라는 탄압과 우익깡패들의 테러에 속수무책으로 풍비박산나고 있었다. 이 상황을 두고 어떻게 말해야 좋을까.

운동의 지도부로서 남조선노동당의 최고지도자인 박헌영은 '정판사

위조지폐 사건' 때 군정청의 체포령이 나오자 당장 북조선 평양으로 내뺐고, 당을 그의 종파 일당의 수중에 내맡겼다. 당시 미·소 공동위원회 협의 대상 인원을 당원 수에 비례해서 정한다고 하자 우익 정당·단체는 유령명부를 만드는 데 골몰했다. 그런데 남로당 지도부도 그 짓거리에 맞서 '당원 배가운동', '당원 5배가운동', '당원 10배가운동' 이라는 걸 벌여 당을 완전히 오합지졸의 모임으로 만들었다. 그 결과 탄압의 바람이 불자 그 무거운 몸집을 주체할 길 없어 우왕좌왕하다가 뿔뿔이 개미새끼처럼 흩어지고 말았던 것이다.

이 결과는 나중에 너무나 엄청난 비극을 빚어내는 일이 되고 말았다. 우익단체의 명부는 실체가 없는 유령명부였지만, 남로당의 당원명부는 바보처럼 정직하게도 그 이름이 실체로 있는 것이었다. 개미새끼로 흩어진 가운데 변절자들이 나타나 탄압기관에 그걸 갖다 바쳐 그 뒤 6·25 전쟁 때 40만 '보도연맹 대학살'의 살생부가 되었던 것이다.


# 구지중학교 설립 사업

아버지가 외할아버지의 중학교 설립 일을 돕기 위해서는 일단 외할아버지가 면장 일을 보고 있는 구지면에 삶의 터를 잡아야 했다. 가장 먼저 해결할 문제는 우리 식구들이 살 집을 마련하는 일이었다. 8·15 전부터 공출 곡물을 보관하는 창고업을 하는 박진목(朴進穆) 씨가 이러한 외할아버지의 문제를 기꺼이 해결해 주었다.

박진목이라는 분은 나이가 나의 아버지와 비슷한 연배로 마흔 좀 못 되는 장년층에 드는 분이다. 몸이 자그만하고 눈이 깜작깜작하는 아주 재기가 넘쳐 보이는 분이다. 처음 만나서도 언행에 상당히 진보적인 냄새를 풍기는 사람이었다. 나중에 알고 보니 남로당 도당 간부라는 말을 들었고, 실제로 당시 남로당 경북도당의 조직책이었다.

나중에 나의 할아버지가 오셔서 인사를 텄는데, 할아버지의 말씀으로 그의 형의 일을 잘 알게 되었다. 박진목 씨의 형은 박시목(朴時穆)이라는 분으로 의열단에 들어 항일 독립운동을 하신 애국열사이다. 일제 말에 왜놈 경찰이 아들과 함께 북경에서 붙잡아 국내로 끌고 왔고 서대문형무소에서 징역을 살렸다. 신문을 받는 동안 두 부자가 엄청난 고문을 당했다. 그 후 유증으로 병을 얻어 애석하게도 8·15 해방을 못 보고 그 직전에 두 분이 모두 옥사하셨다.

박진목 씨의 아래로 이름이 준목(俊穆), 중목(重穆)인 두 아우가 있었다. 박준목 씨는 당시 나이가 서른쯤 되고 구지에 있었다. 남로당 운동을 하는 형의 집안 살림살이를 돌보고 형의 일도 도우고 있었다. 박진목 씨는 주로 대구에서 요정을 하는 작은집을 두고 살았다. 남이나 자기 가족들에게는 혁명운동의 편의로 그렇게 사는 양했다. 구지에 있는 박진목 씨의 직계가족은 그 당시 아우 박준목 씨가 돌보고 있었다. 중목이라 이름 하는 아우는 내가 한 번도 만난 적이 없다.

아무튼 이 집안은 일제 식민지 시대에 항일 독립운동가의 집안으로 많은 고초를 당했으며, 박진목 씨도 형의 사건과 연루되어 일제 말기에 1년 6개월의 징역을 받아 감옥살이를 했다. 박진목 씨는 1947년 8월부터 불어 닥친 대탄압 시기에 평소에 늘 교제를 하고 있는 경북 도경찰 간부의 도움으로 검거를 모면했다. 그들의 주선으로 미 군정의 정보기관과 줄이 닿아 한동안 양다리 놀음을 해온 것으로, 박진목 씨를 잘 아는 사람들은 말하고 있다.

우리 식구가 구지에 정착하고 아버지가 학교 일로 대구의 경북도청 학무과에 자주 갔는데 여러 번 군정청의 청사에서 만났다고 하셨다. 그때는 남로당이 비합법이 되어 간부들은 지하로 숨거나 변절을 하던 시기였다. 그런데 박진목 씨가 아무 일 없이 경찰 지프차에 경찰 간부와 동승하고 다니는 것을 여러 번 보셨다는 것이다.

아버지는 나중에 할아버지가 구지에 오셨을 때 그 사람에 관한 말씀을 나누셨다.

"박진목 그 사람, 참 용한 사람입니다. 남로당 도당 간부 한다고 제 입으로 말했는데 경찰 지프에 그저 형사 나부랭이가 아니라 꽤 높은 간부하고 타고 다니는 걸 여러 번 봤습니다. 아버지, 이를 어떻게 생각해야 됩니까?"

"글쎄, 나를 만났을 때 그 사람의 표정이 조용하지 못한 것을 보고, 나는 믿음이 영 가지 않더구나. 네가 그자에게 너무 속 깊은 말은 안 하는 것이 좋겠다."

그런 일이 있고 해를 넘겨 1948년 2·7 구국투쟁을 지나고 내가 구국투쟁의 소용돌이 속에서 이탈되어 1949년 4월에 구지의 집으로 온 후, 여러 곳을 통해 박진목 씨가 변절했다는 이야기도 들렸다. 또 박진목 씨가 붙잡혀 죽을 지경이 되었는데, 남로당 경북도당 조직책 할 때 가지고 있었던 문서를 몽땅 주고 생명을 건졌다는 말도 들었다.

또 1951년에 전선을 뚫고 이북으로 넘어가 이북의 남로당 조직책인 이승엽을 만나려고 했는데, 그때는 평양에서 남로당의 종파가 발각되어 이북 보안기관의 수사가 진행되고 있어서 만나지도 못 하고 혼이 빠져 도망 나왔다는 말도 있었다. 이는 자기의 글에도 미군 정보기관의 도움을 받아 월북하고 돌아왔다는 대목이 있는 것을 보면 간 것은 확실하다. 박진목 씨는 자기 글에서 '김일성을 만나 하루빨리 전쟁을 끝내라' 는 말을 하려고 갔다고 했으나 그건 당시의 그의 처신으로 보아 믿을 수 없는 말이다.

1951년 봄에 미군 정보기관에서는 이북의 상황을 알려고 많은 공을 들이고 있는 중이었다. 당연히 이승엽 일당의 활동 정형이 궁금할 때였는지라 이승엽과 접선이 가능한 박진목을 보냈을 것은 짐작이 된다. 하지만 박진목 씨의 말대로 '정전을 시키기 위해서' 또는 '내가 가서 정전을 호소했다'는 말까지는 도무지 믿을 수 없다.

1950년대 후반에 일본의 소설가 마츠모도 세이초(松本清張)가 시사·문예 월간지《문예춘추(文藝春秋)》에 연재한 실화소설《북의 시인》[17] 에서는 많은 근거를 들면서 이승엽, 임화(林和), 설정식(薛貞植), 이원조(李源朝), 안영달(安永達), 박헌영 등의 이야기가 나온다. 거기에도 박진목 씨의 이야기가 나와 있다. 거기에는 박진목 씨가 미군 정보기관의 일로 전선을 두 번이나 넘어 이북을 갔다 왔다는 이야기가 나와 있다. 박진목 씨는 이를 잘 알고 있는 친구에게 두 번째는 붙잡혀 죽을 뻔했다고 말했다고 한다.

아무튼 박진목 씨는 그의 형이 항일혁명가였고, 그로 해서 자기 자신도 1년 6개월이라는 징역을 살았고 온 집안이 박산이 되고 말았다. 그 영향으로 해방 직후 한때는 민족해방 민주주의 혁명의 전선에서 활동했는데, 1948년 이후부터는 차츰 변절의 길로 들어서기 시작해서 미군 정보기관의 정보원으로 활동해 이북을 두 번이나 갔다 온 사람이었다. 그 활동은 조국 통일이 이루어지는 날 명백하게 드러나고 밝혀질 것이다.

나는 박진목 씨를 통해 당시 우리 식구의 절박한 어려움을 해결할 수 있어서 고마운 생각은 잊을 수 없다. 그런 한편, 또 그의 처신을 통해 운동가가 변절의 걸음을 한번 내딛으면 그 변절은 또 다른 변절을 낳고, 종래는

---

17) 松本清張全集 17 「北の詩人·象徵の設計·他」(文藝春秋發行) 3~190쪽

자기의 가치를 망치고 만다는 사실을 반면교사로 깨닫기도 했다.

박진목 씨는 외할아버지에게, 우리 가족을 위해 자기 집의 아래채 사랑을 비워주겠다고 제안했다. 그리고 그 집에서 살림을 할 수 있도록 부엌도 가대기를 달아 만들고 도배도 깨끗이 해주었다. 우리 식구는 곧 그 집으로 이사했다. 이사라야 서외할매로부터 여분의 동자그릇과 이불을 우선 나누어 받아 옮기고, 장터 솥가게에서 조선무쇠밥솥과 양은냄비 등을 비롯해 여러 가지 자질구레한 살림도구를 사서 부엌에 정리해 두는 것이었다. 그래도 일꾼을 시켜 솥을 걸어놓으니 새 살림집으로는 제법 어울렸다. 방은 부엌에 큰솥이 걸려 있는 큰방과 가운데 대청을 건너 건넌방이 있다. 큰방은 아버지와 어머니가 향아와 용아를 데리고 거처했고, 건넌방에는 나와 재두, 우리 두 형제가 쓰기로 했다.

집은 대구에서 구지로 들어오는 도로가에서 소달구지가 들어올 수 있는 30~40미터쯤 되는 길을 통해 대문으로 들어오도록 되어 있었다. 사방이 돌을 박은 토담으로 둘러싸여 있었다. 집은 정침과 사랑채가 남향으로 앉아 있고, 동쪽에는 헛간과 그 옆에 방 두 칸이 더 있었다. 나중에 할아버지와 할머니, 그리고 작은아버지가 오셨을 때 거기에 거처를 정했다.

박진목 씨는 원래 의성 사람으로 어떤 연고인지는 몰라도 아우를 데리고 구지로 들어왔다고 한다. 사람이 똑똑하고 타고난 붙임성으로 구지 술도가, 즉 구지양조장을 하고 있는 곽씨 성을 가진 주인에게 잘 보여 양조장 서기로 일하게 되었다고 한다. 일제시대의 시골 양조장은 하나의 이권으로 일제 식민지 정책에 큰 공을 세운 친일분자에게 상으로 주는 것이다. 아마 그 곽 씨가 조선 애국자를 여러 사람 잡았거나, 아니면 잡아주는 데 공을 세운 것이 틀림없었다. 당시 곽 씨는 양조장 이외에 구지면장의 벼슬까지 받았다고 한다.

곽 면장에게는 무남독녀의 외동딸이 있었다. 그 딸은 어릴 때 눈병을 앓아 한쪽 눈이 부실했다. 그 때문에 혼기가 되었어도 혼처가 잘 나지 않아 걱정이었다. 곽 면장은 일제 식민지 통치에 협조하여 면장 자리를 땄지만 그의 곽씨 성은 그 지역에서 명문으로 존경을 받고 있는 포산(苞山) 곽씨는 아니고 근본을 알 수 없는 떠돌이 곽씨였다. 그런지라 양반 사돈으로 혼인을 할 수 없어 고민하던 중, 박진목 씨의 넘치는 재기와 자기를 아버지처럼 받드는 정성을 보고 사위로 삼았던 것이다.

곽 면장은 솔례(率禮)라는 동네의 포산 곽씨 집안일에 일가라고 하면서 적극 협조했고, 그 공으로 솔례 곽씨의 한 가난한 집의 똑똑한 소년을 양자로 받았다. 그 아들을 당시 일류 공립중학교였던 대구의 경북중학교에 입학시켜 자기가 못 배운 한을 그 양자에게 풀었다. 게다가 포산 곽씨의 족보에도 자기 이름을 올려 양반 행세를 할 수 있게 되었다고 한다. 이 아들은 나중에 면에서 일등 가는 젊은 지성인이 되었다.

이사하던 날 나는 박진목 씨의 부인을 만나 인사를 했다. 아주머니가 눈이 부실해서 보기가 안 좋기는 하지만 인상이 부드럽고 기다란 얼굴을 가진, 교양도 있어 보이는 아주머니였다. 이곳 사람들은 박진목 씨의 출신 고향 이름을 택호로 해서 의성댁이라고 불렀다.

박진목 씨 부부는 삼남매를 두었다. 맏딸은 어머니를 닮아 얼굴이 기다랗고 이름이 희숙이었다. 좀 모자라는 듯한 순진한 소녀인데 초등학교 6학년이었다. 그 아래는 당시 2학년 소년으로 이름이 희진, 막내는 장난기가 넘치는 개구쟁이 희선이다. 이 둘의 모습은 아버지를 많이 닮았지만 아버지처럼 영리한 모습은 아니었다. 대신 성품은 어머니를 닮아 심성이 착해 보였다.

이 집 대문을 나서 도로로 나가 오른편으로 나가면 구지면사무소와 경찰지서로 가게 된다. 도로에는 10미터 좀 더 되는 콘크리트 다리가 놓여 있다. 그 다리 아래에 평소에는 물이 없는 마른 내가 있다. 그 마른 내의 이편 오른쪽에는 돌을 박은 토담을 벽체로 하고 그 위에 서까래를 걸치고 볏짚으로 이엉을 엮어 지붕을 덮은 창고가 있다. 가운데 널찍한 마당을 둘러싸고 세 방향으로 늘어서 있는 이것이 박진목 씨가 경영하는 미곡 창고였다. 봄가을 수확 철에 공출로 거둔 벼와 보리를 보관하는 창고다. 이 창고의 보관료를 받는 이권을 박진목 씨가 가진 것이다.

마른 내의 저편에는 송판을 벽체로 하고 양철 지붕으로 덮은 견실한 창고가 있다. 이것은 여름에는 누에고치를 거두고, 가을에는 목면을 거두어 보관하는 창고였다. 그 넓이는 교실 두 칸은 충분하고 그 곁에 붙은 사무실은 교무실로 씀직하다. 이를 이곳 사람들은 그냥 무명 창고라고 부른다. 이 창고가 나중에 외할아버지와 아버지가 설립한 구지중학교의 임시 교사로 되었다.

일단 거처가 안정되자 아버지는 본격적으로 일에 달려들었다. 먼저 달성군의 면장회의 때 외할아버지를 따라 군청에 가서 군청에 파견되어 있는 경북 도학무과 장학사를 소개받았다. 이 자리에서 외할아버지는 중학교 설립에 관한 일을 맡을 자기의 사위라고 소개했다. 그 장학사는 김용우(金容佑)라는 분인데 술을 참 좋아했고, 참 어진 분이었다. 나중에 내가 구지국민학교의 교사로 근무할 때 나를 참으로 아껴주셨다.

김용우 장학사를 만나고 오신 아버지는 일단 9월에 개교한다는 목표를 세웠다. 우선 무명 창고를 교실로 개축하고, 책걸상을 제작해 들이며, 칠판을 달고, 교단과 교탁을 마련해 준비하기로 했다. 외할아버지는 창고를 교실로 개축하고 학생들이 쓸 책걸상을 만드는 데 드는 예산을 마련하는 일과 학생 모집을 위해 면민의 협조를 얻어야 했다.

당시 구지면에서뿐만 아니라 구지면보다 규모가 큰, 그 지역 사람들은 읍이라고 부르는 현풍면도 중학교 설립을 생각조차 못 하고 있었다. 가근방의 어느 면도 중학교 설립을 꿈도 꾸지 않는 상황에서 구지에서만 유독 외할아버지가 교육열을 지피고 있었던 것이다.

외할아버지는 평소에도 해야 할 일이 생기면 그 일에 몰두하고 그 일이 성취되기까지 모든 정력을 집중하는 극성스러움이 있었다. 나의 아버지 또한 일이 생기면 그 일이 끝날 때까지 정력을 집중하는 성품이었다. 당연히 두 구부 간에 죽이 잘 맞을 수밖에 없었다.

외할아버지는 이 일의 주재자로서 구지면의 구장회의(동장회의)를 소집했다. 그리고 구장회의에다 면 유지들도 모아 확대회의를 소집했다. 확대회의에는 초등학교 교장, 시장번영회 회장, 양조장 주인, 축산의원 원장, 구지한의원 원장, 두 군데 정미소의 주인들, 금융조합 이사장 등이 들어갔다.

그 회의에서 외할아버지는 중학교 설립의 취지를 열렬히 연설하셨다.

"해방 후 곳곳에서 중학교 설립이 일어나고 있는데 우리 면의 가근방에서는 아직도 중학교를 설립한다는 말이 없소. 우리보다 인구도 많고 재정도 나은 현풍면에서도 말이 없소. 우리 구지면은 다른 것은 몰라도 교육에서 만큼은 현풍보다 앞서야 하오. 그 이유는 해동오현의 한 분이신 한훤당의 위패를 모신 도동서원이 있는 곳이고, 비록 행정구역으로는 현풍면에 들지만 솔례 마을은 구지 창동과는 이웃 마을인데 거기에는 포산 곽씨 집안에서 나온 열둘의 효자 · 충신 · 열녀를 기리는 '현풍 곽씨 12정려각(玄風郭氏十二貞呂閣)'이 있는 곳이기 때문이오. 그런데 여기에 중학교가 없다고 하면 말이 되겠소? 현풍면은 향교도 있지만, 알고 보면 향교의 구실을 맡은 사람들은 거의 다 구지면의 사람들이오. 현풍면 소재지보다 구지면 소재지가 더 가까운 동네인 솔례 동네, 못골 동네 사람들이오. 그래서 중학교는 먼저 구지면에다 세워야 한다는 말이오."

구장들과 면 유지들은 모두 박수를 치며 환영했고 동의했다. 외할아버지는 다시 말씀하셨다.

"그런데 우선 학교 교사는 무명 창고를 쓰고 운동장은 그 앞마당으로 하지만, 창고를 교실로 만들려면 책걸상도 들여야 하고 교단, 교탁과 칠판도 달아야 하겠소. 그리고 교무실도 마련하려면 사무실도 수리하고 책상 의자를 들여야 하오. 나중에 정식 교사도 신축하고 운동장도 중학교 운동장답게 닦아야 하겠지만 그건 재원이 많이 필요한 일이오. 우선은 학생들이 수업은 하도록 해주어야지. 그러려면 돈을 마련해야겠는데, 구장들과 유지들이 주머니 끈을 좀 푸소."

모두 고개를 주억거렸다. 회의는 한참을 이야기하다가 결속되었다. 각 마을마다 가구 비례로 할당하고 가을 추수 때 그것을 거두기로 했다. 그리고 유지들도 적극 기부금을 내기로 했다. 일단 필요한 금액은 면의 보증, 즉 면장의 보증으로 금융조합에서 얼마간 융자하기로 결정했다.

그 다음은 학생 모집 문제였다. 일단 한 학급 60명을 모집하기로 했다. 구지면은 물론이고 이웃 면의 면사무소 벽보판에 학생 모집의 광고를 붙이기로 했다. 그리고 구장은 동네에서 초등학교를 졸업한 청소년들을 모으기로 했다.

일이 이처럼 결속되자 일은 바빠졌다. 학생용 책걸상은 목공기술자인 나의 외숙이 작업을 맡기로 했다. 나의 외숙은 대구공업중학교의 전신인 대구직업학교 목공과를 졸업한, 자격증을 가진 목수 기술자였다. 면직원 두 사람이 잡무를 처리하기 위해 파견됐다. 창고 경비실 겸 사무실로 쓰던 공간을 정리해 임시 사무소를 열었다.

아버지가 하실 일은 교무 전반의 일이다. 먼저 교사를 초빙하는 일이 나섰다. 이에 관해서는 밀양중학교의 화학 선생이었던 손기용 선생님의 도움을 얻기로 하고, 이의 연락을 내가 맡았다. 나는 그 이튿날로 밀양으로 내려갔다.


## 손기용 선생을 모셔오다

이튿날 아침 일찍이 대구행 버스를 타고 밀양으로 향했다. 대구 대신동 버스정류소에 내려 바로 대구역으로 가서 기차표를 샀다. 당시는 지정 좌석은 없고, 그래서 거의 무제한으로 차표를 팔았다. 9시 좀 넘어 하행 열차를 탔는데 10시쯤 밀양역에 도착했다. 밀양역에서 큰길가로 나오니 요즘은 따로국밥이라고 하는 소고기국밥집이 있었다. 마음이 바빠서 맛볼 생각도 없이 그냥 퍼넣기만 했다.

가게를 나와 성내로 들어갔다. 경찰서로 들어가는 도로가에 있는 손기용 선생의 큰아우인 기호 아재의 라디오방(전파사)으로 들어갔다. 기호 아재의 작업대 위에는 헌 진공관 라디오(당시는 트랜지스터가 없고 모두 진공관을 썼다)가 놓여 있었다. 보통 3, 4개의 진공관을 쓰는데 이를 3구, 4구라고 부른다. 제법 성능이 좋은 라디오인지 진공관이 많은 라디오였다. 아마 당시 미국제 고급 라디오인 '제니서 라디오'인 것 같다.

널찍한 작업대 위에 기재를 늘어놓고 안경을 끼고 전깃불에 빛나는 눈동자를 굴리면서 한참 일에 매달려 있는 아재를 불렀다.

"아재, 저 재구가 왔습니다. 많이 바쁘신가 보네요."

"재구 네가 웬일고. 이렇게 일찍이. 대구 갔다던데 밀양에 언제 왔노?"

"지금 오는 길이구마요."

"그런데 내한테는 어인 일고?"

"손 선생님 뵈려고요. 아버지 심부름 왔습니다."

"무슨 일인공? 8·15 전에는 잡으려고 해서 애를 먹었는데 요 며칠 전부터는 골목 앞에 지키는 놈이 없어졌지만 집에는 없다. 그런데 이렇게 일찍이…… 아침은 먹었나?"

"예. 역전 국밥집에서 소고기국밥 한 그릇 먹었구마."

"그럼 거기 걸상에 앉아 있거라. 요거 좀 정리해 두고 내가 알아보고 올 테니."

아재는 열어놓은 라디오를 대강 정리한 뒤 뚜껑을 덮어두고 밖으로 나갔다. 나는 할 일이 없어, 요즘 한참 재미있게 보고 있는 입체기하학 책을 열었다. 그곳에 굴러다니는 포장지 쪼가리를 끌어당겨 호주머니에 있는 연필을 꺼내 그림을 그리면서 보고 있었다. 나는 혼자 있는 틈만 생기면 늘 수학 책을 펴놓고 있었다. 그러면 기다리는 시간도 지겨운 줄 모르고 보낼 수 있다. 거의 한 시간이 지나서 기호 아재가 돌아왔다.

"재구 이 사람, 지금 나가서 영남루로 올라가 보게. 왜놈 신사 올라가는 계단 앞에 계실 걸세. 거기에서 만나 따라가서 이야기하거라. 그럼 자네는 여기 밀양에 있나?"

"아닙니다. 내일 올라가야 합니다. 손 선생님을 뵙고 아버지 부탁을 전하면 일을 다 마칩니다. 그러곤 여기 동무들을 좀 만날 작정입니다. 그럼, 아재 잘 있으이소."

아재는 문밖으로 나와 나를 전송하고 들어갔다. 나는 거기에서 5분 거리도 안 되는 약속 장소로 갔다. 선생님은 계단에 신문지를 깔고 앉아 나를 기다리고 계셨다. 나는 그 앞에 가서 절을 했다.

"선생님, 그사이 안녕하십니까. 댁내 두루 편안하시고요?"

손기용 선생은 수염을 깎지 않아서 터부룩했다. 나의 손을 잡으시고 반갑게 인사했다.

"오냐. 그사이 잘 있었느냐? 아버지 어머니도 편안하시고, 그리고 조부모님들도 편안하시고?"

"예, 그사이 선생님께서 많은 고초를 보고 계셨다지요."

우리 두 사람은 강 쪽 아랑각으로 가다가 무봉산 기슭에 나 있는 산길로 해서 용평리로 가는 길을 따라 갔다. 산길 끝에서 산 쪽으로 약간 올라가 앉을 만한 곳을 찾아 앉았다. 선생님은 그사이 근황을 이야기하셨다.

"자네들이 퇴학을 당하고 나서 나도 그만두기에 사표를 내고 말았지. 그런데 마침, 자네가 아는지 모르네만 황용주 선생 말이지, 그분이 중학교를 하나 설립하려는 생각이 있다고 하면서 함께 해보지 않겠느냐고 했다네. 그 사람, 나하고 같은 또래이고 대구사범 다니다가 독서회 사건으로 퇴학을 당했는데 집이 잘살아. 땅도 많고. 그래서 일본으로 가서 조도전(早稻田―일본의 와세다대학)에 들어갔다네. 거기에서 불문학을 공부했다지, 아마. 그 사람은 직접 운동은 안 해도 생각은 상당히 진보적이야. 그 사람하고 한참 중학교 설립을 계획하고 있는데 경찰이 나를 잡으려고 하더군. 그래서 나는 일단 피해 놓고 보자 해서 지금은 일을 중동무이하고 있다네. 어찌 추진되고 있는지 모르는 상태일세."

나는 말씀을 받아 이야기했다.

"그 터실에 있는 황용주 선생 말입니까. 그분은 내 친구 황종진(黃宗珍)의 삼촌인데 저를 잘 알고 있습니다. 지금 민전의 정웅(鄭雄) 선생님이 그 집의 아래채에 계시지요."

"그라이라도 자네 얘기도 하더만. 아까운 소년을 퇴학시켰다고. 그래서 사립중학교가 꼭 있어야 한다고 하더라고."

선생님은 내게 물었다.

"자네 엄친이 자네를 통해 내게 보내신 말씀이 계시다던데?"

"예, 말씀드리겠습니다. 아버지는 지금 대구에서 좀 떨어진 달성군 구지면이라는 곳에 계십니다. 수산 동명중학에서 영어 선생을 하시다가 이번 탄압에 학교를 그만두게 되셨죠. 그래서 그동안 못 갔던 저의 외갓집에 가셨는데, 외조부께서 중학교를 설립하신답니다. 9월 초순에 개교를 목표하고 있는데 사무적인 일이랑 교실 문제 등은 외조부께서 면 직원과 지방 유지들의 협조를 얻어 일할 수 있지만 교무에 관한 일은 아버지가 맡아야 한답니다. 그중에서 제일 급한 문제가 교사를 초빙하는 일인데 그 일을 부탁하시라는 말씀입니다. 손 선생님께서 꼭 그곳으로 오시도록 말씀드리라는 것입니다. 그리고 밀양에서 교사를 할 만한 분들을 찾아보시도록 부탁드리고, 특히 수학을 맡아 가르칠 분을 꼭 찾아달라는 것입니다."

아버지의 말씀을 전하자 손 선생님은 뜻밖에도 반가운 낯빛을 지으시고 말씀하셨다.

"안 군, 참으로 좋은 소식이네. 내가 요즘 큰 고민이 있었는데 자네 아버지께서 그걸 해결할 길을 열어주셨네. 이놈들이 모략으로 8·15 폭동계획이라면서 사람들을 마구 잡아가고 서북청년단 깡패들을 시켜 테러를 하고 난리를 쳤다네. 8·15가 지나자 그런 구실이 없어 일단 숙어졌지만 제 버릇 개 못 준다고 언제 또 난리를 부릴지 누가 알꼬. 황용주가 중학교를 설립한다곤 하지만 그놈들 등쌀에 이길 만큼 대가 찬 사람도 아닌 것 같고……. 그래서 고민이었네. 그러던 중 자네가 좋은 소식을 가져왔네. 내당장 감세. 암, 가고말고."

이리하여 손기용 선생님을 모시는 일은 해결되었다. 하지만 아버지가 말씀하신 수학 선생 문제는 어떨는지. 그래서 나는 말씀드렸다.

"그런데 수학 선생은 되겠습니까?"

"그것도 마침 좋은 분이 있다네. 자네 해천여관 알지? 왜 무안(武安) 가는 도로, 해천 다리 곁에 있는 여관 말일세, 그 집 사위가 대구사범대학 졸업반인데 국대안 반대투쟁으로 퇴학을 당해 버렸네. 지금 그 처갓집에 와 있는데 그분을 데리고 가면 되겠네. 이름이 김팔룡(金八龍)이고, 이북 평안도가 고향인데……."

그러자 나는 선생님의 말을 끊고 물었다.

"그럼 서북청년단 아닙니까?"

"허허 이 사람, 평안도, 함경도 사람이라면 모두 서북청년단인강?"

그제야 그 선생이 국대안 반대투쟁으로 퇴학을 당했다는 말이 생각났다. 그래서 나는 뒤통수를 긁으면서 계면쩍게 말했다.

"참, 그렇네요. 하하하."

손 선생님은 김팔룡 선생이 성격도 퍽 자상하고 교사가 천직일 분이라고 했다. 그리고 그 선생님을 통해 다른 과목의 선생님도 구할 수 있을 테니 학생 수업에 지장 없이 맞출 수 있을 것이라고 했다. 이렇게 하여 아버지가 내게 주신 심부름을 깨끗이 완수할 수 있게 되었다.

손 선생님과는 이튿날 정오에 구지로 함께 갈 준비를 갖춰 밀양역 입구에서 만나기로 했다. 손 선생님은 저녁에 해천여관으로 가서 김팔룡 선생을 만나 이야기를 해서 아귀짓고 가능하면 내일 정오에 밀양역으로 나와 함께 가도록 하겠다고 하셨다. 그날 이야기는 일단 마치고 산을 내려가 비탈길로 해서 영남루로 되돌아갔다.

가는 길에 손 선생님의 딸린 가족 문제도 이야기했다. 나는 우리 식구들 집 이야기를 하면서 외할아버지가 면장이기에 면의 유지들과 의논하면 가족이 살 집도 마련할 수 있을 것이라고 이야기했다. 손 선생님과 헤어져 나는 강성호 동무를 만나러 갔다. 강성호 동무는 집에 있었는데 요즘은 늦은 오후부터 미열이 있어 눕는 일이 잦다고 했다. 볼이 발그레한 것이 열이 있는 것 같았다. 그래도 나를 만나 무척 반가워했다.

"밀양은 내가 여길 떠나고 그 잠깐 사이 잡아가고 패고 생난리를 쳤다면서? 너 잡으러 오지는 않았나?"

"내가 폐병쟁이인 줄은 개들도 잘 알고 있을 테니 송장 치기 싫어서 안 온 것이제."

"이 사람아, 말이라도 그런 소리 하지 말거라. 개들이 아무리 지랄해도 달은 서산으로 넘어가듯, 친일역적들을 끌어안고 지랄을 쳐도 남북통일 민주국가는 이루어지고 말 테니. 그때는 우리 다 함께 끌어안고 춤을 춰야지."

"그래. 다시 돌아갈 텐데, 언제 갈 건가?"

"허 이 사람, 만나자마자 언제 갈 건가라니. 그건 그렇고 이번에 손기용 선생님을 모시고 가려네."

"그건 왜?"

"내 외갓집 고을에 외할배가 중학교를 만드신다네. 아버지가 그 일을 거들고 있는데, 나더러 손기용 선생님에게 가서 모시고 오래."

"잘됐네. 이놈들이 손기용 선생뿐 아니라 그 아버지도, 그리고 막내동생인 손기운 형도 이참에 잡으려고 했다네. 다행히 모두 피해서 우선은 모면했지만 무슨 일이 있으면 또 잡으려고 할 테니 참 잘됐네. 손 선생님이라도 피하셔야지."

우리 둘은 앞으로의 일을 위해 상호 연락 문제를 결속지었다.

첫째, 결정적인 투쟁이 일어날 때는 상호 연락할 것.

둘째, 서로 만나야 할 때는 내가 밀양으로 올 것.

셋째, 연락은 서신으로 하되 직접적인 표현으로 하지 않고 알아볼 수 있는 은유적 표현으로 할 것.

넷째, 긴급할 때는 전보를 이용하되 '오라', '간다'는 단어를 포함시켜 쉽게 알아볼 수 있도록 할 것.

이 밖에는 어떤 연락도 하지 않기로 하자는 말에 그만 둘은 모두 눈물을 왈칵 쏟았다. 이래저래 시간은 오후 5시쯤 되었다. 이제 할매를 보러 연계소 우리 집으로 가야 했다.

나는 대문을 열고 들어가며 소리쳤다.

"할매, 내 왔다. 할매 있나?"

할매는 부엌에서 나오시면서 화들짝 놀라셨다.

"이 시간에 니가 우짠 일고? 거기는 모두 편하시고? 그리고 니네들 식구는 잘 지내나?"

"응, 할매. 그런데 우리 식구, 외할배 계신 구지라는 데서 살기로 했다 아이가."

"그게 무슨 말고? 거기서 뭐 해먹고 살라고?"

"이번에 구지면장 하시는 외할배가 중학교를 하나 설립하시려는데 아버지가 그 일을 함께 하시려고 해서."

"그래, 참으로 잘됐네. 여기는 시소(時騷)도 있고 해서. 거기는 니네들 외가 그늘에 피란도 되고. 정말로 잘됐네."

"그런데 할매, 할배는?"

"괜않다. 지금 아마 밀양에는 안 계실 거다."

"어디 계시는공?"

"그거야 할배 일이라 알 수 없제."

일제 식민지 시절에 일정한 곳 없이 이리저리 동지들 곁으로 숨어 다니시던 할아버지의 생활에 우리 할매는 너무나 익숙해 계신지, 아니면 우리에게 일부러 태연한 체하시는지. 아마도 양쪽 다일 것 같은데……. 나는 할매를 똑바로 보면 눈물이 왈칵 나올 것 같았다. 나는 속으로 말했다.

'그래 이 해방이, 해방이 아니제.'

할매도 그런 내 기분을 알았는지 말을 돌리셨다.

"아이구, 내가 지금 뭐 하노, 밥 짓다. 재구야 그만 청으로 올라가거라. 좀 있으면 아재가 올 거다. 둘이 겸상해서 저녁 먹도록 해야지."

나는 대청으로 올라가 익숙한 대로 청 한가운데 두레상을 폈다. 그 다음 부엌으로 내려가 행주를 씻어 대청으로 올라가 상을 닦았다. 수저통에서 수저를 꺼내 세 자리에 수저를 가지런히 차렸다. 그러고는 큰방에 들어갔다. 남쪽 난간 청으로 가서 오랜만에 보는 점잖고 수려한 종남산을 건너다보았다. 밖에서 아재가 들어오는가 보다. 목소리가 들린다.

"엄마, 누가 왔는가뵈."

"재구가 왔다. 어서 올라가 봐라."

"재구야! 내가 왔다. 어디 있노?"

"응, 아재가 왔네."

나는 대청으로 나갔다. 아재는 그동안 무척 사람이 그리웠던것 같았다. 누구를 보아도 그리 반가운 표정을 잘 나타내지 않는 성격인데 정말 사람이 그리웠던 것 같았다. 두레상에 셋이 둘러앉아 밥을 먹었다. 그날 아침부터 지금까지 있었던 일을 대강 이야기하느라고 나 혼자 한참 지껄였다. 결국 아버지 심부름으로 손기용 선생을 모시고 구지로 가려고 내일 정오에 역에서 만나기로 했고, 거기서 대구로 해서 구지로 간다고 했다. 할매는 어처구니없는 얼굴을 하고 말씀하셨다.

"네 모양, 맛만 쬐끔 보이곤 꿈에 나타날까 봐 내빼는 거지."

"그래, 됐네. 오늘은 할매를 꼭 붙안고 자야지. 그러면 반분이라도 풀겠지."

저녁에는 아재가 일거리로 가져온 글씨 쓰는 일을 거들었다. 이런저런 이야기를 하면서 시간을 보내다가 할매 곁에 이부자리를 펴고 잤다. 할매는 저녁 늦도록 할배와 아재의 옷과 양말을 깁고 챙겼다. 때로는 나와 일가할배, 할매 흉도 보았다. 그래서 같이 웃기도 했다. 오랜만에 아무 걸림 없이 지내다가 할매 곁에서 잠을 잤다.

그 이튿날 아침 뒷집 할배를 뵈려고 터실 쪽으로 갔다. 뒷집 할배에게 문외배로 인사하고 안부를 묻고 전했다. 건넌방 치과 작업실로 가서 도동 할배(재종조부)와 외갓집 면에서 우리 식구가 새 삶터를 차리는 일에 대서 이야기했다. 도동 할배는 참 잘했다고 하셨다. 밀양에서 일이 일어나면 피난처를 구지로 하면 되겠다며 좋아하셨다.

그러다가 시간이 되어 두 할매가 점심 차린다면서 붙잡는 것을 시간 약속으로 할 수 없다고, 다시 오겠다는 말로 사양하고 나왔다. 나를 보내는 할매들, 그리고 할배들 모두 가슴에 한을 안고 집안 장손인 나를 전송해 주셨다. 도동 할배는 노자에 보태라면서 내 주머니에 지폐 몇 장을 넣어주셨다.


## 외아재는
## 책걸상을 만들고

나는 그길로 바로 버스 차부에 갔다. 역으로 가는 마차가 출발을 기다리고 있었다. 내가 타자 6명의 정원이 되어 곧 출발했다. 밀양역까지는 넉넉잡고 20분 정도 걸린다. 역에 내리자 손기용 선생님과 두세 살 된 딸아이의 손을 잡고 있는 아주머니가 역 대기실 입구에서 기다리고 있었다. 아주머니는 손 선생님의 사모님이었다. 손 선생님은 나를 보자 반가워하시며 먼저 차표를 끊으셨다고 말씀하셨다. 내가 눈을 이리저리 굴리자 김팔룡 선생을 찾는 줄 알고 말씀하셨다.

"김팔룡 선생 말인가? 김 선생도 일단 수락했네. 그래도 집을 떠나려면 준비도 있고 해서 모레쯤 되어야겠다고 하셨네. 그래서 오늘은 나만 자네하고 가기로 했네. 참 여기가 우리 애 어미일세."

나는 사모님에게 정중하게 절을 하고 인사 말씀을 드렸다.

"사모님, 처음 뵙습니다. 선생님의 제자인 안재구라고 합니다."

사모님은 나를 향해 인사를 받으시면서 서글서글하신 눈에 미소를 담으셨다.

"학생에 대해선 이야기를 잘 들어 압니다. 이렇게 만나게 되어 반갑습니다. 이번에 선생님의 일로 일부러 찾아주셔서 고맙습니다. 그리고 아버님께서 우리 선생님을 이 어려운 때에 불러주셔서 참으로 고맙고요. 가시면 어머님, 아버님께 고맙다고 인사 여쭈어 주이소."

"예, 그새 학교도 우리 선생님을 모시게 되어 참 좋은 일이지요. 안 그렇습니까, 선생님."

나는 웃으면서 말씀드리고, 데리고 있는 아기 쪽으로 눈을 돌려 보았다. 아기는 어머니 치맛자락으로 얼굴을 가리고 뒤로 숨는다. 나는 아이들을 참으로 좋아한다. 아니, 아이만 보면 장난을 쳐서 더러 울리기도 해서 때로는 난처한 지경이 되기도 하지만.

좀 더 아이하고 놀고 싶지만 정해진 차 시간이라 대합실 안으로 들어갔다. 마침 개찰을 하고 있어서 바로 기차 타는 곳으로 들어갔다. 아이는 어머니에게 안겨 아빠인 선생님의 손을 잡으려고 한다. 선생님은 아이의 손을 잡고 말씀하신다.

"아버지가 얼른 자리를 잡고 데리러 올 테니 그동안 엄마하고 잘 있어."

나도 아이의 손을 잡고 사모님께 하직인사를 했다.

"사모님, 잠시만 기다리소. 그쪽 어른 분께 여쭈어 빨리 사모님을 모셔오도록 하겠습니다."

"예, 괜않습니다. 걱정하지 마이소."

그러면서 사모님은 조그만 보자기를 내게 건네주셨다.

"중간에 점심으로 요기하시라고 김밥을 좀 싸 넣었습니다. 그런데 맛이 있을란가……."

나는 그것을 받아 들고 선생님과 함께 차 타는 곳으로 찾아갔다. 얼마 안 되어 기차가 들어왔다. 차는 만원이었다. 차 안으로 힘들게 들어가 비좁은 통로에 보따리를 들고 우리 둘은 섰다.

한 시간쯤 지나 기차는 대구역에 도착했다. 역을 빠져나온 우리는 일단 적당한 앉을 곳을 찾은 뒤 사모님이 주신 보자기를 열었다. 거기에는 사모님이 정성스레 만든 김밥과 김치, 그리고 시금칫국을 담은 병과 작은 종지가 있었다. 우리는 대구역 마당에 놓여 있는 벤치에 앉아 맛있게 점심을 챙겨 먹었다. 그러곤 바로 대신동 버스 차부로 갔다. 차부의 그 아저씨를 찾아 차표를 구했다. 이번에는 두 장이라서 일부러 손 선생님에게 차비를 내시도록 했다. 아저씨는 나를 보고 이를 어쩌나 하는 눈치더니 선생님의 간곡한 표정을 보고 그만 받았다.

차는 3시쯤 구지에 닿았다. 바로 학교 사무실로 쓰고 있는 무명 창고 사무실로 갔다. 안쪽 책상에서 서류를 내놓고 보고 계시던 아버지가 드르륵 하는 문소리에 얼굴을 들었다. 나를 보고 또 손 선생님의 보얀 귀공자 얼굴을 보시더니 반가움에 말씀하셨다.

"야야, 벌써 오나. 이분이 손기용 선생이신가?"

"예, 제가 모시고 왔습니다."

그러자 아버지는 손 선생님께로 나와 손을 내밀며 악수를 청하셨다.

"이 아이의 아비인 안의환이올시다. 멀리까지 오시느라 수고 많이 했습니다. 이처럼 두서가 없습니다. 함께 일해 봅시다."

손 선생님도 아버지를 보더니 반가워하며 마주 악수를 하셨다.

"불러주셔서 고맙습니다."

아버지는 웃으면서 농을 섞어 말씀하셨다.

"선생님을 부르신 분은 내가 아니고요, 영감님 한 분이 계십니다. 우리 숨 좀 돌리고 그쪽으로 가보도록 합시다."

"예, 그러지요. 면장 어른 말씀이지요?"

나는 아버지께 말씀드렸다.

"아버지가 제게 말씀하신 일은 다 마쳤습니다. 아 참, 수학 선생님 일이 더 있지요. 그 일도 손 선생님이 잘 해결해 주셨습니다. 그러면 선생님, 저는 이만 집으로 가보겠습니다. 그리고 아버지. 손 선생님이 사실 집을 빨리 구해야 되겠던데요. 세 살짜리 딸아기가 있고, 또 한 아기가……. 그래서 사모님이 하루빨리 오셔야겠던데요."

나의 이 말에 손 선생님은 쑥스러운 얼굴로 나를 보았다. 아버지는 말씀하셨다.

"그래, 알았다. 그 일은 할아버지가 이미 주선해 놓았을 게다. 너는 걱정 안 해도 된다. 그만 가봐라."

나는 '예' 소리를 하고 손 선생님께 꾸벅 인사를 올렸다. 그러고는 미닫이문을 열고 급히 집으로 향해 나갔다. 대문은 언제나 열려 있었다.

"엄마. 나 이제 왔다."

내가 소리치자 두 방의 남향 미닫이가 열리고 용아와 향아의 얼굴이 나왔다. 그 다음 대청으로 나오는 문이 열리며 어머니가 나오신다. 동생들은

내게 먼저 오려고 서로 밀치면서 나왔다. 어머니가 아이들을 옆으로 밀치
면서 말했다.

"지금 막 오는 길이가?"

"응, 좀 전에 왔다. 모시고 온 손 선생님과 같이 무명 창고 사무실에서
아버지를 만나고 막 들어오는 길이다."

내가 마루에 내려놓은 보따리를 두 남매가 풀어 뒤진다. 대구 대신동
차부 가게에서 사 넣어둔 초콜릿과 왕눈깔사탕이 나오자 둘 다 희희낙락
했다.

"엄마, 재두는?"

"안채 희진이와 희선에게 갔을 게다."

그렇게 대답하고 엄마는 각기 제 몫으로 끌어다 놓은 과자 무더기를 보
자기에 다시 거두어 쌌다. 그러자 둘은 입을 쑥 내밀고 곧 한 방 터질 듯하
다. 내가 말했다.

"착한 아기는 돼지처럼 혼자만 먹는 것 아니제. 향아, 대답해."

"응."

"용아, 대답해."

용아는 대답이 없다.

"용아는 꿀돼지 될라꼬?"

"아니, 형아만 줄 거야?"

"아아니, 희선이 형아도 주고, 희진이 형아도 주고 해야지."

용아는 제 몫이 적을까 영 불안하다. 그래서 나는 용아 귀에다 대고 손
으로 나의 호주머니를 가리키며 속삭였다.

"여기에 큰형아 것도 있어."

그러자 용아는 얼굴에 웃음꽃이 핀다. 그러곤 엄지손가락을 내밀며 말

한다.

"형아가 최고!"

무슨 기미를 알아차렸는지 재두가 희진이, 희선이를 달고 들어선다. 엄마는 보따리를 헤집으면서 다섯 아이에게 고루고루 나누어준다. 내가 용아에게 눈을 꿈쩍하자 용아는 큰형과 둘만의 비밀이 좋아서 입이 벌어진다.

조금 있으니 외숙부가 오신다. 외숙부는 이번 학교 일에서 학생들의 책걸상 제작을 맡으셨다. 외숙부는 낙동강변의 도동서원이 있는 도동이라는 동네에서 농사도 짓지만 몇 마지기 안 되는 농사라 그것만으로 생활을 해결할 수 없었다. 그래서 농사짓는 일보다 도동의 낙동강변 모래땅 밭에서 수확되는 농산물을 사다가 배에 싣고 낙동강을 거슬러 올라 대구에서 가까운 강창으로 가서, 거기에서 화물자동차를 가지고 기다리는 도매상에게 넘겨주는 일을 했다. 생산지 농민과 도매상을 연계하는 일종의 중간상인 일이었다. 여기서 얻는 수입이 훨씬 많았다. 이 장사가 농사보다 주된 외아재의 직업이라 할 수 있다.

이 중간상인의 일이란 7, 8월에는 외·수박 일이고, 11월에는 무·배추의 일이고, 12월, 1월 겨울에는 낙화생의 일이었다. 그러니 8월 하순부터 9, 10월까지는 일이 없었다. 마침 학교를 신설한다고 하니 바로 학생용 책걸상을 들이는 일을 맡게 된 것이다. 외숙부는 대구공립직업학교(지금의 대구공고 전신) 목공과를 졸업한 전문 목공이었다.

이참에 외아재는 자기 솜씨도 보일뿐더러 곱다시 놀아야만 하는 두 달의 일거리도 생긴 것이다. 면장인 아버지, 곧 나의 외할아버지에게 그 일은 자기가 하겠다고 나섰다. 오늘 바로 각목과 판목의 시방서를 면사무소에 제출해 계약을 맺었다. 그길로 바로 현풍 목재소로 가서 목재를 주문하고 오신 것이다. 평소에도 활달하신 성격인데, 쓰일 데가 없어 이때껏 못 보인

솜씨를 보일 기회도 생겼고 적지 않은 벌이도 될 것을 생각나니 어찌 신이 나지 않겠는가. 그야말로 말소리부터 힘차고 얼굴에는 웃음이 가득했다.

외아재는 나무가 들어오는 대로 무명 창고의 한 자리에서 작업을 할 작정이시다.

"100쌍의 책걸상을 혼자서 다 하실라고요?"

내가 물었다.

"그까짓 것 단도리[18]하는 데 시간이 좀 걸리지 조립하는 데야 한 이틀 하면 될 거다. 단도리도 같은 것을 한꺼번에 하면 되는데, 똑같은 것은 목재소에서 재단해 올 테니 그것도 얼마 안 걸릴 거다. 넉넉잡고 한 열흘 걸릴란가. 면에서는 9월 15일에 개교하려고 하는데 그때까지는 맞춰야지."

말은 쉽게 하지만 표정은 그리 쉽지 않은 것 같다. 외아재는 그 작업이 끝날 때까지 우리 집에서 숙식을 하신단다. 그 이튿날 오후에 제재한 나무를 실은 트럭이 왔다. 그 나무들은 부품 종류별로 수량을 맞춰 분류되어 왔고, 그 종류별로 무명 창고 안에 쌓아두었다.

바로 그날 저녁 때부터 외아재는 작업을 시작했다. 외아재는 목공일을 기다렸다는 듯이 달려들었다. 그날 밤은 먼저 대패질하는 대를 만들고, 작업할 자리, 연장을 놓아둘 곳 등을 만들었다. 외아재 말로는 '단도리의 단도리'란다. 그 일이 자정 너머까지 걸렸다. 그 다음날부터는 대패질이다. 땀을 뻘뻘 흘리며 한 가지 종류의 부품을 가지런히 대패질 대에 올려놓고 썩썩 밀어낸다. 대팻밥이 얇게 밀려 나온다. 한 종류의 부품이 끝나면 다른 부품, 이렇게 한 이틀을 하자 대패질은 끝났다.

다음은 끌질이었다. 끌로서 반듯한 네모, 길쭉한 네모 등 몇 가지를 가

---

18) 작업의 절차를 뜻하는 일본 말인데, 목공에서는 목재를 다듬어 제품을 구성하는 부품을 만드는 작업을 말하고 있다.

지런하게 놓았다. 그 다음 같은 부품을 만들 재목에다 자를 대고 선을 그어 구멍을 뚫을 자리를 정했다. 그러고는 좀 큼직한 망치로 끌 머리를 두드려 구멍을 익숙하게 파 나갔다. 일하는 모양새를 보니 그리 어려운 일은 아닌 것 같았다. 나도 한번 해보자고 하니 안 된단다. 좀 섭섭해서 내가 퉁명스럽게 말했다.

"뭐 그리 어렵지도 않은 것 같은데……."

"내가 하는 걸 보니 쉬운 것 같지? 일을 이쯤 하려면 구멍을 파는 게 아니라 나무를 쪼개는 짓을 얼마나 했다고."

그러고는 각목 동가리를 하나 주면서 말했다.

"이 끌로 네모난 구멍을 한번 파보아라."

나는 끌을 금에 갖다 대고 망치질을 했다. 먼저 결을 끊는 끌질을 할 때는 그냥 끌이 들어가 '이것쯤이야' 했다. 그런데 결 따라 끌을 대고 망치질을 하다가 그만 나무가 쫙 하고 통째로 갈라지고 말았다. 나는 그만 '어이쿠' 소리가 저절로 나왔다.

"그러니까 함부로 덤비지 말아야지. 지금은 네가 연습할 만큼 재료가 없으니 그쯤 하고 말거라."

나는 그만 얼굴을 붉히고 끌과 망치를 놓았다. 외아재는 망치 소리를 무슨 딱딱이를 치는 듯, 소리도 가볍게 리듬을 맞추며 나무에 그어놓은 대로 구멍을 파 나갔다. 이 끌질은 한 나흘쯤 했다. 부품을 다 만든 다음 조립을 하는데, 그 준비로 아교풀을 끓였다. 끌질해서 파놓은 구멍에다 부품을 끼울 때 아교풀을 묻혀서 떨어지지 않게 고정시키는 일이다.

이렇게 하면서 조립해 나가는데 한 가지씩 차례에 따라 해나간다. 이제는 완성품이 하나씩 되어나가자 그것을 죽 열을 지어 모아놓았다. 그걸 보면서 외아재가 하신 일이지만 물건을 만든다는 것이 얼마나 보람 있는 일인가를 알게 되었다.

외아재는 혼자서 예정 날짜 보름을 하루 이틀 남겨두고 100쌍의 학생용 책걸상을 모두 만들었다. 그날은 어머니가 외할아버지로부터 받은 돈으로 쇠고기를 사오셨다. 처남 매부 간에는 미제 깡통맥주를 땄고, 어머니와 우리 형제들은 고기를 푸짐하게 포식했다.

# 다시 1학년이 되다

그사이 손기용 선생님의 사모님이 딸을 데리고 오셨다. 손 선생님의 집은 외할아버지가 주선한 이상천(李相天)이라는 분의 집으로, 그 사랑채를 빌려 구지 살림을 차리시도록 하셨다. 이상천 씨는 상당히 많은 땅을 가진 지주로 구지에는 큼직한 기와집을 가지고 있었다. 집은 마름에게 관리를 맡기고 자기는 가족들과 대구에서 살았다. 외할아버지는 집세 받을 생각은 말라고 하고 손 선생님 식구가 살도록 해주셨다. 손 선생님이 거처하실 사랑채는 두 줄 두 간 짜리로 4간 기와집이었다. 대청을 사이에 두고 두 방이 서로 엇지게 마주하고, 또 두 방이 부엌간을 함께하고 있었다.

손 선생님이 오고 난 다음에 곧 김팔룡 선생님도 오셨다. 손 선생님 말로는 김팔룡 선생님이 해천여관 주인의 사위이지만 평양에 있는 집과는 38선으로 가로막혀 연락이 안 되고 있어서 결혼식을 미루고 있는 상태라고 했다. 그래서 혼례를 치르지 않은 예비신부를 그냥 데리고 오기도 서로 거북해서 일단 혼자 오기로 했다는 것이다.

당시 구지중학교 가교사의 정문 길 건너편에는 나지막한 초가집이 있었다. 그 집의 주인은 50대(그때는 이쯤 되면 할매라고 했다)의 혼자 사는 아주머니였는데, 두 방에다 구지초등학교(당시는 구지국민학교)의 총각 선생이나 시집살이하는 부인을 데려오지 못하는 선생님들에게 하숙을 치고 있었다. 김팔룡 선생님은 거기에 마침 방 하나가 비어 있어서 일단 그 방을 하숙처로 했다. 이 집 아주머니는 친정이 현풍읍 낙동강 곁에 있는 홀개라는 아름다운 이름을 가진 나루가 있는 마을이라 모두 '홀개댁'이라 불렀다.

그 밖에 술도가 주인인, 지난번에 말한 곽 면장의 양아들인 곽병화(郭炳和) 선생님은 일제 때부터 조선어에 관심을 두고 공부를 많이 했고, 문예에도 관심을 가지고 현대소설 이론을 공부하고 있어서 국어 선생으로 초빙되었다.

구지에서 대구로 가는 길을 따라 야트막한 고개를 넘어 내려가면 '범안골'(행정구역명으로는 대동大洞 1구, 좀 더 내려가면 대동 2구)이라는 동네가 있다. 바로 효자, 충신, 열녀, 효부가 많이 나와서 나라에서 세운 유명한 12정려비각(十二貞侶碑閣)이 도로가에 있는 동네다. 그래서 '솔례'(奉禮)라는 이름을 가진 동네다. 그 동네와 지방 일대에서 도학(성리학)의 맥을 이어오신 학자로 곽제(郭梯) 선생님이 계셨는데 한문 선생님으로 모셨다.

영어 선생은 당연히 나의 아버지였다. 수학 선생은 앞서 말한 약혼한 처녀를 두고 온 김팔룡 선생님이며, 물리와 화학은 손기용 선생님이 담당하셨다. 음악 선생, 미술 선생, 역사 선생, 체육 선생은 구지초등학교 교사 중에서 강사로 초청해 수업을 하도록 했다.

또 사회, 공민을 맡은 선생님은 일본 동지사대학(同志社大學)에 들어갔다가 학병 소리에 대학 공부를 그만두고 나온 뒤, 해방되자 대구대학[19]의

---

19) 이 대구대학은, 전신이 한국사회사업대학이었던 지금의 대구대학교의 전신이 아니라, 영남대학교의 전신인 대구대학과 청구대학 중 그 하나이다. 또 대구대학의 전신은 대구문리과대학인데 조국 광복운동을 지원했던 경주의 대지주이고 제민가(濟民家)로 알려진 최준(崔浚) 선생이 8·15 해방을 맞아 설립한 대학의 후신이다.

전신인 대구문리과대학에 다니며 〈영남일보〉 기자를 하던 이영세(李永世) 선생이 초빙됐다. 당시 그는 군정의 정책을 정면으로 비난하다가 체포령이 떨어지자 도망 다니고 있었다. 도청에서 취재 중이던 그를 아버지가 우연히 만나 사정을 듣고 데려온, 도수 높은 안경을 낀 선생이다.

학교는 일단 도 학무과 성인교육계에 '고등공민학교'로 신고해서 승인을 받았다. 1947년 9월 15일에 구지중학교는 구지고등공민학교라는 이름으로 개교했다. 무명 창고를 임시 교사로 하여 칠판을 걸었다. 책걸상을 줄세워 넣어놓고 교단과 교탁을 갖다 놓으니 교실로서 맵시가 났다. 창고 마당에는 배구장을 만들어놓았다. 철봉대를 마당가에 세워놓으니 학교 모습도 얼마만큼 생겨났다.

내가 '형아'라면서 따랐던 나보다 두 살 많은 김치선(金致善)도 생각난다. 그는 중국 북경에서 살다가 해방을 맞아 고향을 찾아 귀국한 귀환동포이다. 고향이 합천 초계(草溪)인데, 일제 때 살길을 찾아 중국의 동북지역, 즉 만주라는 곳으로 갔던 많은 농민 가족 중 하나이고, 해방된 고향으로 돌아온 귀환동포 가족의 청소년이다. 얼굴이 동글납작하고 눈빛이 맑고 영리한, 그때 열일곱 살의 청소년이었다.

이 형으로부터 만주에서 살던 우리 동포들의 삶의 애환을 많이 들었다. 특히 일제 점령 아래에 있던 북경에서 일어나는 혁명가들의 이야기를 많이 들었다. 일제의 폭압 아래에서도 밤중에 일어나는 총소리, 그 이튿날 악질 왜놈이 죽었다는 소리, 은행이 털렸다는 소문이 나돌았고, 난데없이 독립군가의 합창 소리가 나다가 총소리가 나고 함성이 울렸다는 이야기 등 나와 숙직실 한방에서 자면서 많은 이야기를 들려주었다.

지금도 그가 그때 배웠다는 노래, 그중에서 〈행진가〉는 마치 오래된 새끼줄처럼 군데군데 끊어질 듯하면서도 이어진다.

중국의 광활한 대지 위에

조선의 젊은이 진군하네

발을 맞춰 나가자 하나 둘 셋

오늘은 화북 거쳐 내일은 압록강

조국은 기다린다 우리를 기다린다

나가자 나가자 조국 향해 나가자


학생 모집은 당시 구술고사라고 하는 면접으로 전형하고, 70명의 학생을 뽑았다. 일제의 우민정책으로 초등학교에서는 일본어를 듣고 쓰고 하는 일, 그리고 일제에 충성하는 것, 일제의 식민지 법을 잘 지키는 것이 초등교육의 목표였다. 그리하여 초등교육을 마친 소년들은 상급 교육을 받기 위한 준비가 전혀 안 되었다. 더구나 몇 년 지나는 동안 배운 것도 대부분 잊어버리고 있었다. 심지어는 구구법도 잊어버려 셈조차 제대로 하지 못하는 사람도 많았다. 그래서 초등교육을 받았다고 해서 그대로 중등교육을 받을 수 있다고는 할 수 없는 지경이었다.

일제 식민지 시대에는 중등교육을 받는다는 것은 생각도 못했으나 해방을 맞이해 중등교육을 받으려는 사람들이 많아졌다. 게다가 일제 때 초등교육을 받고 몇 년이 지난 사람 중에서도 많은 사람들이 중등교육을 받으려고 했다. 그래서 교실이 비좁고 시설이 나빠도 될수록 그 수요에 감당해 보려고 노력했다. 그래서 입학전형은 주로 '한글을 아는가, 셈법에서 분수셈법, 소수셈법은 잊어먹지 않았는가' 라는 것이 입학사정의 기준이 되었다. 이런 기준이라면 구태여 필답시험까지 볼 필요는 없었던 것이다.

그 결과 지원자는 80~90명쯤 되었지만 10여 명만 거르고 거의 모두 합격시켰다. 그러니 입학생들의 나이 차이가 많이 날 수밖에 없었다. 20살

넘는 학생도 제법 있었고, 장가도 갔고 아이를 둔 학생도 있었다. 그러나 여학생의 경우 그때만 해도 남녀유별이 심한 시절이라 비교적 나이가 어렸다. 대개 14살에서 17살 정도였다. 나는 그때 입학한 학생들 중에서 참으로 친한 친구도 생겼다. 지금도 서로의 안부를 궁금해 하며 그때의 인연의 끈을 놓지 않고 이어가고 있다. 비록 그 숫자는 다섯 손가락으로 찰까 말까 하지만.

그런데 여기에 문제가 생겼다. 아버지가 내게 1학년에 입학하라는 것이었다. 나는 그때 나이가 조선 나이로 겨우 15살이었다. 1학년으로 모집한 그들 학생들로 보아선 그중에서도 아주 어린 나이에 들었다. 몸이야 그들보다 작지는 않고 오히려 키나 몸무게로는 큰 축에 들었다. 또 그중에는 벌써 친하게 사귀는 친구도 있고, 또 정업이 아재도 입학했으니 함께 놀기야 그저 그만이었다.

하지만 한 교실에서, 그래도 나는 2학년짜린데, 그리고 읽은 책은 이미 중학교 5, 6학년 수준을 넘을 지경인데, 게다가 수학은 그들과 한 교실에서 공부할 수준을 훨씬 벗어나는데, 그렇게 하라는 아버지를 도무지 이해할 수 없었다. 그래도 아버지는 한 교실에서 그들과 함께 공부하라는 것이다. 그래서 나는 아버지께 말씀드렸다.

"아버지께서 꼭 그리 말씀하시니 따르겠습니다."

내가 이렇게 수그러들자 아버지는 얼굴에 추연한 모습을 지으시고 말씀하셨다.

"오냐, 네가 그리 말하니 내가 기쁘다기보다는 마음이 아프다. 나도 너를 다른 중학교 2학년에 보내면 좋겠지만 지금 우리 형편이 너를 대구나 다른 도시에 방 얻어주고 학비 주고 할 형편이 안 되는구나. 그렇다고 비록 임시이기는 하지만 중학교 교장이나 하면서 너를 중학교에 보내지 않는 것도 말이 되지 않고. 그러니 여기서라도 다녔으면 한다."

아버지는 계속해서 진지하게 말씀을 이어가셨다.

"또 공부라는 것이 꼭 수학이나 영어 같은 학과 공부만은 아니지 않나. 지금 입학한 학생들이 비록 1학년이라고 하지만 이들 중에는 집에서 공부를 많이 한 사람도 있다. 이 고장이 어떤 고장이고? 도학이 끊이지 않고 면면히 이어오고 나라에 충성하고 집안에 효행과 우애가 끊이질 않는 곳임을 너도 잘 알겠지. 1학년에 들어온 나이 든 학생들 중에는 한학에서 상당한 수준인 사람도 있다. 그런 사람들에게 우리 민족의 문화를 배우고 사람 도리를 배우는 것도 공부가 아니겠느냐. 그런 공부는 요즘 학교의 신학문으로는 못 배운다. 또 세월이 어떻게 될지 아느냐. 우리가 고향에서 못 살고 너그 외가 그늘에서 살아야 하지만 하도 굽이치는 세월이라 갑자기 고향으로 가야 할지 누가 아느냐. 여기가 우리에게는 피난지라는 것이다. 그래서 신분이 유달리 드러나는 것을 피해야 한다. 중학교를 바로 곁에 두고 중학교에는 다니지 않고 하는 일 없이 빈둥대는 것처럼 보이면 당장 주목을 받게 된다. 그러면 어떤 일이 생길는지도 모르잖아. 그러니 다른 아이들처럼, 학생들처럼, 그저 그렇게 보이도록 해야지. 그래서 고향 밀양으로 갈 때까지 너그 외갓집의 보호를 받고 무탈하게 지내야지."

나는 아버지께서 이처럼 깊이 생각하고 계신 줄 몰랐다. 그래서 나는 머리를 들고 흔쾌히 말씀을 여쭈었다.

"아버지, 제가 생각이 모자랐습니다. 아버지가 생각하시는 까닭을 잘 알았습니다."

이렇게 마음이 정해지자 나는 바로 무명 창고 학교로 뛰어갔다. 그리고 사무실, 이제는 교무실의 미닫이문을 드르륵 열고 치선이 형을 보고 말했다.

"형아, 나도 모자 하나 주라."

치선이 형도, 손 선생님도 나를 뜻밖이라는 듯이 보면서 영문을 몰라 했다.

"치선이 형, 나 낙제했어! 그래서 1학년으로 한 학년 꿇는 거야."

나의 이 말을 듣자 모두 다 박장대소를 했다. 나도 기분 좋게 껄껄 하고 크게 웃었다.

구지고등공민학교는 구지중학교라는 이름을 달고 9월 중순에 개교했다. 이제 이 학교가 정식 중학교로 되려면 교사도 짓고 재단도 구성해야 한다. 개교 날이자 입학식 날에는 구지면의 각 동·구장과 면내 유지들과 면장인 나의 외할아버지와 임시 교장인 아버지가 무명 창고 교사 앞에 쳐놓은 차일의 걸상에 앉아 있었다. 그리고 신입생 70명과 그들을 둘러싸고 양 옆과 뒤에 학부형과 면소재지 창동의 관심 있는 동네 사람, 그리고 호기심 어린 눈을 반짝이고 있는 어린아이들이 마당을 가득 채웠다.

그런데 분위기가 뭔가 허전한 기분이 들었다. 바로 그때 박씨들의 집성 촌인 창동의 샛담 마을 농악대가 농악을 울리면서 학교 운동장 오른편 길을 따라 내려왔다. 이내 문을 솔가지로 단장한, 이제는 교문이 된 큰문으로 들어섰다.

마당에 있는 학생들이 양옆으로 비켜서고 그 한가운데서 샛담 농악대가 빙글빙글 돌았다. 북과 장구, 그리고 징과 소북이 장단을 맞춰 신나게 치고, 그사이사이 태평소인지 날라리인지 고음으로 가락을 넣는다. 우리들 농촌의 행사에는 이 신나는 소리가 나야 어울린다.

한참 뚜딱뚝딱, 깽매깽매, 덩덩, 쿵덕쿵덕, 삘리삘리리 소리가 어울리다가 갑자기 매구의 장단이 달라지더니 뚝 그쳤다. 그리고 그 농악꾼은 교문 곁으로 물러나가 둘러앉았다. 그러자 중후한 모습을 지닌 초등학교 교사인 곽구섭(郭九燮) 선생의 듣기 좋은 목소리로 개교식과 입학식을 알리는 확성기 소리가 나왔다.

"오늘의 주인공이신 학생 제군은 운동장 가운데에 줄을 지어 서주시기 바랍니다. 이제 곧 개교식을 거행하겠사오니 모두 조용히 해주십시오. 그럼, 앞에 내놓은 흑판에 씌어 있는 순서대로 식을 시작하겠습니다. 사회는 구지국민학교 교사인 저 곽구섭이 보겠습니다."

이어서 태극기에 대한 경배, 애국가 제창으로 개교식이 시작됐다. 애국가 제창 때 지휘는 같은 초등학교 교사인 임명선(林明善) 선생이 나와 가슴 주머니에 꽂은 만년필을 뽑아 지휘봉으로 삼았다. 곽구섭 선생은 구지중학교의 체육 과목을 맡았다. 임명선 선생은 사고로 오른손 검지 한 마디를 잃었는데도 그 손가락으로 기타를 잘 탔다.

학교 설립 경과보고는 아버지가 했고, 개교사는 외할아버지가 했다. 외할아버지는 그 칼칼한 목소리로 대강 다음과 같이 말씀하셨다.

"한훤당의 고을인 이 구지에 구지중학교를 세워 한훤당의 도학과 의리를 거울삼아 바른 사람을 키웁시다. 아직 정식 중학교로 설립하려면 많은 일이 남아 있습니다. 돈도 모아 재단을 만들어야 하고 적어도 여덟 교실을 가진 교사를 세워야 합니다. 이 일은 나 혼자로는 할 수 없고 면민이 모두 힘을 합해야 합니다. 이런 일에 저부터 앞장에 설 것임을 면민 앞에서 다짐합니다."

그리고 뒤이어 이웃 현풍면의 면장과 도 학무과의 장학사 한 분이 축사를 하고, 군청의 주사가 군수의 축사를 대독했다. 이어 면의 유지 대표로 한의원 원장인 곽삼달(郭三達) 선생이 축사를 했다.

이로써 개교식의 절차는 마쳤고, 이어서 입학식 절차로 들어갔다. 교장 직무대리로 아버지가 교단에 섰다. 입학생 대표로 화산동에 사는 부면장의 막내아우 김보식(金輔埴)이, '교칙을 잘 지키고, 열심히 공부하고, 장차 나라와 겨레를 위한 훌륭한 일군으로 되어 보답할 것이며, 문화를 이어받아 그 위에서 새롭게 창조해 나가는 데 힘쓸 것'을 다짐했다.

## 100일로 끝난 학생 생활

9월 15일 개교와 동시에 시작한 나의 구지중학교 학생 생활은 12월 24일 겨울방학이 되면서 꼭 100일로 끝나고 말았다. 겨울방학이 된 다음에는 정월 초하룻날 신년 제사를 지내기 위해 할머니와 작은아배 두 식구만 오도카니 있는 밀양의 고향집 연계소로 가야 했다. 그때 우리 집은 신년 제사를 양력으로 지냈다. 그 100일 동안 나에게도, 나의 조국 조선에게도 엄청난 소용돌이가 일어나고 있었다.

우선 밀양으로부터 여러 사람들이 테러와 체포를 피해 우리에게 의지하러 왔다. 실상 우리도 테러의 대상이고 또 할아버지를 잡으려고 피눈이 되어 있는 처지여서 의지할 대상은 못 되었다. 그래도 나의 외할아버지가 지방의 면장이고 또 나의 외재종조부가 경북에서 우익의 우두머리인지라, 그들이 일컫는 좌익인사 몇 사람이 이곳에 의지하고 있는 사실을 알아도 크게 문제 삼지는 못할 것이라는 막연한 희망을 가지고 온 것이다.

제일 먼저 온 이가 어머니의 고종사촌인 이성학 아재다. 이 아재는 밀양모직에서 전평 위원장을 했다. 그것으로 해고되었고, 전평 밀양지부의 위원장으로 있었다. 탄압의 초다듬에 제일 먼저 체포를 피해 도동의 외숙모, 즉 나의 외할머니에게 와서 꿈쩍도 안 하고 있었다. 더러 장날에 장꾼들과 섞여 구지 면소재지의 외숙(나의 외할배)에게 와서 세상 소식을 듣곤 했다. 물론 그때는 내가 그 아재의 말동무가 되곤 했다. 나와 아이들은 이 아재를 택호를 따라 매원 아재라고 불렀다.

이때 매원 아재를 통해 나의 할아버지 소식을 처음 듣게 되었다. 아재 말에 의하면 할아버지는 그때 함안으로 가서서 그곳에서 당 조직을 복구하는 일을 하고 계시다는 것이다. 탄압이 일어나자 남로당은 조직을 비공개 조직, 말하자면 지하조직으로 전환했다. 덧붙여 종래의 나이 많은 어른을 지역의 책임자로 하는 위원장제를, 활동적인 청장년층을 앞세우는 책임자 제로 바꾸었다는 것이다. 말하자면 도위원장, 군위원장, 면위원장이라고 했던 것이 도책, 군책, 면책이라는 호칭으로 바뀌게 된 것이다. 그래서 할아버지는 당의 밀양군 위원장에서 물러나고 조직적으로 전혀 낯선 함안 땅으로 가셨다는 것이다.

함안에는 우리 일가도 많고, 우리 광주 안씨 족보의 제1세로 치는 봉산재(蓬山齋) 할아버지의 산소가 있는 곳이다. 그러니 할아버지로서는 전혀 낯선 곳은 아니겠지만 조직을 꾸리는 일을 할 수 있는 곳은 되지 못했다. 그래서 정말 마음이 쓰였다.

더구나 밀양에서는 그처럼 활동적이셨던 할아버지께서 탄압의 물결을 피하면서 매원 아재의 말처럼 자기의 식의주 문제는 스스로 해결한다는 조직원의 생활 원칙에 따라 장날에 나가 약장수라도 할 수밖에 없는 처지였던 것이다.

"냉충 약이나, 인복 약이나 사소!"

그런 할아버지가 9월 하순 어느 날 구지에 오셨다. 할아버지가 구지에 오시고 며칠 안 돼 손기용 선생의 양친이 막내아들 기윤이 아재와 고명딸 기옥이 아지매를 데리고 오셨다. 손기용 선생의 아버지는 함자가 손주헌(孫朱憲) 선생이신데 밀양에서 일제 식민지 때부터 농민운동의 지도자로 활동해 오셨던 어른이다. 이번 탄압으로 그 운동의 지반을 떠나오신 것이다.

손 선생의 어머니는 친정이 밀양 상동면으로 우리 광주 안씨 유방파(留芳派) 집안이었다. 그래서 우리들은 상동 할매라 부르며 곧 친해졌다. 상동 할매도 자상하시고 명랑하시어 나의 어머니와 참 친하게 지내셨다. 밀양에 계실 때 남편인 농민운동가 손주헌 선생님의 일을 많이 도우셨고, 그 지역의 여성운동에도 열심이셨다고 한다.

10월 초에는 나의 끝에 종조부인 끝에 할배도 오셨다. 이렇게 되자 손 선생님의 가족은 비좁은 대로 두 방에 지내지만 우리 집은 끝에 할배가 오시고부터는 두 할배가 외할아버지 면장 사택의 사랑방에서 신세를 져야만 했다. 그래서 그 사랑방은 손주헌 선생과 할아버지 두 형제, 세 분의 사랑 방으로도 되었다.

아무튼 미제 군정과 그 앞잡이 이승만 분열주의자 일당은 조국의 남부를 분열해서 미제의 새로운 식민지로 하려는 목적으로 폭력적인 대탄압을 벌여 민주역량은 심대한 타격을 받게 되었다. 이에 대해 남로당은 기왕에 조직된 역량을 총집결해서 적절한 투쟁으로 문제를 풀려 하지 않았다. 오히려 그 조직대중을 포기하고 일단 도망치고 보자는 식으로 지리멸렬 흩어지고 있었다.

하기야 미·소 공동위원회의 국면에서 당원 배가, 5배가, 10배가 운동이라며 마구 끌어모은 무의식 대중이 이제는 그 뻥튀기한 조직으로 거추장스럽게 되고 만 것이다. 더구나 당의 총책임자가 현장에서 내빼고 없는 처지라 어떻게 적의 탄압을 규모 있게 수습하고 피해를 최소화할 수 있단 말인가!

그러면서 하는 일이 아무런 대책도 없이 간부를 일방적으로 이리저리 자리를 옮기는 것이었다. 그 결과 간부들의 역량 지점(支點)마저 잃어버리도록 만들었다. 이런 상황에서 노출된 간부는 그를 은신시켜 주는 조직도 없고 지지 대중도 잃어버려 각개 분산되고 말았다. 그 왕성한 조직의 역량이 하루아침에 흔적도 없이 사라지고 만 것이다. 당을 자기 주변의 친소 관계로 모아 중앙을 차지하고, 그 중앙이라는 이름으로 38선 이북에 자리를 틀고 앉아 지령하며 군림하는 것이 당시 남로당 지도부의 모습이었다. 그들은 조직을 하향만 있고 상향이 막힌 경색된 고목으로 만들었다. 결국은 생명력이 없는 조직이 되고 만 것이다.

이승만은 미제를 등에 업고 남조선 단독정부를 만들기 위해 남조선에 있는 민족민주 세력을 탄압으로 눌러 그들의 정치적 역량을 말소시키는 동시에 자신과 경쟁이 되는 부분을 제거하는 데도 역량을 집중했다. 이승만은 미제가 그를 지지한다고는 하나 미제의 대조선 정책에서 자신이 장애가 된다면 당장 갈아치울 것이고, 또 자신보다 더 좋은 대타자가 있다고 판단되는 경우에도 갈아치울 수 있다는 사실을 잘 알고 있었다. 그는 이남 인민으로부터 구새 먹은 노인으로 치부당하고 있는 데다가 의심이 많은 미제가 언제나 대타자를 한둘 두고 생각하고 있음도 잘 알고 있었다. 그렇기에 이승만으로서는 경쟁자를 그대로 놔둘 수가 없는 것이다. 또 미제로서도 이승만의 운신에 제약을 주기 위해 그러한 정보를 일부러 흘릴 수도 있었다.

---

20) 장덕수(張德秀)의 호는 설산(雪山)이다. 1895년 황해도 재령(載寧)에서 출생했다. 1911년 조선총독부 판임관(判任官) 시험에 합격, 같은 해 일본에 유학해 1916년 와세다대학(早稻田大學) 정경학부를 졸업하고 이후 상하이[上海]로 건너가 독립운동을 했다. 1918년 여운형(呂運亨), 김규식(金奎植) 등과 신한청년당(新韓靑年黨)을 조직하고 김규식을 파리평화회의에 조선 대표로 파견했다. 이듬해 국내에서 독립운동을 전개하기 위해 잠입하다 체포되어 전라남도 하의도(荷衣島)에 감금되었는데, 여운형이 일본 정계로부터 초청받아 동경으로 갈 때 통역관이 되면서 석방되었다. 1920년 《동아일보》 초대 주필이었고, 1923년 미국으로 건너가 이승만(李承晩), 허정(許政)과 《3·1신보》를 발간했다. 1928년 컬럼비아대학교에서 철학박사 학위를 받고, 1934년 상해 임시정부에서 재무위원을 맡았다. 이후 귀국해 보성전문 교수를 거쳐, 1936년 동아일보사 부사장을 했다가 베를린올림픽 마라톤 우승자 손기정 선수 사진에서 일장기를 삭제하는 사건으로 사임했다. 1939년에는 친일단체인 시국대응전선사상보국연맹 경성분회 제4분회장, 1940년에는 국민총력조선연맹 참사, 1941년에는 조선임전보국단 준비위원, 1945년 7월에는 국민의용대 경성부 연합 간부 등으로 친일활동을 했다. 8·15 해방 후에는 송진우(宋鎭禹), 김병로(金炳魯) 등과 한국민주당을 창당하고, 당 외교부장, 정치부장을 역임했다. 1947년 종로경찰서 경사 박광옥과 배희범에게 암살당했다.

이승만은 당장 그 경쟁자를 제거해야 했다. 그자가 바로 장덕수[21]였다. 장덕수는 1947년 12월 2일 종로경찰서 경사 박광옥(朴光玉)과 배희범(裵熙範)에게 암살당했다. 그 암살의 배후가 이승만이라고 누구나 알고 있었지만 수사는 구름 속에 들어갔다. 이승만이 남조선 식민지의 대권을 잡게 되자 그 수사는 영영 햇빛을 보지 못 하고 말았다.

미·소 공동위원회에서는 소련 측 수석대표 스티코프가 '모스크바 3상회의 결정과 공동위원회 업무를 지지해 온 민주인사들에 대한 탄압은 공동위원회 사업을 방해하는 처사'라고 강경하게 항의했다. 이에 대해 미국 측 수석대표 브라운은 '남조선 내정에 간섭하는 것'이라며 반박했다. 브라운은 오히려 엉뚱하게 이남에서 이북으로 파괴 활동을 하기 위해 보낸 자들이 이북에서 붙잡히자 이들을 석방하라고 요구하면서 양측의 대립은 점점 더 심각해지고 있었다. 그리하여 제2차 미·소 공동위원회는 회담 분위기만 더욱 나빠지다가 결국은 결렬되고 말았다.

미국은 '전후 문제는 이해 당사자가 해결할 문제로서 국제연합(UN)은 관여하지 않는다'는 국제연합 헌장마저 짓밟고, 9월 17일에 조선 문제를 국제연합으로 이관시킨다면서 미·소 공동위원회를 깨버리고 말았다. 이에 대해 국제연합 총회 소련 수석대표 비신스키는 '조선 문제의 국제연합 상정은 미·소 간의 협정을 직접 위반하는 것'이라고 반대했다. 그러나 미국의 제안은 9월 21일 국제연합 총회 운영위원회에서 가결되고 말았다.

그러자 소련 측 수석대표 스티코프는 9월 26일, '조선에서 미·소 양군이 1948년 1월 1일까지 동시 철수'를 제안했다. 그러면서 소련 대표단은 서울 철수를 발표하고, 10월 21일 50여 명의 소련 대표단 일행이 평양으로 가버렸다. 그러나 미제가 조국의 이남 땅을 그들의 새로운 식민지로 만들려는 계획은 국제연합이라는 하수인들의 협력으로 진행되고 있었다. 마침내 11월 4일, 국제연합 제2차 총회 정치위원회에서 '국제연합 임시조선위원단'(UNTCOK)의 설치를 요구하는 미국 안이 소련의 반대를 물리치고 가결되었다. 이로써 조국의 분단이라는 운명이 외세에 의해 강제되는, 우리 민족에게는 비극의 길이 열리게 된 것이다.

이처럼 조국 분단이 이루어지는 엄중한 시기에 나는 구지중학교 학생이라는, 나로서는 그리 탐탁지 않은 신분으로 새해를 맞이하고 있었다. 그것도 탄압을 피해 도망 와서 고개도 못 들고서 말이다.

그래도 학생이라는 신분으로 학생모를 쓰고 목달이 학생복을 입고 매일 학교라면서 '무명 창고'를 다녔다. 교실에서는 이미 배운 것을 지겹게 듣고 있자니 졸음만 왔다. 그래도 아버지의 체면을 생각해 눈을 뜨고 있어야만 했다. 다른 책을 볼까도 생각해 보았지만 곁에 있는 학생들 보기가 민망해 그러지도 못했다. 나의 이런 처지를 아시는지 손기용 선생은 교실에 들면 나를 찾아 심부름을 시키셨다. 집에 갔다 오라든지, 교무실에 가서 사환하고 무엇을 정리하라든지 하셨다. 어떤 때는 기윤이 아재가 있어서 축구공을 가지고 박진목 씨의 공출 창고 마당에서 공을 차든지 정세 이야기를 하든지 해서 시간을 때웠다.

그래도 같은 반에 있는 동무들과는 잘 지냈다. 거의가 나보다 나이가 두셋 많은 학생이고, 더러는 너덧 살이나 많은 친구들이었다. 그럼에도 학교의 학생이라는 것으로 서로 친구가 되어 말은 함부로 트고 있었다. 그때는 모두 이름을 알고 있었는데 내 나이가 많아지면서 이름을 아는 그 수가 점점 줄더니 이젠 그 이름도 얼굴도 잊어가고 있다. 지금은 열 손가락에는 턱도 없고 겨우 다섯 손가락으로나 찰까. 하기야 세월이 팔순이 넘었으니 그런 기억은 오히려 사치라고 생각된다.

구지에 있으면서 한 반의 동무들을 따라 그들의 마을에도 자주 갔다.

그들은 나이가 차서 더러 술도 하고 담배도 피우고 했다. 나는 그때만 해도 술도 담배도 몰랐다. 내가 태어났다는 매방(매바위, 鷹岩洞)에도 가보았다. 동네 앞에 늪이 아득한 내동에 가서 낚시도 했다. 오설동(烏舌洞)의 초등학교 분교에 가서 아이들과 놀기도 했다. 눈 감으면 그 아이들이 나이도 먹지 않고 그때 그 모습으로 아련히 내 망막에 떠오르지만 이름은 모른다.

　나부실(花山洞)이라는 마을은 나의 외갓집 일가들이 사는 동네로 부면장의 동네다. 내 나이보다 다섯 살이나 더 많은 보식이 아재 집에 놀러 갔을 때, 그의 형수가 밀가루 반죽을 홍두깨로 밀어 만든, 듬성듬성 썬 국수이기도 하고 수제비이기도 한 음식은 정말 풍미였다. 들깨를 갈아서 푼 멀건 멸치 국물에 호박오가리를 썰어 넣어 끓인 구수한 먹거리의 맛은 그 집만의 특수한 것인 듯했다. 지겨운 100일 동안의 학교 생활을 그런대로 보낼 수 있었던 것도 소박하지만 넉넉한 마음씨가 담긴 마을의 인심 덕분이었다.


## 성호 동무와의 재회

　　　　　　　　　　드디어 기다리던 방학이 되어 설 제사를 지내기 위해 밀양 연계소 고향집으로 가는 날이다. 어머니는 이제 제법 배가 불렀다. 누가 봐도 아기를 밴 아낙이다. 무거운 몸으로 아이들을 데리고 갈 수는 없는 몸이다. 어머니는 이제 다 자랐다고 보는 맏아들인 나를 데리고 다니는 것이 든든한가 보다.

　구지에서 버스를 타고 대구로 갈 때까지는 그저 일상적이고 평화로웠다. 하지만 대구 대신동 버스정류소에서 내리자 분위기는 달라졌다. 카빈총을 어깨에 멘 검은 제복의 경찰관이 버스 출구에 서 있었다. 나는 쓰기가 좀 창피스러워 좀체 쓰지 않고 그냥 뒷주머니에 구겨 넣은 학생 모자를 꺼내 썼다. 그 다음 배부른 어머니를 부축해 버스 출구에서 내렸다. 검문하던 경찰관은 그런 나를 힐끗 보고선 얼굴을 돌렸다. 나는 모자를 바로 쓰고 어머니를 붙들며 아주 효성스러운 모범생으로 보이도록 하면서 대구역으로 걸어갔다.

어머니는 내가 평소에는 잘 안 하던 부축을 하자 눈치를 채고 아들을 의지하고 부축받아 걸어가는 배부른 아낙이라는 분위기를 만들어주었다. 그러면서 가끔 나를 보고 눈웃음으로 '알았다'는 눈치를 주셨다. 약 2킬로쯤 되는 거리, 보통 30분 정도 되는 거리를 쉬엄쉬엄 40분 넘게 걸어서 대구역에 다다랐다. 대구역에서도 검은 정복을 입은 무장경찰관이 표 파는 곳과 타는 곳으로 들어가는 검표 문을 엄중히 지키고 출입하는 사람들을 검문하곤 했다. 나는 어머니 덕으로 아무런 검문도 받지 않고 표를 사고, 개찰을 하고, 기차를 탈 수 있었다.

기차는 오후 1시쯤 밀양역에 도착했다. 경찰의 검문은 여기에도 마찬가지였다. 어머니를 부축해서 내리고, 나가고 해서 역 앞마당에 대기하고 있는 마차에 올라탔다. 마차는 곧 출발해서 성내로 들어왔다. 마차에서 내린 어머니는 나를 보고 잠깐 생각하더니 물으셨다.

"얘야, 너 데리고 시장에 가는 건 괜찮겠지?"

"응, 그런데 뭐할라꼬?"

"제수거리를 살라꼬. 할아버지도 안 계시고 할머니만 계셔서 시장도 못 봤을 텐데."

"그래, 그럼 장부터 먼저 보고 가자."

"너는 괜찮겠나?",

"여기서야 다 아는 사람들이고. 개들도 내가 어디에 갔다는 건 알고 있을 테니."

우리 둘은 바로 장으로 갔다. 과일과 고사리, 도라지 등 나물거리, 북어, 문어 등 건어물과 조기, 가자미, 그리고 지지미 거리를 샀다. 어머니가 가지고 온 크고 작은 보자기를 끄집어내 제수거리를 보따리로 싸고, 멜빵으로 짊어질 수 있게끔 했다. 그래서 내가 짊어지고 또 양손에 들기도 해서 연계소 고향집에 들어섰다. 내가 큰 소리로 외쳤다.

"할매! 내가 왔다. 엄마 데리고 함께 왔다."

툇마루 문이 열리고 할매 얼굴이 보이더니 곧장 할머니와 아재가 대청턱을 넘어 툇마루에서 축담으로 내려섰다. 나는 먼저 툇마루에다 짐을 벗어 놓고 어머니를 부축해서 축담으로 오르게 했다. 할머니는 어머니의 손을 잡아 부축해서 대청으로 올랐다.

대청으로 올라서니 어째 집안 분위기가 좀 달라진 듯했다. 특히 건넌방에 인기척이 있는데 다른 식구가 든 것 같다. 그래서 할머니를 쳐다보았더니 할머니는 알았다는 듯이 나를 보고 말씀하셨다.

"집안이 너무 적적해서 건넌방에 사람을 들였다. 터실에 사는 분인데 재구 네도 잘 알지 싶다. 성이 최씨인데……."

"아, 그 최달현이라는 아재 말인가?"

"아니, 그 달현이 말고 그 바로 위의 형이 얼마 전에 장가를 갔다 아이가. 신접 살림방이 없다고 해서 여기에 들였다."

"아, 그 키 큰 아재 말이지? 잘됐네. 달현이 아재는 요즘 잘 있는강 모르겠다."

그리고 나는 할머니를 보고 참 잘하셨다고 말씀드렸다.

이들 최씨 집안은 터실에 사는 지주 집인데 세 아들을 두었다. 모두 전문학교와 대학을 다녔다. 위의 두 아들은 잘 모르지만 막내아들 달현이 아재는 민애청 회관에서 간부로 일해 더러 본 적이 있었다. 건넌방에 든 달현이 아재의 형에 대해서는 겨우 이름만 알고 있었는데 지금은 그 이름마저 기억에 없다.

달현이 아재는 밀양의 어른들로부터 많은 신임을 받았던 청년이다. 남로당이 비합법으로 되면서 엄청난 시련을 겪을 때 경찰의 습격을 받아 체포됐다. 그 당시 그는 밀양군당의 조직책이었다. 그는 많은 동지를 팔고 전향했다. 그 공으로 밀양경찰서의 사찰계 형사가 되어 수많은 사람을 잡아들였다. 이에 관해서는 나중에 따로 이야기해야겠다.

내가 1979년 남민전 사건으로 당시 치안국 대공분실에서 조사받고 있을 때 김 모라는 조사관이 있었다. 한 날은 그가 나를 유심히 쳐다보았다. 나도 어디서 많이 본 얼굴이었다. 그는 나를 보고 '고향이 밀양이라지요?' 라고 물었다. '그렇다' 고 했더니, 그는 그냥 고개를 끄덕끄덕하고 지나갔다. 나도 '어디서 보았더라?' 한참 생각했더니 그를 본 그곳이 바로 밀양의 민애청 회관이었음이 생각났다. 그래서 '이자도 잡혀 제 살려고 전향을 했고, 사찰경찰이 되어 동지를 잡으려고 설쳤던 자였구나' 라고 생각했다.

할머니는 어머니가 사온 제수거리를 보고 얼굴을 활짝 펴셨다.

"이러면 제수 준비는 다 되었구나."

저녁밥을 먹고 난 다음 나는 강성호의 집으로 갔다. 성호의 집으로 가기 전에 먼저 활천 할매에게 가서 신년차사를 지내려고 오늘 오후에 어머니와 함께 왔다고 하고 인사를 했다.

"안 그래도 내일 연계소 집에 가려고 했다."

활천 할매는 반가워했다. 동식이 아재는 방학이 되자마자 부산에 있는

---

21) 이를 일본 사람은 나가야(長屋)라고 했다. 일본 서민들은 이런 집에서 살았다. 일본인이 조선에 와서도 저들의 생활대로 이렇게 집을 짓고 살았다.

그의 자형인 새아재 집으로 갔다고 하셨다. 좀 앉았다가 성호에게 간다고 했더니 할매가 말씀하셨다.

"요새 폐병에 신통히도 잘 듣는 약이 있다카더라. 약값이 좀 비싸지만 효험이 있는가 보더라. 그 약을 먹고 성호가 요즘은 기침도 덜 하고 열도 내리고 해서 요새 그 집은 생기가 돈다. 어서 가봐라."

나는 바로 성호 집으로 갔다. 성호의 집은 남향의 기다란 일본식 뱃집[21]의 제일 동쪽에 있었다. 들머리에 부엌이 있고, 안으로 방이 두 칸 있다. 활천 할매 집은 가장 서쪽에 있는데 방과 부엌 배치는 성호 집과 마찬가지다. 부엌문이 바로 집의 현관문이다. 부엌에서 방으로는 후스마라고 하는 맹장지(盲障子) 미닫이로 된 문이 있다. 문을 열고 들어가면 바로 방인데 다다미 8장 방이다. 거기가 거실 겸 성호 어머니 방이다. 거기에서 성호 어머니가 손재봉틀을 돌리며 바느질을 하고, 그것으로 생계를 유지하고 있었다. 그 너머 다다미 6장 방이 있는데 또 맹장지 미닫이로 경계되어 있다. 거기가 성호의 공부방이고 거처하는 곳이다.

"성호 있나!"

나는 현관문인 부엌으로 문을 열고 들어섰다.

"누고!"

그러자 성호 어머니의 얼굴이 나왔다.

"아이구, 이게 재구 아이가!"

곧이어 안방의 미닫이문이 열리더니 건강한 모습의 성호 얼굴이 나온다. 전에 보던 열에 들뜬, 그래서 늘 홍조를 띠고 있던 모습이 아니었다. 살도 오르고 건강한 소년의 모습이었다. 성호가 내게 오면서 나를 끌어안았다. 정말 눈물이 나도록 반가웠다.

"성호야! 네 건강한 모습을 보니 정말 고맙구나. 좀 전에 우리 활천 할매한테 들었지만 우째 이처럼 건강하게 되었노?"

성호가 그간의 이야기를 했다.

밀양의 인술인(仁術人)으로 삼성의원 김형달 선생이 있어 밀양 사람들이 많은 덕을 보고 있는데, 그 아들이 김찬규(金瓚奎)라고 했다. 당시 대구의 과대학 졸업반이었다. 내가 밀양중학교에서 퇴학을 맞고 외갓집으로 가 있을 때, 퇴학 맞은 학생들과 정학 맞은 학생들이 여름방학 동안 생리학과 응급조치법을 배운다면서 내이동 공회당 회의실에 모여 김찬규 형을 선생으로 모셔놓고 공부를 했다는 것이다. 이때 김찬규 형이 결핵을 앓고 있는 강성호를 보고 이런 말을 했다고 한다.

"결핵이라 하면 이때까지 고치기가 어렵다고 했지만, 요즘 전쟁이 끝나고 평화가 오니 유럽에서 발달한 의술이 우리나라에도 많이 전해졌네. 특히 전쟁 중에 유럽 나라들에서 새로운 결핵 치료약을 개발해 좋은 효력을 얻고 있지. 그런 약으로 '파스'가 있고 또 '나이드라지드'라는 약이 있다네. 그 약들 덕분에 이제 결핵은 거의 다 치료할 수 있네. 해방 직후에는 그 약을 구하려고 엄청 비싼 돈을 들였지만 요즘은 그 약값이 많이 내렸네. 그래서 그 약으로 치료하는 사람들이 많이 늘어났다지."

이 말을 들은 성호 어머니는 당장 삼성의원으로 달려가 김찬규 선생을 만났다. 그러고는 그 약을 꼭 구해 달라고 했다는 것이다. 성호가 밝은 표정으로 상황을 이어 설명했다.

"그러자 삼성의원 원장인 김형달 선생님이 그 학생을 데리고 오라고 해서 내가 당장 갔거든. 김형달 선생님이 '약값은 걱정 말고 우선 병부터 고치고 보자'고 하시면서 곧 그 약을 구해다가 치료를 시작했다네. 전에는 아무리 약을 써도 열이 내리지 않아 애를 먹었는데 한 달포쯤 지나자 열이 떨어지더라고. 김형달 선생님은 이 약들이 결핵에는 좋으나 위장을 약하게 하는 것이 흠이라면서 위장약과 영양제를 같이 처방해 주셨지. 선생님이 말씀하시는 대로 약을 챙겨 먹었더니 요즘은 이처럼 살맛이 난다네."

나는 성호가 아주 대견스러웠다. 하지만 비싼 약값을 어떻게 충당하고 있는지 걱정이 됐다. 내 표정에서 그런 낌새를 눈치챘던지 성호가 말했다.

"약값이 비싸다지만 요즘 내가 퇴학을 당해서 매달 내는 월사금도 안 들고, 그리고 어머니가 부지런히 재봉틀을 돌려 그럭저럭 충당하곤 있네. 더구나 선생님이 약값을 뭉텅 깎아주시는지 빚질 정도는 아니야."

나는 김형달 선생님이 참으로 고마워서 말했다.

"우리 고장에 김형달 선생님과 같은 의원이 있어서 정말 고맙구나. 우리가 훌륭하게 성장해서 고마운 분들이 바라는 청년으로 성장해야지."

이날은 이쯤 이야기하고 헤어졌다. 정세 이야기나 앞으로의 일 문제는 신년 설을 지내고 나서 다시 만나 이야기하기로 했다.


# 분단과 반분단의 시초

섣달 그믐날 우리 연계소 집에는 아지매, 할매들이 그런대로 많이 모였다. 뒷집 할매와 그 아랫대 며느리 두 집, 중산 할매와 도동 할매, 그리고 우리 할매와 우리 어머니에다 친정집으로 오신 활천 할매다. 대소가 모두 모이지는 않았지만 이렇게 연계소 고향집에 모여서 제수를 차리고 더러 왁자하게 웃음꽃이 피어나는 설맞이는 아마 이해 설이 마지막이었던 것 같다. 우리 집 제

---

22) '끝난네' 집, '수식이네' 집, 그리고 '재홍이네' 집 이야기는 필자가 쓴 어릴 때의 자서전 《할배 왜놈 소는 조선 소랑 우는 것도 다른강》(돌베개 1997년)에서 이야기 하나의 「내 고향집 밀양유림연계소」 장의 '가족과 이웃들' 절에 자세히 씌어 있다.

사는 허례를 안 한다. 그래서 차림이 매우 소박하다. 물론 집이 가난한 탓도 있지만 떡도 사다가 쓰고 그 양도 제관이나 그날 모인 일가 여자들이 다 푸짐하게 먹을 정도만 장만했다.

그래도 이웃 음복에서 세 집은 빠지지 않았다. '끝난네' 집은 우리와 이제는 담을 함께하는 이웃은 아니지만 그래도 음복 음식은 건넨다. '수식이네' 집, 그리고 '재홍이네' 집, 이 세 집[22]은 우리가 연계소를 떠날 때까지는 이웃으로 늘 제사 음복음식을 건네고 있었다. 지짐을 굽고 생선을 구우며 기름 냄새가 오랜만에 온 집안에 퍼졌다. 여자들의 웃음소리도 집안에 넘쳐났다. 1948년을 맞는, 분단과 반분의 판가리가 시작되는 그 엄중한 시대의 설날이기는 하지만.

신년 제사는 할아버지가 안 계셔서 집안의 장손인 내가 제주가 되어 지냈다. 지방은 아재가 그 정갈한 필체로 이미 써놓았다. 제사는 윗대 양대와 아랫대 양대로 나누어 차려 두 번을 지냈다. 제관으로는 뒷집 할배가 중산 할배와 도동 할배 두 형제분을 거느리고 오셨다. 그리고 나와 숙부였다.

설 차례를 마치자 어머니와 나는 그 이튿날 교동 고모도 봐야 했고, 그곳에서는 가장 어른이신 뒷집 할아버지께 가서 한나절 보내야 하기에 하루를 더 제끼고 3일에 떠나기로 했다. 초이튿날 어머니와 나는 터실에 계시는 뒷집 할배 집으로 갔다. 도동 할매가 차려주시는 설빔을 맛있게 먹고 나는 도동 할배의 치과 진료실에 가서 도동 할배로부터 주로 밀양의 정세에 관한 이야기를 들었다.

도동 할배는 그 탄압을 무릅쓰고도 밀양의 애국역량은 건실하게 활동

---

23) 1947년 11월 4일, 한국독립당이 민족주의 12개 정당과 함께 남조선 단독선거, 단독정부를 반대하고 미·소 양군 철수와 우리 민족에게 모든 권한을 이양하라는 등의 요구를 내걸고 공동원칙과 방략을 발표했다. 이에 대해 민전에서는 적극 환영하고 공동투쟁을 제의했으며, 이때부터 '남조선 반동 이승만, 김구'라는 말은 없어졌고 그 대신 '이승만, 김성수'라는 말로 바뀌었다.

중이라고 했다. 이때껏 극우반동으로 치부했던 밀양의 한국독립당 인사들은 분단을 반대한다는 같은 입장으로써 모든 운동에서 함께하며 밀양에서는 민전 조직과 결합되고 있다고 했다.[23] 도동 할아버지는 정세가 갈수록 엄중해지고 있어서 조직이 무장을 해야 할 시기가 되었고, 이에 대한 문제를 토론하고 있으며, 이에 대한 준비를 해야 한다는 공감이 널리 퍼지고 있다는 말씀도 하셨다. 나는 거기에 대한 말은 삼갔지만 눈으로는 긍정적으로 받아들였다. 뒷집 할배에게 인사를 하고 나오면서 어머니를 보고 물었다.

"엄마, 내일은 구지로 가실 거야?"

"오냐, 그렇게 해야지."

"그럼 나는 먼저 나가 여기 동무들을 좀 만나고 집으로 갈게. 좀 늦을 거야. 통금 전에는 돌아갈게."

그러고는 밖으로 나왔다. 나는 그길로 강성호의 집으로 갔다. 강성호를 데리고 밖으로 나가려고 하다가 결핵을 앓는 강성호에게 감기가 가장 두려운 것이라는 생각이 들었다.

"성호야, 바깥 날씨가 네게는 좀 추울 듯한데, 감기를 조심해야. 우리 밖에 나가지 말고 여기 네 방에서 이야기하자."

그래서 그날은 성호의 방에서 오래도록 이야기했다. 강성호는 그가 파악한 정세를 말했고 나는 주로 듣기만 하고 질문하는 편이었다. 나는 구지에 있는 동안 그저 신문이나 방송으로 받은 파악만 있을 뿐 조직적인 파악이 없었기 때문이다.

그때 우리 둘이 파악한 결과를 체계적으로 정리하면 다음과 같다.

미제와 그 앞잡이 이승만과 친일반역자, 친미사대의 일당은 미·소 공동위원회를 파탄시킨 다음 남조선 단독정권을 세우기 위해 분단을 반대하는 민주세력을 꺾어놓기 위해 혈안이 되어 있다. 미·소 공동위원회가 성공적으로 결속 지어 남북이 통일된 민주주의 임시정부가 수립되면 우리나라를 남북으로 갈라놓고 남조선을 강점하고 있는 미 점령군은 물러나야 한다. 이는 38선 이남을 새로운 형식의 식민지, 즉 그들의 대리정권을 세우고 대리정권을 통해 이남을 식민지 지배하려는 미제의 욕망도 끝난다는 것이다. 하지만 총을 쥐고 들어온 제국주의의 본질상 이런 일은 절대 용납할 수 없을 것이다.

그래서 미제는 모스크바 3상회의 결정을 파탄내고 그들이 강점한 남조선에다 미제를 종주국으로 하는 예속국가를 세우려는 것이다. 그들은 군정을 하면서 일제 식민지 시대의 친일역적과 새로 나온 친미 사대주의 세력을 결합시켜 군정청을 예속정권의 기초이자 행정·경찰기구로 만들어놓고 있다. 이것을 토대로 미제는 조국의 38도선 이남을 전후 식민지 통치의 새로운 형식인 신식민지로 만들자는 것이다.

이러한 미제의 가장 유력한 방해꾼은 누구인가. 그것은 일제로부터 해방된 조선에서 일제 식민지 잔재를 청산하고, 그 토대 위에 정치적으로, 경제적으로, 그리고 사회적으로 평등한 민주주의의 나라를 만들자고 주창하고 있는 민족해방 민주주의 혁명 세력이다. 미제는 이를 잘 알고 있다. 미제는 지난해 1차 미·소 공동위원회 파탄의 결과 일어난 10월 인민항쟁으로 군정 통치에 엄청난 파탄을 겪은 일도 있고 해서 이번에는 선수를 친 것이다. 그래서 그들은 사전에 모략적으로 먼저 좌익이 8·15 2주년 기념식을 계기로 폭동계획을 하고 있다고 퍼뜨렸다. 그리고 바로 미제와 그 하수인인 군정청은 8월 10일부터 대대적으로 예비검속을 한다면서 일제 식민지 통치체제에 맞서 열렬히 투쟁해 온 민족민주 인사들을 체포하고, 지방에서는 서북청년단으로 하여금 테러로 민주세력의 핵심들을 공격했던 것이다.

실제로 당시 남로당과 민전에서는 8 · 15 2주년 기념식을 대대적으로 준비하고 있었다. 미 군정은 이를 폭동계획이라고 선전했다. 미 군정은 민정장관 안재홍으로 하여금 행정명령 5호를 발동하도록 명령했는데, 모든 8 · 15 기념행사는 행정관서가 주관하고 그 허가는 '옥내 집회'로만 한다는 내용의 5호 명령을 남조선의 모든 정당 · 사회단체에 발송했다.

남로당과 민전은 8 · 15 기념행사를 대대적으로 벌여 미 · 소 공동위원회 파탄을 항의하는 운동이 되도록 했다. 이를 통해 미 · 소 공동위원회에서 피동에 몰린 미제를 더욱더 궁지에 빠뜨리려고 했다. 그런데 이 행정명령 5호 때문에 도리어 큰 타격만 입고 말았다.

하지만 남로당은 행정명령으로 생긴 새로운 정세를 타개할 아무런 조치도 없이, 다만 '지방정권을 인민위원회로 넘겨라', '무상몰수 무상분배의 토지개혁 실시', '공동위원회에서 친일파 제외' 등 60가지나 되는 구호를 '8 · 15 기념 구호'로 발표하고 이를 위해 용감히 투쟁할 것을 당원들에게 호소했고, 대중선전만 해대고 있었다. 결국 남로당과 민전이 애당초 말했던 대대적인 행사 계획은 그만 말싸움으로 끝나고 말았다.

남로당과 민전의 대대적인 8 · 15 2주년 행사 계획은 결과적으로 8월 10일부터 시작된 군정의 대대적인 검거선풍만 불러일으키도록 했다. 그 결과 미 · 소 공동위원회 촉진을 위한 군중투쟁을 더는 할 수 없는 상황으로 몰리고 말았다. 결국 남로당과 민전은 많은 간부들이 체포당해 조직이 거의 마비상태로 몰리고 말았다.

미 · 소 공동위원회가 파탄나고 이에 대한 민중의 저항이 소진되자마자 미제는 '바로 이때다' 하고 전후 문제인 '조선 문제'를 유엔에다 상정시켜 버렸다. 이는 명백한 유엔헌장의 위배다. 그러나 미제는 바로 '조선의 독립 문제'라고 하면서 유엔총회의 의제로 상정할 것을 요구했고, 유엔 운영위원회는 당시 유엔에서 패권을 쥐고 있던 미국의 요구대로 이를 가결시켜 주었다. 이로써 유엔은 일제로부터 해방된 조선을 미제에 의해 분단되도록 만들었다. 이에 대해 소련 측은 미제의 처리는 유엔헌장에 배치되는 문제인 동시에 미·소 공동위원회 조직을 결정한 모스크바 3상회의 결정을 정면으로 짓밟는 폭거라고 주장했고, 조선 문제 처리안으로 '1948년 연초에 미·소 양군이 동시 철퇴하자'는 안을 내놓게 된 것이다.

미제가 조선 문제를 유엔에 상정함으로써 2차 세계대전 이후 전후 문제로서의 조선 문제는 분단 문제로 변질됐다. 남과 북의 우리 민족은 이 분단을 반대하는 반분단 운동, 즉 민족통일 운동으로 나가야 하는 상황인 것이다.

우리 둘이 이런 토론을 하는 동안 성호 어머니는 밖에 나가서 새참으로 인절미와 갖가지 곡식으로 만든 강정과 단술을 사오셨다. 또 점심때가 되자 간단하지만 맛깔스러운 찬과 정성스레 끓인 소고기미역국으로 점심상을 차려주셨다.

성호와의 토론은 오후 늦게야 끝났다. 우리는 저번에 결정한 연락 방식을 다시 확인하고 헤어졌다. 연계소 집으로 돌아왔더니 방 안에서 귀에 익은 여자들의 말소리가 들렸다. 그 소리가 너무나 밝고 명랑했다. 우리 집은 살림은 가난하지만 명절 때는 늘 저렇게 넉넉한 말소리로 가득했다. 한참 밖에서 듣고 있다가 문을 열고 들어섰다. 어머니와 할머니, 교동 고모하고 존고모인 활천 할매, 그리고 종고모 수환이 아지매, 이렇게 모두 여자만 있다. 모두 환한 웃음으로 나를 맞아주었다.

"아재는 밖에 나갔는가?"

내가 묻자 아재가 골방 미닫이를 열고 나온다. 그래도 어딘지 모르게 텅 빈 듯했다. 그래, 바로 할배가 안 계시다.

어머니와 고모가 부엌에서 고모가 가지고 온 찬거리와 제사 음복 후 남은 것으로 저녁상을 차렸다. 저녁상을 물리고 난 다음 좀 놀다가 10시 통행금지 때문에 8시쯤 고모는 시댁인 교동으로 돌아가셨다. 아재가 데려다 주었다. 활천 할매는 수환이 아지매를 데리고 갔다.

나는 내 가방에서 지금 막 보기 시작한 구면삼각 책을 내놓고 공부를 시작했다. 수학 공부는 언제나 종이와 연필이 필수이다. 종이 위에서 연필로 수학과 말을 해야 하는 공부다.

아재는 통행금지 30분 전에 울리는 예비 사이렌이 울리자 돌아왔다. 나와 어머니는 할머니와 함께 큰방에서 자고, 아재는 큰방에 붙어 있는 골방, 아재 방에서 잤다. 나는 공부하다가 어머니와 할매 사이를 파고들어 그 사이에 끼어 잤다.●